"十四五"职业教育国家规划教材

Excel 在会计中的应用

（第三版）

EXCEL ZAI KUAIJI ZHONG DE YINGYONG

新准则 新税率

主编 喻竹 孙一玲 李洁 孔祥威

新形态教材

·本书另配教学资源

中国教育出版传媒集团

高等教育出版社·北京

内容提要

本书是"十四五"职业教育国家规划教材。

本书根据院校面向高端技能型人才的社会需求，按照工作过程，以项目导向、任务驱动来设计体例，安排教学内容。全书共8个项目，分别为认知 Excel 的基础知识、会计凭证的制作、日记账管理系统的建立、薪酬管理系统的建立、固定资产管理系统的设计、往来账款管理系统的建立、成本核算系统的建立、会计报表的编制。本书结构清晰，思路独特，有很强的实用性。贯彻了教学做一体化、理实结合的高等教育教学理念。为了利教便学，部分学习资源以二维码的形式提供在教材的相关之处，可扫码获取。此外，本书另配有教案、教学课件等教学资源，供教师教学使用。

本书既可作为高等职业教育财务会计类专业学生用书，也可作为社会相关人员培训用书。

图书在版编目(CIP)数据

Excel 在会计中的应用/喻竹等主编.—3 版.—北京：高等教育出版社，2023.8
ISBN 978-7-04-059841-4

Ⅰ.①E… Ⅱ.①喻… Ⅲ.①表处理软件-应用-会计-职业教育-教材 Ⅳ.①F232

中国国家版本馆 CIP 数据核字(2023)第 022361 号

| 策划编辑 | 毕颖娟　宋　浩 | 责任编辑 | 宋　浩　毕颖娟 | 封面设计 | 张文豪 | 责任印制 | 高忠富 |

出版发行	高等教育出版社	网　　址	http://www.hep.edu.cn
社　　址	北京市西城区德外大街 4 号		http://www.hep.com.cn
邮政编码	100120	网上订购	http://www.hepmall.com.cn
印　　刷	上海叶大印务发展有限公司		http://www.hepmall.com
开　　本	787 mm×1092 mm　1/16		http://www.hepmall.cn
印　　张	19.25	版　　次	2016 年 8 月第 1 版
字　　数	480 千字		2023 年 8 月第 3 版
购书热线	010-58581118	印　　次	2023 年 8 月第 1 次印刷
咨询电话	400-810-0598	定　　价	43.00 元

本书如有缺页、倒页、脱页等质量问题，请到所购图书销售部门联系调换
版权所有　侵权必究
物　料　号　59841-00

第三版前言

本书是"十四五"职业教育国家规划教材。

党的二十大报告提出:"加强企业主导的产学研深度融合,强化目标导向,提高科技成果转化和产业化水平。"为响应二十大报告的号召,紧跟行业发展、适应市场需要,我们对本书进行了及时修订。

Excel 2016 新增了丰富的主题色彩,性能稳定,具有更加友好的人机界面和强大的计算功能,是财务数据统计、绘制各种专业化表格的有效工具。财务人员使用 Excel 2016 能高效、正确、灵活地处理会计数据,数据浏览更直观,复杂分析更快捷。

本书充分利用 Excel 2016 的技术特点,以满足企业日常财务会计工作的需要为任务,体现了 Excel 2016 与会计工作的结合,并配有大量典型的实用案例,帮助读者全面掌握 Excel 2016 在会计中的应用技术。全书共 8 个项目,分别为认知 Excel 的基础知识、会计凭证的制作、日记账管理系统的建立、薪酬管理系统的建立、固定资产管理系统的设计、往来账款管理系统的建立、成本核算系统的建立、会计报表的编制,详细讲解了相关会计工作中 Excel 2016 的基础知识和高级应用。

本书有以下特点:

1. 思政建设,如盐在水

本书系统地构建了素养目标,落实素养目标培养要求,结合社会主义核心价值观以及岗位职业操守,深入挖掘、提炼思政元素,使思政教育内化于心,如盐在水。

2. 守正创新,专业引领

本书紧密结合会计专业知识,灵活运用数据处理技术,充分考虑企业实践中的相关专业应用,引入真实票据。书中建立的模型可以应用到企业实践,并有一定的可扩展性。

3. 体例新颖,轻松易学

本书具有清晰的学习目标和知识导图,案例内容由浅到深,循序渐进。任何具有 Excel 和会计基础知识的人员,都可以按照本书讲解的步骤轻松使用 Excel 来处理企业的会计实务工作。

本书由遵义职业技术学院喻竹、天津滨海职业学院孙一玲、郑州铁路职业技术学院李洁、河南工学院孔祥威担任主编,鹤壁职业技术学院吴艳华、黑龙江商业职业学院曹阳、长江职业学院徐盛秋、重庆航天职业技术学院韩英峰、河北省河间市职业教育中心张春杰、安徽商贸职业技术学院牛永芹担任副主编。本书具体编写分工为：吴艳华编写项目一；李洁编写项目二和项目八；曹阳编写项目三和项目六；徐盛秋编写项目四；韩英峰、张春杰编写项目五；孔祥威、牛永芹编写项目七。本书由喻竹、孙一玲总纂定稿。

  由于软件技术的不断推陈出新，限于理论水平和实践经验，书中疏漏之处在所难免，恳请读者提出宝贵意见，以便我们今后进一步修订完善。

编　者

目　录

- 001　**项目一　认知 Excel 的基础知识**
- 002　任务一　学习 Excel 的基本操作
- 002　　工作步骤一　Excel 的基本操作界面及对象
- 006　　工作步骤二　工作簿和工作表的操作
- 010　　工作步骤三　单元格的编辑
- 013　　工作步骤四　Excel 公式和函数的使用
- 018　任务二　了解 Excel 的高级应用
- 018　　工作步骤一　数据管理与分析
- 024　　工作步骤二　Excel 的图表与图形
- 030　　工作步骤三　Excel 宏及其应用
- 032　　工作步骤四　Power BI 的应用
- 039　项目小结
- 039　项目训练

- 041　**项目二　会计凭证的制作**
- 060　任务一　页面的设计
- 061　　工作步骤一　页面背景的设计
- 062　　工作步骤二　页面标题的设计
- 063　　工作步骤三　页面链接的设置
- 067　　工作步骤四　页面的美化
- 067　　工作步骤五　工作表的保护
- 068　任务二　会计科目表的制作
- 069　　工作步骤一　会计科目表的基础设计
- 072　　工作步骤二　会计科目表的修改
- 072　　工作步骤三　会计科目表的美化
- 073　任务三　会计凭证表的制作
- 077　　工作步骤一　会计凭证表的结构设计
- 079　　工作步骤二　会计凭证编号的设置
- 080　　工作步骤三　范围名称的定义
- 081　　工作步骤四　自动显示会计科目和方向的设置
- 082　　工作步骤五　单元格输入信息提示内容的设置

083	工作步骤六　会计凭证表实例的操作
084	工作步骤七　会计凭证表的保护
085	工作步骤八　会计凭证表的备份
086	项目小结
086	项目训练

088　项目三　日记账管理系统的建立

098	任务一　页面的设计
098	工作步骤一　页面背景的设计
099	工作步骤二　页面标题的设计
100	工作步骤三　页面到各个工作表链接的设置
102	任务二　现金日记账的创建
102	工作步骤一　现金日记账的结构设计
104	工作步骤二　数据验证的设置
105	工作步骤三　条件格式的设置
106	工作步骤四　余额自动计算的设置
107	工作步骤五　本日合计和本月累计的计算
109	任务三　现金日报表的编制
109	工作步骤一　现金日报表的格式设计
110	工作步骤二　现金日报表数据的自动生成
112	任务四　银行存款日记账的创建
113	工作步骤一　银行存款日记账的结构设计
113	工作步骤二　数据验证的设置
115	工作步骤三　余额自动计算的设置
116	工作步骤四　本月累计的计算
117	任务五　银行存款余额调节表的创建
117	工作步骤一　银行存款余额调节表的结构设计
118	工作步骤二　银行存款余额调节表的数据设计
118	项目小结
119	项目训练

120　项目四　薪酬管理系统的建立

124	任务一　工资表的制作
125	工作步骤一　工资表的建立
126	工作步骤二　工资项目的设置
129	任务二　工资汇总表的制作
132	任务三　工资费用分配表的制作
134	任务四　银行发放表的制作

136	项目小结
137	项目训练

项目五　固定资产管理系统的设计

143	任务一　固定资产清单的设计
148	任务二　固定资产清单的变动
150	工作步骤一　固定资产的增加
151	工作步骤二　固定资产的调拨
153	任务三　固定资产折旧方法的选择与函数设置
155	工作步骤一　平均年限法计提折旧的运用
160	工作步骤二　双倍余额递减法计提折旧的运用
161	工作步骤三　年数总和法计提折旧的运用
162	任务四　固定资产折旧费用的分配
167	任务五　固定资产卡片账的设计
168	工作步骤一　平均年限法固定资产卡片账的设计
176	工作步骤二　其他固定资产卡片账的设计
182	工作步骤三　固定资产卡片的减少
184	项目小结
185	项目训练

项目六　往来账款管理系统的建立

192	任务一　应收款项表的创建
192	工作步骤一　应收款项表的建立
194	工作步骤二　应收款项到期的判断
195	任务二　应收账款的账龄分析
195	工作步骤一　应收账款账龄的设置
196	工作步骤二　应收账款账龄分析表的创建
198	工作步骤三　坏账准备的计提
199	任务三　应收账款账期金额分析图的创建
202	任务四　应付款项表的创建
202	工作步骤一　应付款项表的建立
204	工作步骤二　应付款项到期的判断
205	任务五　应付账款的账龄分析
205	工作步骤一　应付账款账龄的设置
206	工作步骤二　应付账款账龄分析表的创建
207	任务六　应付款账期金额分析图的创建
209	项目小结
210	项目训练

项目七 成本核算系统的建立

- 212 **项目七 成本核算系统的建立**
- 216 任务一 基础数据表格的编制
- 217 　工作步骤一 基础数据表和费用分配工作表的建立
- 217 　工作步骤二 成本核算有关基础数据的录入
- 222 任务二 材料费用及动力费用的分配
- 224 　工作步骤一 材料费用分配表和动力费用分配表的建立
- 226 　工作步骤二 材料费用和动力费用的分配
- 229 任务三 职工薪酬费用的分配
- 230 　工作步骤一 职工薪酬费用分配表的建立
- 232 　工作步骤二 职工薪酬费用的计算与分配
- 234 任务四 折旧费用的计算与分配
- 236 　工作步骤一 折旧费用的计算
- 239 　工作步骤二 折旧费用的分配
- 243 任务五 辅助生产成本的归集与分配
- 243 　工作步骤一 辅助生产成本的归集
- 246 　工作步骤二 辅助生产成本的分配
- 248 任务六 制造费用的归集与分配
- 249 　工作步骤一 制造费用的归集
- 250 　工作步骤二 制造费用的分配
- 252 任务七 生产费用在完工产品与月末在产品间的分配
- 255 　工作步骤一 完工产品与在产品成本分配表的建立
- 257 　工作步骤二 生产费用在完工产品与月末在产品间的分配
- 259 项目小结
- 260 项目训练

项目八 会计报表的编制

- 264 **项目八 会计报表的编制**
- 266 任务一 科目汇总表的编制
- 266 　工作步骤一 页面的设计
- 267 　工作步骤二 科目汇总表数据的生成
- 273 　工作步骤三 科目汇总表的美化
- 274 　工作步骤四 科目汇总表数据的自动更新
- 274 任务二 科目余额表的编制
- 274 　工作步骤一 科目余额表结构的设计
- 275 　工作步骤二 期初余额链接的调用
- 278 　工作步骤三 本期发生额链接的调用
- 278 　工作步骤四 期末余额的生成
- 279 任务三 利润表的编制
- 280 　工作步骤一 利润表结构的设计
- 281 　工作步骤二 利润表公式的设置

- 282 | **任务四　资产负债表的编制**
- 283 | 　　工作步骤一　资产负债表结构的设计
- 284 | 　　工作步骤二　资产负债表公式的设置
- 285 | **任务五　现金流量表的编制**
- 286 | 　　工作步骤一　现金流量表结构的设计
- 288 | 　　工作步骤二　现金流量表编制的准备
- 290 | 　　工作步骤三　编制现金流量表公式的设置
- 292 | 项目小结
- 292 | 项目训练

- 293 | **主要参考文献**

资源导航

页码	类型	说　明	页码	类型	说　明
003	视频	Excel 基本操作界面	116	视频	计算本月累计
010	视频	工作簿和工作表的操作	117	视频	银行存款余额调节表的数据设计
013	视频	编辑单元格	125	视频	设置数据验证 3
024	视频	数据管理	126	视频	设置岗位工资
030	视频	Excel 的图表与图形	127	视频	设置事假扣款
036	视频	Power BI 应用	130	视频	编制工资汇总表
061	视频	设计页面	133	视频	编制工资费用分配表
063	视频	设置页面到工作表的链接	135	视频	编制银行发放表
069	视频	制作会计科目表	145	视频	固定资产清单结构设计
070	视频	COUNTA 函数	148	视频	固定资产清单结构设计
077	视频	会计凭证表结构	148	视频	固定资产信息录入
079	视频	CONCATENATE 函数	150	视频	固定资产新增、部门间变更
080	视频	定义范围名称	157	视频	已计提折旧月份、固定资产使用状态、条件格式
081	视频	自动显示总账科目	159	视频	平均年限法本月折旧的计算
098	视频	页面背景的设计	163	视频	折旧对应科目确定与折旧费用分配表
099	视频	页面标题的设计	168	视频	固定资产卡片账结构设置
100	视频	设置页面到各个工作表的链接	170	视频	平均年限法固定资产卡片账的设计
102	视频	现金日记账的结构设计	174	视频	平均年限法数据带回的完善
104	视频	设置数据验证 1	176	视频	平均年限法资产卡片生成与累计折旧数据的带回
105	视频	设置条件格式	178	视频	双倍余额递减法资产累计折旧的计算与 VLOOKUP 函数的使用
106	视频	余额自动计算 1	179	视频	年数总和法固定资产卡片设置与 INDEX、MATCH 函数的使用
107	视频	计算本日合计和本月累计	182	视频	工作量法固定资产卡片账的设置
109	视频	现金日报表的格式设计	184	视频	报废固定资产的转出与管理系统的再认识
110	视频	现金日报表数据的自动生成	192	视频	创建往来客户表
113	视频	银行存款日记账的结构设计	193	视频	创建应收款项表
113	视频	设置数据验证 2	194	视频	判断应收款项是否到期
115	视频	余额自动计算 2	195	视频	设置应收账款账龄

续 表

页码	类型	说　　明	页码	类型	说　　明
196	视频	创建应收账款账龄分析表	232	视频	设置职工薪酬费用分配表分配率等公式
198	视频	创建坏账准备计提表	233	视频	职工福利费用的计算
199	视频	创建坏账准备计提表	234	视频	完成职工薪酬费用分配表
199	视频	创建应收账款账期分析图	237	视频	折旧费用分配表结构设计
202	视频	创建供应商往来表	238	视频	本月折旧额的计算
202	视频	创建应付款项表	239	视频	折旧费用的分配
204	视频	计算应付款项是否到期	241	视频	折旧费用分配表格式编辑
205	视频	设置应付账款账龄	244	视频	辅助生产成本明细账的编制
206	视频	创建应付款账龄分析表	246	视频	编制辅助生产成本分配表
207	视频	创建应付款账期金额分析图	249	视频	编制制造费用明细账
217	视频	建立基础数据和费用分配表格	250	视频	编制制造费用分配表
218	视频	录入成本核算有关基础数据	255	视频	建立完工产品与在产品成本分配表
225	视频	材料费用分配表表头设计	257	视频	编制完工产品与在产品成本分配表
226	视频	材料费用分配表应借科目设置	265	视频	康美药业财务造假舞弊
226	视频	材料费用分配表基础数据取数公式设置	267	视频	编制科目汇总表
227	视频	设置材料费用分配表分配率等公式	275	视频	编制科目余额表
230	视频	职工薪酬费用分配表表头设计	281	视频	编制利润表
231	视频	职工薪酬费用分配表应借科目设置	284	视频	编制资产负债表
232	视频	职工薪酬费用分配表基础数据取数公式设置	288	视频	编制现金流量表

项目一　认知 Excel 的基础知识

学习目标

◆ 知识目标

1. 熟悉 Excel 的基本操作。
2. 掌握 Excel 公式和函数的使用方法。
3. 理解 Excel 中图表的处理和数据管理分析。
4. 了解 Excel 宏及其应用方法。
5. 了解 Power BI 的应用方法。

◆ 技能目标

1. 会使用 Excel 的新建、保存、保护工作簿，增加、移动、复制工作表等功能，对工作表进行格式化，编辑单元格。
2. 会使用 Excel 中的公式、函数。
3. 会使用 Excel 进行数据管理与分析，如使用记录单输入数据，对数据进行排序、筛选、分类汇总，创建数据透视表。
4. 会使用 Excel 创建、编辑图表，插入图形，运用艺术字等美化字体。
5. 会使用 Excel 创建宏。
6. 会使用 Power BI 工具，进行数据分析、可视化分析。

◆ 素养目标

1. 坚持立德树人目标，培养热爱祖国、无私奉献的政治认同感和全心全意为人民服务的精神。
2. 坚持社会主义核心价值观，培养遵纪守法、诚实守信，拥有良好的社会公德和职业道德的会计人才。
3. 培养优化意识、独立意识、保密意识、创新意识，关注财务智能化新发展，与时俱进、学思结合、知行合一。

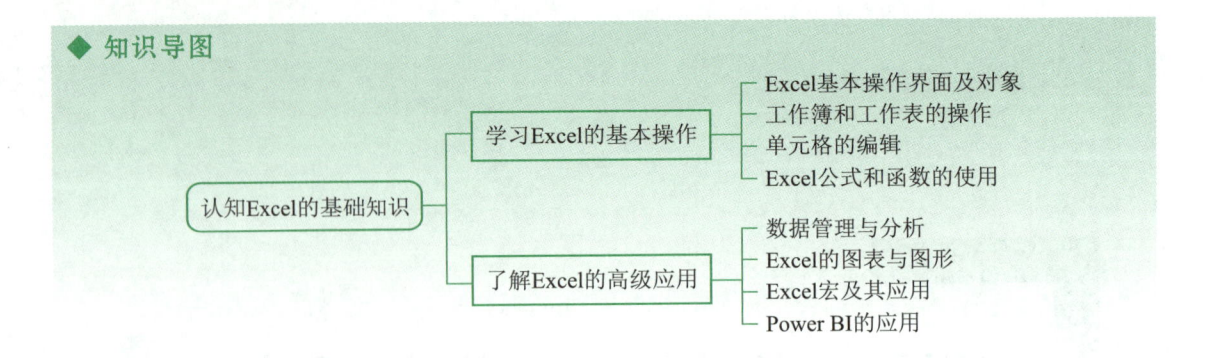

◆ 知识导图

```
                            ┌── Excel基本操作界面及对象
              ┌─ 学习Excel的基本操作 ─┼── 工作簿和工作表的操作
              │                      ├── 单元格的编辑
认知Excel的基础知识 ┤                      └── Excel公式和函数的使用
              │                      ┌── 数据管理与分析
              └─ 了解Excel的高级应用 ─┼── Excel的图表与图形
                                     ├── Excel宏及其应用
                                     └── Power BI的应用
```

知识准备

随着计算机应用在人类社会生活中的全方面普及,面向各行业的计算机应用工具应运而生。电子表格软件为人们提供了一种高效的数据通信、组织、管理和分析工具,备受众人瞩目。作为办公自动化不可缺少的办公软件 Excel 是其中的佼佼者。本项目内容从学生熟悉的计算机应用基础切入,利用 Excel 解决会计实务问题,学习会计电算化的基本理念。

任务一 学习 Excel 的基本操作

Excel 是目前市面上功能强大的电子表格软件,它和 Word、PowerPoint、Access 等软件一起,构成了 Office 办公软件的完整体系。它不仅具有强大的数据组织、计算、分析和统计功能,还可以通过图表、图形等多种形式将处理结果形象地显示出来,并且能够方便地与 Office 其他软件互相调用数据。

利用 Excel 制作会计凭证、创建会计账簿、编制会计报表,解决会计实务问题,可以高效率、高质量地完成工作任务,进而提高综合分析会计问题的能力,拓展解决会计问题的思路。

工作步骤一 Excel 的基本操作界面及对象

一、Excel 的基本操作界面

从启动的 Excel 2016 窗口可以看到,该窗口主要由标题栏、工具栏、编辑栏、单元格区域、状态栏和滚动条等部分组成,具体的位置如图 1-1 所示。

1. 标题栏

标题栏位于工作簿的最上面,显示的是一个 Excel 工作簿文件的名称,如图 1-2 所示。新建一个文件时,系统自动以工作簿1、工作簿2等名称依次类推为工作簿命名,如需要重命名,在保存时进行文件的命名即可。

在标题栏的左端是 Excel 2016 的快速访问工具栏。与 Excel 软件图标按钮相邻,一个控制菜单图标 ，称之为自定义快速访问工具栏图标,单击此图标弹出控制菜单,可实现【新建】、【打开】、【保存】、【另存为】、【输出为 PDF】、【输出为图片】、【打印】、【分享】、【文档加密】、【备份与恢复】、【文档定稿】、【帮助】、【选项】、【退出】的命令。

图 1-1 Excel 初始工作窗口

图 1-2 Excel 标题栏

在标题的最右端有 4 个按钮，分别是【功能区显示选项】、【最小化】、【最大化】（或【向下还原】）和【关闭】按钮。单击【功能区显示选项】按钮可以选择自动隐藏功能区、显示选项卡、显示选项卡和命令；单击【最小化】按钮可以将 Excel 应用程序窗口缩小成一个图标并隐藏在任务栏中，再次单击可以恢复原来的界面；当窗口最大化时，单击【向下还原】按钮可以还原到以前大小的界面，当窗口没有铺满整个屏幕时，单击此按钮可以实现窗口的最大化；单击【关闭】按钮可以实现窗口的关闭。

2. 菜单栏

菜单栏采用下拉、分级的方式分门别类地放置了 Excel 的各种工具选项卡（例如【文件】、【开始】、【插入】、【页面布局】、【公式】、【视图】等）。如单击【文件】，可弹出以下命令：

【信息】命令：保护工作簿、检查工作簿、管理工作簿和浏览器视图选项。

【新建】命令：新建一个工作簿。

【打开】命令：打开一个已经保存的工作簿。

【保存】命令：保存对该工作簿的修改。

【另存为】命令：保存工作簿按指定的格式到文件夹。

【打印】命令：打印工作表、打印机选择和打印设置。

【共享】命令：邀请他人、发送电子邮件（作为附件、PDF 形式、XPS 形式或以 Internet 传真形式）给其他人员。

【导出】命令:创建 PDF/XPS 文档和更改文件类型。

【关闭】命令:关闭工作簿。

【账户】命令:Office 主题(彩色、深灰色或白色)、登录到 Office 即可从任何位置访问您的文档。

【选项】命令:常规、公示、校对、保存、语言、高级、自定义功能区、快速访问工具栏、加载项和信任中心。

如单击【开始】工具选项卡,将弹出所有与文件操作相关的菜单列表,每一个菜单项对应一个具体的功能,在工具栏菜单的下端或右下端有一个下拉按钮,单击这些按钮,可以显示工具栏菜单中没有的菜单命令。

选择菜单命令时,用户除了可以利用鼠标实现外,还可以用键盘操作的方式来实现。用户可以首先按下 Alt 键激活菜单栏,再输入相应菜单名称后面的字母,就可以激活此菜单,输入相应菜单命令后的字母就可以执行该命令。如按下 Alt 键后,按下字母 N 可激活【插入】菜单,然后按下 P 键可执行【插入图片】命令。

3. 工具栏

工具栏位于菜单栏下方,由一系列的工具按钮组成,这些工具按钮有的是文字,有的是图标。工具栏的每个按钮都对应菜单栏中相关的命令,单击此按钮就可以执行该命令,因此使用工具栏可使操作更加简单快捷,而且工具栏的图标也便于记忆,节省了许多工作时间。在工具栏中标记为黑色字体的工具按钮处于激活状态可以使用,而灰色字体的工具按钮是暂时不能使用的。

如果用户使用的工具在工具栏中没有,则单击工具栏右边的扩展箭头就会弹出剩余的命令菜单。如果用户不再需要某个工具栏,可以将其隐藏起来,只要单击【工具】菜单,把相应的工具栏名称左侧的"√"取消就行。

4. 编辑栏

编辑栏由名称框和编辑框组成。名称框显示当前活动的单元格的名称,用来定义当前单元格或单元格区域的地址,或者根据地址查找单元格。如图 1-3 所示,当在单元格 A1 中输入"欢迎!"文本时,则在名称框中显示出活动单元格 A1。

编辑框是输入数据和编辑单元格数据的地方。用户在单元格中输入或者编辑数据时,可首先单击该单元格,然后输入或编辑数据,此时在编辑框中也会显示输入和编辑的数据,单击编辑框旁边的【输入】按钮 ✓,或者按回车键就可以实现对单元格的编辑。

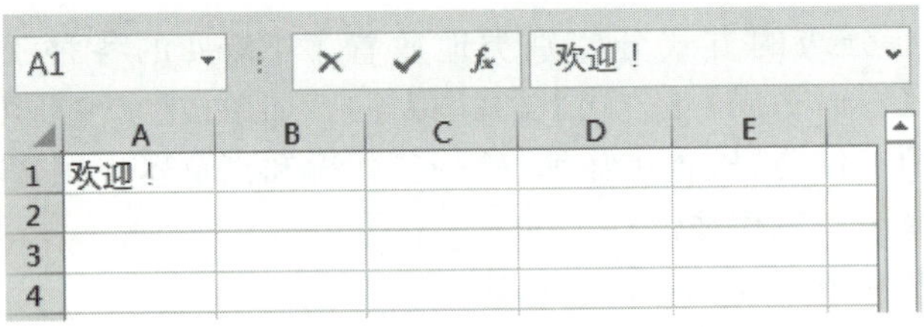

图 1-3 编辑栏中同时显示输入的内容

5. 状态栏

状态栏位于工作窗口的最下端,用来显示 Excel 当前的工作状态,起着对当前操作状态的一个提示作用。如有关命令、工具栏、按钮、正在进行的操作或光标所在的位置等信息。

当用户在单元格内进行编辑时,状态栏就显示"输入"字样,输入完毕后将显示"就绪"字样。在状态栏空白处,右击可以自定义状态栏显示的内容。在状态栏的右下角,可以对工作簿视图进行调整,分别提供了普通视图、页面布局和分页预览 3 种模式供使用者选择。除此之外,使用者还能对单元格的显示比例进行调整。

【提示】

(1) 对话框是计算机与用户进行交流的窗口,在对话框中包括各种各样的选项,如选项卡、复选框、文本框、列表框、命令按钮等,例如选择【页面布局】|【页面设置】命令时就会弹出相应的对话框,各种元素的位置及作用如下。

① 选项卡:代表操作对象的不同属性。

② 文本框:用于直接输入或编辑文本。

③ 列表框:用于显示数据或其他信息。

④ 单选按钮:单选按钮为圆形,每一组单选按钮中只能选择其中一个。

⑤ 复选框:复选框为方形,每一组复选框中可以选择其中的多个选项。

(2) 快捷菜单是用户在使用时,能够快速显示的一种菜单,在 Excel 窗口的不同位置右击,可弹出不同的快捷菜单。在快捷菜单中包含了与用户指定区域最相关的一些命令。不同的命令有不同的快捷菜单,用户可以根据需要选择快捷菜单中不同的命令进行操作。

二、Excel 的操作对象

Excel 的操作对象主要是工作簿、工作表和单元格。

1. 工作簿

工作簿实质上是 Excel 环境中用来存储和处理数据的文件,也叫 Excel 文档。其文件类型为.xls,一个工作簿可以包含最多 255 张工作表,在默认情况下,当打开一个工作簿时,每个工作簿就包含三个工作表,分别命名为"Sheet1""Sheet2""Sheet3",这些工作表标签位于工作簿窗口的底部,用来表示工作簿中不同的工作表,单击不同的工作簿标签,就可以进入相应的工作表;如果用户需要对这些工作表进行重命名,只要双击需要命名的工作表标签,当该名称变成黑色的时候,直接输入新的名称,即可完成对工作表的重命名。

2. 工作表

工作表是指由行和列组成的一个表格。Excel 中每张工作表最多可由 1 048 576 行和 16 384 列构成,其中行号是由上自下从 1 开始进行编号,列号则由左到右用字母 A 到 XFD 进行编号。每一个新建的 Excel 工作簿,软件会自动建立若干个工作表,用户可以将相关内容的表存放在同一个工作簿中,为相关的工作表之间数据的交换与格式的一致性提供了方便。

3. 单元格

工作表中行与列交叉的小方格就是 Excel 的单元格,每张工作表中包括了 1 048 576×16 384 个单元格,单元格的列宽可容纳 255 个字符,行高可达到 409 磅。每个单元格都有对应的地址,例如 B3 表示第 B 列第 3 行的单元格。用户如果要对某个单元格中的内容进行操作,可以单击工作表中相应的单元格,当单元格变成一个黑色的小方框,此时所有的操作就只针对这个单元格,如图 1-4 所示。

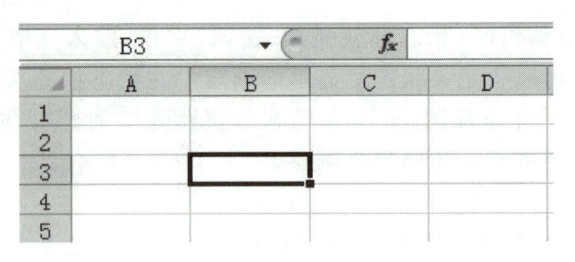

图 1-4　活动单元格

【提示】

由于一个工作簿中有多个工作表,为了区分不同的工作表中的单元格,要在单元格地址前加上相应工作表的名称,并且工作表名称与单元格之间必须用"!"隔开,如"Sheet3!B4"表示在Sheet3工作表中的B4单元格。

工作步骤二　工作簿和工作表的操作

工作簿是 Excel 的门户,要想运用 Excel 进行操作,首先需要创建一个新的工作簿。而一个工作簿中含有多张工作表,这样用户就可以将相关的表保存于同一个工作簿中,以避免多次存取的麻烦,并为相关的工作表之间数据的交换和保持格式的一致性提供了方便。

一、新建工作簿

如何启动 Excel 应用程序呢?在新建 Excel 工作簿的方法上,大家可能都有自己习惯的方法,下面我们介绍新建 Excel 工作簿的方法。

双击桌面上的快捷方式(如果桌面上没有快捷方式,可以使用下面的方法)来添加快捷方式:【开始】|【所有程序】|Excel 2016(右击)|【发送到】|【桌面快捷方式】。右击桌面空白处,弹出桌面快捷菜单,选择【新建】|【Microsoft Excel 工作表】命令,如图1-5所示。

图 1-5　使用快捷方式新建工作簿

在桌面上依次选择【开始】|【所有程序】|Excel 2016(右击)。同样可以打开一个新建的 Excel 工作簿。

如果你已打开一个 Excel 工作表,单击【文件】按钮,选择【新建】工具按钮,或者按 Ctrl+N 组合键也可以创建一个新的 Excel 工作簿。

二、保存工作簿

单击【文件】按钮,从弹出的菜单中选择【保存】选项,即可保存工作簿;也可以直接使用快捷键 Ctrl+S 组合键直接保存正在编辑的工作簿。

三、保护工作簿

如果要对该工作簿赋予一定的权限,即对工作簿进行保护,则单击【文件】按钮,选择【另存为】命令,选择存储位置为【这台电脑】,在弹出的对话框下方选择【工具】命令,如图 1-6 所示。

在下拉菜单中选择【常规选项】命令,弹出如图 1-7 所示的对话框,对话框中"打开权限密码"是指用户下次打开时需要输入的密码,"修改权限密码"是指打开工作簿后,在对工作簿进行修改时需要输入的密码。用户根据自己的需要设定密码,设置好之后单击【确定】按钮,就完成相应的权限设定了。当下次再打开这个工作簿时,就会提示你输入打开或者修改权限密码,如果不知道该密码的人就打不开这个工作簿,或者无法对其中的数据进行修改。

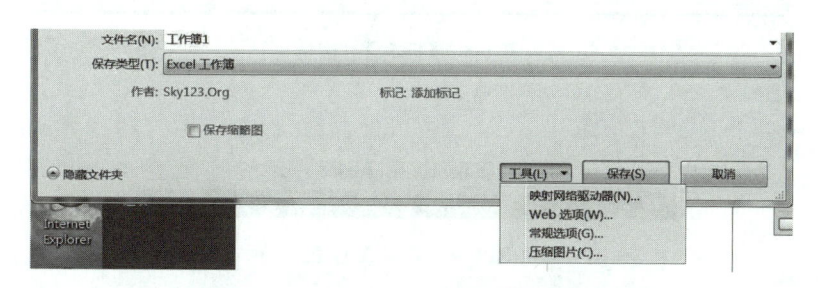

图 1-6 【另存为】对话框

图 1-7 【常规选项】对话框

四、增加工作表

在工作中,有时候需要建立更多的工作表,此时,只要单击工作表标签旁边的【新工作表】按钮 Sheet1 Sheet2 ⊕ ,即可增加一张新的工作表;或者右击工作表标签,在弹出的快捷菜单中选择【插入】命令,如图 1-8 所示,从弹出的对话框中选择工作表图标,单击【确定】按钮就可以增加工作表了。

五、移动工作表

在工作中,为了满足使用的需要,有时候需要调整工作表的次序,此时只要单击需要调整的工作标签,并按住鼠标左键,使其出现一个向下的箭头,如图 1-9 所示,然后将其移动到需要的位置即可。

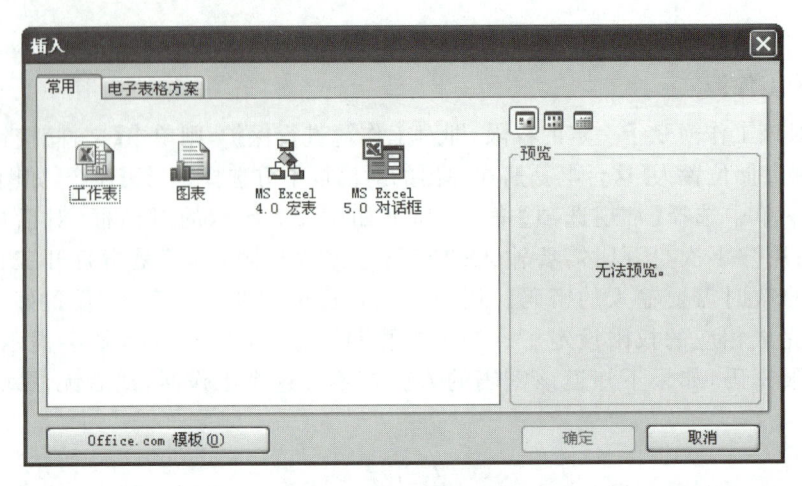

图 1-8 【插入】对话框

图 1-9 移动工作表

六、移动或复制工作表

工作表的复制与工作表的移动操作相似,单击需要复制的工作簿标签之后,再同时按住鼠标左键和 Ctrl 键,在工作表标签的前面即可出现一个向下的箭头,拖动鼠标至适当的位置后松开鼠标和 Ctrl 键,即完成对工作表的复制,新的工作表会被自动命名为以前工作表的名称后面加上"(2)",例如"Sheet1"工作表被复制以后会被命名为"Sheet1(2)"。

还有一种方法,即在工作簿中右击要复制的工作表标签,在弹出的快捷菜单中选择【移动或复制(M)】命令,弹出如图 1-10 所示的对话框:选中【建立副本】复选框,再确定需要把工作表复制的位置,比如要把工作表移动到 Sheet2 和 Sheet3 之间,就需要选择把工作表放在 Sheet3 之前,然后单击【确定】按钮就完成了对工作表的复制。

图 1-10 【移动或复制工作表】对话框

七、隐藏和显示工作表

1. 隐藏工作表

打开需要隐藏的工作表,右击工作表标签,在弹出的快捷菜单中选择【隐藏】命令,即可完成对目标工作表的隐藏;或者选择工具栏中的【单元格】|【格式】命令,再在弹出的菜单中选择【隐藏和取消隐藏】|【隐藏工作表】命令即可,如图 1-11 所示。

2. 显示隐藏的工作表

同样是右击工作表标签,在弹出的快捷菜单中选择【取消隐藏】命令,在弹出的【取消隐藏】对话框中选择需要重新显示的工作表;或者选择【格式】|【隐藏和取消隐藏】|【取消隐藏工作表】命令来完成。

隐藏/显示工作表的行或列。选定需要隐藏的行或列,即将光标移至需要选定的行号或列号上,待光标变成指向该行的箭头时,单击鼠标左键即可选择该行或列,在工具栏中选择【格式】命令,在弹出的菜单中选择【隐藏行/列】或【取消隐藏行/列】命令,即可完成对工作表中行(列)的隐藏或打开。在图 1-11 中,该工作表的第 3 至 7 行就被隐藏了。

图 1-11 隐藏行

八、工作表的格式化

工作表的格式化是指对工作表进行排版,经过格式化操作后使工作表更加美观、实用,符合要求或是突出一些重点项目,使用户对工作表一目了然。

1. 自动套用格式化

在默认条件下,Excel 为用户提供了若干种格式,用户在编辑完成一张工作表后,可以套用 Excel 提供的格式,实现工作表的自动格式化。具体操作如下:

首先,按住鼠标左键拖动选择需要格式化的区域,再选择工具栏中的【样式】|【套用表格格式】选项,弹出选项菜单,当选中所需要的格式后,单击【确定】按钮就行了。

2. 条件格式化

有时候为了突出显示工作表中某一部分单元格的值,可以用条件格式化标记单元格。例如对现金收付大于 10 000 的单元格用浅红色标记。具体操作如下:首先选择要格式化的单元格,在工具栏中选择【样式】|【格式】|【条件格式】|【突出显示单元格规则】|【大于】命令,弹出如图 1-12 所示的对话框:在文本框中输入 10 000,设置为浅红色填充,单击【确定】按钮即可。

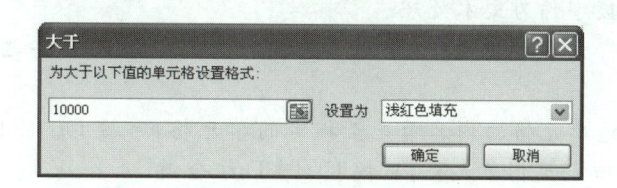

图 1-12 【大于】条件格式对话框

九、保护工作表

对于一些不适合公开的工作表,可以对其设置相应的密码,进行相应的保护,使其阅读权限受到限制。具体操作步骤如下:

(1) 单击需要保护的工作表,选择【审阅】|【保护工作表】命令,打开【保护工作表】对话

框。如图 1-13 所示。

（2）在【取消工作表保护时使用的密码】文本框中输入密码，并在【允许此工作表的所有用户进行】复选框中选择相应选项，然后单击【确定】按钮，打开【确认密码】对话框，再次输入密码，单击【确定】按钮就完成了对工作表的保护。

（3）如果需要撤销工作表的保护，先单击受保护的工作表，选择【审阅】|【撤销工作表的保护】命令，打开【撤销工作表的保护】对话框，输入密码，单击【确定】按钮就行了。

图 1-13　【保护工作表】窗口

工作步骤三　单元格的编辑

工作表是工作簿的基础，而单元格又是工作表的基础，对工作表的操作都是通过对单元格的操作来完成的。

一、输入文本

这里的文本可以是汉字、英文字母，也可以是文本性质的数字。每个单元格最多可包含 32 000 个字符。输入基本的汉字和英文字母，只要双击目标单元格即可输入；或者是在编辑栏中输入相应的内容，再单击左边的 ✓ 按钮就可以输入了。一个单元格中，最大可存放 21 页的文档。Excel 在默认的情况下，文本会与单元格左侧对齐。例如，在单元格中输入文本"个人笔记本电脑"，输入结果如图 1-14 所示。

图 1-14　输入文本

【提示】

（1）如果要在单元格中输入文本型数据，只需要在输入的数字之前先输入一个单引号，这样 Excel 就会把该数字作为文本处理。

（2）如果要在两行文字之间换行（单元格内换行），只要在两个字之间使用 Alt＋Enter 组合键。

（3）如果要将左边单元格的内容填充至指定的单元格，可按 Ctrl＋R 组合键，如果需要将上方单元格的内容填充至指单元格，可按 Ctrl＋D 组合键。

二、数据的输入

Excel 中的数值是指可用于计算的数据，常见的有整数、小数、分数和逻辑值等。数值中可以含有"＋""－""％"和"￥"等符号。在单元格中输入数值后，数值将自动靠右对齐。如果输入的数字超过 11 位，将自动变成类似于"1.23E＋11"的科学记数法形式；如果输入的数字小于 11 位但单元格的宽度不够容纳其中的数字时，将以"＃＃＃＃＃"的形式表示。通常情况下，我们将这些数值统称为数据，后面谈到的数据都是指这类除文本类以外的数值。

在 Excel 的单元格中,可以输入两种数据,即常量和公式。输入常量的方法与输入文本的方法相同,即选中要输入数值的单元格后,直接输入数值或在编辑栏中输入数值,完成输入后,再按回车键即可。如果在单元格中直接输入公式,需要先输入"＝"开始,然后再输入公式内容,最后按回车键结束公式的输入,此时在单元格里就会看见公式的计算结果。

对于数据的输入需要注意以下 3 种情况：

（1）在输入分数时,为了避免输入的分数被视为日期,需要在输入分数之前先输入"0",再输入一个空格,然后输入分数。例如要在单元格 A4 中输入分数"1/10",先输入"0",再输入一个空格,然后输入"1/10",最后按回车键,其对比结果如图 1-15 所示。

图 1-15　分数的输入

【提示】

在默认情况下,Excel 会自动将数据沿单元格右侧对齐,文本自动左对齐。

输入分数还有另外一种方法,即选中需要输入分数的单元格并右击,在弹出的快捷菜单中选择【设置单元格格式】命令,弹出【设置单元格格式】对话框;选中【数字】选项卡,在【分类】列表框中选择【分数】选项。

（2）对于负数的输入,一般可以在数字前直接加"－"号,但是如果这个负数是分数,则需要将这个分数先加上括号,再在前面加上"－"号。

（3）若需要输入小数,并设置其显示方式和小数位数等特殊数据时,具体操作如下:选中要输入特殊数据的单元格并右击,在弹出的快捷菜单中选择【设置单元格格式】命令,打开【设置单元格格式】对话框,如图 1-16 所示;单击【数字】选项卡,在【分类】列表框中选择所需要的类型,如选择【数值】选项,并在【小数位数】数值框中输入"2",单击【确定】按钮即可出现相应的小数。

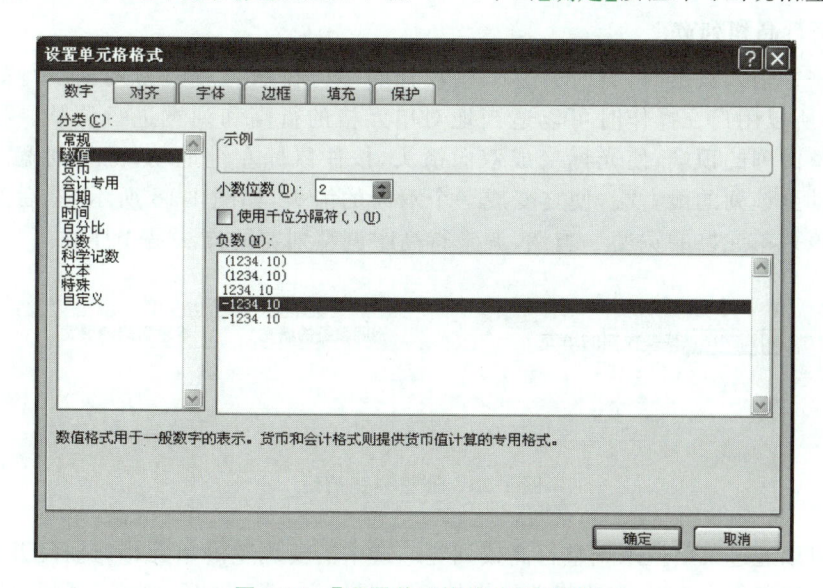

图 1-16　【设置单元格格式】对话框

在 Excel 中，对于一般的数据只能一个一个地输入；但是对于那些有序的、相似的或相同的数据的输入，就可以利用数据的填充来实现快速输入。数据的填充操作是指在工作表中快速生成一定关系的数据。

数据填充可以分为以下三种情况。

1. 填充相同数据的操作

在 Excel 工作表中，选定输入起始数据的单元格，输入其数据，再把光标放在该单元格的右下角，这时光标会变成“＋”标记。然后向右或向下拖动鼠标，这样所经过的单元格就会显示出该单元格中被填充的内容。单击最后一个单元格右下角的【自动填充选项】图标，出现一个快捷菜单，提示选择填充方式，选择“复制单元格”方式填充(系统默认的是“以序列方式填充”)。例如从 A2 到 A7 都填充数字“3”，先在 A2 单元格中输入“3”，等到鼠标光标变成“＋”标记，按住鼠标左键并向下拖动至 A7 单元格，填充结果如图 1-17 所示。

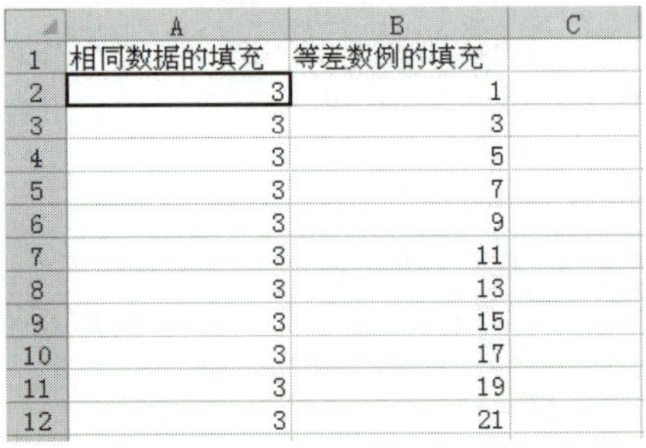

	A	B	C
1	相同数据的填充	等差数例的填充	
2	3	1	
3	3	3	
4	3	5	
5	3	7	
6	3	9	
7	3	11	
8	3	13	
9	3	15	
10	3	17	
11	3	19	
12	3	21	

图 1-17 自动填充

2. 等差数列的填充

Excel 的自动填充对于呈等差数列的序列数同样适用，只是需要在输入起始数据时，至少要输入两个数据。例如：在起始单元格输入“1”和“3”，然后选中这两个单元格，并把光标移到单元格的右下角，当光标变成“＋”标记时，按住鼠标左键向下拖动，填充了所选区域后松开鼠标即可。填充结果如图 1-17 所示。

3. 使用【填充】命令填充复杂的数据

选定起始单元格，选择菜单栏中的【开始】|【填充】|【系列】命令，弹出系列对话框。在【序列】对话框中，如选中【行】和【等比数列】“单选”按钮，输入“步长值”和“终止值”分别为“3”和“27”，单击【确定】按钮；再选中【列】和【等差数列】单选按钮，输入“步长值”和“终止值”分别为“5”和“36”，单击【确定】按钮，填充结果就会自动显示在相应的单元格内。

三、调整行高和列宽

在单元格中输入数据时，有时会有一些较长的字符在输入后因为列宽或行高的原因被隐去一部分，所以用户在操作时可以适当地对单元格的行高和列宽进行调整。将鼠标光标移到将要调整的列的顶端，使光标变成双向箭头，按住鼠标左键拖动，调整列宽。还可以把鼠标光标移动到该列的最右端，使之变成一个双向的箭头，如图 1-18 所示，然后左右拖动鼠标即可调整该列单元格的宽度。当然，调整行高跟调整列宽的方法是一样的。

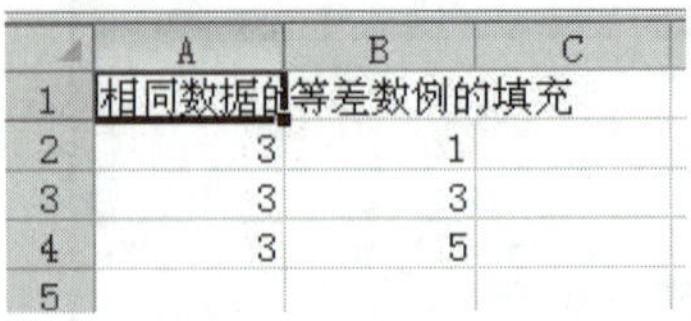

	A	B	C
1	相同数据的	等差数例的填充	
2	3	1	
3	3	3	
4	3	5	
5			

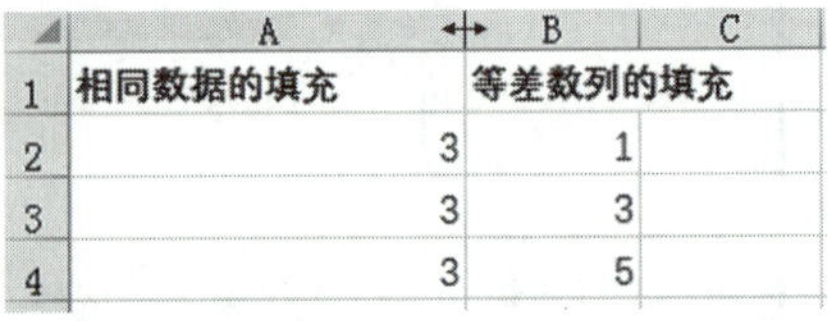

	A	B	C
1	相同数据的填充	等差数列的填充	
2	3	1	
3	3	3	
4	3	5	

图 1-18 调整列宽前后

用户还可以通过菜单栏来调整行高或列宽。选中需要调整的单元格，选择【开始】|【格式】|【行高】/【列宽】命令。例如，需要将单元格的行高调整为 25.5 厘米，则选择【行高】命令，在弹

出的【行高】对话框中的【行高】文本框中输入"25.5",如图 1-19 所示,单击【确定】按钮。

图 1-19　【行高】对话框　　　　图 1-20　插入单元格、行或列

四、增加行、列和单元格

在工作表的编辑过程中,有时需要添加行、列或单元格,只需要选中需要添加行或列的单元格,再在菜单栏中选择【开始】|【插入】|【插入单元格】/【插入工作表行】/【插入工作表列】命令即可,如图 1-20 所示。

工作步骤四　Excel 公式和函数的使用

Excel 是一款非常强大的数据处理软件,其在数据处理、计算功能方面能力不凡,从简单的四则运算到复杂的财务运算、统计分析,都可以通过相应的函数来完成。所以在 Excel 中,公式和函数是比较重要的知识,了解并掌握它们对以后的学习有很大的帮助。

一、公式的使用

公式中元素的结构或次序决定了最终的计算结果。在 Excel 中,运用公式一般都遵循特定的语法或次序,在输入过程中,通常以"="开始,再输入公式中的各个运算元素,每个元素可以是改变或不改变的数值、单元格或引用单元格区域、名称或工作函数,这些参与运算的元素都是通过运算符隔开的。

1. 公式中常用的运算符

公式中常用的运算符主要包括加、减、乘、除、大于、小于、等于、百分号等,具体如表 1-1 所示。

表 1-1　　　　　　　　　　　　　运算符

运算符	名　称	用　途
＋	加号	加
－	减号	减,也可表示负
＊	星号	乘
／	斜杠	除
＞	大于号	大于
＜	小于号	小于
≠	不等号	不等于
≤	不大于号	小于或等于
≥	不小于号	大于或等于
∧	脱字号	求幂
＆	文本串连符	连接两串文本

【提示】

在 Excel 中,有时候可能一个公式里包含多个运算符,这时就需要按照一定的优先顺序进行计算。对于相同优先级的运算符,将按从左到右的顺序进行;如果将需要计算的部分用括号括起来,可以提高优先顺序。

2. 公式的输入

选定要输入公式的单元格,通常以输入"="开始,表明此时单元格输入的内容是公式,再输入公式的内容,按回车键完成输入。

此外,还可以使用公式选项输入公式。如果创建含有函数的公式,那么公式选项板有助于输入工作表函数。当在公式中输入函数时,公式选项会显示函数的功能和名称、每个参数和参数的描述、函数当前的结果和整个公式的结果。在菜单栏中选择【公式】|【插入函数】命令,就会弹出【插入函数】对话框(图 1-21),用户选择相应的函数后,单击【确定】按钮,会弹出如图 1-21(右图)所示的【函数参数】对话框。输入相应的参数后,单击【确定】按钮。

图 1-21 【插入函数】对话框

二、函数的使用

在 Excel 中,函数实际上就是定义好的公式,系统提供了大量现成的函数,可供用户参考使用。这些函数的运算能够满足各种日常办公、财务、统计和各种报表等所需要的计算。

在 Excel 中的函数可以分为:常用函数、财务函数、日期和时间函数、数学与三角函数、统计函数、查找与引用函数、数据库函数、文本函数、逻辑函数和信息函数等。

在 Excel 中,函数的创建方法有两种,一种是直接在单元格中输入函数的内容,这种方法需要用户对函数有足够的了解;另一种方法是使用【公式】|【插入函数】命令,这种方法比较简单,它不需要对函数进行全面的了解,而是以提供函数供用户选择的方式进行创建。下面对这两种方法分别介绍。

第一种方法:直接输入。

如果用户对某一函数比较熟悉,并且了解该函数的各个参数,就可以通过直接输入将函数输入公式中。用户需要先选择输入函数公式的单元格,以等号"="开头,然后输入函数的各个参数即可。

例如,在单元格 C4 中输入求积函数,用来求出 A2 和 B2 单元格数值的积。

选择单元格 C4,输入公式"=A2*B2",如图 1-22 所示。

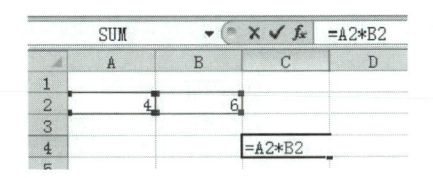

图 1-22　直接输入公式

按回车键,或单击编辑栏中的【输入】按钮 ✓,则可在 C4 单元格中显示计算结果。

第二种方法:插入函数。

当用户不能确定函数的拼写时,则可以使用插入函数方法来插入函数,这种方法不需要用户输入,直接插入函数即可。插入函数是通过函数指南来完成输入的,其操作方法如下:

首先,选择需要插入函数的单元格。

其次,选择【公式】|【插入函数】命令,或者单击编辑栏上的【插入函数】图标 fx,弹出如图 1-23 所示的【插入函数】对话框。

图 1-23　【插入函数】对话框

【提示】

如果不知道所需要的函数是什么类型,可在【搜索函数】文本框中输入与函数有关的一些文字性描述,然后单击【转到】按钮即可。如果知道所需函数类型,可单击【选择类别】下拉列表框,选择函数类型。

然后,在【选择函数】下拉列表框中选择所需要的函数,Excel 会自动在列表框下面显示所选函数的有关说明。

最后,单击【确定】按钮,即可弹出【函数参数】对话框,如图 1-24 所示,在此对话框中要求用户选择函数的参数。选择好函数参数后,单击【确定】按钮,在单元格内就会显示计算结果。

三、公式与函数运算的常见错误

在公式或函数的运用过程中,有时会因为公式或函数的设置以及人为因素造成单元格中出现错误信息。当出现错误时,Excel 会给出一些提示,以帮助用户找出错误的原因。

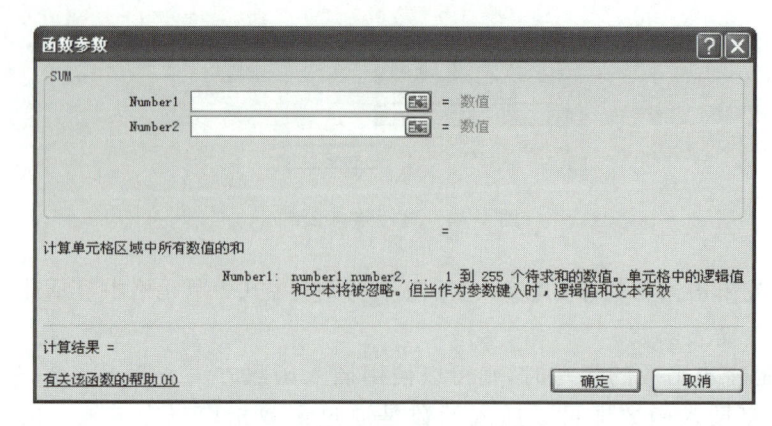

图 1-24 【函数参数】对话框

常见的错误信息提示包括：

（1）"#####！"：输入单元格的数值太长，在单元格中显示不下，可以通过修改列宽来修正。

（2）"#VALUE！"：使用了错误的参数和运算对象类型。

（3）"#DIV/0！"：公式被 0 除时。

（4）"#NAME！"：公式中产生不能识别的文本，产生的错误值。

（5）"#N/A"：函数或公式中没有可用的数值，产生的错误值。

（6）"#REF！"：单元格引用无效。

（7）"#NUM！"：公式或函数中的某个数字有问题。

（8）"#NULL！"：试图为两个并不相交的区域指定交叉点时产生的错误值。

四、会计业务处理中的常用函数

利用 Excel 提供的大量财务函数进行数据的运算，将使数据的运算操作更加简便。在运用这些函数时，用户只需要在【函数参数】对话框中输入相关的参数即可。这不仅提高了工作效率，还能加深用户对函数的认识，为以后的工作提供便利。

（1）求和函数 SUM。

函数格式为：SUM(Number1，Number2，Number3，…)。

功能：求参数表中所有参数的和。

（2）求平均值函数 AVERAGE。

函数格式为：AVERAGE(Number1，Number2，Number3，…)。

功能：求解参数表中所有参数的平均数。

（3）求最大值函数 MAX。

函数格式为：MAX(Number1，Number2，Number3，…)。

功能：找出一组数据中的最大值。

（4）求最小值函数 MIN。

函数格式为：MIN(Number1，Number2，Number3，…)。

功能：找出一组数据中的最小值。

（5）净现值函数 NPV。

净现值函数 NPV 是基于一系列的现金流和固定的各期贴现率，返回一项投资的净现值。投资的净现值是指未来各期收入和支出的当前值的总和。

函数格式为:NPV(Rate，Value1，Value2，…)。

功能:在已知未来连续期间的现金流量及贴现率的条件下，计算某项投资的净现值。投资的净现值是指未来各期支出和收入的当前值的总和。

Rate:投资或贷款的利率或贴现率，即未来各期现金流量折算为现值的利率，也叫作必要报酬率或资本成本率。

Value1，Value2，…:对于一项投资各期收回的金额，代表各期的现金流量。各期的时间间隔长度必须相等，且现金流量和流出时间均发生在期末。各期的现金流量顺序和Value1，Value2，…的顺序相同。

例如，某人想开一店铺，前期投入 70 万元。以后 5 年每年收入分别为 15 万元、17 万元、20 万元、18 万元、19 万元，无风险利率为 5%，试分析该投资是否有利可图。

具体操作如下:选择【公式】|【插入函数】命令，调出 NPV 函数，输入 rate 值和 Pmt 区域，按回车键即可完成。最后其运算结果如图 1-25 所示。

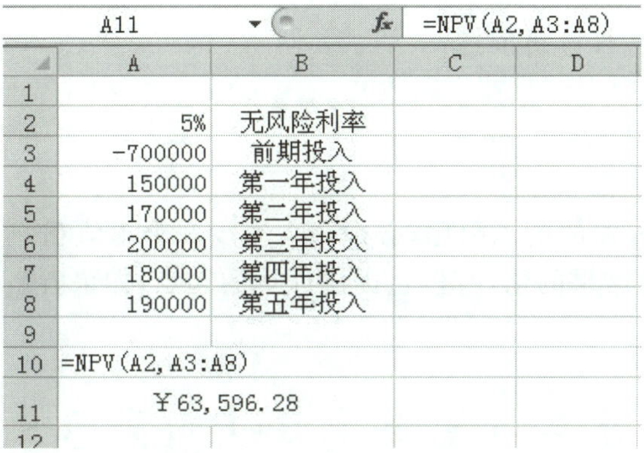
A11　=NPV(A2, A3:A8)

	A	B	C	D
1				
2	5%	无风险利率		
3	-700000	前期投入		
4	150000	第一年投入		
5	170000	第二年投入		
6	200000	第三年投入		
7	180000	第四年投入		
8	190000	第五年投入		
9				
10	=NPV(A2, A3:A8)			
11	￥63, 596. 28			
12				

图 1-25　投资净现值计算结果

根据运算结果可知，该项投资的净现值是正的，是有利可图的。

(6) 终值函数 FV。

FV 函数是基于固定利率和等额分期付款方式的，它计算的是某项投资的未来值。

函数格式:FV(Rate，Nper，Pmt，Type)。

功能:计算一次性给付或等额定期支付的投资在将来某个日期的值。

Rate:投资或贷款的利率或贴现率。

Nper:总投资期限，即该项投资付款期限总数。

Pmt:各期应支付的金额，其数值在整个投资期内保持不变。通常 Pmt 包括本金和利息，但不包括其他费用和税款。

Pv:现值，为一系列未来付款的当前值的总和，也称本金。若省略 Pv，则假设其值为 0。不能同时省略 Pmt 和 Pv 值。

Type:数字 0 和 1，指定未来每期付款是在期初还是在期末。0 表示在期末，1 表示期初，若省略 Type，则其假设值为 0。

(7) DB 函数(固定余额递减法)。

函数格式:DB(Cost，Salvage，Life，Period，Month)。

功能：计算资产在给定期间内的折旧值。
Cost：资产的初始值。
Salvage：资产在折旧期后的剩余价值（残值）。
Life：计算的折旧期限。
Period：需要计算的单个时间周期（就是需要计算第几年的折旧额）。
Month：第一年的月份数。

(8) SLN 函数（直接折旧法）。

函数格式为：SLN(Cost，Savage，Life)。
功能：计算资产的每期直线折旧费。
Cost：资产的初始值。
Salvage：为资产在折旧期后的剩余价值（残值）。
Life：计算的折旧期限。

(9) SYD 函数（年数总和法）。

函数格式：SYD(Cost，Savage，Life，Per)。
功能：按年数总和法计算折旧额。

(10) IRR 函数（返回内部收益率函数）。

函数格式：IRR(Valuers，Guess)。
功能：计算投资的内部收益率。
Values：数组或单元格的范围引用，必须包含至少一个正值和一个负值。
Guess：对函数计算结果的估计值，它提供计算的起点，如果省略，则假设该值为 10%。

任务二　了解 Excel 的高级应用

工作步骤一　数据管理与分析

在输入数据时，一般情况下，用户应先选择一个单元格，然后输入相应的内容。但是，当需要输入的数据较多时，手动输入数据不仅工作量大，还会使工作中出现错误的可能性变大。此时如果选择 Excel 的记录单功能来进行数据的录入工作，会使工作变得十分简单。另外，使用 Excel 记录单功能还可以实现数据的添加、删除、修改和查询。

一、使用记录单输入数据

记录单可以提供简单的方法在数据清单中一次输入或显示一个完整的信息行，也叫作记录。在使用数据清单向新数据单添加记录时，这个数据清单在每一列上面必须有标志。Excel 使用这些标志来生成记录单上的字段。

一般在 Excel 的工具栏中无法看到【记录单】按钮，用户需要自己将其添加到快速工具栏中去。其方法如下：选择【文件】|【选项】|【自定义功能区】，在【从下列位置选择命令】下拉列表框中选择【不在功能区中的命令】选项，找到【记录单】按钮，单击【添加】按钮，再单击【确定】按钮，关闭对话框，即可将【记录单】添加到快速工具栏上。

例如，ABC 公司销售客户统计表的制作。

新建一张工作表，将其命名为"ABC 公司销售额统计表"，然后在工作表中分别输入"资产代码""资产名称""产地""账面价值""预计使用年限""已使用年限""残值",如图 1-26 所示。

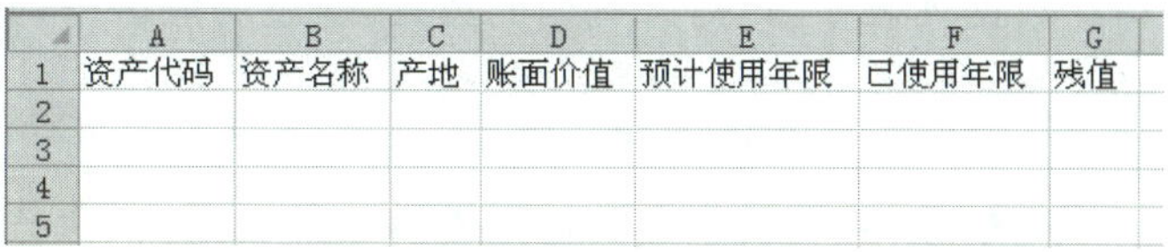

图 1-26　建立工作表结构

（1）选择 A1 单元格，然后单击【记录单】按钮，打开记录单对话框，如图 1-27 所示。

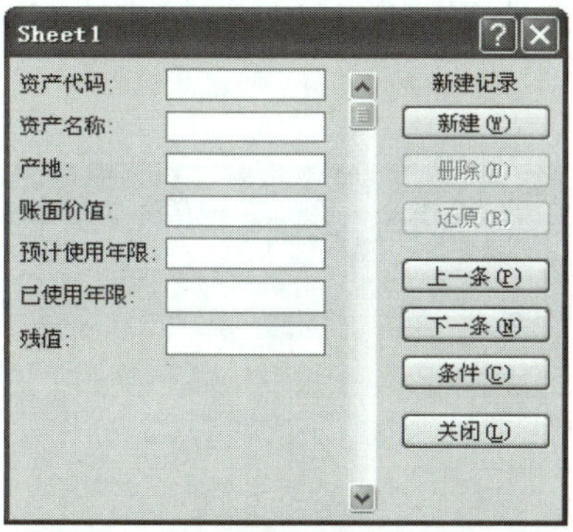

图 1-27　【记录单】对话框

（2）在记录单对话框的左侧列出了数据库结构的内容，其中每一项内容对应一个文本框，用户只需要在文本框中输入数据的内容即可。

（3）每输入一条记录后单击【新建】按钮即可接着输入下一条记录，输入完毕之后，单击【关闭】按钮即可完成记录的输入。

（4）如果用户要对输入的数据进行修改，可以先选定数据表中的任意单元格，再单击【记录单】按钮，通过单击【上一条】或【下一条】按钮，或者拖动滚动条来进行记录定位。选定要修改的记录后，对其进行修改。

（5）如果需要删除某条记录，在选定某条记录后，单击记录单对话框中的【删除】按钮即可。

二、建立数据列表

在 Excel 中，数据库是通过数据列表或数据清单来实现的。数据列表是包含一行列标题和多行数据，并且每行每列数据的类型和格式完全相同的 Excel 工作表。数据列表中的列对应数据库中的字段，列标志对应数据库中的字段名称，每一行对应数据库中的一条记录。

为了使 Excel 自动将数据列表当作数据库，构建数据列表的要求主要有：

（1）列的标志位于数据列表的第一行，用以查找和分析数据、创建图表。

（2）同一列中各行数据项的类型和格式应完全相同。

（3）避免在数据列表中间放置空白的行或列，但需将数据列表和其他数据隔开时，应在它们之间留出一个空白的行或列。

（4）尽量在一张工作表上建立一个数据列表。

三、数据排序

数据的排序是指在数据列表中，针对某些列的数据，通过功能区中的"排序"命令来重新组织行的顺序。

1. 快速排序

如果数据列表由单列组成，只要选定该数据列表内任意单元格，执行功能区中的排序命令。需要注意的是，如果数据列表由多列组成，在数据列表中选定需要排序的各行记录，再执行功能区中的排序命令。否则，数据列表中光标所在列的各行数据将被自动排序，但每一条记录在其他各列的数据并未随之相应调整，记录将会出现错行的错误。

选中要排序的数据源所在"A"列，单击【数据】|【排序和筛选】左侧的按钮，即可选择按升序或降序排列，如图1-28所示。

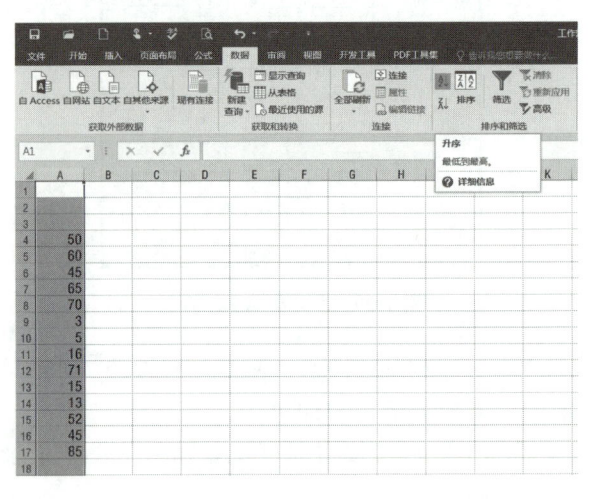

图1-28 排序和筛选

2. 自定义排序

要进行数据自定义排序的操作，可在【数据】功能区中打开【排序】命令，在【排序】对话框中选定排序的条件、依据和次序即可。在Excel中，选择B列，单击【数据】功能区中打开【排序】命令，在【排序】对话框中，在【给出排序依据】里选中【扩展选定区域】，点击排序按钮即可，如图1-29所示。

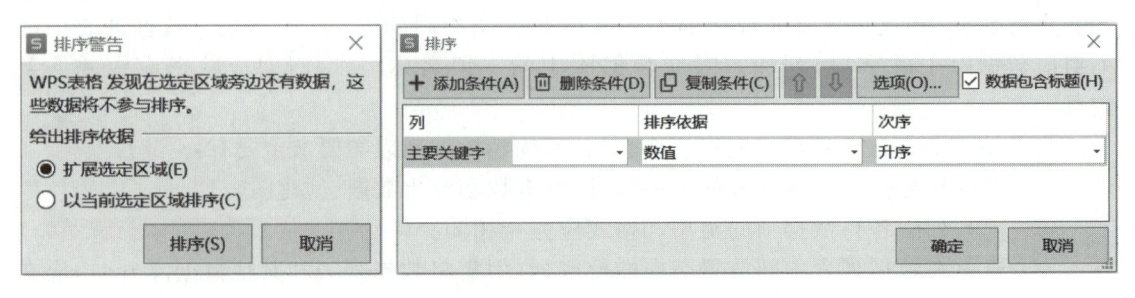

图1-29 【排序】对话框

四、快速分析筛选

在 Excel 中进行数据查询时,人们一般采用排序或者是条件格式的方法。排序是重排数据清单,将符合条件的数据靠在一起;条件格式是将满足条件的记录以特殊格式显示。这两种查询方法的缺点是不想查询的数据也显示出来,从而影响查询的效果。

财务数据往往是复杂的、繁冗的,工作人员经常需要在密密麻麻的数据中找出一些符合条件的数据,有没有一种更加简便的方法呢?这就需要用到 Excel 的筛选功能。筛选功能可以使 Excel 工作表只显示符合条件的数据,而隐藏其他的数据,是一种查找数据的快速方法。

Excel 提供了两种数据的筛选操作,即自动筛选和高级筛选。

1. 自动筛选

自动筛选一般用于简单的条件筛选,筛选时将不满足条件的数据暂时隐藏起来,只显示符合条件的数据。要进行数据自动筛选的操作,可单击工作表内任意单元格,再单击【数据】工具选项卡下的【筛选】命令,这时工作表的字段名称所在的单元格就会出现筛选按钮;单击该筛选按钮,在弹出的快捷菜单中勾选出符合筛选条件的选项,最后单击【确定】按钮即可。如图 1-30 所示。

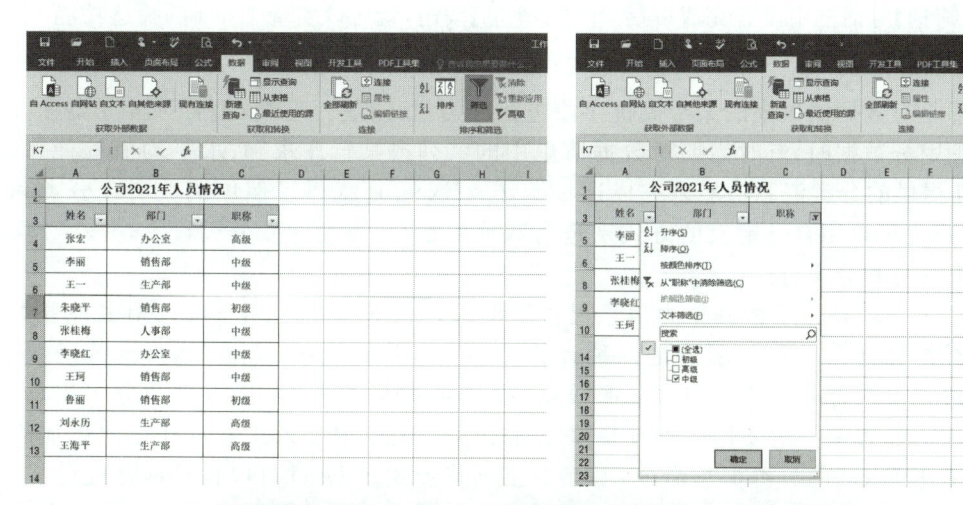

图 1-30 【筛选】对话框

2. 高级筛选

高级筛选一般适用于条件较复杂的筛选操作,其筛选的结果可显示在原数据表格中,不符合条件的记录被隐藏起来;也可以在新的位置显示筛选结果,不符合条件的记录同时保留在数据表中而不会被隐藏起来,这样就更加便于进行数据的比对了。高级筛选的操作方式如下:首先,单击工作表内任一单元格,选择【数据】|【排序与筛选】|【高级】命令,弹出【高级筛选】对话框,对话框中有 3 个区域,分别是"列表区域""条件区域""复制到"(即结果区域),如图 1-31 所示。

"列表区域"是指需要进行高级筛选的数据列表,该表需要符合筛选数据库的格式,即第一行是列标题,每列代表一个类型的数据。"条件区域"至少由 2 行组成,第 1 行是标题行,第 2 行和其他行是输入的筛选条件;"条件区域"最好放在筛选区域的上方或者下方,并至少留一个空行与之相隔。"复制到"也包含标题行,它只能放在执行高级筛选命令的工作表上,这一点限制了高级筛选的运用。

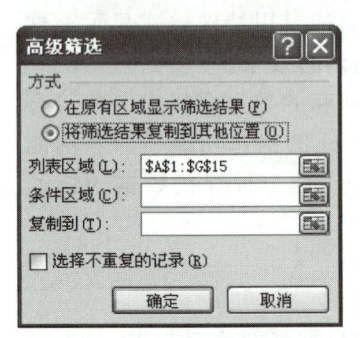

图 1-31 【高级筛选】对话框

在【高级筛选】对话框中设置完成以后,单击【确定】按钮,就可以实现 Excel 的筛选功能。

五、分类汇总数据

分类汇总是对数据清单中的某个关键字段进行分类,相同值为一类,然后对各分类进行汇总。在管理财务数据时,有时需要对数据清单中的某列或某行作求和、求平均值等计算,可利用 Excel 提供的分类汇总功能来完成这一操作。Excel 还提供了使用函数实现分类和汇总计算,用户也可以用自己定义的方式来进行数据的汇总,自动建立分级显示,并在数据清单中插入汇总行和分类行。

一般建立工作表是为了将其作为信息提供给他人。在 Excel 中,用户可以用多种分类函数进行分类汇总计算。汇总函数是一种计算类型,如 Sum、Count 和 Average 等函数,用于在数据透视表或合并计算表中合并源数据,或在列表或数据库中插入自动分类汇总。用户可以在一个列表中一次使用多种计算来显示分类汇总。在 Excel 中还有一种更加简便的方法。使用 Excel 的分类汇总命令,不必手工创建公式。Excel 可以自动地创建公式、分类汇总并且自动分级显示数据,数据结果可以轻松地用来进行格式化、创建图表或打印。

要使用 Excel 的数据汇总命令进行数据分类汇总,首先选择需要汇总类型的数据区域内任一单元格,然后在【数据】选项卡中选择【分类汇总】命令,弹出【分类汇总】对话框。在对话框中输入分类汇总的分类字段、汇总方式、选定汇总项等项目,最后单击【确定】按钮即可完成,如图 1-32 所示。

六、数据透视表

在 Excel 工作表中,实现快速分析筛选、分类汇总数据的最简单方法就是使用数据透视表。数据透视表是对大量数据快速汇总和建立交叉列表的动态工作表,集中了排序、筛选、分类汇总数据等多种功能。数据透视表是根据特定数据源生

图 1-32 【分类汇总】对话框

成的,可以动态改变版面布局自动重新计算数据,而且能够根据更改后的原始数据或数据来源来刷新计算结果。

1. 创建数据透视表

从结构上看,数据透视表分为筛选区域、行区域、列区域、值区域 4 个部分。筛选区域的字段将作为数据透视表的报表筛选字段;行区域的字段将作为数据透视表的行标签显示;列区域的字段将作为数据透视表的列标签显示,值区域的字段将作为数据透视表显示汇总的数据。

单击【插入】|【表格】|【数据透视表】,在弹出的【请选择要分析的数据】选项中,单击【选择一个表或区域】前面的圆圈,圆圈出现黑点后,单击【表/区域:】右侧的空白框内,然后用鼠标选中 Excel 中的表格区域 A2:C12,在【选择放置数据透视表的位置】可选择【新工作表】或【现有工作表】。

如在现有工作表中显示,则单击在【位置:】右侧的空白框内,然后用鼠标点击 Excel 中的单元格,如图 1-33 所示。

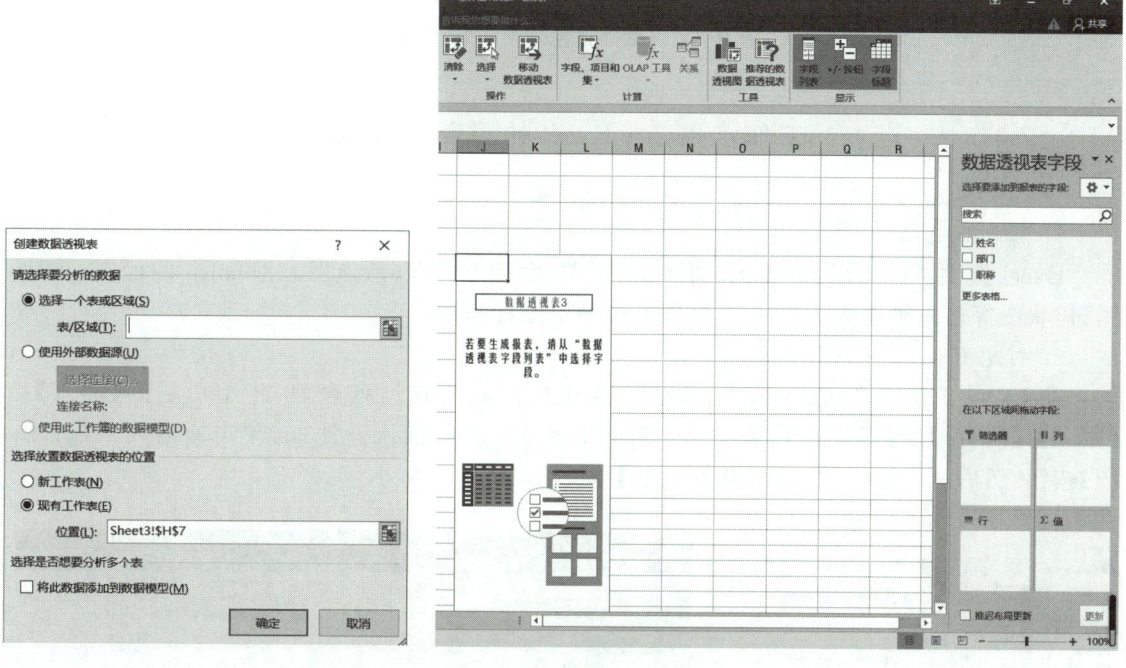

图 1-33　创建数据透视表

2. 数据透视表字段

在【数据透视表字段】窗格中能清晰地反映数据透视表的结构,可以向数据透视表内添加、删除和移动字段。选中数据透视表的任意一个单元格,单击鼠标右键,在快捷菜单中选择【隐藏字段列表】命令,可将【数据透视表字段】窗格隐藏。还可单击【数据透视表字段】窗格的关闭按钮将其隐藏。如需显示出来,可通过在数据透视表中任意单元格并点击鼠标右键,在弹出的快捷菜单中选择【显示字段列表】命令即可。还可以在【数据透视表工具-分析】选项卡中单击【字段列表】按钮,即可调出【数据透视表字段】窗格。

在【数据透视表字段】中选中姓名、部门、职称,分别拖拽至【筛选器】、【行】、【值】,即可显示数据透视表统计的结果,如图 1-34 所示。

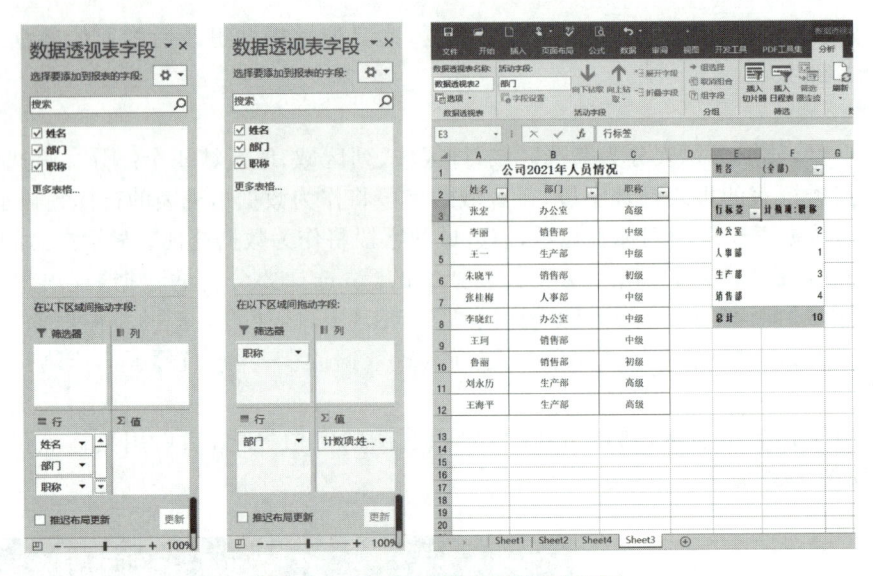

图 1-34 【数据透视表字段】对话框

工作步骤二　Excel 的图表与图形

一、图表

1. 图表概述

Excel 提供了柱形图、折线图、饼图、条形图、面积图、XY（散点图）、股价图、曲面图、雷达图、树状图等。每种图表类型下还包含了多种子图标类型。

2. 创建图表

在 Excel 工作表中，输入数据源，选中要生成图表的数据列表，单击菜单栏的【插入】|【图表】|【所有图表】组中任意图类型，即可进行对图表的插入。比如，单击所需要的【柱形图】按钮，然后从中选择须使用的【柱形图】即可，如图 1-35 所示。

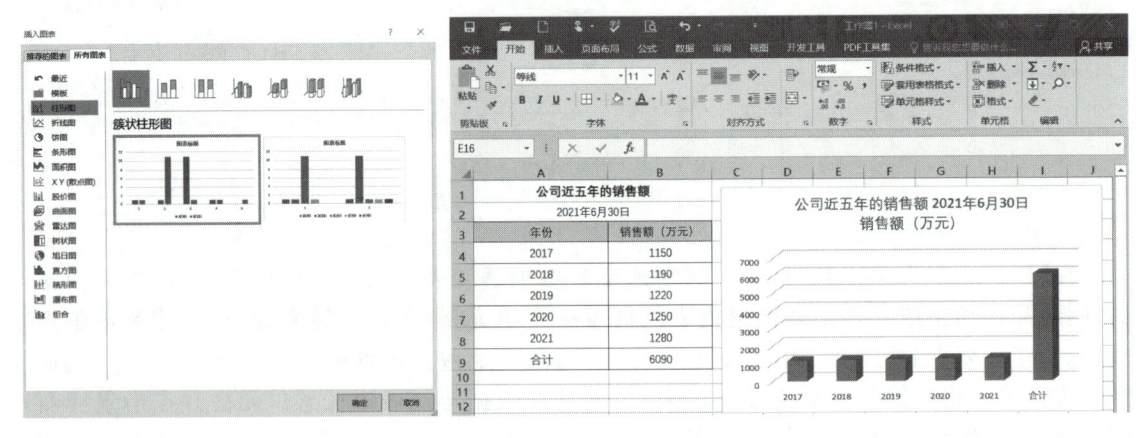

图 1-35 【插入图表】对话框

3. 改变图表类型

Excel 图表数据源反映了图表数据与工作表数据之间的链接。Excel 2016 中图表创建完成后,如果想更换一下图表类型,可以直接在已建立的图表上进行更改,而不必重新创建图表。但是在更改图表类型时,要根据当前数据判断选择合适的图表类型。

首先,选中要更改其类型的图表,切换到【图表工具】|【设计】选项卡,单击【类型】|【更改图表类型】,在【所有图表】组中选择所需要的图表类型。比如点击【饼图】按钮,如下图1-36所示。

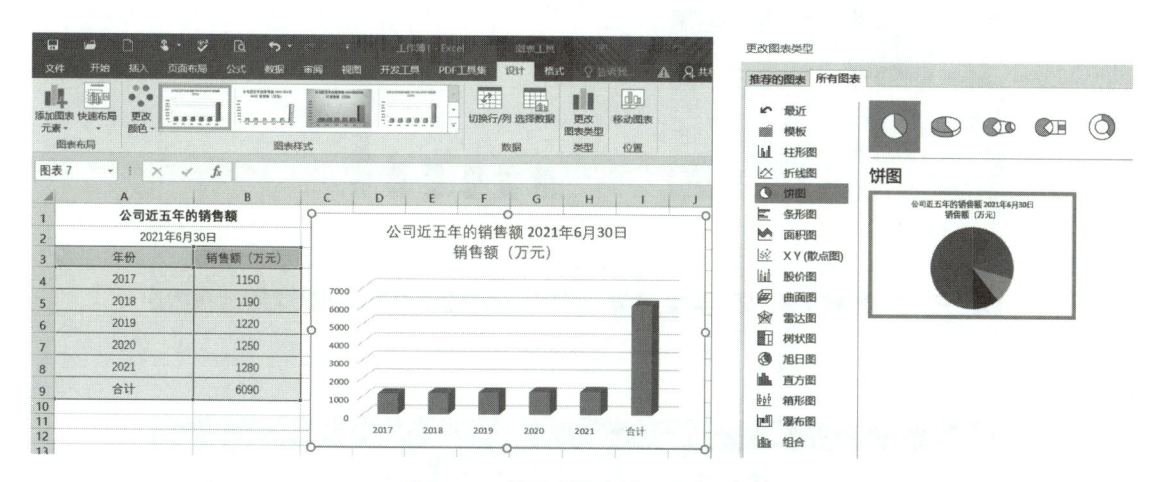

图1-36 【更改图表类型】对话框

4. 编辑图表

在编辑图表的菜单栏还可以添加图表元素、更改颜色、切换行/列、移动图表等,如图1-37所示。

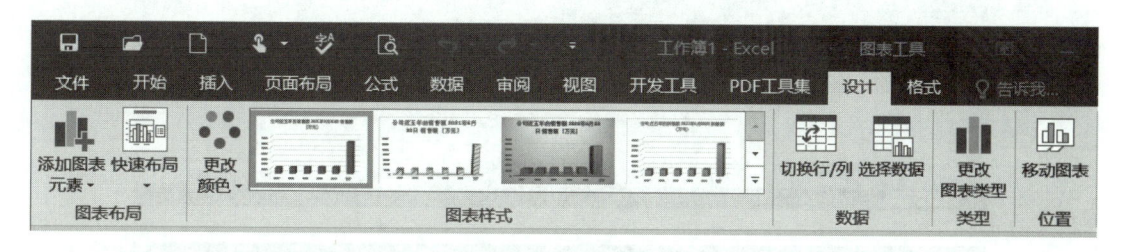

图1-37 图表工具

如需要更改颜色,可选中要更改其类型的图表,切换到【图表工具】|【设计】选项卡,单击【更改颜色】,选择所需要的颜色即可,如图1-38所示。

如需移动图表,可选择要移动的图表,单击【图表工具】|【设计】|【位置】|【移动图表】按钮,在弹出的【移动图表】对话框中单击选中【新工作表】单选按钮,在右侧文本框中输入新工作表的名称,最后单击【确定】按钮即可,如图1-39所示。

5. 迷你图表

在Excel 2016工作表中使用迷你图的时候,处理一组数据时可以用单个迷你图,在处理多组数据时可以使用迷你图组。

(1)创建单个迷你图。

创建单个迷你图的时候,选择的数据范围必须是单行单元格或单列单元格中的数据。如果选择的数据范围不正确,就将出现错误提示框,使用户无法创建迷你图。

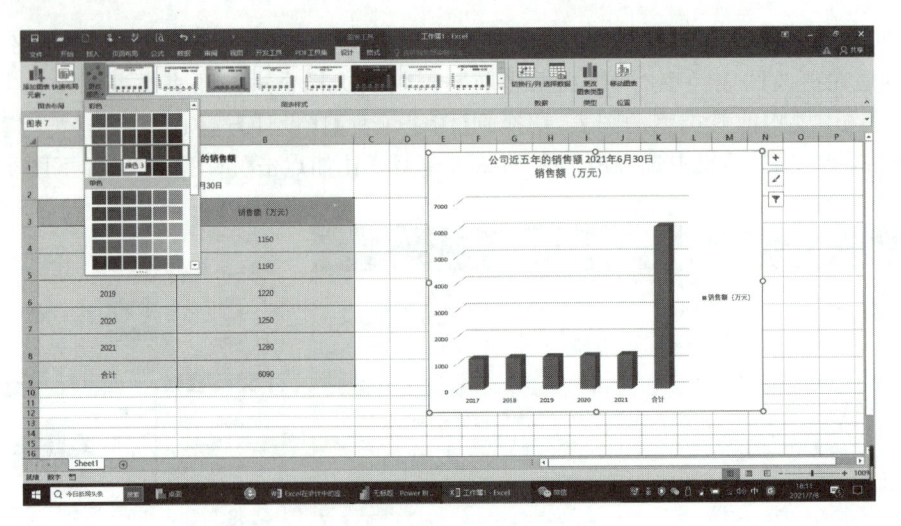

图 1-38 【更改颜色】对话框

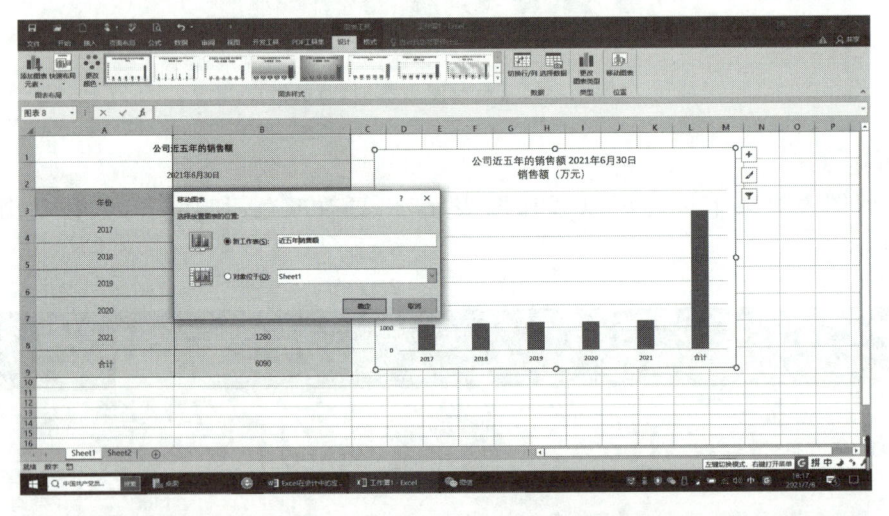

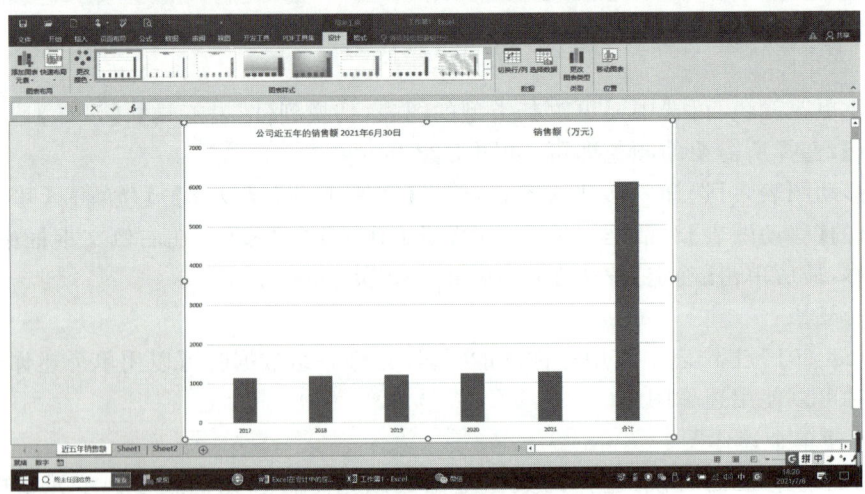

图 1-39 【移动图表】对话框及效果

以插入柱形图为例,打开原始数据列表,选中任意一个单元格 I4,单击【插入】|【迷你图】|【柱形图】按钮,弹出【创建迷你图】对话框,如图 1-40 所示。

图 1-40 【迷你图】对话框

在【位置范围】文本框中自动显示了选中的单元格地址,即 $I$4。单击【数据范围】文本框中,然后用鼠标左键选中 B4:H4,最后单击【确定】按钮即可,如图 1-41 所示。

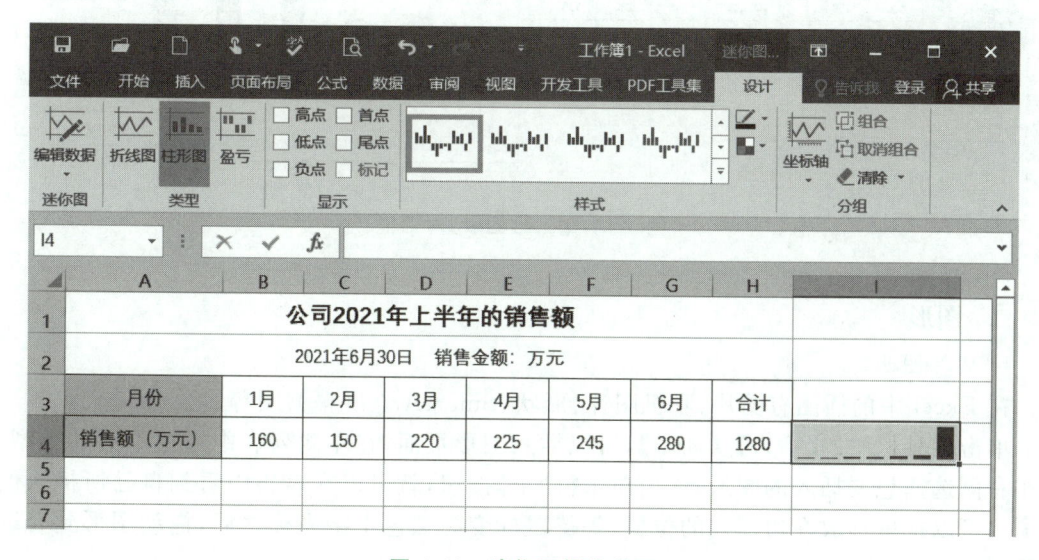

图 1-41 迷你图操作结果

(2) 创建迷你图组。

在处理多组数据时,打开原始数据列表,选中任意一个单元格 I4,单击【插入】|【迷你图】|【柱形图】按钮,弹出【创建迷你图】对话框,在【位置范围】文本框中选中单元格地址 $I$4：$I$5。单击【数据范围】文本框中,然后用鼠标左键选中 B4：H5,最后单击【确定】按钮即可,如图 1-42 所示。

图 1-42　迷你图组操作结果

6. 三维图表

在 Excel 中,在【插入】|【图表】|【所有图表】|【柱形图】右侧上方,弹出菜单中选择【三维簇状柱形图】,在 Excel 中即可看到一个三维柱形图。为了让柱形图更直观一些,可以设置其背景色,右键单击空白区域,在弹出菜单中单击填充按钮,在弹出菜单中设置填充的颜色,通过各项优化设置,最后三维柱形图就生成了,如图 1-43 所示。

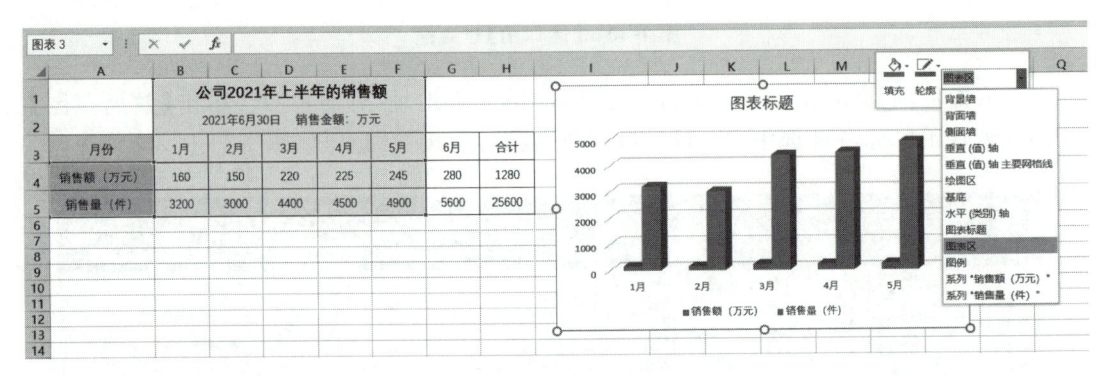

图 1-43　【三维图表】对话框

二、图形

1. 插入图形

在 Excel 中的插图有图片、联机图片、形状、SmartArt、屏幕截图等。

单击工具栏中的【插入】|【插图】,可以插入图形页面,在左侧列表中选择不同的类型,然后在右侧选择想要插入的图形,然后单击【确定】按钮,就可以在表格中看到自己所插入的图形了。可以把鼠标放在边框线的位置,等待鼠标变为黑色十字光标之后,拖动图形到合适的位置,如图 1-44 所示。

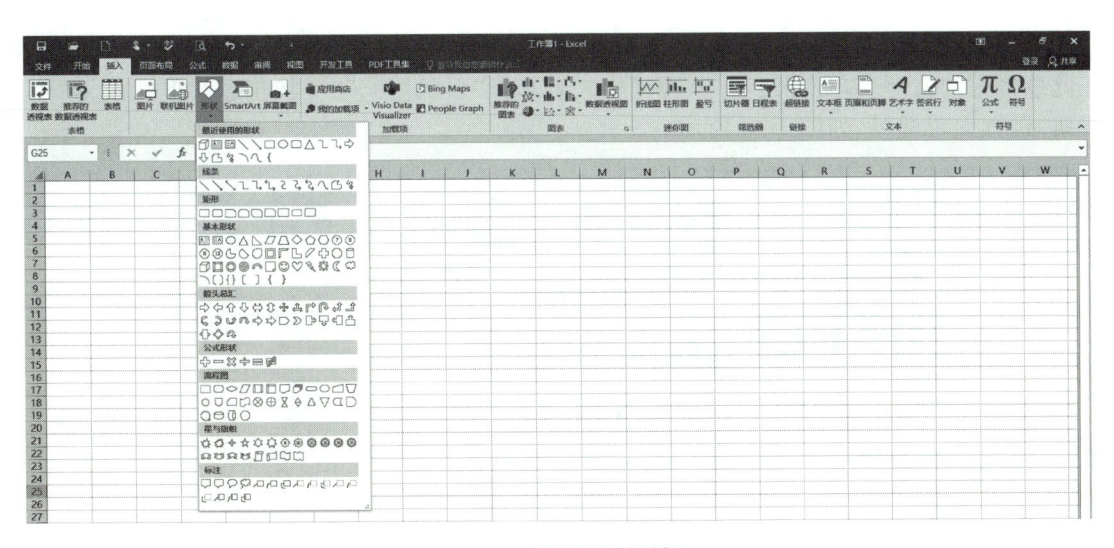

图 1-44 【插图】对话框

2. 艺术字的运用

Excel 中的文字一般包括图表标题、图例文字、水平轴标签与垂直轴标签几项,要重新更改默认的文字格式,在选中要设置的对象后,可以在【开始】|【字体】菜单中的选项组中设置字体字号等,另外还可以设置艺术字效果(一般用于标题文字)。

艺术字效果是基于原文字字体的,首先按常规方法设置图表标题文字的字体、字号等。选中图表标题,单击【插入】|【文本】|【艺术字】菜单,在选项组中单击所选中的艺术字按钮,即可快速应用,鼠标指向即可预览,如图 1-45 所示。

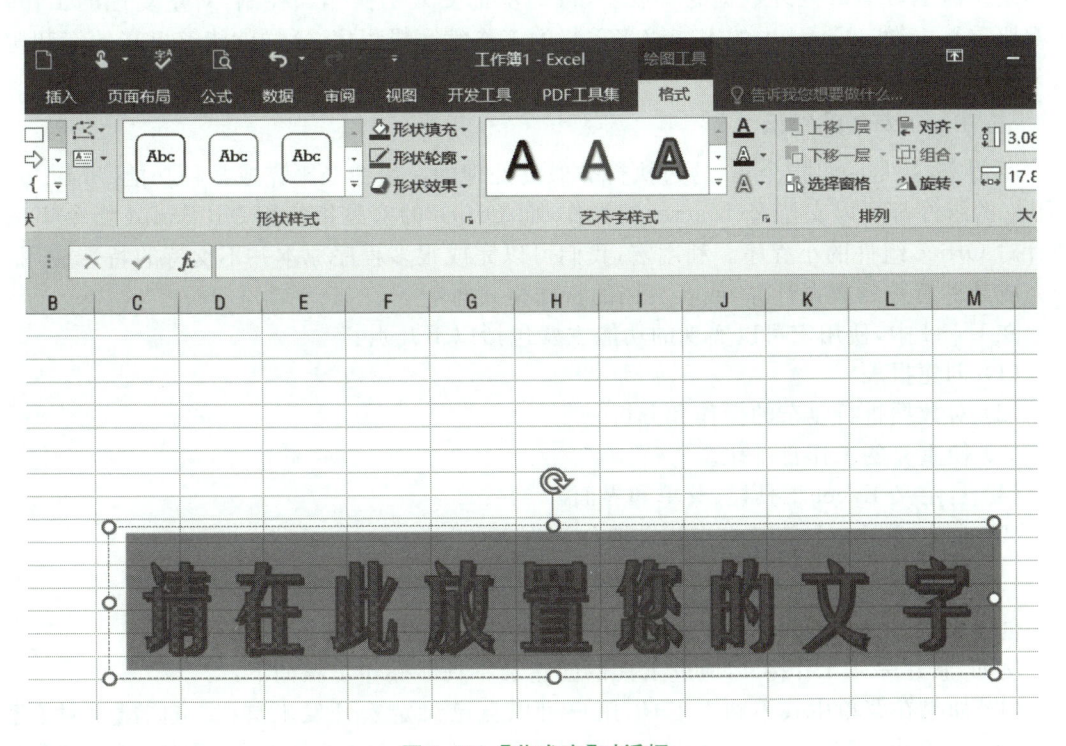

图 1-45 【艺术字】对话框

为了达到美化字体的效果，还可以设置阴影、映像、发光等特效。单击 Excel 中出现"请在此放置您的文字"，单击【绘图工具】|【格式】，选择"形状填充""形状轮廓""形状效果"菜单按钮，进行设置即可，如图 1-46 所示。

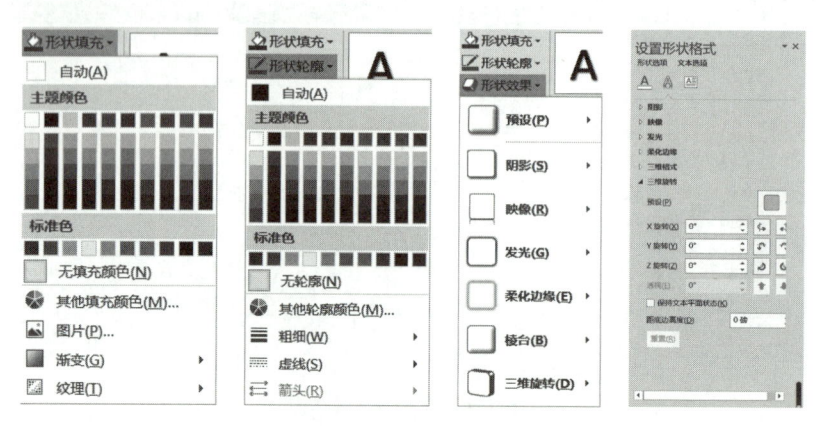

图 1-46 【艺术字样式、形状样式】对话框

工作步骤三　　Excel 宏及其应用

现在，由于财务软件已经趋于普及，会计人员的工作效率大幅提高，减轻了会计人员的工作强度。财务软件的优点是将数据的输入、处理、输出实现了一体化，但在会计数据的利用方面，尽管财务软件一直都在改进，但客观上还是满足不了管理工作的要求。因此，在实际工作中，Excel 被大量应用。Excel 的特点是简单易用、操作灵活，大大地弥补了会计软件的不足。但是，Excel 处理数据的缺点是，每一步都要人工操作和控制，对重复性的工作，每次都要重复去做。Excel 中的宏能够将重复的工作编写成程序，这样就能够提高效率和避免人为操作的错误。

一、Excel 宏基础知识

所谓宏，就是一组指令集，通过执行类似批处理的一组命令来完成某种功能。Microsoft Office 的组件都可以支持宏（Macro）的操作，而 Office 的宏是指使用 VB Script 指令集编写的针对 Office 组件的小程序。利用宏，我们可以完成很多程序原本并不支持的特殊应用，比如完成某种特殊的数据计算，或者文档的特殊格式排版等。

在 Excel 中，使用宏可以实现的功能主要包括以下几点：

（1）创建报表。
（2）对数据进行复杂的操作和分析。
（3）使重复的工作自动化。
（4）自定义 Excel 工具栏、菜单和界面。
（5）自定义 Excel，使其成为开发平台。

二、创建宏

创建宏的方法很简单，下面通过举例介绍在 Excel 中创建宏的方法。

例如，新建一张工作簿 1，通过工具栏创建宏。具体操作步骤如下：

（1）如果在菜单中找不到宏工具，用户可以自己设定宏开发工具栏。选择【文件】|【选项】命令，在弹出的【Excel 选项】对话框中，在【自定义功能区】|【主选项卡】项目下勾选【开发

工具】复选框,单击【确定】按钮,即可在工具栏中显示【开发工具】选项卡。

(2) 打开一个新的工作簿,选择【开发工具】|【录制宏】命令,弹出如图1-47所示的【录制新宏】对话框。

图1-47 【录制新宏】对话框

另外一种方法是,选择【视图】|【宏】|【录制宏】命令,同样可以打开【录制新宏】对话框,实现录制宏的操作。

(3) 在【宏名】文本框中,输入宏的名字。

(4) 如果需要通过快捷键来运行宏,可以【快捷键】文本框中输入一个字母,或按住 Shift 键输入一个字母,完成后就可以通过"Ctrl+字母"或"Shift+Ctrl+字母"的快捷键来运行宏。

(5) 在【保存在】下拉列表框中选择宏所要存放的地址。

(6) 如果还需要对宏进行说明,就在【说明】文本框中输入相应的文字。单击【确定】按钮。

(7) 如果要使宏相对于活动单元格位置运行,请用相对单元格引用来录制该宏,则激活【使用相对引用】命令。Excel 将继续用以相对引用方式录制宏,直至退出 Excel 或再次单击【使用相对引用】按钮以将其取消。

(8) 选择【开发工具】|【停止录制】命令,完成创建宏。

(9) 如果要执行创建的宏时,首先打开宏保存位置的工作簿,选择【开发工具】|【查看宏】命令,弹出如图1-48所示对话框。在对话框左边列表中选择需要执行的宏名称,单击【执行】按钮即可。

图1-48 【执行宏】对话框

工作步骤四　Power BI 的应用

随着云计算、大数据、人工智能等新兴技术成为创新的驱动力,数字化所带来的商业价值正惠及每个行业。Power BI 是软件服务、应用和连接器的集合,它们协同工作以将相关数据来源转换为连贯的视觉逼真的交互式见解。简单来说,Power BI 是一个数据分析工具,能实现数据分析的所有流程,包括对数据的获取、清洗、建模和可视化展示,从而来帮助个人或企业分析数据,用数据驱动业务,做出正确的决策。

一、认识 Power BI

Power BI 包含 Windows 桌面应用程序(Power BI Desktop)、联机 SaaS 服务(Power BI 服务),及移动 Power BI 应用(可在 Windows 手机和平板电脑及 iOS 和 Android 设备上使用)。

1. 安装与登录

从官网下载 Power BI 安装包,双击安装包运行,确认安装路径,完成安装。启动、初始化,账户注册或登录界面即可。初始工作窗口菜单栏由保存、标题、登录、最小化、向下还原、关闭等组成。功能栏由文件、主页、插入、建模、视图等组成。功能区下方的左侧由报表、数据、模型按钮组成,右侧依次有筛选器、可视化、字段功能区,如图 1-49 所示。

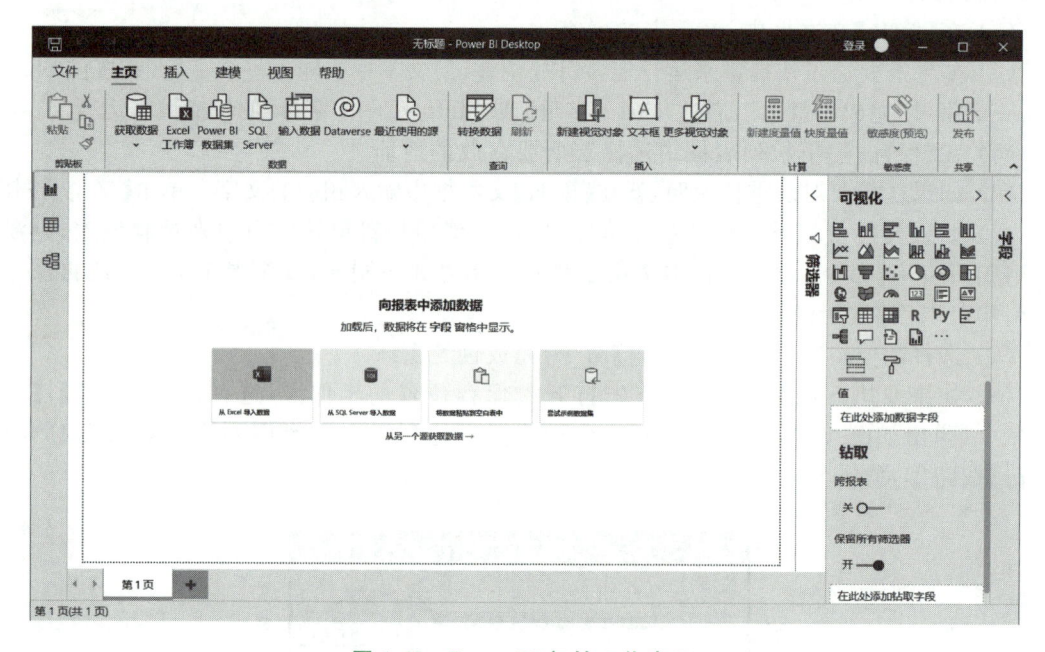

图 1-49　Power BI 初始工作窗口

2. 获取数据

打开 Power BI Desktop 页面,从功能栏上单击【主页】|【获取数据】,选择【更多】。页面就会显示不同渠道的数据源,根据需要选择一个数据源。如图 1-50 所示。

也可从功能栏上单击【文件】|【获取数据】,选择【最常见的】中的不同渠道的数据源,根据需要选择一个数据源,如图 1-51 所示。

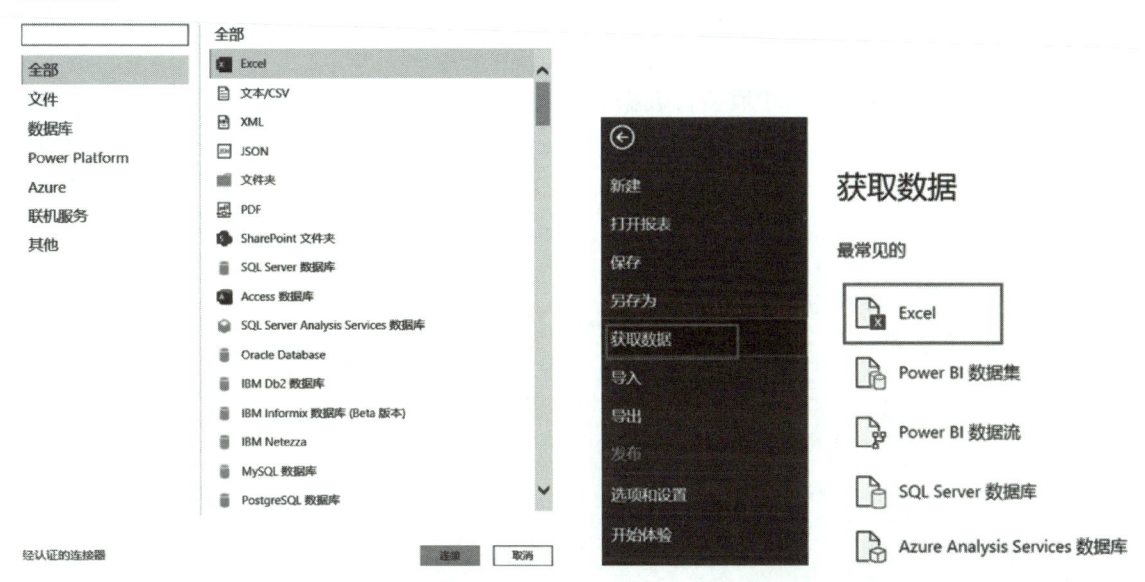

图 1-50　从主页【获取数据】对话框　　　　图 1-51　从文件【获取数据】对话框

如导入一个 Excel 工作簿，单击【主页】|【数据】|【Excel 工作簿】，双击此电脑中选中的工作簿，在【导航器】下方的【显示选项】中，双击此工作簿的一个工作表，单击【加载】即可，如图 1-52 所示。

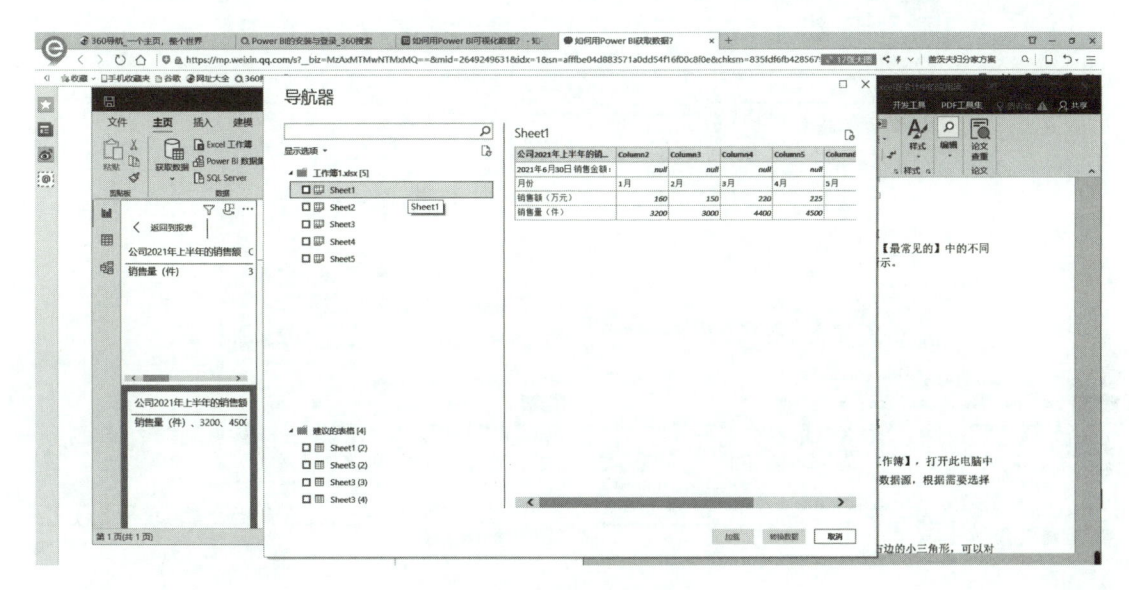

图 1-52　【导航器】对话框

二、数据分析

1. 数据排序与筛选

将数据源导入 Power BI Desktop 后，单击每个字段右边的下拉箭头，可以对字段进行筛选、排序。筛选类型有高级筛选、基本筛选、前 N 个三种。

例如，这是一家水壶店的数据，Excel 里有两个表，分别是销售数据表、产品表。销售数据表记录了销售水壶订单，包括字段：订单编号、订单日期、销售部、产品、顾客、数量。产品清单包括字段：产品、种类、型号、产品名称、价格。

打开 Power BI Desktop，获取销售数据表，单击左侧 数据按钮，单击销售数据清单右侧【更多选项】中的【编辑查询】，转到 Power Query 编辑器，单击【添加列】|【索引列】|【从 1】，在表格中会增加一列索引，显示从 1 排到 5。单击【升序排序】，单击【确定】按钮，完成排序，如图 1-53 所示。

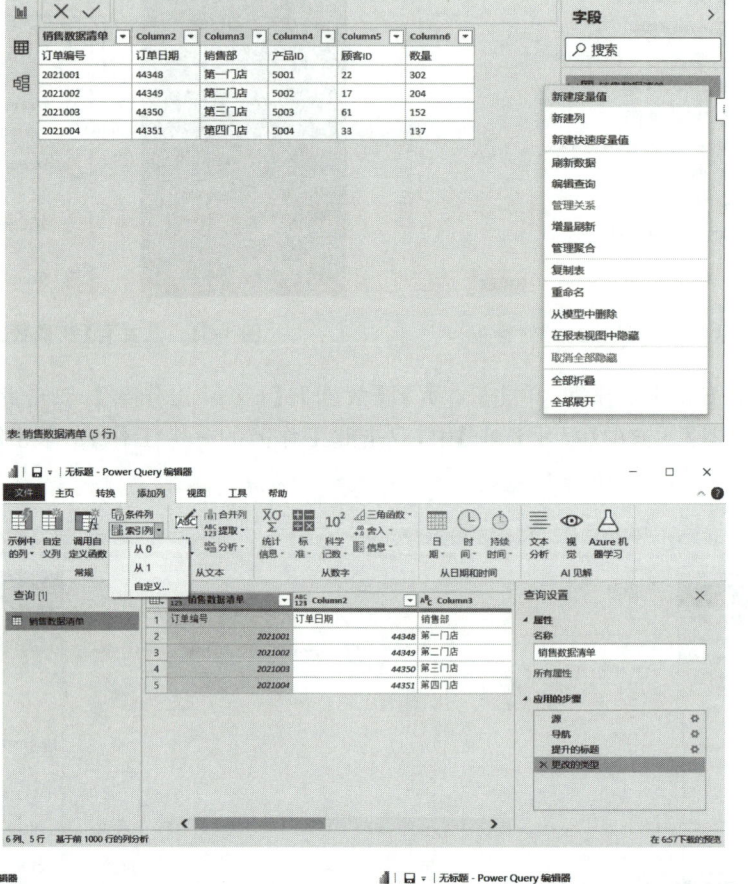

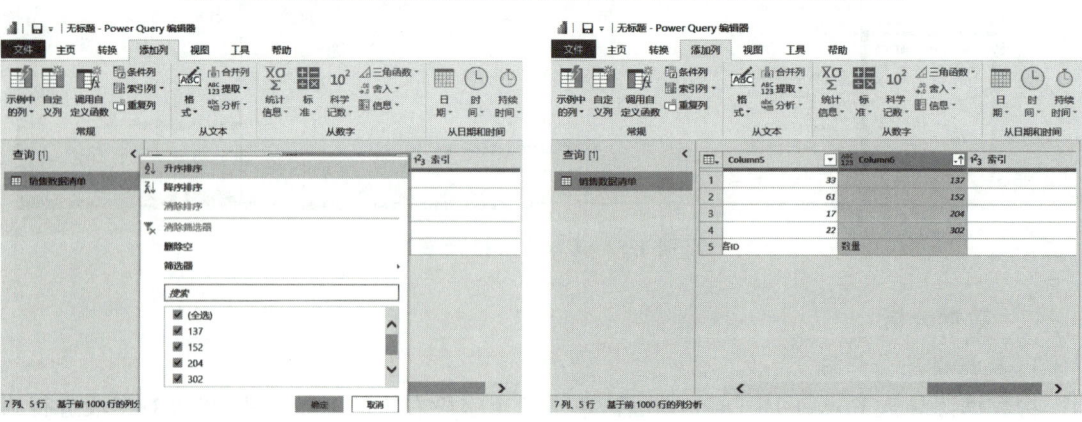

图 1-53 【排序】对话框

单击销售部栏上边右侧按钮,勾选所需筛选的数据,单击【确定】按钮,只会将所需要筛选出的数据信息显示出来。

2. 删除/保留行与列操作

进入到 Power Query 编辑器,可以修改名字,删除行列,保存更改。在【主页】|【管理行】中有【选择列】、【删除列】选项。【减少行】中有【保留行】、【删除行】选项。也可选中所要删除的列,单击【删除】即可,如图 1-54 所示。

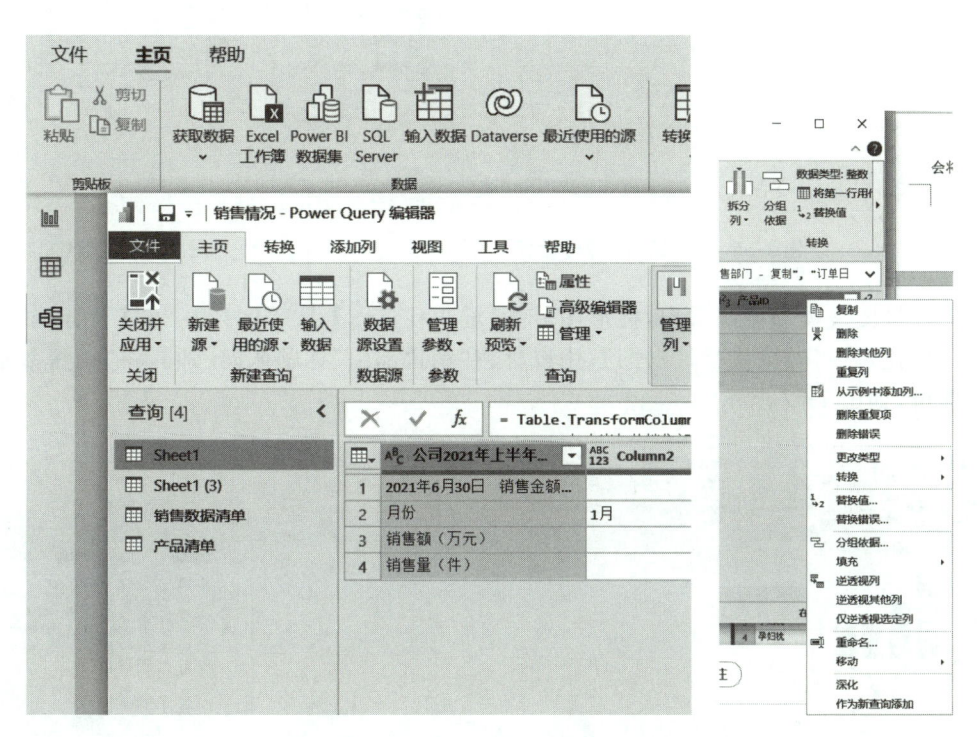

图 1-54 【删除/保留行与列】对话框

【保留行】中有【保留最前面几行】、【保留最后几行】、【保留行的范围】、【保留重复项】、【保留错误】几个选项。

3. 数据合并

利用 Power BI 可以快速合并多张表格数据。从【主页】|【数据】|【Excel 工作簿】,将 Excel 中的"销售地区""销售数量"工作表加载到 Power BI 当中。单击【计算】|【新建表】,在编辑区输入"销售表=UNION('销售地区','销售数量')",就会将两个工作表数据合并到新工作表,如图 1-55 所示。

三、可视化工具

Power BI 数据可视化工具将大量常用的运算分析整合成一键点击生效的智能分析功能板块。可通过爬虫、填报、ETL 工具实现全域数据采集,实现线上线下数据共享,实现企业级的大数据智能可视化分析。

1. 折线图与柱形图

首先,单击【主页】|【数据】|【Excel 工作簿】,将 Excel 中的"销售数量"工作表加载到 Power BI 当中。单击左侧 ⊞ 数据按钮可以看到导入的数据,再单击 ⅲ 报表按钮,如图 1-56 所示。

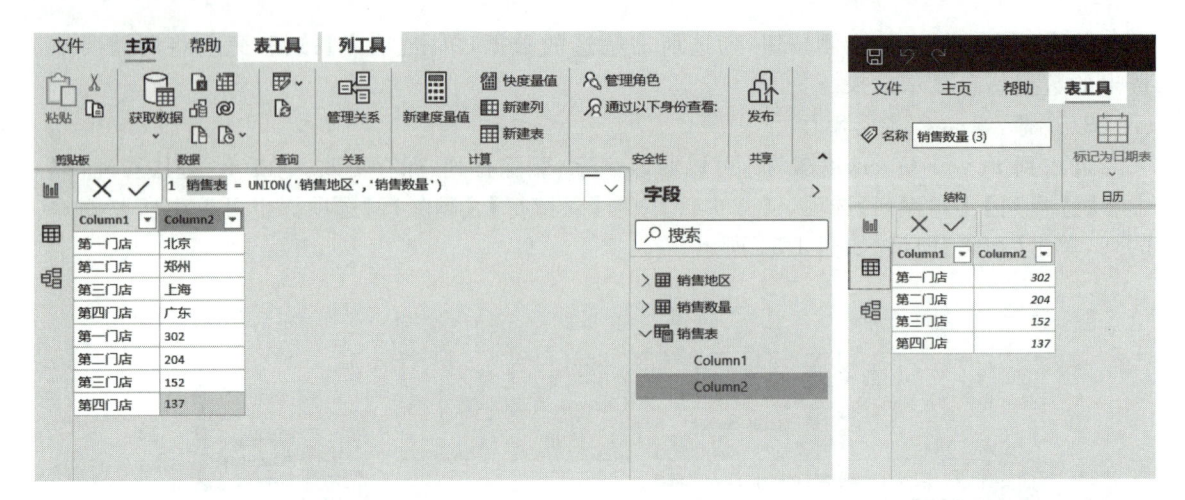

图 1-55 【数据合并】对话框　　　　　　　　　图 1-56 【数据】对话框

从第一排图表类型可以看出，柱形图分为【堆积柱形图】、【簇状柱形图】、【百分比堆积柱形图】。单击【可视化】|【簇状柱形图】，用鼠标将"销售部门"标题拖向【轴】，将"销售数量"拖向【值】即可，如图 1-57 所示。

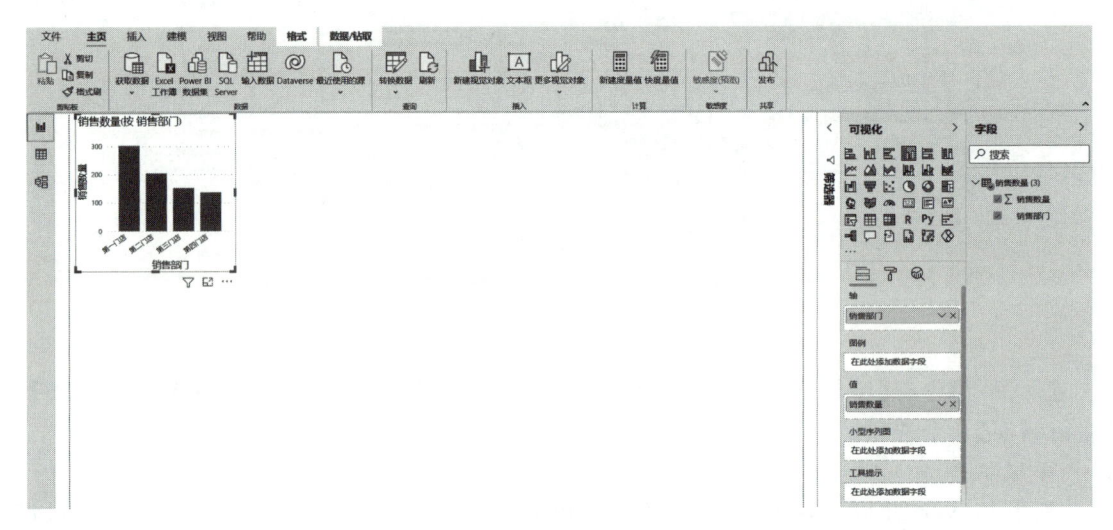

图 1-57　柱形图

通过单击【格式】类似于格式化图标的按钮进行格式化设置；进行轴标签、添加平均线设置效果，如图 1-58 所示。

2. 层次与交互

（1）层次。

一个表单中，具有上下级层级关系的两个或多个数据列组成的列组，就叫做层次结构列。这个列组可以作为一个普通数据列来创建可视化图形，并且使得构造的可视化图形具备向下穿透的能力。在 Power BI 中，最典型的层次结构列就是日期列、地区列。

例如，单击【数据】|【计算】|【新建表】，在编辑栏中输入"日历＝CALENDAR（DATE（2021，01，01），DATE（2021，12，31））"Date 列就是一个日期类型数据列，Power BI 会按

照日期信息，构造一个包含年份，季度，月份以及日期的层次结构列。在【列工具】|【格式化】|【格式】中，可以选择相应的日期格式，如图1-59所示。

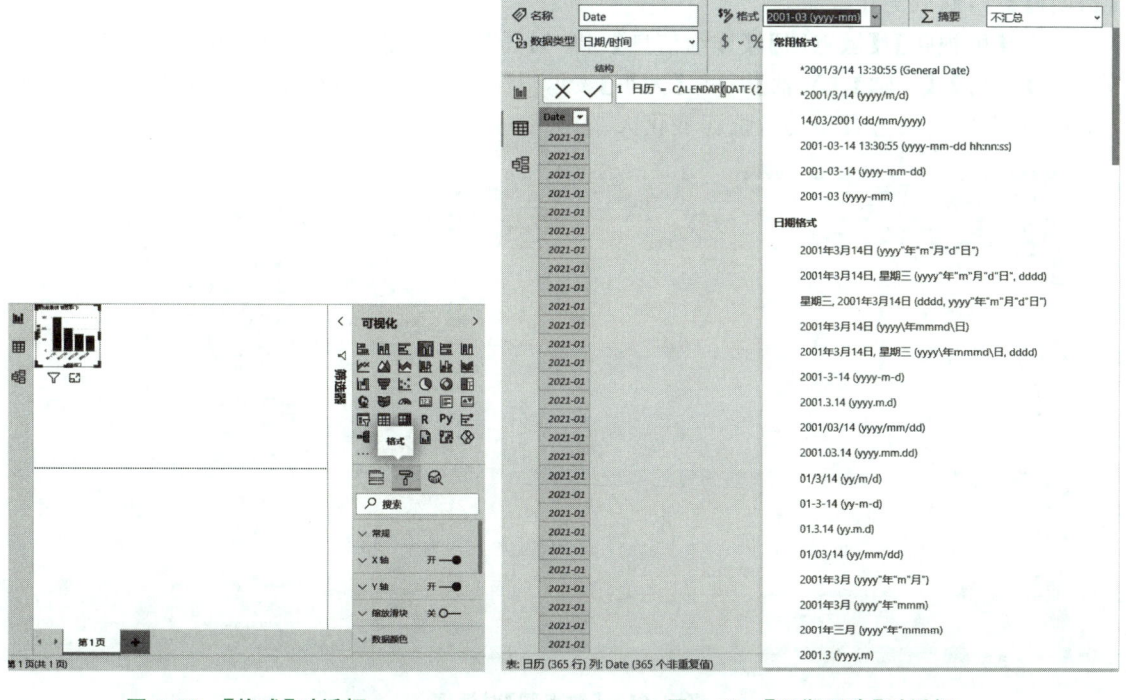

图1-58 【格式】对话框

图1-59 【日期层次】对话框

（2）交互。

制作交互图表时，首先单击左下角【新建页】，在新建页中单击任意【可视化】图标，以【仪表】图为例，单击"销售量"，就会在"第2页"中做好了销量图。在【格式】|【工具提示】中选择"开"，再在"第1页"【页面信息】|【名称】中录入"第2页"，【工具提示】中单击"开"。此时，打开第2页中单击"销售量"，就建立了两个图表交互，如图1-60所示。

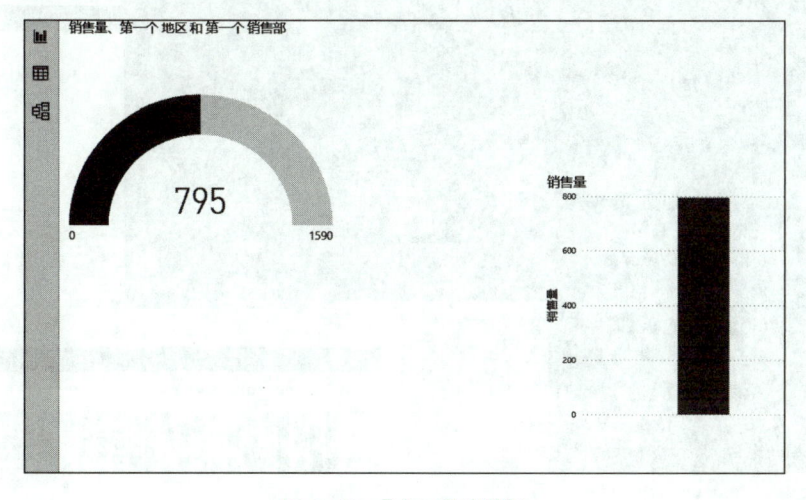

图1-60 【交互】对话框

3. 地图与散点图

单击【可视化】|【着色地图】,将导入"销售地区"工作表中的"地区""销售部""销售量"标题分别拖向【位置】字段中即可。在【格式】中可选择【数据颜色】、【背景】、【边框】、【阴影】、【透明度】等,起到美化效果。

单击【可视化】|【散点图】|【详细信息】,将"月份""销售量(件)""销售额(万元)"标题分别拖向【月份】、【X 轴】、【Y 轴】即可,【大小】表示视图气泡的大小,根据拖入"销售量(件)"或"销售额(万元)"对应月份的数值而变化大小,如图 1-61 所示。

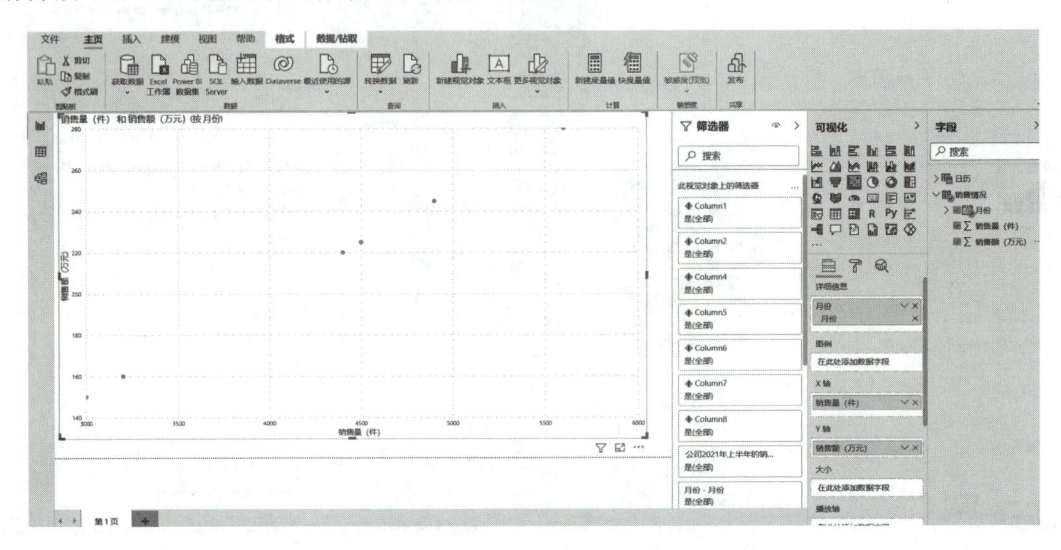

图 1-61　【散点图】对话框

4. 可视化分享功能

首先,需要以公司或者学校邮箱注册一个 Power BI 账号。在 Power BI 桌面版软件中,【文件】|【发布】|【发布到 Web】就可以上传到 Web 上,如图 1-62 所示。

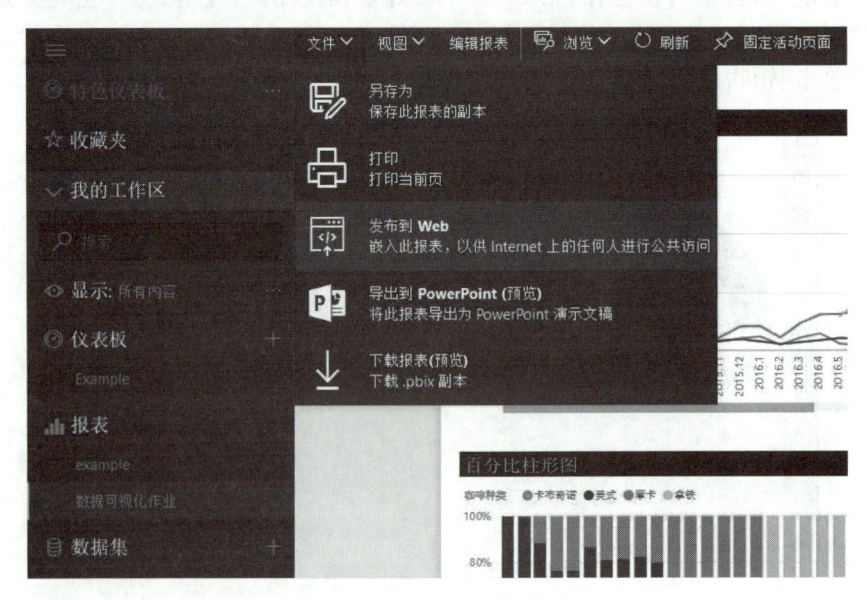

图 1-62　【分享】对话框

项 目 小 结

本项目的实践操作从智能化财务出发,从 Excel 的基本操作界面入手,学习新建、保存、保护工作簿,增加、移动、复制工作表,对工作表进行格式化,编辑单元格,使用公式、函数;运用 Excel 进行数据管理与分析,使用记录单输入数据,对数据进行排序、筛选、分类汇总,创建数据透视表;创建、编辑图表,插入图形,美化字体;创建宏;运用 Power BI 进行数据分析、可视化分析。项目一的实践操作导图,如图 1-63 所示。

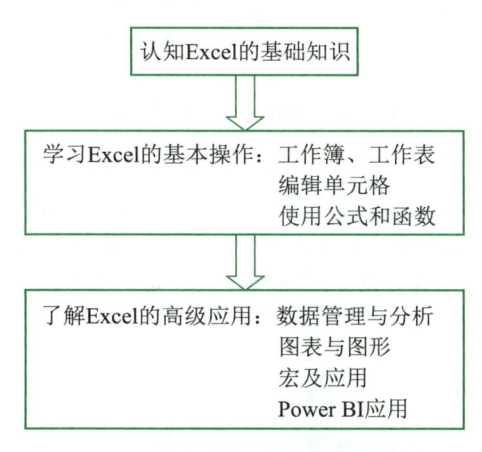

图 1-63　项目一的实践操作导图

项 目 训 练

为加强新产品研发,某公司拟加大研发投入,管理层就新产品的研发投入及销售情况做了以下预算。如表 1-2 所示。

表 1-2　　　　　　　　　　研发投入及销售预算表　　　　　　　　　金额单位:万元

项　　目	第 1 年	第 2 年	第 3 年	合　　计
总销售收入	10 000	12 000	14 000	36 000
其中新产品销售收入	0	700	800	1 500
研发投入	69	74	71	214
人工	48	48	48	144
材料	12	16	12	40
设备(折旧)	6	6	6	18
其他	3	4	5	12
期间费用(含研发支出费用化支出)	1 800	2 160	2 520	6 480

操作要求:

(1) 新建工作簿,将 Sheet1 工作表命名为"研发投入及销售预算",并编制近三年研发投入及销售预算表。

(2) 在"研发投入及销售预算"工作表中的 E4 至 E11 单元格中定义公式,利用"SUM"函数计算各项目合计。

(3) 设置表格边框。表格边框为细实线。

(4) 设置表格标题格式。标题占用合并单元格(合并 A1、B1、C1、D1、E1),字体、字号、字形设置为黑体、16、加粗,对齐方式为居中显示。

(5) 设置表格表体文字格式。将表体内容的字体、字号设置为宋体、14。

(6) 设置行高。所有行高均设置为 330(50 像素)。

(7) 设置列宽。按照自动适应文本和数字内容进行设置。

(8) 设置表格内容的格式。将列标题所在单元格的底纹设置为浅绿,着色6,线色40%,水平和垂直居中显示。

(9) 设置表格内容的对齐方式。所有内容垂直居中对齐,项目的水平对齐方式为左对齐,第一年、第二年、第三年、合计的水平对齐方式为右对齐。

(10) 设置条件格式。对低于 10 000 万元的总销售收入,自动显示红色。

(11) 在"研发投入及销售预算"工作表中,利用插入图表功能,编制柱形图。

(12) 将编制的柱形图,利用更改图标类型功能,分别更改为折现图、条形图等。

项目二　会计凭证的制作

学习目标

◆ **知识目标**
1. 能描述 Excel 中会计凭证表的制作流程。
2. 能总结会计科目表的设置要求。
3. 能总结会计凭证表中要注意的问题。

◆ **技能目标**
1. 会使用 Excel 制作会计科目表。
2. 会使用 Excel 编制会计凭证表。
3. 会使用公式、函数完成会计凭证表的便捷操作。

◆ **素养目标**
1. 能自主解决 Excel 会计凭证表制作中的常见问题。
2. 能自主学习 Excel 会计凭证表的处理。

◆ **知识导图**

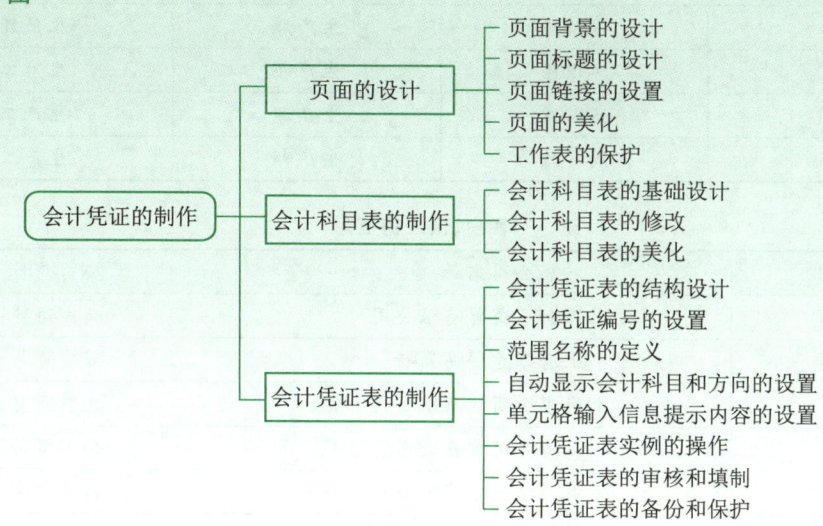

```
                          ┌─ 页面背景的设计
                          ├─ 页面标题的设计
             ┌─ 页面的设计 ─┼─ 页面链接的设置
             │            ├─ 页面的美化
             │            └─ 工作表的保护
             │
             │              ┌─ 会计科目表的基础设计
会计凭证的制作 ─┼─ 会计科目表的制作 ─┼─ 会计科目表的修改
             │              └─ 会计科目表的美化
             │
             │              ┌─ 会计凭证表的结构设计
             │              ├─ 会计凭证编号的设置
             │              ├─ 范围名称的定义
             └─ 会计凭证表的制作 ┼─ 自动显示会计科目和方向的设置
                            ├─ 单元格输入信息提示内容的设置
                            ├─ 会计凭证表实例的操作
                            ├─ 会计凭证表的审核和填制
                            └─ 会计凭证表的备份和保护
```

引导案例

一、资料1

企业名称：上海乐作家居用品有限责任公司

企业地址：上海市圣彩路418号

法人代表：周山

邮政编码：200081

联系电话及传真：021-77299011

税号：91310113M721303357

核算类型：记账本位币，人民币（RMB）

开户行：中国工商银行上海市金迅路支行

银行账号：4576613821544471198

企业类型：一般纳税人

税种：增值税13%、城市维护建设税7%、教育费附加3%、地方教育附加2%、个人所得税、企业所得税25%。（印花税忽略不计）

公司主要生产、销售单人床单（220 cm×280 cm）和双人床单（260 cm×280 cm）。存货发出采用先进先出法，增值税13%，按月计算缴纳，企业所得税25%，按月预提，按季预缴。公司设立行政部、采购部、生产部、销售部和仓储部。部门和员工信息见表2-1，客户、供应商信息见表2-2。

表2-1　　　　　　　　　　　部门和员工档案

编 号	姓 名	部 门	岗 位
8001	周 山	行政部	总经理
8002	王沪生	行政部	会计
8003	郭子涵	行政部	会计
8004	罗 兰	行政部	出纳
8005	徐 婷	采购部	采购专员
8006	何 玉	仓储部	仓储专员
8007	陈 挺	销售部	销售专员
8008	张竣威	生产部	生产经理
8009	林以修	生产部	生产工人
8010	高凯心	生产部	生产工人
8011	周 婵	生产部	生产工人

表2-2　　　　　　　　　　　客户、供应商信息

类 别	公司名称	公司简称
供应商	上海新民商贸有限公司	新民商贸
供应商	上海万建贸易商行	万建贸易
客户	上海光明商贸有限公司	光明商贸
客户	上海金河贸易公司	金河贸易
客户	上海益康超市有限公司	益康超市

2021年6月1日,公司期初余额和辅助核算如表2-3所示。

表2-3　　　　　　　　　　　　期初余额表
2021年6月1日　　　　　　　　　　　　　　　　金额单位:元

账户	借方余额	贷方余额	客户/供应商	数量	单价
库存现金	105				
银行存款	272 885				
工商银行	272 885				
应收账款	140 000		光明公司		
原材料	158 000				
纯棉贡缎	138 000			13 800 米	10 元/米
白线	20 000			10 000 卷	2 元/卷
生产成本	23 000				
双人床单	23 000				
直接材料	19 100				
直接人工	1 110				
制造费用	2 790				
预付账款	3 750				
预付保险费	3 750				
库存商品	165 000				
单人床单	165 000			4 400 条	37.5 元/条
固定资产	4 680 000				
短期借款		90 000			
应付账款		69 000	万建公司		
应交税费		58 200			
应交增值税		26 000			
应交所得税		32 200			
应付利息		900			
银行借款利息		900			
累计折旧		1 379 000			
实收资本		3 301 000			
盈余公积		450 000			
利润分配		94 640			
未分配利润		94 640			
合　　计	5 442 740	5 442 740			

注:借方余额和贷方余额是一级科目合计金额。

二、资料 2

公司 2021 年 6 月发生经济业务如下：

(1) 1 日，提现。有关凭证如图 2-1 所示。

图 2-1　现金支票

图 2-2　产成品入库单

(2) 2 日，上月生产的双人床单完工入库。有关凭证如图 2-2 所示。

(3) 2 日。有关凭证如图 2-3a、2-3b、2-3c 所示。

(4) 2 日。有关凭证如图 2-4a、2-4b 所示。

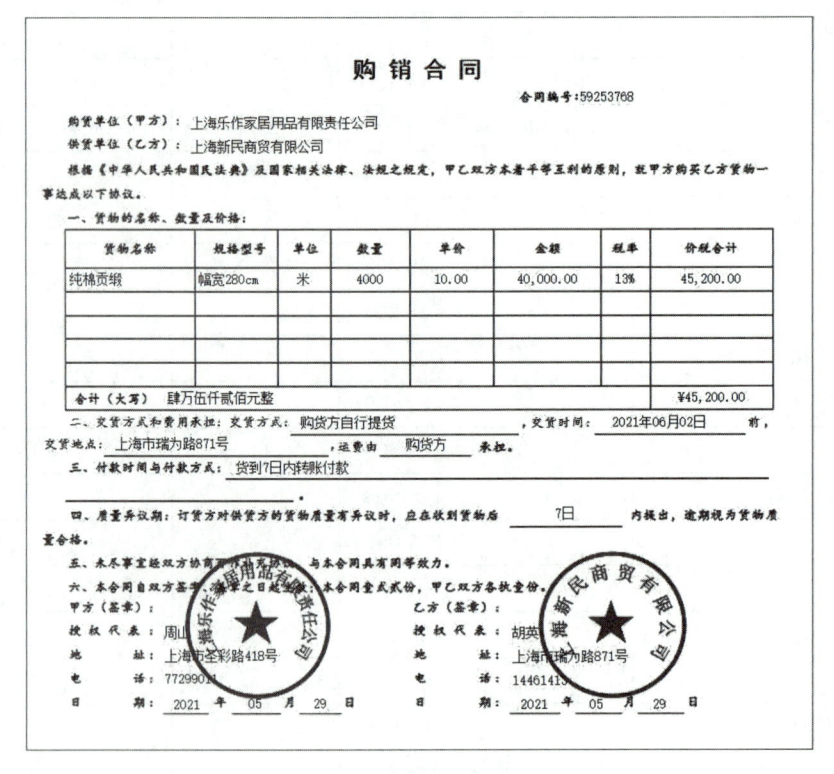

图 2-3a　购销合同

图 2-3b　增值税专用发票记账联

图 2-3c　增值税专用发票抵扣联

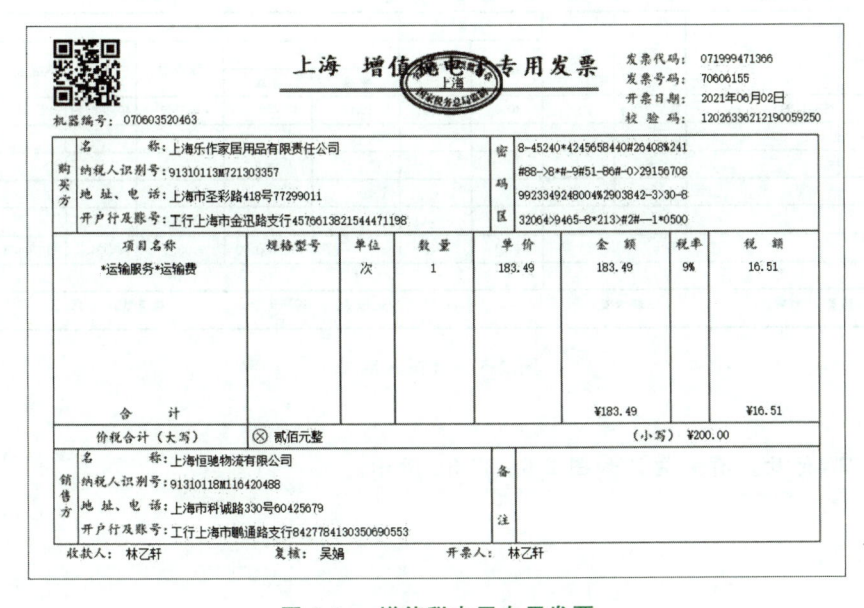

图 2-4a　增值税电子专用发票

图 2-4b 网银回单

(5) 2 日，入库。有关凭证如图 2-5 所示。

图 2-5 材料入库单

(6) 5 日，付款。有关凭证如图 2-6a、2-6b 所示。

付款凭证

中国工商银行 网银回单

日期：2021 年 06 月 05 日　　回单编号：5081

付款人户名：	上海乐作家居用品有限责任公司	付款人开户行：	工行上海市金迅路支行
付款人账号(卡号)：	4576613821544471198		
收款人户名：	上海万建贸易商行	收款人开户行：	工行上海市凯壹路支行
收款人账号(卡号)：	5343863879500766934		
金额：	人民币 陆万玖仟元整	小写：	¥69,000.00
业务(产品)种类：		凭证种类：	凭证号码：
摘要：	付货款	用途：	币种：
交易机构：		记账柜员：	交易代码：	渠道：
附言：			
支付交易序号：			
报文种类：		委托日期：	业务种类：

本回单为第 1 次打印，注意重复　　打印日期：2021.06.05　　打印柜员：

图 2-6a　网银回单

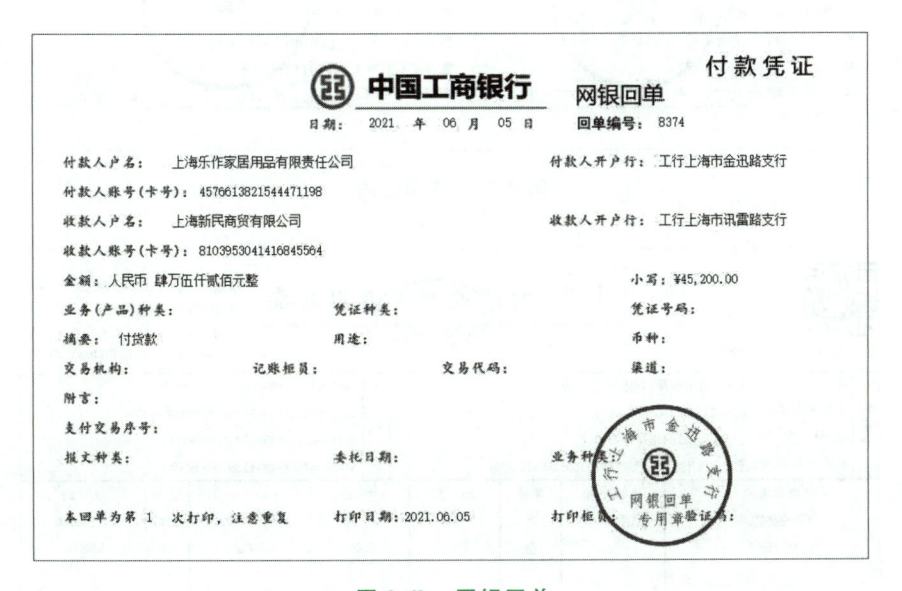

付款凭证

中国工商银行 网银回单

日期：2021 年 06 月 05 日　　回单编号：8374

付款人户名：	上海乐作家居用品有限责任公司	付款人开户行：	工行上海市金迅路支行
付款人账号(卡号)：	4576613821544471198		
收款人户名：	上海新民商贸有限公司	收款人开户行：	工行上海市讯雷路支行
收款人账号(卡号)：	8103953041416845564		
金额：	人民币 肆万伍仟贰佰元整	小写：	¥45,200.00
业务(产品)种类：		凭证种类：	凭证号码：
摘要：	付货款	用途：	币种：
交易机构：		记账柜员：	交易代码：	渠道：
附言：			
支付交易序号：			
报文种类：		委托日期：	业务种类：

本回单为第 1 次打印，注意重复　　打印日期：2021.06.05　　打印柜员：

图 2-6b　网银回单

（7）6日，采购。有关凭证如图 2-7a、2-7b 所示。

购销合同

合同编号：51885597

购货单位（甲方）：上海乐作家居用品有限责任公司
供货单位（乙方）：上海万建贸易商行

根据《中华人民共和国民法典》及国家相关法律、法规之规定，甲乙双方本着平等互利的原则，就甲方购买乙方货物一事达成以下协议。

一、货物的名称、数量及价格：

货物名称	规格型号	单位	数量	单价	金额	税率	价税合计
纯棉贡缎	幅宽280cm	米	9900	10.00	99,000.00	13%	111,870.00
白线		卷	3500	2.00	7,000.00	13%	7,910.00
合计（大写）	壹拾壹万玖仟柒佰捌拾元整						¥119,780.00

二、交货方式和费用承担：交货方式：购货方自行提货 ，交货时间：2021年06月06日 前。
交货地点：上海市迅驰路585号 ，运费由 购货方 承担。
三、付款时间及付款方式：货到一个月内转账付款

四、质量异议期：订货方对供货方的货物质量有异议时，应在收到货物后 7日 内提出，逾期视为货物质量合格。
五、未尽事宜经双方协商达成补充协议，与本合同具有同等效力。
六、本合同自双方签章（上海乐作家居用品有限责任公司章）之日起生效，本合同壹式贰份，甲乙双方各执壹份。

甲方（签章）：　　　　　　　　　　　　乙方（签章）：
授权代表：周山　　　　　　　　　　　　授权代表：赵雄
地　　址：上海市圣彩路418号　　　　　地　　址：上海市迅驰路585号
电　　话：77299011　　　　　　　　　 电　　话：12104421
日　　期：2021 年 06 月 02 日　　　　 日　　期：2021 年 06 月 02 日

图 2-7a　购销合同

上海 增值税电子专用发票

发票代码：032890380326
发票号码：04038276
开票日期：2021年06月06日
校验码：46358457105652309786

机器编号：303025739397

	名　　称	上海乐作家居用品有限责任公司	密	3#-216777914607*%60>7*003441
购买方	纳税人识别号	91310113M721303357	码	23->717#81*39—37*53>#93%904
	地址、电话	上海市圣彩路418号77299011	区	2-1*1*6>10>0499933861>*8*614
	开户行及账号	工行上海市金迅路支行4576613821544471198		5>#86>6703*-4#%422861609800*

项目名称	规格型号	单位	数量	单价	金额	税率	税额
*布*纯棉贡缎	幅宽280cm	米	9900	10.00	99,000.00	13%	12,870.00
*线*白线		卷	3500	2.00	7,000.00	13%	910.00

合　　计　　　　　　　　　　　　　　　　　　　　　¥106,000.00　　　　¥13,780.00

价税合计（大写）　壹拾壹万玖仟柒佰捌拾元整　　　　　（小写）¥119,780.00

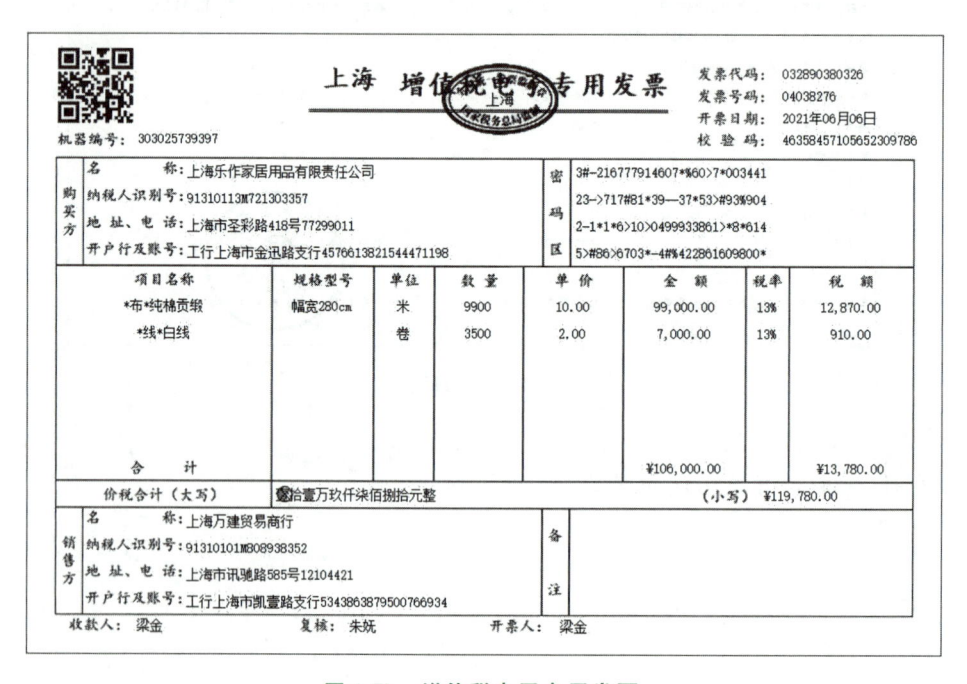

	名　　称	上海万建贸易商行	备	
销售方	纳税人识别号	91310101M308938352		
	地址、电话	上海市迅驰路585号12104421	注	
	开户行及账号	工行上海市凯壹路支行5343863879500766934		

收款人：梁金　　　　复核：朱妩　　　　开票人：梁金

图 2-7b　增值税电子专用发票

(8) 6日,运费以现金支付,按购入纯棉贡缎、白线的重量比例10∶1分摊。有关凭证如图2-8所示。

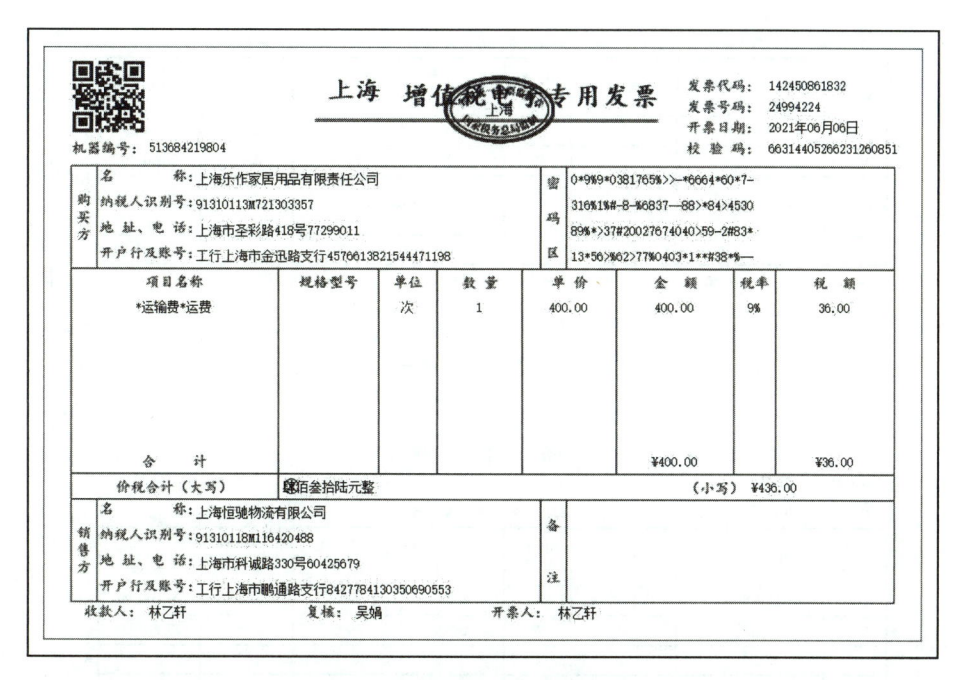

图 2-8　增值税电子专用发票

(9) 6日,入库。有关凭证如图2-9所示。

图 2-9　材料入库单

(10) 8日,仓库发出材料,用于生产单人床单2 500条,双人床单4 300条。有关凭证如图2-10a、2-10b所示。

(11) 8日,收款。有关凭证如图2-11所示。

领 料 单

领料部门：车间
用　途：生产单人床单　　　2021 年 06 月 08 日　　　编号：939

材料编号	材料名称	规格	计量单位	数量（请领）	数量（实发）	成本（单价）	成本（金额）
001	纯棉贡缎	幅宽280cm	米	3600	3600	10.00	36,000.00
002	白线		卷	1200	1200	2.00	2,400.00
	合计			4800	4800		¥38,400.00

主管：　　　记账：　　　仓管主管：何玉　　　领料：林以修　　　发料：

第二联　记账联

图 2-10a　领料单

领 料 单

领料部门：车间
用　途：生产双人床单　　　2021 年 06 月 08 日　　　编号：634

材料编号	材料名称	规格	计量单位	数量（请领）	数量（实发）	成本（单价）	成本（金额）
001	纯棉贡缎	幅宽280cm	米	9900	9900	10.00	99,000.00
002	白线		卷	6600	6600	2.00	13,200.00
	合计			16500	16500		¥112,200.00

主管：　　　记账：　　　仓管主管：何玉　　　领料：林以修　　　发料：

第二联　记账联

图 2-10b　领料单

中国工商银行　网银回单　　付款凭证

日期：2021 年 06 月 08 日　　回单编号：2892

付款人户名：上海光明商贸有限公司　　　付款人开户行：工行上海市泰泽路支行
付款人账号（卡号）：9085807877268078289
收款人户名：上海乐作家居用品有限责任公司　　收款人开户行：工行上海市金迅路支行
收款人账号（卡号）：4576613821544471198
金额：人民币 壹拾肆万元整　　　　　　小写：¥140,000.00
业务（产品）种类：　　　凭证种类：　　　凭证号码：
摘要：付货款　　　　　　用途：　　　　　币种：
交易机构：　　　记账柜员：　　　交易代码：　　　渠道：
附言：
支付交易序号：
报文种类：　　　委托日期：　　　业务种类：

本回单为第 1 次打印，注意重复　　打印日期：2021.06.08　　打印柜员：

图 2-11　网银回单

(12) 10 日，根据公司薪资单（省略）发工资缴社保。有关凭证如图 2-12a、2-12b 所示。

图 2-12a　薪资网银回单

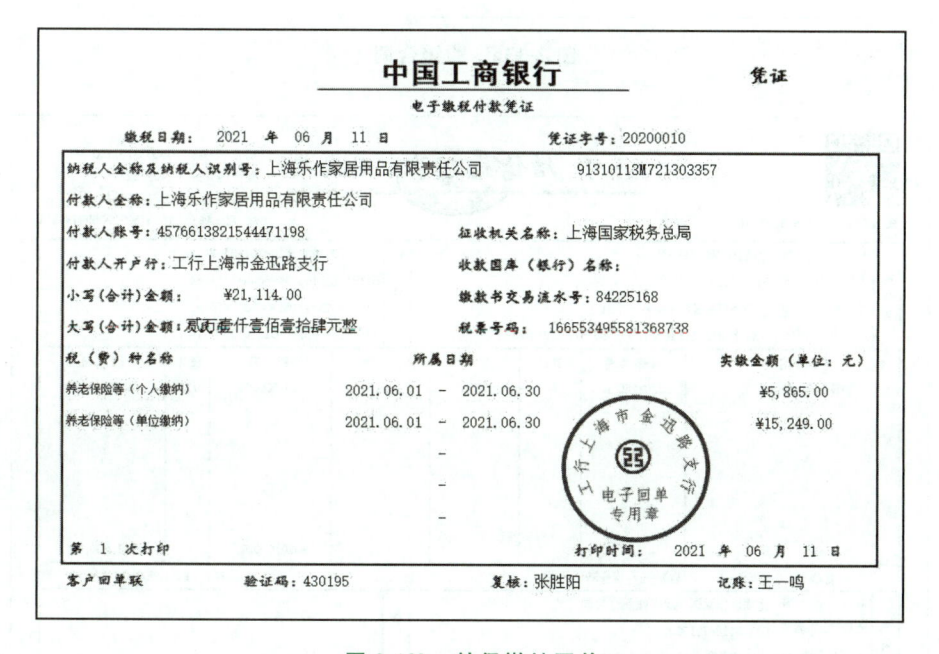

图 2-12b　社保缴纳回单

(13) 11 日。有关凭证如图 2-13a、2-13b、2-13c 所示。

图 2-13a　购销合同

图 2-13b　增值税电子专用发票

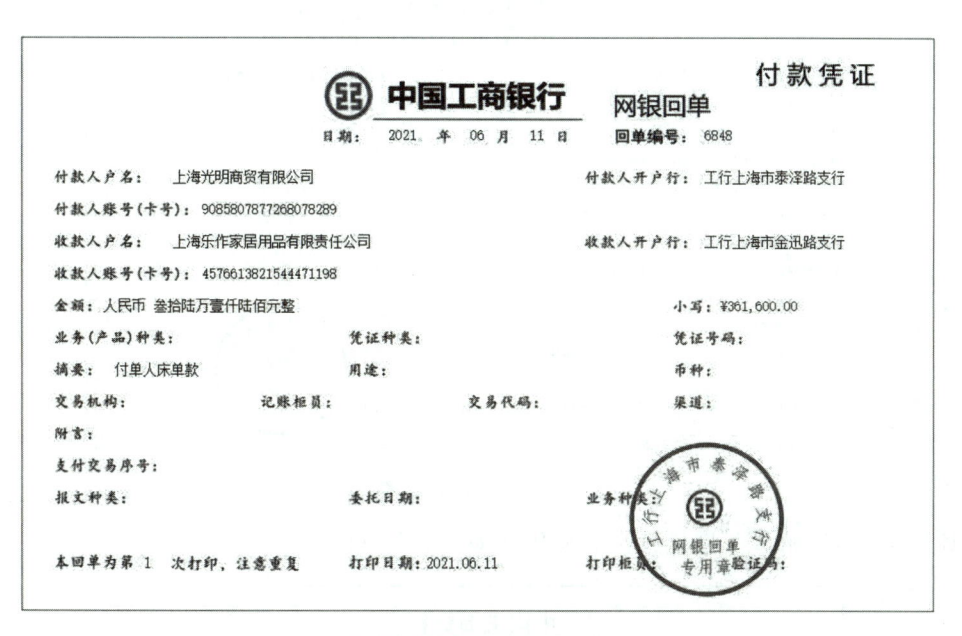

图 2-13c　网银回单

（14）14 日。有关凭证如图 2-14a、2-14b 所示。

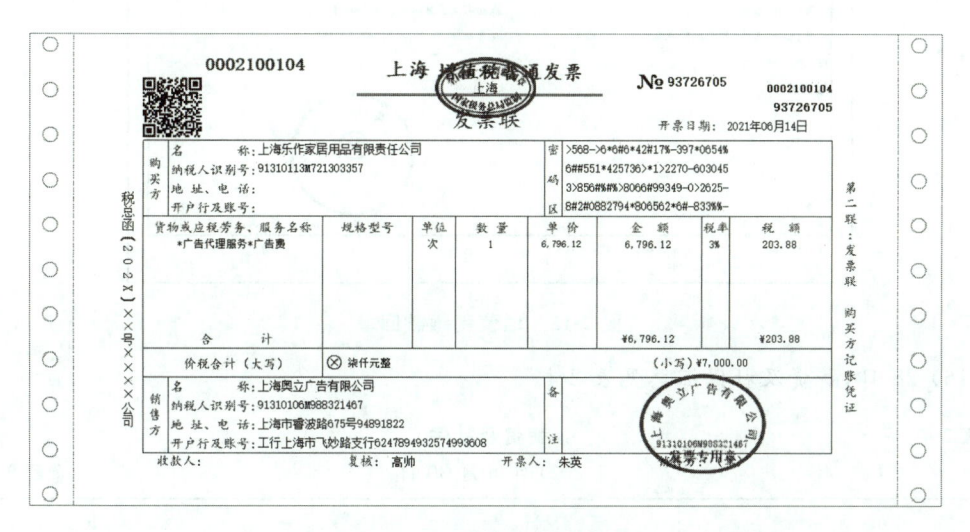

图 2-14a　增值税普通发票

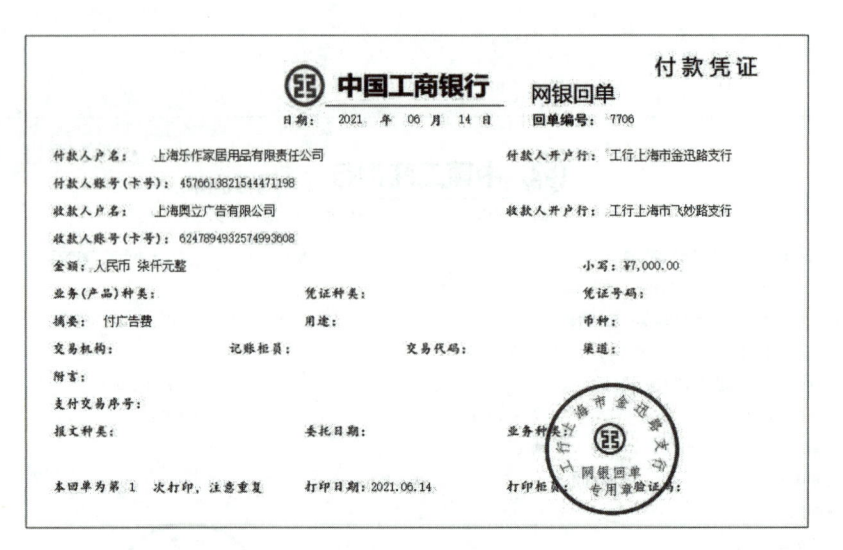

```
                    中国工商银行          付款凭证
                                    网银回单
                         日期：2021 年 06 月 14 日   回单编号： 7706

付款人户名：  上海乐作家居用品有限责任公司      付款人开户行： 工行上海市金迅路支行
付款人账号（卡号）： 4576613821544471198
收款人户名：  上海奥立广告有限公司            收款人开户行： 工行上海市飞妙路支行
收款人账号（卡号）： 6247894932574993608
金额：人民币 柒仟元整                         小写： ¥7,000.00
业务（产品）种类：                            凭证种类：        凭证号码：
摘要： 付广告费                                用途：           币种：
交易机构：           记账柜员：                 交易代码：         渠道：
附言：
支付交易序号：
报文种类：           委托日期：                 业务种类：
本回单为第 1 次打印，注意重复  打印日期：2021.06.14  打印柜员：
```

图 2-14b 网银回单

（15）15 日，缴纳上月增值税。有关凭证如图 2-15 所示。

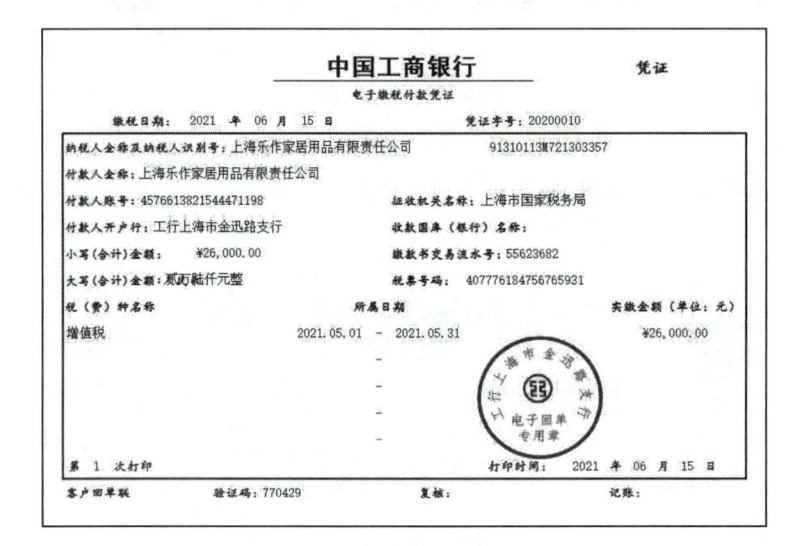

```
              中国工商银行              凭证
               电子缴税付款凭证
       缴税日期： 2021 年 06 月 15 日   凭证字号： 20200010
纳税人名称及纳税人识别号： 上海乐作家居用品有限责任公司   91310113M721303357
付款人全称： 上海乐作家居用品有限责任公司
付款人账号： 4576613821544471198     征收机关名称： 上海市国家税务局
付款人开户行： 工行上海市金迅路支行    收款国库（银行）名称：
小写（合计）金额： ¥26,000.00         缴款书交易流水号： 55623682
大写（合计）金额： 贰万陆仟元整        税票号码： 407776184756765931
税（费）种名称：      所属日期：         实缴金额（单位：元）：
增值税           2021.05.01 - 2021.05.31            ¥26,000.00

第 1 次打印                          打印时间： 2021 年 06 月 15 日
客户回单联    验证码： 770429    复核：    记账：
```

图 2-15 增值税缴款回单

（16）28 日，薪资及社保汇总见表 2-4。

表 2-4   薪资及社保
                        2021 年 6 月 30 日   金额单位：元

部　　门	薪　　资	社　　保
管理部门	22 200	5 772
车间管理	6 450	1 677
生产单人床单	12 000	3 120
生产双人床单	18 000	4 680
合　　计	58 650	15 249

(17) 28 日,固定资产折旧清单见表 2-5。

表 2-5 固定资产折旧

2021 年 6 月 30 日 金额单位:元

部　　门	折旧额
管理部门	1 555
车间管理	17 845
合　　计	19 400

(18) 28 日,预提短期借款利息 550 元,摊销预付的财产保险费 750 元。

(19) 28 日,以工商银行网银支付管理部门设备修理费 1 000 元。有关凭证如图 2-16a、2-16b 所示。

图 2-16a　增值税普通发票

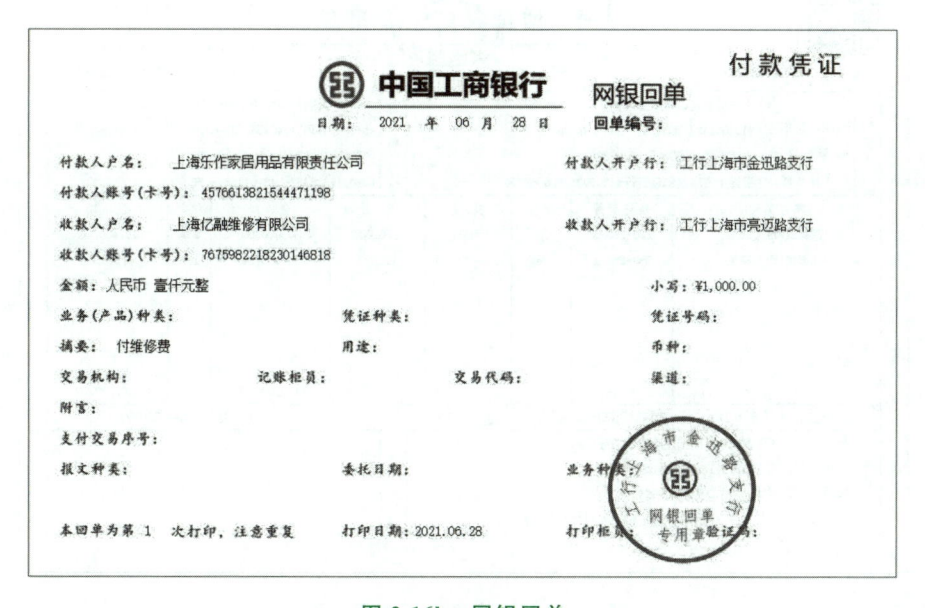

图 2-16b　网银回单

(20) 29 日。有关凭证如图 2-17a、2-17b、2-17c 所示。

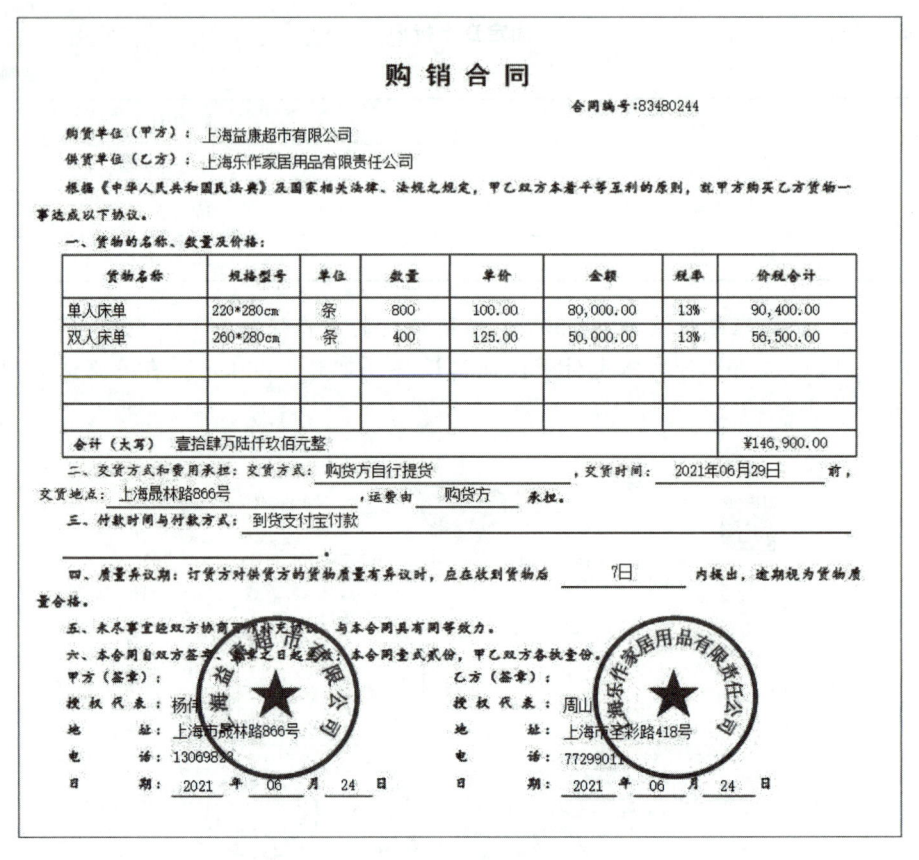

图 2-17a　购销合同

图 2-17b　增值税电子专用发票

项目二　会计凭证的制作　　057

	币种：人民币　　单位：元	

支付宝转账电子回单

收款方	账户名：上海乐作家居用品有限责任公司
	账号：4576613821544471198
	账户类型：银行账户
	开户机构：工行上海市金迅路支行
付款方	账户名：上海益康超市有限公司
	账号：4439392125263687502
	账户类型：银行账户
	开户机构：工行上海市盛和路支行
支付宝流水号	20210629231212346677872833216 79
付款时间	2021年06月29日23时21分
付款金额	小写：¥146,900.00
	大写：壹拾肆万陆仟玖佰元整
摘要	付货款

注：1. 本《支付宝电子回单》仅证明用户在申请该电子回单时间之前通过其支付宝账户的支付行为。
　　2. 本《支付宝电子回单》有任何修改或涂改的，均为无效证明。
　　3. 本《支付宝电子回单》仅供参考，如与用户支付宝账户记录不一致的，以支付宝账户记录为准。

支付宝（中国）网络科技有限公司

图 2-17c　支付宝转账电子回单

（21）30 日，以现金支付运费。有关凭证如图 2-18 所示。

上海增值税电子专用发票

发票代码：082957782866
发票号码：56329161
开票日期：2021年06月30日
校验码：98649242222844742634

机器编号：837843689469

购买方	名　称：上海乐作家居用品有限责任公司
	纳税人识别号：91310113M721303357
	地　址、电　话：上海市圣彩路418号77299011
	开户行及账号：工行上海市金迅路支行4576613821544471198

密码区：
—#5#02#02#47>##*345>85#4%088
*5#08*037>65>24045#252>—6>39
057537409938833*>8%#86%—6618
#3*0—4%338832—843>6725#4—>72

项目名称	规格型号	单位	数量	单价	金额	税率	税额
*运输费*运费		次	1	321.10	321.10	9%	28.90
合　计					¥321.10		¥28.90

价税合计（大写）：叁佰伍拾元整　　（小写）¥350.00

销售方	名　称：上海恒驰物流有限公司
	纳税人识别号：91310118M116420488
	地　址、电　话：上海市科诚路330号60425679
	开户行及账号：工行上海市鹏通路支行8427784130350690553

收款人：林乙轩　　复核：吴娟　　开票人：林乙轩

图 2-18　增值税电子专用发票

(22) 30 日,结转本月外购水电费情况见表 2-6、2-7。

表 2-6　　　　　　　　　　　外购电费分配表
供电单位:上海宝山电力有限责任公司　　2021 年 6 月 30 日　　　　　　　　金额单位:元

受益对象	计量单位	耗用量	单　价	分配金额
生产车间	千瓦时	60 000	1.20	72 000
管理部门	千瓦时	150	1.20	180
合　计		60 150		72 180

表 2-7　　　　　　　　　　　外购水费分配表
供电单位:上海宝山自来水有限责任公司　　2021 年 6 月 30 日　　　　　　　金额单位:元

受益对象	计量单位	耗用量	单　价	分配金额
生产车间	吨	320	7.60	2 432
管理部门	吨	65	7.60	494
合　计		385		2 926

(23) 30 日,本月发生的制造费用按单人床单、双人床单两种产品的生产工人工资比例分摊。如图 2-19 所示。

产成品入库单

交库单位:生产部　　　　2021 年 06 月 30 日　　　　仓库:　编号:747

产品编号	产品名称	规格	计量单位	数量送检	数量实收	单位成本	总成本	备注
101	单人床单	220*280cm	条	2500	2500		0.00	
102	双人床单	260*280cm	条	4300	4300		0.00	

仓库主管:何玉　　保管员:　　记账:郭子涵　　制单:何玉

第二联 记账联

图 2-19　产成品入库单

(24) 30 日,完工,分别结转其实际生产成本。

(25) 30 日。有关凭证如图 2-20a、2-20b 所示。

(26) 30 日,结转本月售出产品的实际成本。有关凭证如图 2-21 所示。

(27) 30 日,将本月的收入、费用结转"本年利润"账户(本期进项税额均已认证,不考虑其他税费)。本期认证以前期间进项税额 58 800.59 元。

(28) 30 日,按实际利润的 25% 计算并结转应交所得税。

图 2-20a　购销合同

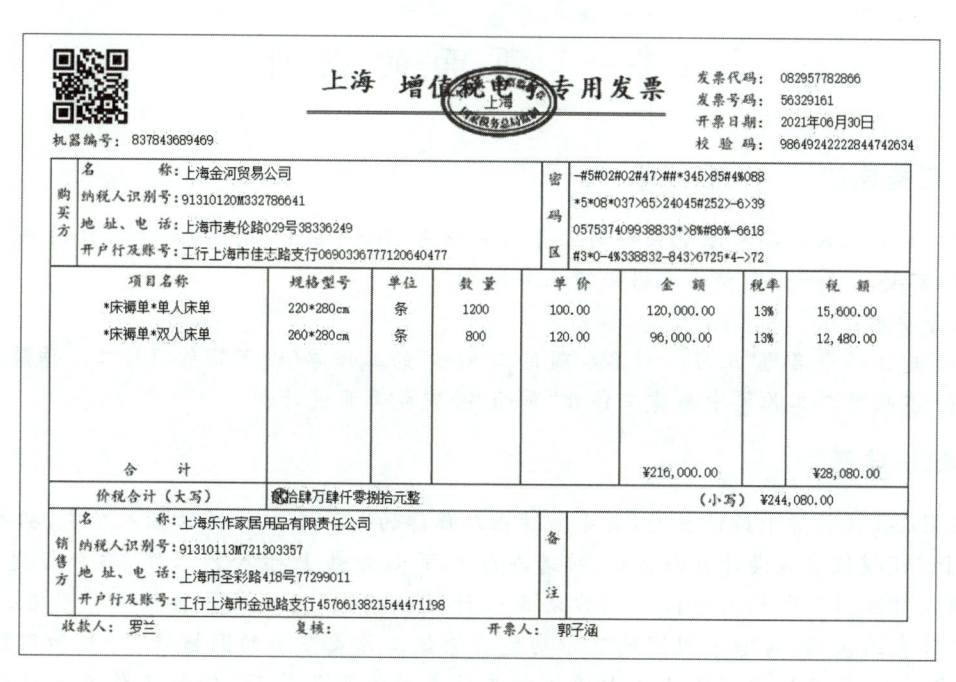

图 2-20b　增值税电子专用发票

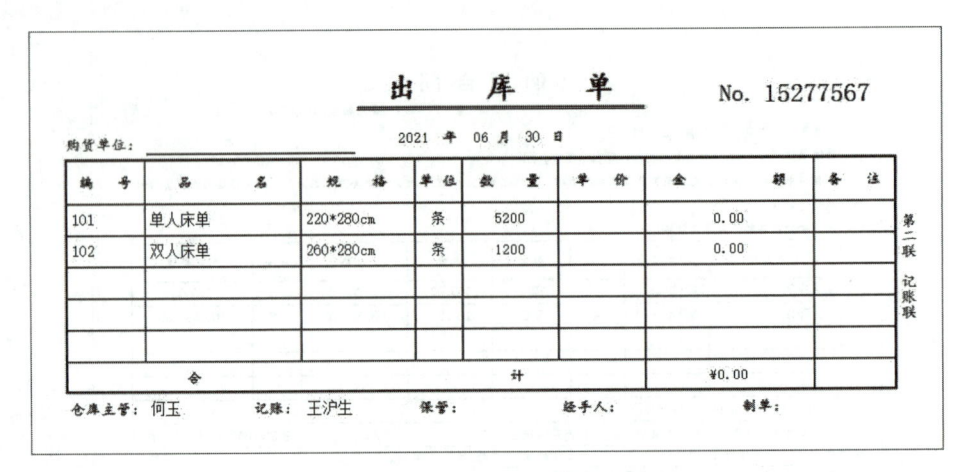

图 2-21　产品出库单

案例思考

阅读上海乐作家居用品有限责任公司案例,请说说从中能解读出该公司哪些信息?作为一名财务人员,在业务处理过程中如何做到遵纪守法、诚实守信?

【提示】

上海乐作家居用品有限责任公司正常经营,以上是 2021 年 6 月该公司的业务情况,本项目结合现行财税政策,使用 Excel 2016 版本制作会计凭证表并完成业务核算。

任务一　页面的设计

任务描述

上海乐作家居用品有限责任公司业务核算使用 Excel 2016 完成,基于工作的规范性和完整性,需要设计一套完整的表格进行业务核算。

任务要求:

(1)建立一个名为"班级　姓名　项目二.xlsx"的工作簿(以下简称项目二工作簿)。

(2)在项目二工作簿中新建工作表"页面"并完成页面设计。

知识准备

在 Excel 工作簿中设计页面,首先通过在工作簿的某一个工作页的插入功能,插入一个 PowerPoint 模板实施设计页面背景;接着在这个页面背景上插入艺术字,添加标题;然后采用插入自选图形和插入超链接的方法来设计链接按钮,实现从该页面背景所在工作页直达工作表的操作;再通过视图的显示功能去除该工作表多余的网格线、行号和列标等信息,美化页面;最后使用审阅选项卡的保护工作表功能设置密码,保护工作表不被破坏或随意修改。

岗位说明

会计主管岗位负责创建页面，布局 Excel 会计凭证系统。

工作步骤一　页面背景的设计

设置美观的页面背景，可以通过在"页面"工作页插入一个自己喜欢的图片作为页面背景。由于 Excel 上素材不多，我们可以通过插入一个 PowerPoint 模板来完成页面背景的设计，具体步骤如下：

（1）打开"项目二"工作簿，选择"页面"工作页，如图 2-22 所示。

图 2-22　"页面"工作页

设计页面

（2）单击菜单【插入】|【文本】|【对象】，打开【对象】对话框，如图 2-23 所示。

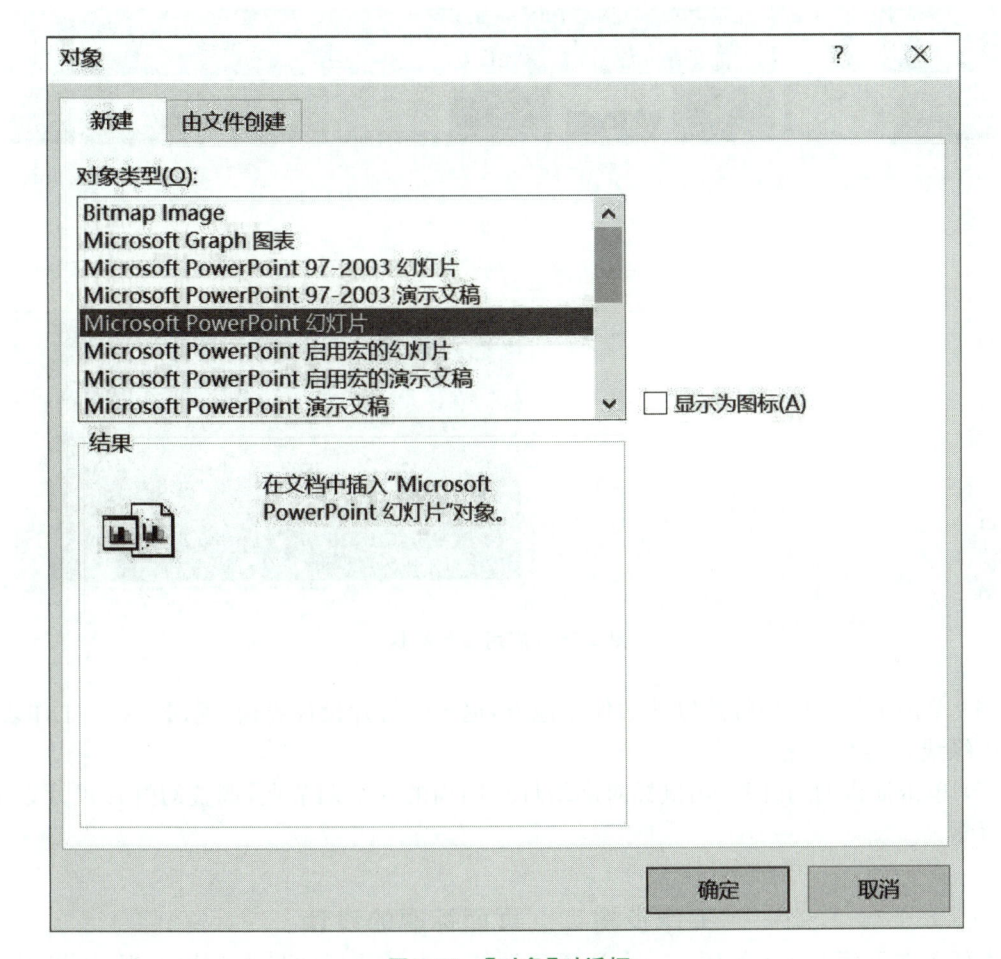

图 2-23　【对象】对话框

（3）在"对象类型"列表框中选择"Microsoft PowerPoint 幻灯片",单击【确定】按钮,就可以在 Excel 工作表中插入一个 Microsoft PowerPoint 幻灯片对象。

（4）单击工具栏上的【设计】按钮,在【应用设计模板】中选择喜欢的幻灯片模板,如图 2-24 所示。

图 2-24　设计模板

（5）双击选中的模板,该模板就会应用到幻灯片中,如图 2-25 所示。

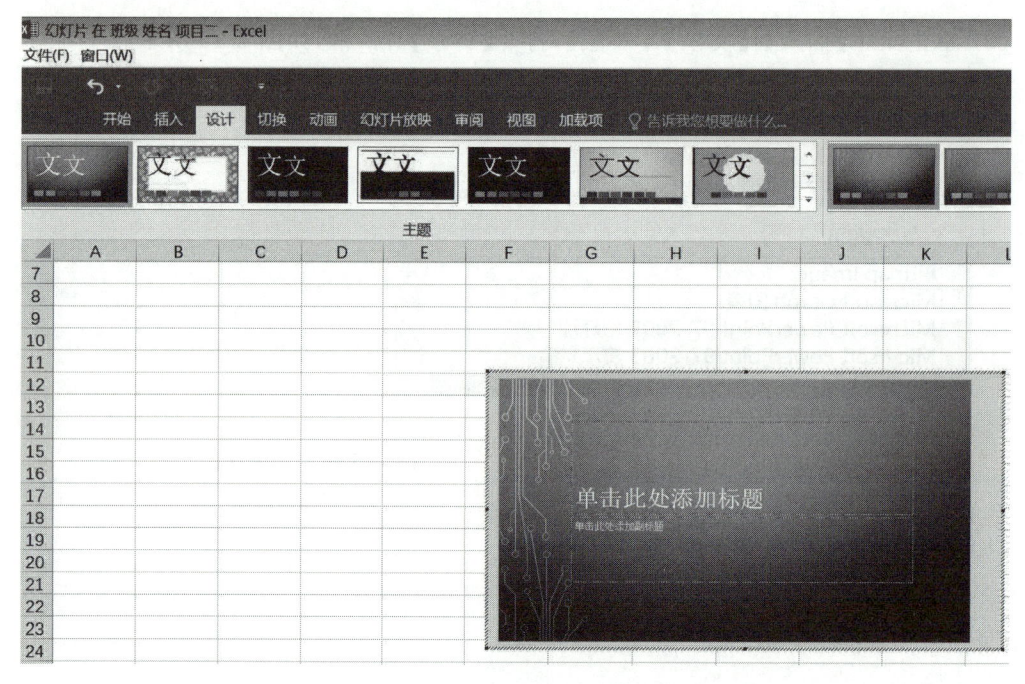

图 2-25　应用设计模板

（6）单击工作表中幻灯片以外的任意地方,退出幻灯片设计界面,返回 Excel 工作表,幻灯片边缘线条会有变化。

（7）单击插入的幻灯片,用鼠标对准幻灯片四周的 8 个调节点,调整幻灯片尺寸以适应页面背景。

工作步骤二　页面标题的设计

本任务在页面上插入标题——会计凭证系统。为了使标题显得更加美观,可以通过插

入艺术字进行设计,具体步骤如下:

(1)打开"项目二"工作簿,选择"页面"工作表。
(2)单击菜单【插入】|【文本】|【艺术字】,如图2-26所示。

图2-26 【艺术字】

(3)选择喜欢的艺术字样式,输入文字"会计凭证系统",在【开始】设置字体和字号。
(4)将鼠标光标对准"会计凭证系统"这一组艺术字,在【格式】工具栏上,对艺术字的颜色、大小等格式进行设置,如图2-27所示。

图2-27 设置艺术字格式

(5)完成页面标题的设计效果图,如图2-28所示。

图2-28 页面标题的设计效果图

工作步骤三　页面链接的设置

本任务在页面中列出"会计凭证系统"里各个子项目名称,并设计通过单击子项目的名称连接到各个工作表的链接。下面介绍采用插入自选图形的方法来设计链接按钮,具体步骤如下:

(1)单击"会计凭证系统"所在的图片,选择工具栏【格式】|【插入形状】,如图2-29所示。

图2-29 【插入形状】功能区

设置页面到工作表的链接

（2）单击【插入形状】按钮右上方的下拉箭头（图2-29），选择适用的图形，如矩形。选中后单击鼠标左键，使鼠标光标形状变为黑色小十字。

（3）移动鼠标光标到背景图片上，选择合适的位置，按住鼠标左键不放，拖动鼠标光标画出适当大小的图形，如图2-30所示。

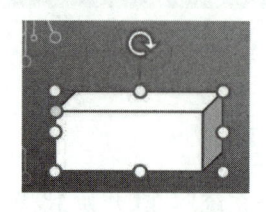

图 2-30　设置图形　　　　图 2-31　输入文字

（4）选中刚才画好的图形，单击鼠标右键，在弹出的菜单中单击【编辑文字】命令，则在自选图形中出现输入文字的光标，此时可以输入相关文字。这里输入"会计科目表"，如图2-31所示。

（5）选中文字，单击鼠标右键，在弹出的快捷菜单中单击【段落】命令，打开【段落】对话框。单击【缩进和间距】选项卡，将"对齐方式"设置为居中；再次选中文字，单击鼠标右键，在弹出的快捷菜单中单击【字体】命令，打开【字体】对话框。单击【字体】选项卡，将"中文字体"设置为"幼圆"，将"字体样式"设置为"加粗倾斜"，将"大小"设置为"12"，并设置字体颜色。最后将鼠标光标移至图形内部文字中，调整字间距，如图2-32、图2-33所示。

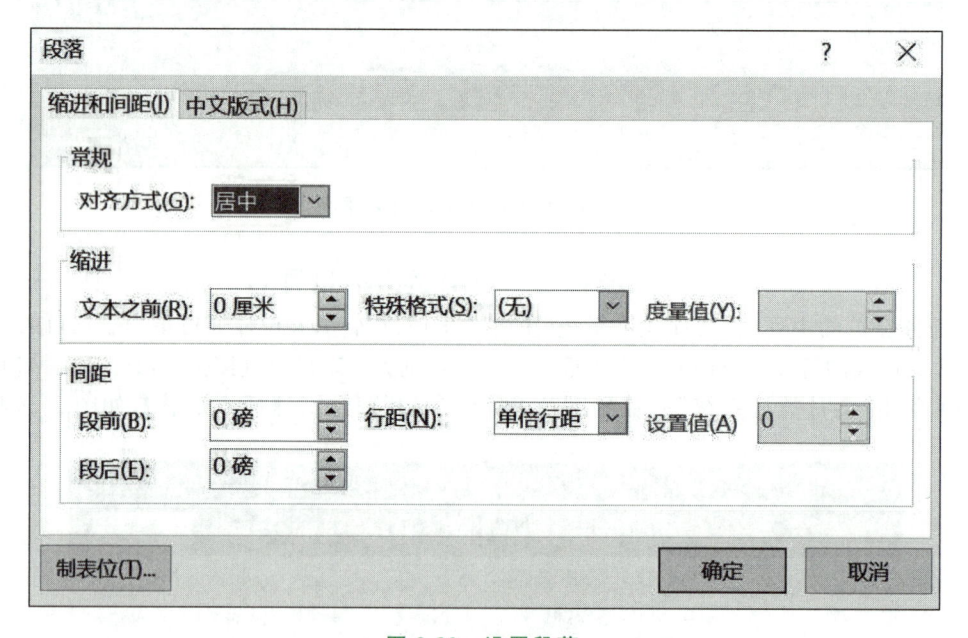

图 2-32　设置段落

图 2-33　设置字体

（6）单击【格式】工具栏上的【形状填充】按钮右边的下拉箭头，如图 2-34 所示。

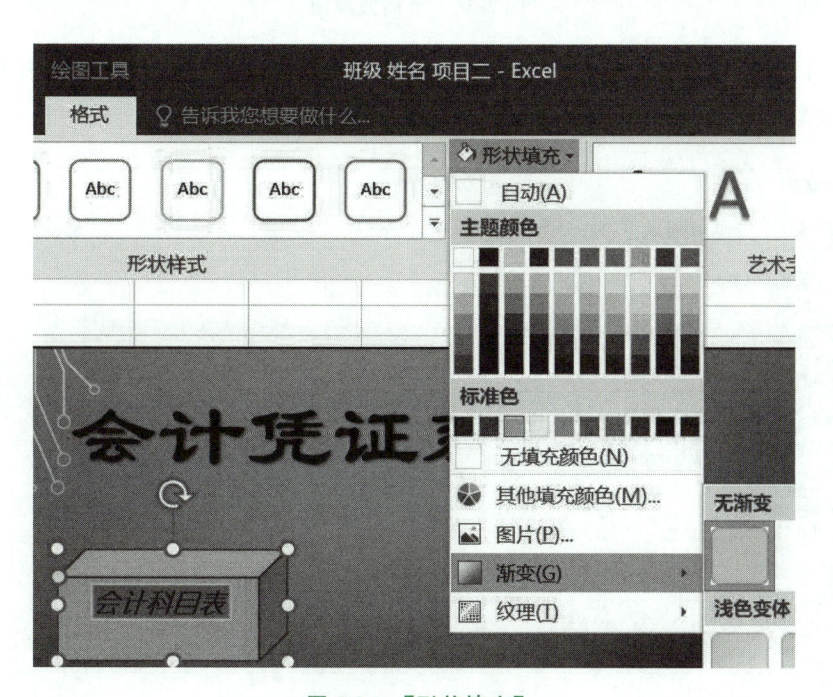

图 2-34　【形状填充】

在展开的颜色项目中选择颜色，可以选择【标准色】，也可以选择【其他填充颜色】。然后选择【渐变】。完成后效果如图 2-35 所示。

图 2-35　完成后效果

（7）将制作好的第一个自选图形对象进行复制粘贴。移动复制粘贴后的图形到合适的位置，然后修改图形上面的文字为"会计凭证表"。页面效果如图 2-36 所示。

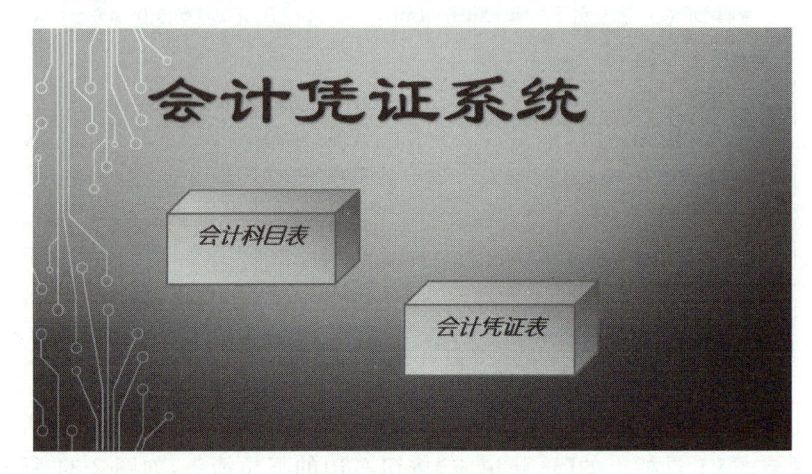

图 2-36　页面效果图

（8）选择"会计科目表"按钮，单击鼠标右键，在弹出的菜单中选择【超链接】命令，打开【插入超链接】对话框，如图 2-37 所示。

图 2-37　【插入超链接】对话框

（9）在"链接到"区域所显示的几个项目中单击【本文档中的位置】按钮图标，在"或在此文档中选择一个位置"所示列表中选择"会计科目表"。单击【屏幕显示】按钮，打开【设置超链接屏幕提示】对话框,在【屏幕提示文字】对话框中输入提示文字"单击打开会计科目表",如图 2-38 所示。

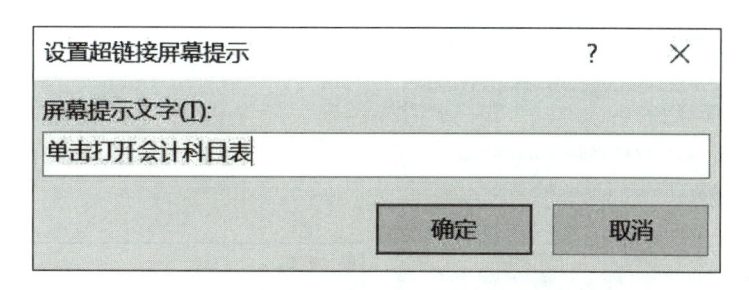

图 2-38 【设置超链接屏幕提示】对话框

(10) 单击【确定】按钮,返回 Excel 工作表,从而为"会计科目表"自选图形对象建立了指向"会计科目表"工作表的超链接,使其具备了导航按钮的功能。

(11) 用同样的方法设置"会计凭证表"的超链接。

工作步骤四 页面的美化

由于"页面"工作表仍然有工作表的网格线、行号和列标等信息,页面不太美观。下面对工作表视图进行美化,具体步骤如下:

(1) 单击菜单【视图】|【显示】,如图 2-39 所示。

图 2-39 【显示】功能区

(2) 取消【显示】中的"网格线""标题"两个复选框。

(3) 为了美观,还可以在项目完成后取消工作表标签。由于在项目制作中需要使用到这些标签,所以暂时不取消。

工作步骤五 工作表的保护

为了避免操作者不小心移动或损坏"页面"工作表中的各个图形按钮及防止他人任意更改页面结构,保证数据安全,保护工作表,可进行如下具体操作:

(1) 单击菜单【审阅】|【保护工作表】,打开【保护工作表】对话框,如图 2-40 所示。

(2) 在"取消工作表保护时使用的密码"文字框中输入工作表保护密码,单击【确定】按钮。

(3) 在弹出的【确认密码】对话框中再次输入密码(图 2-41),单击【确定】按钮,退出【确认密码】对话框,再单击【确定】按钮,关闭【保护工作表】对话框。

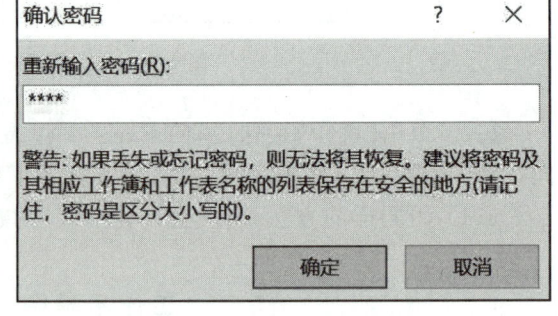

图 2-40 【保护工作表】对话框　　　　　图 2-41 【确认密码】对话框

　　本项目制作的会计凭证表属于企业内部资料，信息安全是一项重要工作，工作表保护密码应该记牢。如果忘记了保护密码，就无法取消对工作表的保护，也无法再对工作表进行修改。

任务二　会计科目表的制作

任务描述

　　本任务制作符合上海乐作家居用品有限责任公司核算需要的会计凭证表。
　　任务要求：在项目二工作簿中新建工作表"会计科目表"，完成总账科目、明细科目和辅助核算的设置、修改和美化。

知识准备

　　会计科目表包含总账科目和明细科目。会计科目是对会计要素的具体内容进一步分类的项目名称。设置会计科目是会计核算工作中极为重要的一项工作，它是填制会计凭证、设置账户、进行账务处理的依据，也是编制会计报表的基础。会计科目必须根据企业会计准则和国家统一会计制度的规定设置和使用，一般设有一级科目（总账科目）、二级科目（子科目）和明细科目。
　　总账科目是指对会计内容进行总分类核算和监督、提供总括指标的会计科目。为了便于宏观经济管理，一级科目由财政部统一规定。明细科目是指对总账科目所反映的经济内容进一步详细分类的会计科目，是对总账科目更为详细的补充说明。明细科目是由企业依据国家统一规定的会计科目和要求,根据自身经营管理的需要自行设置的。在信息化发展下,还设置辅助核算。科目核算记载发生的经济业务内容;辅助核算记载发生经济业务的主体、客体、相关责任方,补充经济事项。科目基本上是根据会计准则制定出来的,辅助核算一般包括:供应商、客户、个人、部门、项目等,是统计会计业务的第二维度,同时辅助核算可以与科目核算形成多个维度的核算结果。会计科目和辅助核算相互支撑,从简单的一笔会计分录,就能看出一项经济业务内容。同时,会计科目与辅助核算对后期数据加工整理、大数据分析,提供多方位、多维度的分析基础。

岗位说明

会计主管岗位负责制作会计科目表。

工作步骤一　会计科目表的基础设计

制作会计科目表是为后续财务核算做准备。会计科目表制作的具体操作步骤如下:

（1）在项目二工作簿中选择工作表"会计科目表"。

（2）在单元格 B1 中输入"会计科目表",在【开始】工具栏上的【字体】中选择"楷体""字号"设置为"18"。

（3）选择单元格区域 B1:C1,单击【开始】工具栏的【合并后居中】按钮;选中单元格中的"会计科目表",单击【开始】工具栏上的【字体】按钮,选择"双下划线"。

（4）选择单元格 B2 至 F2,分别输入"科目代码""科目名称""方向""辅助核算"和"数量",如图 2-42 所示。

| 2 | 科目代码 | 科目名称 | 方向 | 辅助核算 | 数量 |

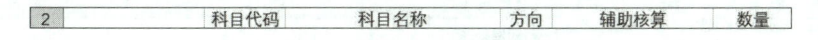

图 2-42　设计会计科目表标题

（5）在单元格 E1 中输入"科目总数量",在单元格 F1 中输入公式"=COUNTA(B:B)-2",用来统计会计科目的个数。

【提示】

COUNTA 函数是统计函数,功能是计算单元格区域或数组中包含数据(即非空白单元格)的单元格个数,使用方法是:COUNTA(参数1,参数2,参数3……),如图 2-43 所示。

（6）从第 3 行开始,在 B、C 两列分别顺序输入所有会计科目代号和会计科目名称。(本项目中总账科目表中的科目代号和科目名称采用的是 2014 年会计准则中规定的科目代号和科目名称。实际工作中,应该按照规定来设计。)

数据的录入方法有多种:一种方法是直接在对应的单元格中输入数据;另一种方法是在"记录单"中录入数据;还可以找到会计科目复制粘贴。先添加总账科目,再添加明细科目。

D 列输入科目方向。科目方向可以直接录入,也可以选中 D3 单元格,单击菜单【数据】|【数据验证】,在"允许"中选择"序列","提供下拉箭头"前打钩,"来源"中输入"借,贷"。注意标点符号在英文(半角)输入法下进行,如图 2-44、图 2-45 所示。

图 2-43　COUNTA 函数

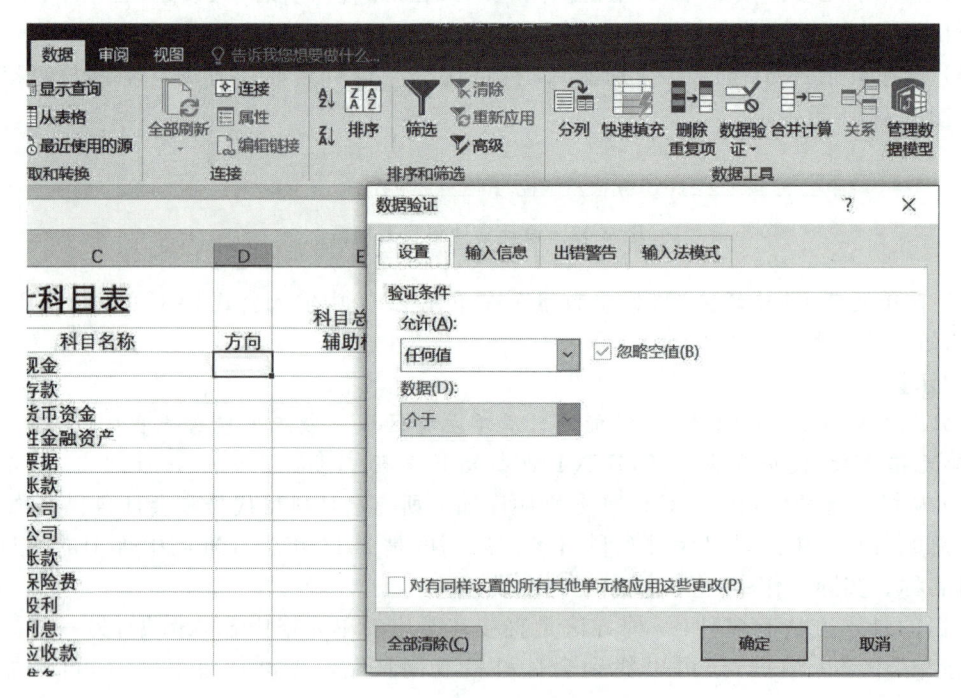

图 2-44　【数据验证】对话框

图 2-45　设置【数据验证】

选中 D3 单元格右边会出现下拉箭头,单击下拉箭头,就可以选择方向了。选取 K4 单元格,把鼠标光标放在该单元格的右下角,当鼠标光标变成黑色的实心"＋"字符号,向下填充到所需要的位置。E 列录入辅助核算,结合企业情况设置供应商、客户、个人、部门、项目、外币、存货等辅助核算。总账科目和明细科目辅助核算可以一致,也可以不一致。存货核算需要再设置数量单位。

(7) 单击 B 列的列标,选中 B 列,单击【格式】菜单中的【单元格】命令,打开【设置单元格格式】对话框,单击【数字】选项卡,在"分类"中选择"文本",单击确定按钮,关闭【设置单元格格式】对话框。

(8) 在工作表的适当位置插入一个自选图形对象,在其内部添加汉字"返回"(也可直接插入美术字),设置图形对象的格式,为其建立一个超链接,指向前面制作好的"页面"工作表。以后在总账科目表界面中单击这个按钮就可以返回到"页面"工作表,如图 2-46 所示。

图 2-46　添加"返回"按钮

工作步骤二　会计科目表的修改

企业会计科目的设置应保持相对稳定,但并非一成不变,需要根据社会经济环境、会计准则与会计制度及本企业业务发展的需要,对会计科目进行修改、补充或删除。具体操作步骤如下:

(1) 单击需要修改的会计科目所在的单元格,对科目代号或科目名称进行修改。

(2) 选中需要添加科目的行,单击菜单【插入】|【行】命令,在出现的空行中输入相应的科目代号和科目名称。

(3) 选中要删除的科目所在的单元格,单击右键弹出菜单,选择【删除】命令,选择【活动单元格下移】按钮或者【整行】,单击【确定】按钮,如图 2-47 所示。

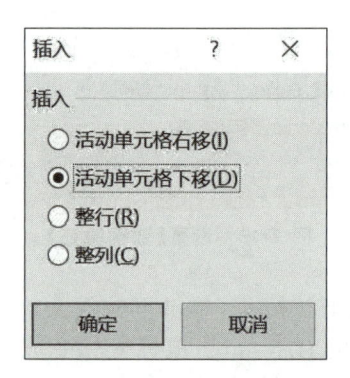

图 2-47　【删除】单元格

工作步骤三　会计科目表的美化

前面完成了会计科目表的基本操作,接下来可以对会计科目表表格进行颜色填充、设置字体、调整行间距、对齐等操作。具体操作步骤如下:

(1) 打开"会计科目表",选中内容区,比如 B3:F96,在【开始】工具栏上的【字体】中添加【边框】所有框线,若感觉不够美观,可在【绘制边框】里调整框线的粗细程度和颜色。

(2) 选择 B1 单元格,单击【开始】工具栏上的字体颜色按钮，在调色板上选择"紫罗兰",单击后"会计科目表"标题字体颜色变成紫色。选择 B1 单元格,单击【开始】工具栏的【加粗】按钮 B ,则标题的字体变粗。

(3) 选中内容区,比如 B2:F96,在【开始】工具栏上的【字体】中选择"宋体",字号"11"。

(4) 选中会计科目表内容所在行,如 B2:F96,单击右键,设置行高"18"。

(5) 选中 B2:F2 单元格,单击右键,设置单元格格式,水平对齐居中、自动换行。选中科目代码和科目名称内容区,如 B3:C96,单击右键,设置单元格格式,水平居中常规、自动换行。选中方向、辅助核算和数量内容区,如 D3:F96,单击右键,设置单元格格式,水平对齐居中、自动换行。

(6) 选中 B2:F2 单元格,在【开始】工具栏上的【字体】中加粗,主题颜色选中"蓝—灰、文字 2、淡色 80%"。选中科目代码和科目名称内容区,如 B3:C96,主题颜色选中"蓝—灰、文字 2、淡色 80%"。选中方向、辅助核算和数量内容区,主题颜色选中"金色、个性色 4、淡色 60%"。设置完毕后,表格区域颜色分明,如图 2-48、2-49 所示。

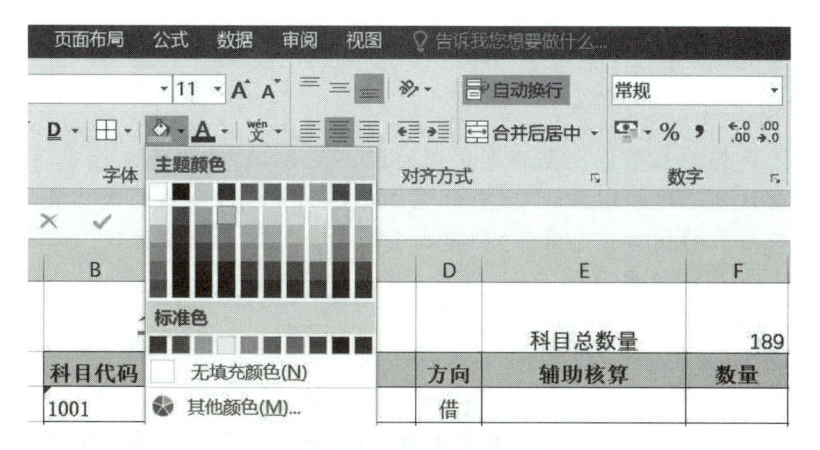

图 2-48　设置主题颜色

图 2-49　会计科目表美化效果

任务三　会计凭证表的制作

任务描述

本任务结合现行财税政策,使用 Excel 2016 制作会计凭证表并完成核算。

任务要求:

(1) 建立一个名为"班级　姓名　项目二.xlsx"的工作簿(以下简称项目二工作簿)。

知识准备

会计凭证表是将企业每日发生的或完成的经济业务,按时间的先后顺序逐笔完整登记的工作表。在会计处理和管理系统中,会计凭证表是一个非常重要的工作表,是形成会计凭证和各种账簿及报表的核心信息资料,即建立企业账务处理的源数据库。

会计凭证表的结构主要包括日期、序号、凭证号码、摘要、科目代号、总账科目、明细科目、方向、借方、贷方、制单人、审核人、附件等要素。

岗位说明

会计主管岗位负责制作会计凭证表和审核凭证,会计岗位负责填制凭证。

赛题链接

10日,销售商品。增值税专用发票、销售单、购销合同、交通银行电子回单凭证如图 2-50、图 2-51、图 2-52、图 2-53 所示。

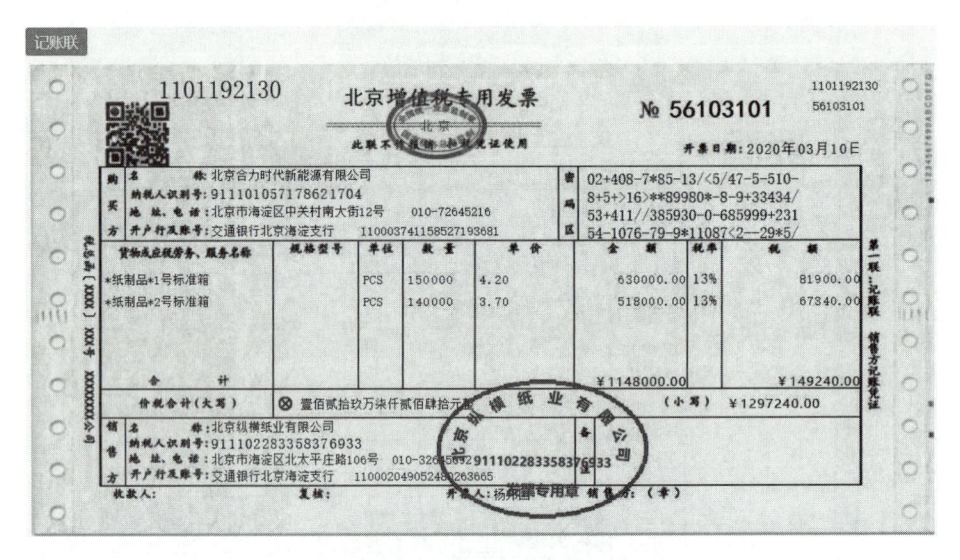

图 2-50 增值税专用发票

图 2-51 销售单

图 2-52 购销合同

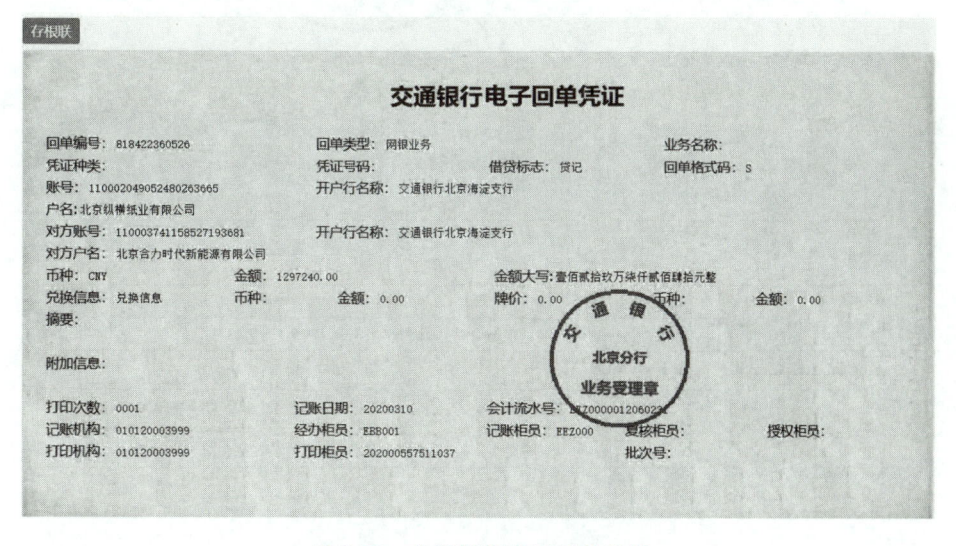

图 2-53 交通银行电子回单凭证

10日，采购周转材料，并支付货款。收料单、增值税专用发票、付款申请书、交通银行电子回单凭证，如图2-54、图2-55、图2-56、图2-57所示。

图 2-54　收料单

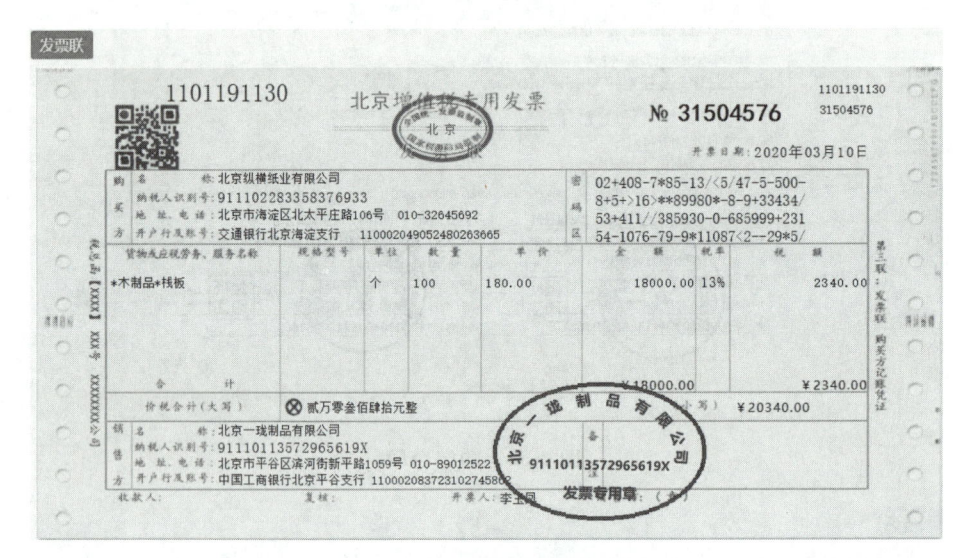

图 2-55　增值税专用发票

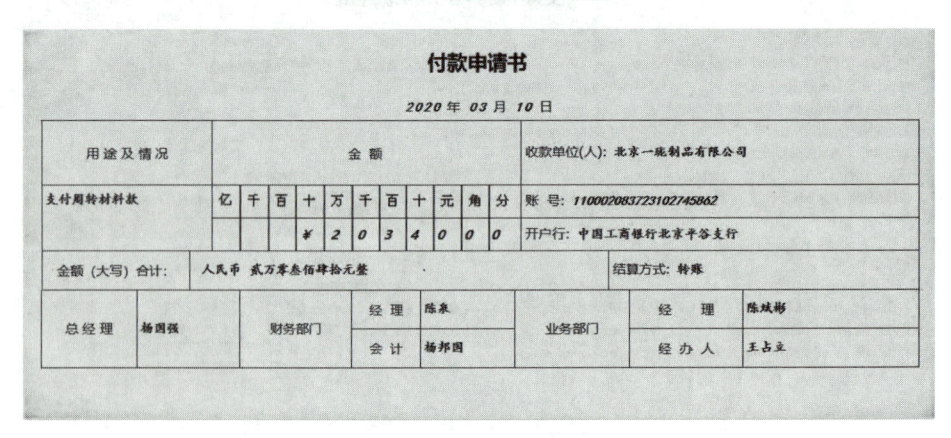

图 2-56　付款申请书

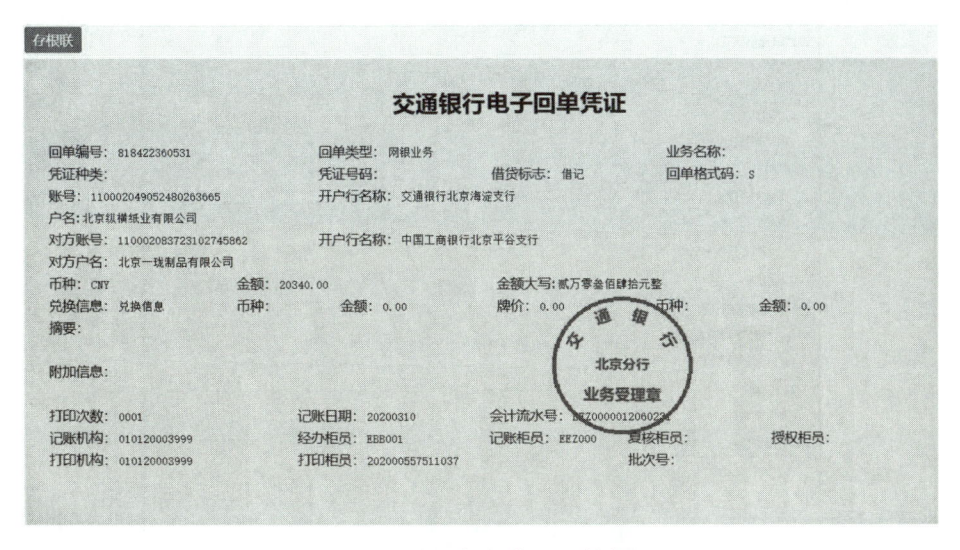

图 2-57　交通银行电子回单凭证

【提示】

该赛题来源于2021年全国职业院校技能大赛拟设赛项赛题库(高职组会计技能赛项样题)。

工作步骤一　会计凭证表的结构设计

会计凭证表的结构主要包括日期、序号、凭证号码、摘要、科目代号、总账科目、明细科目、方向、借方、贷方、制单人、审核人、附件等要素。具体的操作步骤如下:

(1) 打开"项目二"工作簿的"会计凭证表"工作表。

(2) 选取 B1:R1 单元格,单击【开始】工具栏的【合并后居中】按钮,在合并的单元格中输入"会计凭证表"标题。打开【设置单元格格式】对话框,单击【对齐】选项卡,将"文本对齐方式"的"水平对齐"和"垂直对齐"均设置为"居中"(图 2-58)。单击【字体】选项卡,将"字体"设置为"楷体",将"字号"设置为"22",将"颜色"设置为"紫罗兰",将"下划线"设置为"会计用双下划线",将"行高"设置为"36"。单击【确定】按钮,关闭【设置单元格格式】对话框。

(3) 选取 B2:F2 单元格,单击【开始】工具栏的【合并后居中】按钮,输入"单位名称",左对齐。选取 I2:L2 单元格,单击【开始】工具栏的【合并后居中】按钮,输入"时间",左对齐。选取 P2 单元格,输入"单位:元"。

(4) 分别在 B3 到 R3 单元格中输入"年""月""日""序号""凭证号码""摘要""科目代码""总账科目""明细科目""方向""借方金额""贷方金额""客户""供应商""存货""数量"和"附件",如图 2-59 所示。

(5) 选取整个第三行,单击工具栏上的【开始】选中【居中】按钮,使单元格内容居中。

(6) 调整各列的列宽到合适的宽度。

(7) 选取 L 列和 M 列整列单元格并单击右键。单击【开始】中【数字】命令,在对话框中打开【数字】选项卡,将"借方金额"和"贷方金额"设置为"数值"格式,"小数位数"设置为"2",使用"千分位分隔符","负数"设置为"-1 234.10",如图 2-60 所示。打开【对齐】选项卡,"水平对齐"设置为"靠右"。

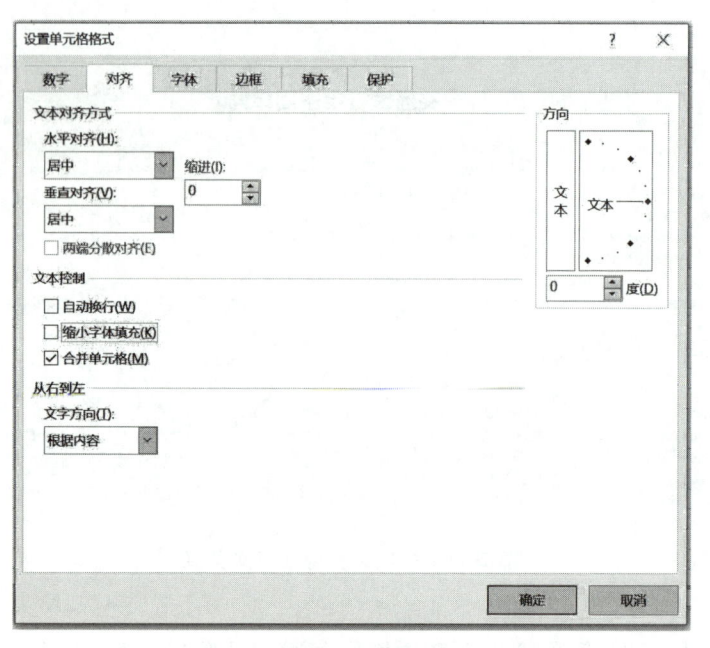

图 2-58　设置字体

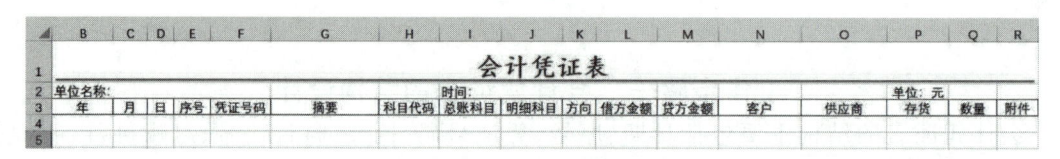

图 2-59　会计凭证表

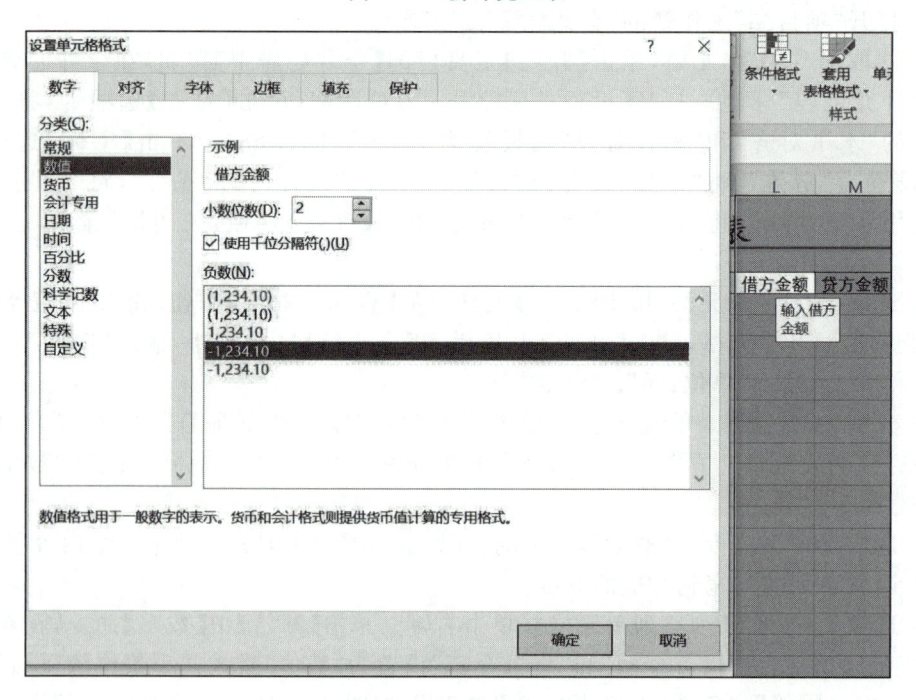

图 2-60　函数参数设置

(8) 选取 B、C、D、E、H 五列，用上面的方法设置数据格式为"文本"。
(9) 在表尾合适的位置，如 G16 添加"审核人："，N16 添加"制单人："，如图 2-60 所示。

图 2-60　会计凭证表美化效果

工作步骤二　会计凭证编号的设置

会计凭证编号是会计人员在用会计凭证记录经济业务时，对每笔经济业务进行的编号，以便查找和核对。用 Excel 2016 进行会计凭证表编制时，可以利用 CONCATENATE 函数，以"年＋月＋日＋当日顺序号"自动生成会计凭证的编号。具体操作步骤如下：

(1) 打开"项目二"工作簿的"会计凭证表"。
(2) 选取 F4 单元格，单击【公式】的【插入函数】按钮，打开【插入函数】对话框，在"或选择类别"中选择"文本"类别函数，在"选择函数"列表框中选择 CONCATENATE 函数，单击【确定】按钮，如图 2-61 所示。

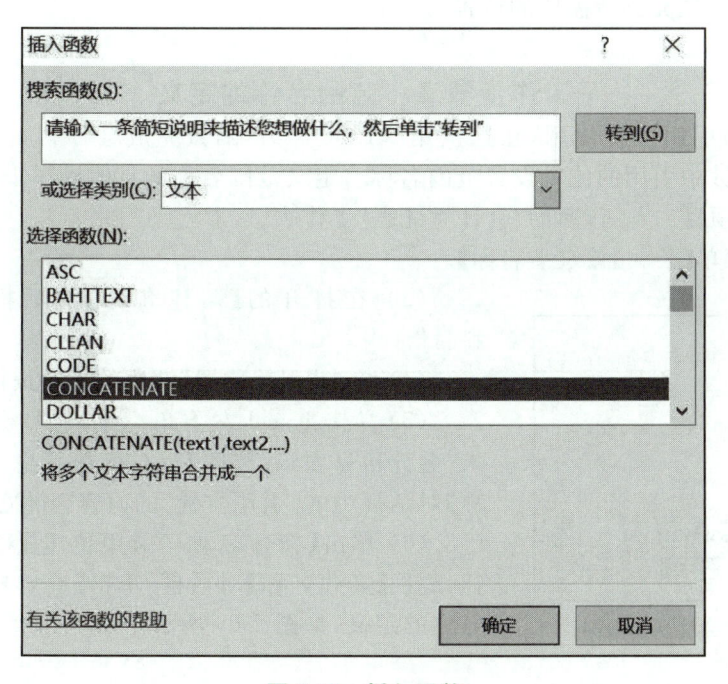

图 2-61　插入函数

【提示】
CONCATENATE 函数是文本函数,功能是将多个文本字符串合并成一个,使用方法是:CONCATENATE(参数1,参数2,参数3……)。

(3)在 CONCATENATE 函数的参数设置中分别输入参数"B4""C4""D4""E4"。这样当我们在前面四个单元格中输入年、月、日和序号后,在凭证号码这一列就会自动生成相应的值。单击【确定】按钮退出函数参数设置界面,如图 2-62 所示。

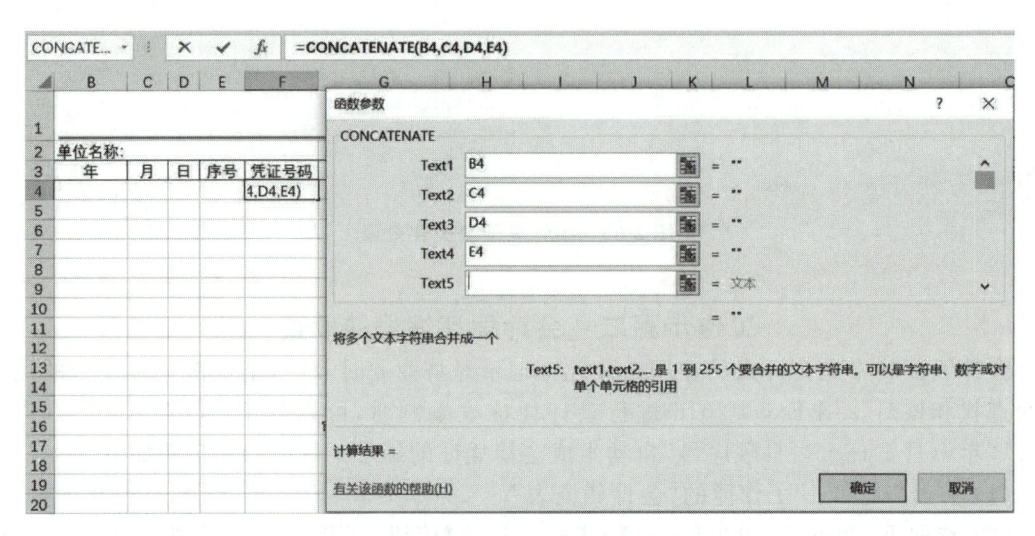

图 2-62　设置 CONCATENATE 函数

(4)选取 F4 单元格,把鼠标光标放在该单元格的右下角,当鼠标光标变成黑色的实心"＋"字符号,向下填充到所需要的位置。

工作步骤三　范围名称的定义

为方便函数引用位置使用,在这里用 VLOOKUP 函数完成会计科目的自动显示,为 VLOOKUP 函数中引用的位置设置范围名称。定义范围名称的具体操作步骤如下:

(1)打开"项目二"工作簿的"会计凭证表"工作表。
(2)单击菜单【公式】|【定义名称】。

(3)在打开的【新建名称】对话框中输入"会计科目"。

(4)单击"引用位置"右边的折叠按钮。

(5)单击 Excel 左下角标签栏的"会计科目表",进入"会计科目表"后选择 B3:C96 单元格,此时在【新建名称】对话框中的"引用位置"的内容会随之变化。

(6)单击【新建名称—引用位置】对话框的折叠按钮,返回【新建名称】对话框,单击【确定】按钮,完成范围名称的定义,如图 2-63 所示。

图 2-63　新建会计科目名称

工作步骤四　自动显示会计科目和方向的设置

一、会计科目

在输入经济业务时，可以使用 VLOOKUP 函数，也可以使用 LOOKUP 函数，自动显示会计科目。考虑到后续项目八报表编制的便捷性，本任务以设置总账科目的自动显示为例。在这里介绍使用 VLOOKUP 函数自动显示会计科目。有兴趣的读者可以尝试使用 LOOKUP 函数。具体的操作步骤如下：

（1）打开"项目二"工作簿中的"会计凭证表"工作表。

（2）选择 I4 单元格，单击【公式】|【插入函数】按钮。在"或选择类别"中选择"逻辑"类别函数，在"选择函数"中选择 IF 函数。单击【确定】按钮。

（3）在 IF 函数的"Logical_test"参数位置输入"H4=""""。

（4）在 IF 函数的"Value_if_true"参数位置输入""""，如图 2-64 所示。

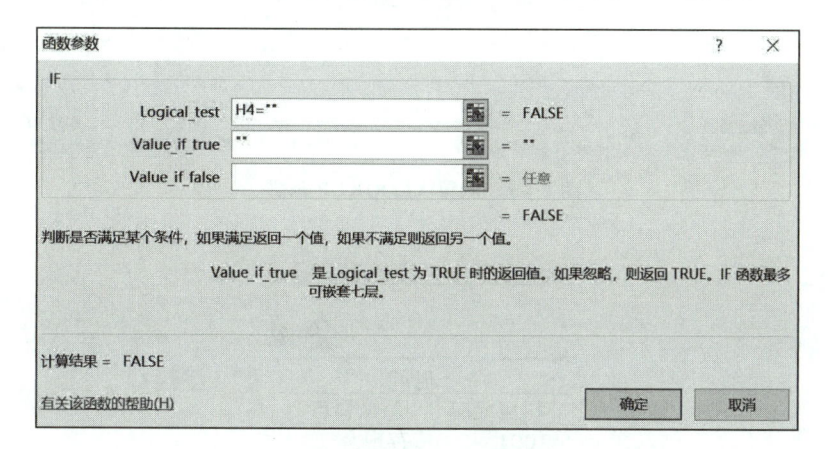

图 2-64　设置 IF 函数

（5）将鼠标光标移至 IF 函数"Value_if_false"参数位置处，输入 VLOOKUP 函数。

（6）VLOOKUP 函数"Lookup_value"参数为"H4"。

（7）单击"Table_array"参数的空白处，单击菜单【公式】|【用于公式】命令，打开【粘贴名称】对话框。选择"会计科目"，单击【确定】按钮，完成 VLOOKUP 函数"Table_array"参数的设置。

（8）在 VLOOKUP 函数"Col_index_num"参数位置输入"2"，在"Range_lookup"位置输入"1"，如图 2-65 所示。

【提示】

VLOOKUP 函数是查找与引用函数，功能是搜索表区域首列满足条件的元素，确定待检索单元格在区域中的行序号，再进一步返回选定单元格的值。使用方法是：VLOOKUP（需要在数据表首列进行搜索的值，需要在其中搜索数据的信息表，满足条件的单元格在数据区域中的序号，查找时要求精确匹配或大致匹配）。

（9）单击【确定】按钮，完成函数设置。

（10）把光标放在该单元格的右下角，当光标变成黑色的实心"＋"字符号时，向下填充到所需要的位置。

这样当在"科目代码"中输入代号数字时，"总账科目"中会自动显示出相应的内容，如

图 2-66 所示。

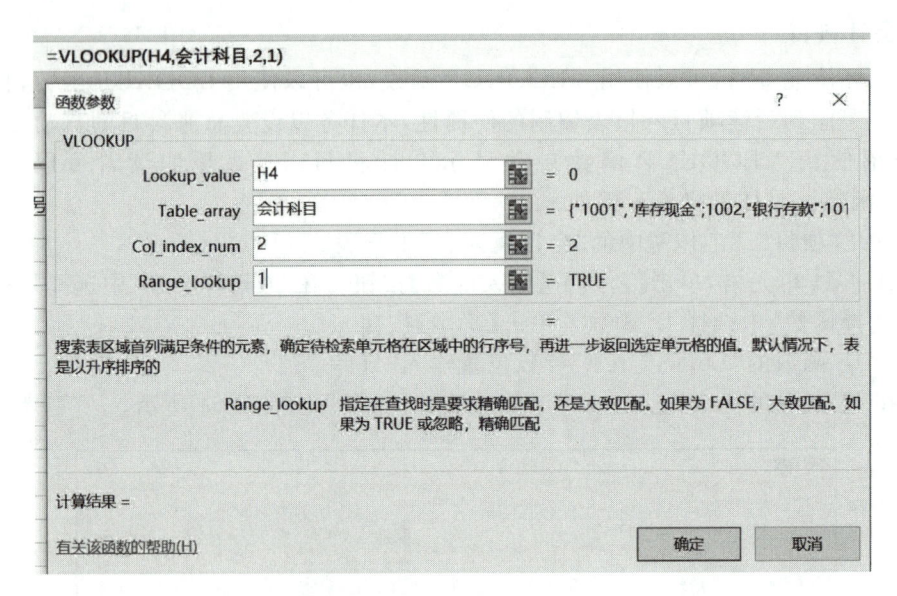

图 2-65 设置 VLOOKUP 函数

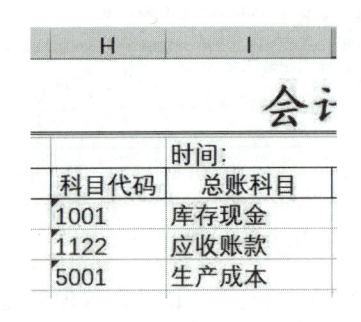

图 2-66 自动显示总账科目

二、借贷方向的设置

借贷方向的自动选择可以使用数据验证设置,具体方法见本项目任务二会计科目表中方向的设置。

工作步骤五　单元格输入信息提示内容的设置

为了在用户输入数据时能够提示其输入数据的类型,可以对相应单元格数据的有效性进行设置,即设置有关的提示信息。具体操作步骤如下:

(1) 选择 G 列,单击菜单【数据】|【数据验证】,在【输入信息】选项卡的"输入信息"中输入"输入摘要",如图 2-67 所示,单击【确定】按钮,关闭【数据验证】对话框。当鼠标光标移动到 G 列的单元格时,在单元格的右下方将出现对应的提示信息。

(2) 选择 H 列,按照前面方法设定"输入信息"为"输入科目代码",在【输入法模式】选项卡中的"输入法模式"中选择"关闭(英文模式)"。目的是当光标移动到 H 列单元格时,在单元格下方出现"输入科目代码"提示信息的同时,把输入法也自动切换到英文状态,保证输入的文字为半角的英文。

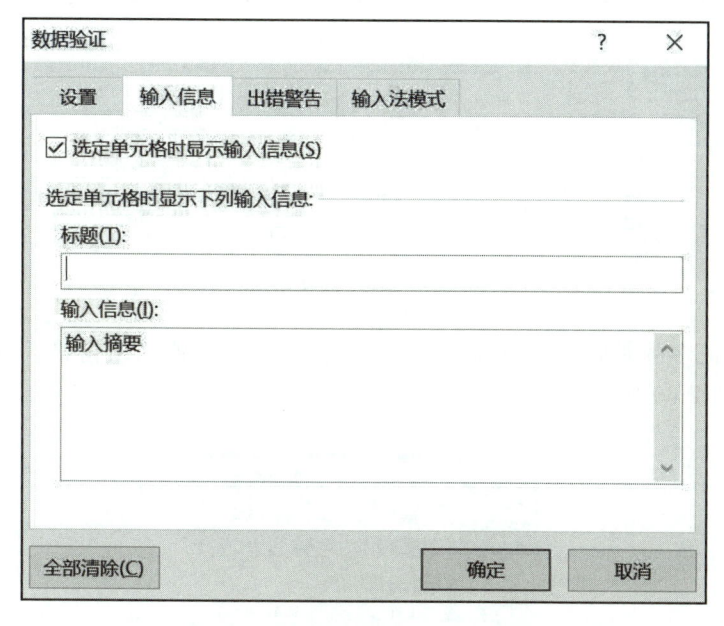

图 2-67 【数据验证】——输入摘要

(3) 选择 L 列,设置"输入信息"为"输入借方金额",设置"输入法模式"为"关闭(英文模式)"。

(4) 选择 M 列,设置"输入信息"为"输入贷方金额",设置"输入法模式"为"关闭(英文模式)"。

(5) 选择 N 列,设置"输入信息"为"输入制单人",设置"输入法模式"为"打开"。

(6) 选择 O 列,设置"输入信息"为"输入审核人",设置"输入法模式"为"打开"。

(7) 选择 R 列,设置"输入信息"为"输入附件张数",设置"输入法模式"为"关闭(英文模式)"。

工作步骤六　会计凭证表实例的操作

会计凭证表的结构与需要设计的公式与函数完成后,应结合引导案例中企业实务例子完成整个会计凭证表的输入,作为之后账表形成的基础性数据源。在会计凭证表中输入数据的具体操作步骤如下:

(1) 在 B、C、D、E 列分别输入业务发生的年、月、日及序号。

(2) 在 F 列自动形成会计凭证号码。

(3) 在 G 列输入摘要。

(4) 在 H 列输入总账科目代号。

(5) 在 I 列自动显示总账科目名称。

(6) 在 J 列输入明细科目或自动显示明细账科目名称。

(7) 在 K 列选择输入记账方向。

(8) 在 L 列和 M 列分别输入借方和贷方金额。

(9) 在 N、O、P、Q 列分别输入客户、供应商、存货和数量。

(10) 在 R 列输入经济业务相关的附件数量。会计凭证示例如图 2-68 所示。

图 2-68 会计凭证示例

为方便在凭证多的时候列表下拉能显示标题行，可以设置冻结窗格。找到【视图】栏的【冻结窗格】，如图 2-69 所示。

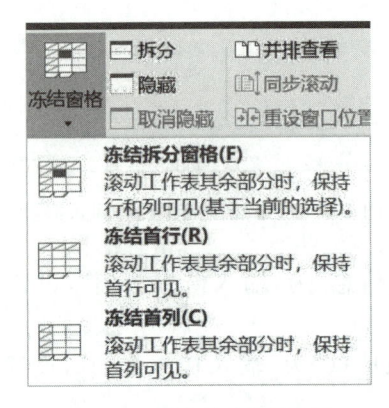

图 2-69 【冻结窗格】设置

根据北京乐作家居用品有限公司 2021 年 6 月业务内容，填制会计凭证表并审核。

工作步骤七　会计凭证表的保护

为了防止破坏工作表的格式设置和计算公式，提高数据的安全性，保护会计凭证表，可进行以下操作步骤：

(1) 单击工作表左上角的全选按钮，选取整个工作表。

(2) 单击菜单【开始】|【格式】命令，打开【设置单元格格式】对话框，单击【保护】选项卡，取消选择"锁定"和"隐藏"两个复选框，单击【确定】按钮，关闭【设置单元格格式】对话框。

(3) 按"Ctrl+G"组合键，打开【定位】对话框，单击【定位条件】按钮，打开【定位条件】对话框，选取"公式"选项按钮，单击【确定】按钮，关闭【定位条件】对话框和【定位】对话框，如图 2-70 和 2-71 所示。

(4) 单击菜单【开始】|【格式】命令，打开【设置单元格格式】对话框，单击【保护】选项卡，选择"锁定"和"隐藏"两个复选框，单击【确定】按钮，关闭【设置单元格格式】对话框。

(5) 单击菜单【格式】|【保护工作表】命令，打开【保护工作表】对话框，在"取消工作表保护时使用的密码"文字框中输入密码(请牢记此密码，可以记在课本上)，在"允许此工作表的

所有用户进行"列表中仅选取"选定未锁定的单元格"复选框,单击【确定】按钮,在弹出的【确认密码】对话框中再输入一遍密码,单击【确定】按钮,关闭【保护工作表】对话框,如图 2-72 所示。

图 2-70 【定位】对话框

图 2-71 【定位条件】对话框

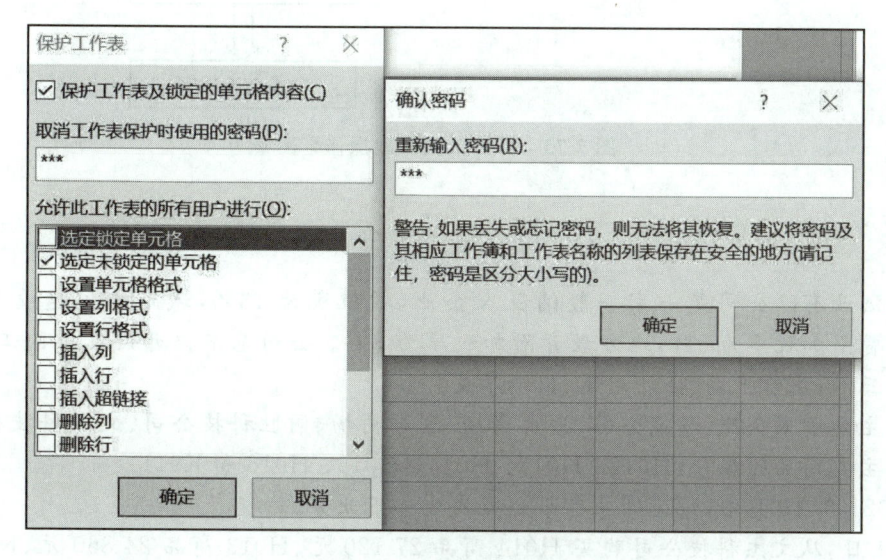

图 2-72 保护工作表

工作步骤八　会计凭证表的备份

按照会计电子档案的管理要求,在期末应当将该期的会计凭证表进行备份保存。备份数据的具体操作步骤如下:

(1) 选择需要进行数据备份的单元格区域。

(2) 按"Ctrl+C"组合键。

(3) 打开一个新的工作簿。

(4) 单击要复制数据的起始单元格。

(5) 单击菜单【开始】|【粘贴】命令,选择【值和数字格式】选项按钮。
(6) 单击【确定】按钮,则将数据和数字格式全部进行了复制。
(7) 将新的工作簿以一个直观的名字命名,进行保存,便于以后的查询。

项 目 小 结

本项目的实践操作从信息化财务出发,建立会计凭证制作系统工作簿,完成该系统的页面设计;制作会计科目表;制作会计凭证表,完成本系统数据源的输入和建立;设计会计凭证的格式与结构,输入核算信息,生成会计凭证。项目二的实践操作导图,如图2-73所示。

```
创建会计凭证制作系统工作簿
          ↓
       设计页面
          ↓
  制作会计科目表基础设计  →  制作会计凭证表
                              ↓
                         输入核算信息
                              ↓
                         生成会计凭证
```

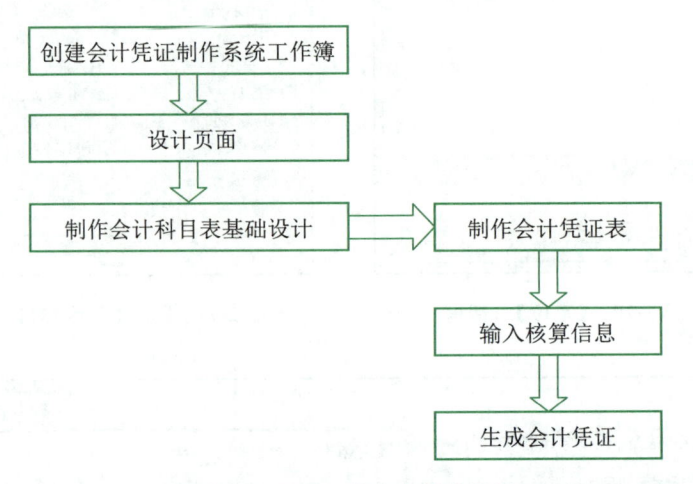

图 2-73 项目二的实践操作导图

项 目 训 练

成义酒业有限公司是一家一般纳税人企业,增值税为13%,城市维护建设税税率为7%,教育费附加税率为5%,地方教育附加税率为3%。公司基本户开设在中国工商银行,财务部共三人,主管张磊、会计刘斌、出纳李安。

公司主要往来企业:华茂公司、嘉惠商场、利群商场、同胜科技公司、文杰科技公司和安胜公司。主要商品的编号:H012、H013、H014、H015、H016和K911。

在2021年10月中,成义酒业有限公司发生如下业务。

(1) 1日,从文杰科技公司购买H014商品27 120元、H013商品24 860元、K911商品10 170元,收到增值税专票3张,收到仓库入库单2张,中国工商银行转账付款。

(2) 3日,向华茂公司销售H012和H013商品共计20 340元,开具增值税专票1张。中国工商银行收到了货款10 000元,其余部分未收到。仓库转来出库单2张,H012商品的成本为3 900元,H013商品的成本为8 100元。

(3) 8日,中国工商银行收到嘉惠商场归还的货款140 000元。

(4) 8日,归还同胜科技公司货款300 000元,货款通过中国工商银行转账支付。

(5) 9日,销售给利群商场H015、H016和K911三种商品共计158 200元,开具增值税专票2张,中国工商银行已经收到全部货款。仓库转来出库单3张,H015商品的成本为53 000元,H016商品的成本为40 000元,K911商品的成本为25 000元。

(6) 10 日,现金报销招待费发票 1 张,金额 300 元。

(7) 11 日,向利群商场销售 H016 商品共计 237 300 元,开具增值税专票 3 张,未收到货款。仓库转来出库单 1 张,H016 商品的成本为 198 900 元。

(8) 15 日,销售部门购买办公用品 2 000 元,发票 1 张,以中国工商银行转账支付。

(9) 15 日,销售给嘉惠商场 H014 商品 90 400 元,开具增值税专票 1 张,货款已经通过中国工商银行收讫。仓库转来出库单 1 张,H014 商品的成本为 60 000 元。

(10) 17 日,购买 K911 商品 531 100 元,H012 商品 28 250 元,H014 商品 101 700 元,收到增值税专票 3 张,收到仓库入库单 3 张,货款未支付,其中从文杰科技公司赊购 29 250 元,其余从同胜科技公司赊购。

(11) 18 日,中国工商银行支付前期计入其他应付款的电费 44 322.30 元。

(12) 18 日,收到人力资源部转来的薪资计算单 1 份,中国工商银行转账支付本月薪资 70 000 元,其中销售部门 50 000 元,管理部门 20 000 元。同日,转账报销了本月职工福利费 9 800 元,其中销售部门 7 000 元,管理部门 2 800 元,发票 1 张。

(13) 21 日,中国工商银行收到利群商场归还的欠款 100 000 元。

(14) 24 日,出售给利群商场 K911 商品计 113 000 元,开具增值税专票 1 张,收到仓库转来的出库单 1 张,K911 商品的成本为 63 225 元,货款已经通过中国工商银行收讫。

(15) 25 日,向利群商场销售 H015 商品共计 146 900 元,开具增值税专票 2 张,收到仓库转来的出库单 1 张,H015 商品的成本为 100 000 元,货款未收讫。

(16) 25 日,向文杰科技公司和安胜公司赊购 H012 商品计 192 100 元,赊购 H013 商品计 6 780 元,收到增值税专票 3 张,收到仓库入库单 2 张,其中欠文杰科技公司 180 000 元,其余为安胜公司欠款。

(17) 28 日,以中国工商银行支付文杰科技公司货款 180 000 元。

(18) 29 日,销售给华茂公司 H013 和 H014 商品共计 62 150 元,开具增值税专票 1 张,收到仓库转来的出库单 2 张,其中 H013 商品的成本为 17 640 元,H014 商品的成本为 13 500 元。货款已经通过中国工商银行收讫。

(19) 30 日,中国工商银行支付报刊费 5 000 元,收到发票 1 张。

(20) 30 日,销售给利群商场 H013 和 H014 商品共计 418 100 元,开具增值税专票 5 张。收到仓库转来的出库单 2 张,其中 H013 商品的成本为 187 500 元,H014 商品的成本为 195 000 元,销售货款已通过中国工商银行收讫。

(21) 31 日,本期增值税进项税票均已认证。结转本期损益,计提各项税费。

操作要求:

(1) 设置成义酒业有限公司的会计科目表,包含总账科目表和明细科目表。本公司银行存款、应收应付款、薪资、应交税费、库存商品、销售费用和管理费用要求设置明细科目核算,其他科目直接使用总账科目核算。

(2) 参照本项目凭证的制作方法,创建凭证输入界面,并填制以上业务的凭证,税费只核算资料中提到的税种。

(3) 审核以上业务的凭证,并标记审核标志。

(4) 以"项目二——成义商业有限公司凭证(姓名)"为名保存工作簿。

项目三　日记账管理系统的建立

学习目标

◆ **知识目标**
1. 能描述 Excel 中现金日记账和银行存款日记账的制作流程。
2. 能总结现金日报表的设置要求。
3. 能总结现金日记账和银行存款日记账中应注意的问题。

◆ **职业技能目标**
1. 会使用 Excel 制作现金日记账。
2. 会使用 Excel 编制银行存款日记账。
3. 会使用公式、函数完成现金日记账和银行存款日记账的便捷操作。
4. 会使用 Excel 编制银行存款余额调节表。

◆ **素养目标**
1. 树立正确的人生观和价值观,培养坚持原则、不做假账的职业素养。
2. 树立秉公理财、勤政为民的精神,充分认识到遵纪守法、诚实守信的重要性。

◆ **知识导图**

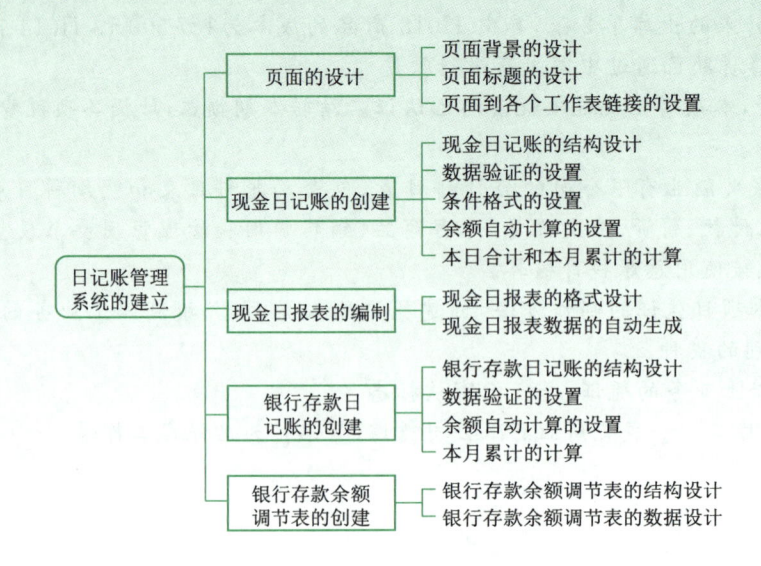

```
                          ┌─ 页面背景的设计
           ┌─ 页面的设计 ──┼─ 页面标题的设计
           │              └─ 页面到各个工作表链接的设置
           │
           │                    ┌─ 现金日记账的结构设计
           │                    ├─ 数据验证的设置
           ├─ 现金日记账的创建 ──┼─ 条件格式的设置
           │                    ├─ 余额自动计算的设置
           │                    └─ 本日合计和本月累计的计算
日记账管理 │
系统的建立 ┼─ 现金日报表的编制 ──┬─ 现金日报表的格式设计
           │                    └─ 现金日报表数据的自动生成
           │
           │                      ┌─ 银行存款日记账的结构设计
           │   银行存款日         ├─ 数据验证的设置
           ├─ 记账的创建 ────────┼─ 余额自动计算的设置
           │                      └─ 本月累计的计算
           │
           │   银行存款余额       ┌─ 银行存款余额调节表的结构设计
           └─ 调节表的创建 ──────┴─ 银行存款余额调节表的数据设计
```

引导案例

一、资料1

单位名称：北京惠龙家具商贸有限责任公司
单位地址：北京市朝阳区诺阳路042号
联系电话及传真：010-81394836
税号：7885921018333940247
记账本位币：人民币(RMB)
企业类型：一般纳税人
法人代表：曾佳瑶；会计主管：梁宏；会计：吴姣；出纳：高凯心。
2021年6月初"库存现金"的余额为2 500元，"银行存款"的余额为168 900元。

二、资料2

2021年6月发生与现金有关的业务如下：

(1) 6月3日，收到销售商品的营业款35 000元。有关凭证如图3-1所示。

图3-1 收款收据

(2) 6月3日，市场部职员张丹报销电话费300元。有关凭证如图3-2所示。

图3-2 费用报销单

(3) 6月3日，退还供应商北京凯玉商贸有限公司的商品保证金20 000元。有关凭证如

图 3-3 所示。

图 3-3 付款申请单

（4）6 月 3 日，收到客户北京圣洁电器安装维修公司赊销款 25 000 元。有关凭证如图 3-4 所示。

图 3-4 收款收据

（5）6 月 3 日，从银行提取现金 50 000 元，用于发放工资。有关凭证如图 3-5 所示。

图 3-5 现金支票存根

(6) 6月3日,发放工资50 000元。

(7) 6月3日,将库存现金40 000元存入银行。有关凭证如图3-6所示。

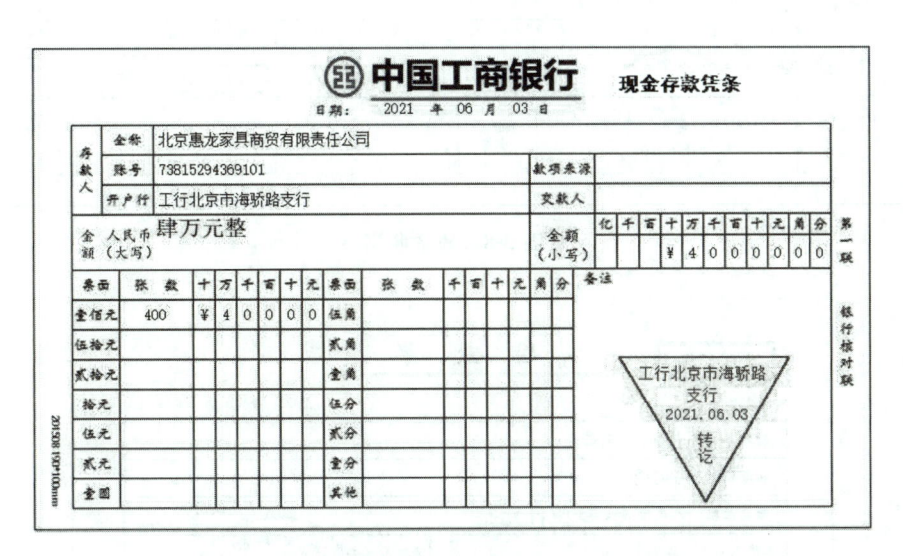

图3-6 收款收据

(8) 6月4日,市场部职员王娇报销差旅费1 200元。有关凭证如图3-7所示。

图3-7 差旅费报销单

(9) 6月4日,收到上月北京中益商贸有限公司销售商品的营业款20 000元。有关凭证如图3-8所示。

(10) 6月4日,赵总借款5 000元。有关凭证如图3-9所示。

图 3-8　收款收据

图 3-9　借款单

三、资料 3

2021 年 6 月发生与银行存款有关的业务如下：

（1）6 月 3 日，从银行提取现金 50 000 元（现金支票 9923♯），用于发放工资。有关凭证如图 3-10 所示。

图 3-10　现金支票存根

（2）6月3日，将库存现金40 000元存入银行。有关凭证如图3-11所示。

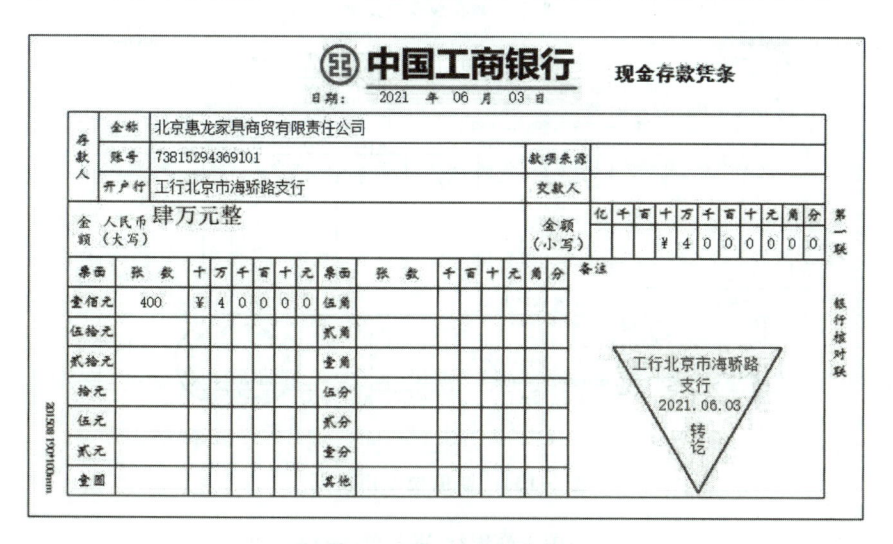

图 3-11　现金存款凭条

（3）6月6日，收到银行转来的电子汇划收款回单，金额200 000元，为北京沃丰商贸有限公司电汇来的货款。有关凭证如图3-12所示。

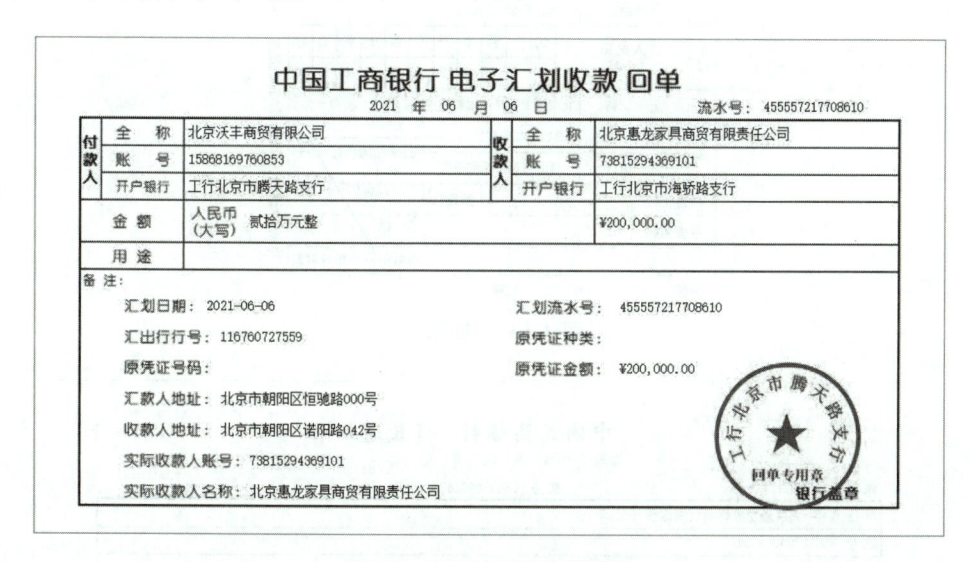

图 3-12　电子汇划收款回单

（4）6月7日，向北京中益商贸有限公司销售商品及增值税款共计81 360元。有关凭证如图3-13a、3-13b所示。

（5）6月10日，购买银行转账支票，支付200元。有关凭证如图3-14所示。

（6）6月15日，开出转账支票，将46 200元转账用于补缴税款。有关凭证如图3-15所示。

（7）6月20日，开出现金支票一张，提取现金5 000元备用。有关凭证如图3-16所示。

（8）6月21日，拟到外地采购特向银行申请签发银行汇票100 000元，银行给予签发并收取全额保证金。有关凭证如图3-17所示。

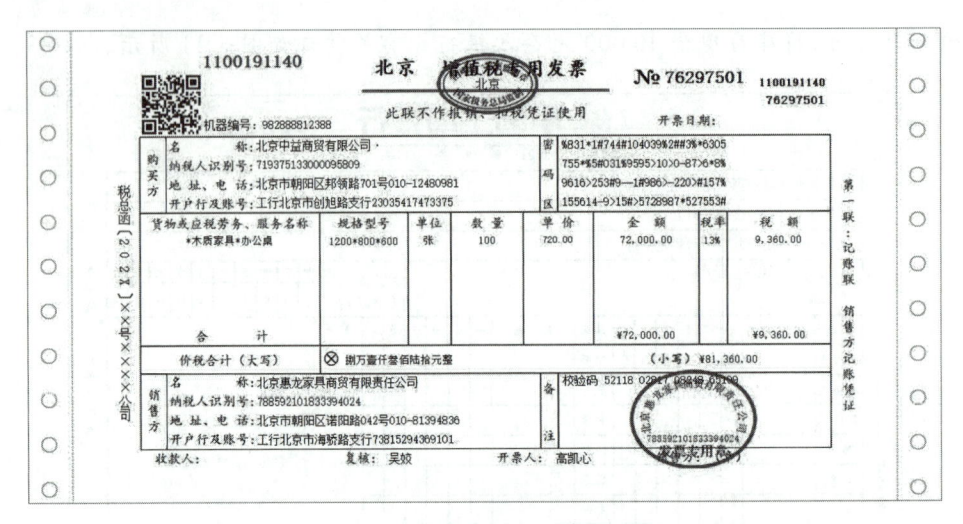

图 3-13a　增值税专用发票

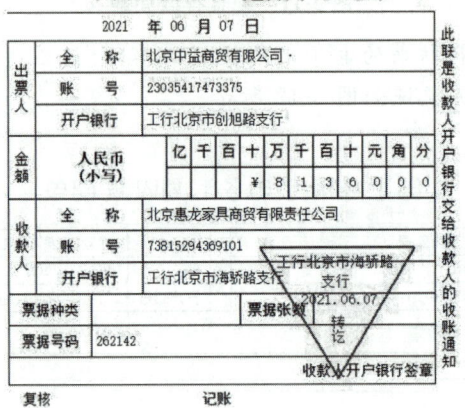

图 3-13b　进账单

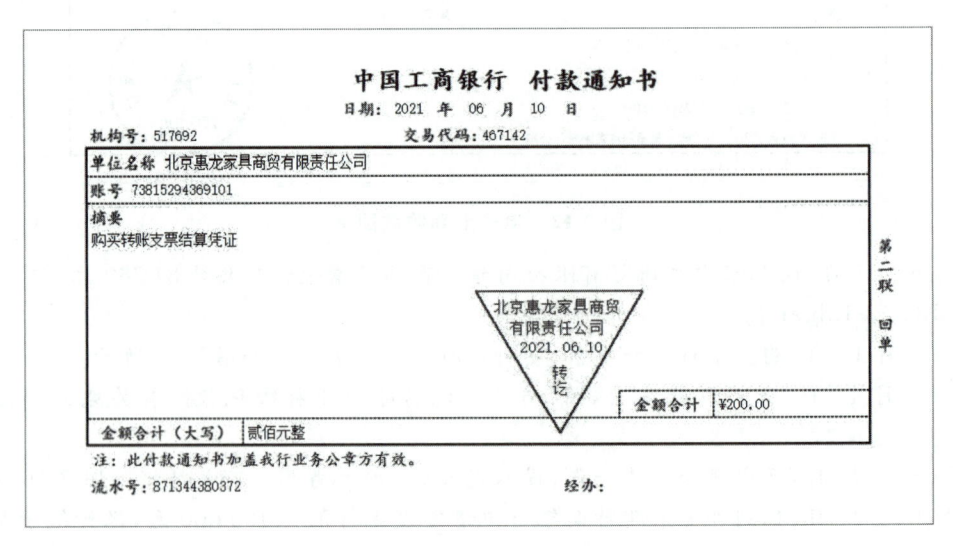

图 3-14　银行付款通知书

图 3-15　代扣代收税凭证

图 3-16　现金支票存根

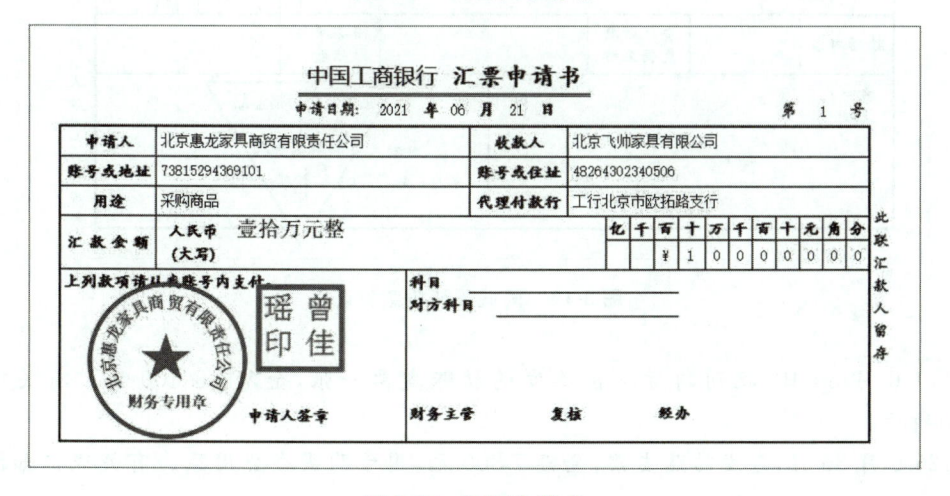

图 3-17　汇票申请书

(9) 6月23日,因生产经营需要向银行贷款 500 000 元,根据借款合同,银行将款项划转到账。有关凭证如图 3-18 所示。

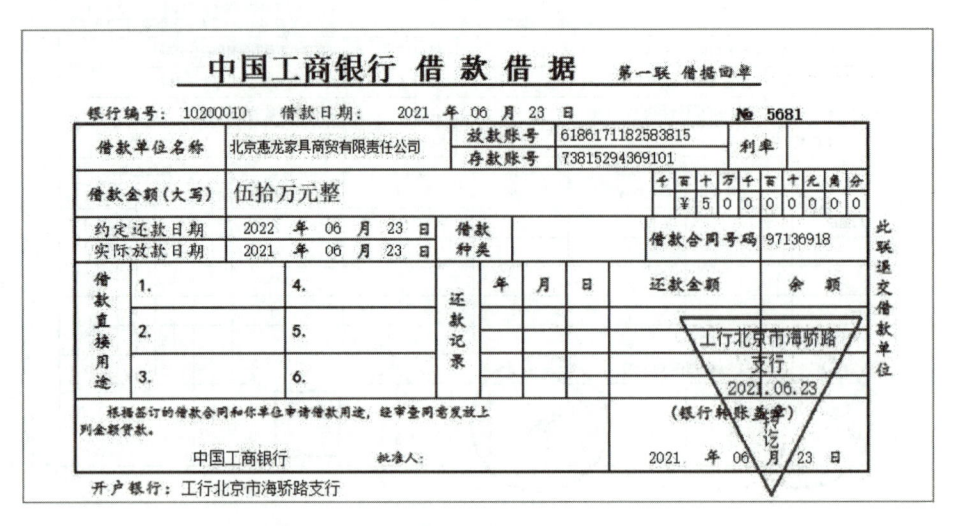

图 3-18 借款借据

(10) 6月28日,收到银行特约委托收款的付款通知,支付货款 5 340 元。有关凭证如图 3-19 所示。

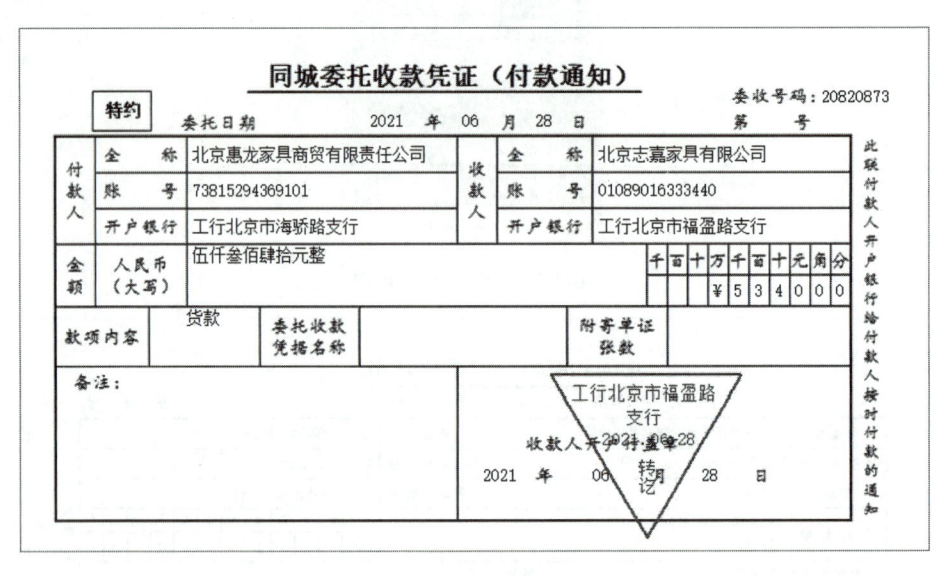

图 3-19 同城委托收款凭证

(11) 6月30日,收到购货单位签发的转账支票一张,金额 46 400 元。有关凭证如图 3-20 所示。

(12) 6月30日,签发转账支票,金额 7 800 元,用于购买办公用品。有关凭证如图 3-21 所示。

图 3-20　转账支票存根　　　　　　　图 3-21　转账支票存根

四、资料 4

2021 年 7 月 3 日收到银行发来的 6 月份银行对账单,如图 3-22 所示。

日期	摘要	结算凭证 种类	结算凭证 号数	借方	贷方	余额
2021年03月03日	上月结存					168,900.00
2021年03月03日	现支			5,000.00		163,900.00
2021年03月03日	现缴				40,000.00	203,900.00
2021年03月06日	汇划				200,000.00	403,900.00
2021年03月07日	电汇			81,360.00		322,540.00
2021年03月10日	结算凭证			200.00		322,340.00
2021年03月16日	转支			46,200.00		276,140.00
2021年03月20日	现支			5,000.00		271,140.00
2021年03月21日	银汇			100,000.00		171,140.00
2021年03月23日	贷款				500,000.00	671,140.00
2021年03月28日	特委7453#			5,340.00		665,800.00
2021年03月31日	汇划进账				180,680.00	846,480.00
2021年03月31日	特委8742#			15,200.00		831,280.00
2021年03月31日	月末余额					831,280.00

工行北京市海骄路支行 对账单
户名：北京惠龙家具商贸有限责任公司
账号：73815294369101
2021 年 6 月 30 日止　第 1 页　利率：　%

图 3-22　银行对账单

案例思考

阅读北京惠龙家具商贸有限责任公司案例,请说说从中能解读到该公司哪些信息? 作为一名财务人员,在业务处理过程中如何做到不做假账、坚守初心?

【提示】

北京惠龙家具商贸有限责任公司正常经营,以上是 2021 年 6 月该公司的业务情况,本项目结合现行财税政策,使用 Excel 2016 版本制作现金日记账、银行存款日记账和银行存款余额调节表。

任务一 页面的设计

任务描述

首先建立一个名为"班级 姓名 项目三.xls"的工作簿,在此工作簿中建立"页面""现金日记账""现金日报表""银行存款日记账""银行存款余额调节表"等工作表,各工作表分别完成相应的工作任务。下面分别介绍各工作表的设计方法和步骤。

知识准备

在 Excel 工作簿中设计页面,首先通过在工作簿的某一个工作页的插入功能,插入一个 PowerPoint 模板实施设计页面背景;接着在这个页面背景上插入艺术字,添加标题;然后采用插入自选图形和插入超链接的方法来设计链接按钮,实现从该页面背景所在工作页直达各个工作表所在工作表的操作;最后通过视图的显示功能去除该工作表多余的网格线、行号和列标等信息,美化页面。

岗位说明

会计主管岗位负责创建页面,布局 Excel 日记账管理系统。

工作步骤一 页面背景的设计

(1)打开"项目三"工作簿,选择"页面"工作表。
(2)单击菜单【插入】|【对象】,打开【对象】对话框,如图 3-23 所示。

图 3-23 【对象】对话框

（3）在"对象类型"列表框中选择"Microsoft PowerPoint Slide"，单击【确定】按钮，就可以在 Excel 工作表中插入一个 Microsoft PowerPoint Slide 对象。

（4）单击菜单【设计】，选择自己喜欢的幻灯片模板，该模板就会应用到幻灯片中，如图 3-24 所示。

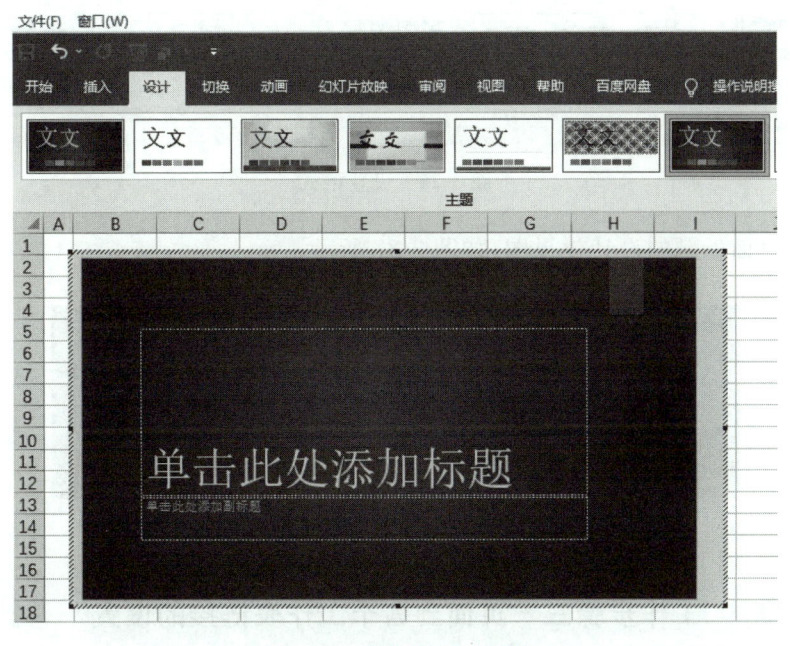

图 3-24　选择幻灯片模板

（5）单击工作表中幻灯片以外的任意地方，退出幻灯片设计界面，返回 Excel 工作表（注意观察幻灯片边缘线条的变化）。

（6）单击插入的幻灯片，用鼠标光标对准幻灯片四周的 8 个调节点，调整幻灯片大小到页面背景所需要的合适的尺寸。

工作步骤二　页面标题的设计

（1）单击菜单【插入】|【艺术字】，如图 3-25 所示。

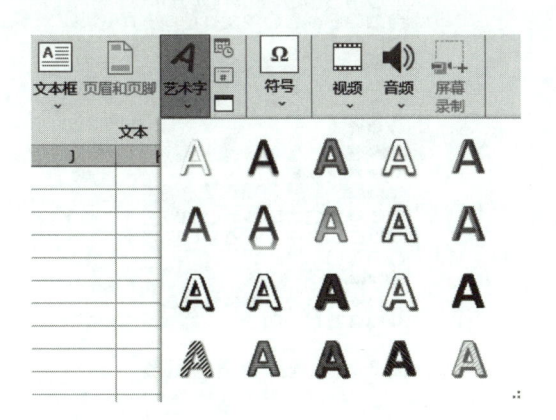

图 3-25　插入艺术字

(2) 输入文字"日记账管理系统",单击【开始】,设置字体和字号,单击【确定】按钮。

(3) 选中"日记账管理系统",单击【格式】,设置形状填充、形状轮廓、形状效果,如图 3-26 所示。

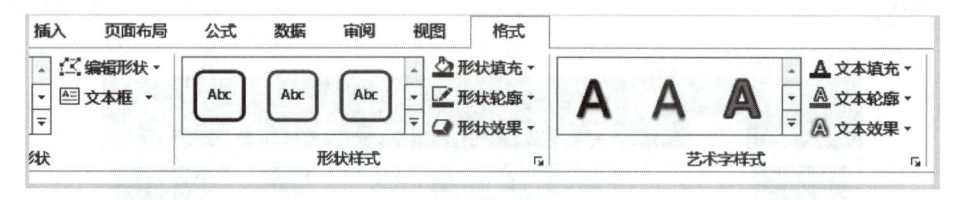

图 3-26　设置格式

(4) 完成页面标题的设计效果图,如图 3-27 所示。

图 3-27　页面标题的设计效果图

工作步骤三　页面到各个工作表链接的设置

(1) 单击菜单【插入】|【形状】,选择合适的图形,如图 3-28 所示。

设置页面到各个工作表的链接

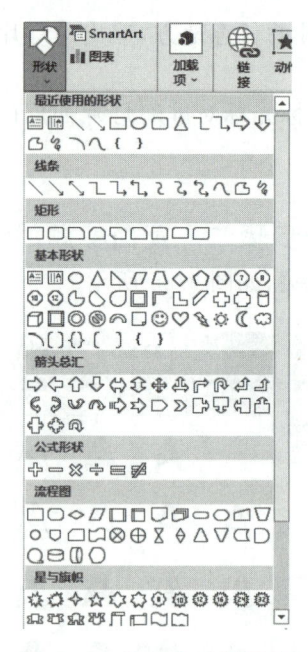

图 3-28　选择合适的图形

(2) 移动鼠标光标到背景图片上,选择好适合的位置,按住鼠标左键不放,拖动鼠标光标画出适当大小的图形按钮。

（3）选中刚才画好的图形，单击鼠标右键，在弹出的菜单中单击【编辑文字】命令，则在自选图形中出现输入文字的光标，此时可以输入相关文字。这里输入"现金日记账"。

（4）选中自选图形，单击鼠标右键，在弹出的快捷菜单中单击【设置形状格式】命令，打开【设置形状格式】对话框选择适合的图形形状，自行设置图形填充的颜色，如图 3-29 所示。

图 3-29 【设置形状格式】对话框

（5）单击【开始】，选中"现金日记账"，将"对齐方式"设置为水平、垂直居中；单击【字体】选项卡，将"字体"设置为"幼圆"，将"字形"设置为"加粗"，将"字号"设置为 20 磅并设置字体颜色，如图 3-30 所示。

图 3-30 设置字体

（6）将制作好的第一个自选图形对象进行复制，连续粘贴三次。移动粘贴后的按钮到合适的位置，然后分别修改其上的文字为"现金日报表""银行存款日记账""银行存款余额调节表"。

（7）在背景图合适的位置插入文本框。页面效果如图 3-31 所示。

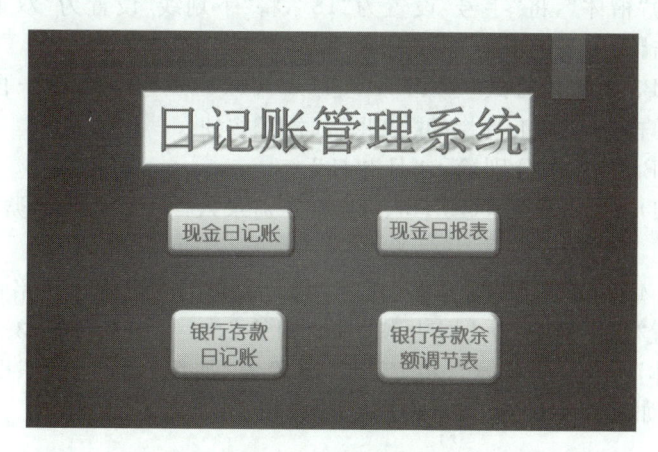

图 3-31 页面效果图

任务二　现金日记账的创建

任务描述

现金日记账是由出纳人员根据审核后的现金收、付款记账凭证和银行付款凭证,逐日逐笔按顺序登记和反映现金增减变动情况的一种特种日记账。每笔业务发生后,需要计算余额;在每日收付款项逐笔登记完毕后,应分别计算现金收入和现金支出的合计数及账面余额,并与库存现金实存数相核对,以此检查每日现金收支和结存的情况,最终形成现金日记账簿。

知识准备

打开一个Excel表格工作簿,将鼠标光标放在A和1之间的小方块上,选择所有单元格;单击菜单栏的格式,然后单击列宽,会出现一个小设置框,在里面输入一个较大的值,单元格的列会变宽,这样每个单元格可以写更多的字;在表头输入现金日记账各项目名称,从第三行开始,记录正常业务;每日增加额记入借方,每日减少额记入贷方,当天的余额等于前一天的余额加上当天的借方余额,减去当天的贷方金额。

岗位说明

会计主管岗位负责创建页面,布局Excel现金日记账系统。

工作步骤一　现金日记账的结构设计

设计现金日记账工作表格式的具体步骤如下:

(1) 打开工作簿"项目三",选择工作表"现金日记账"。

(2) 在B2单元格中输入"现金日记账",选取单元格区域B2:I2,单击【开始】工具栏的【合并后居中】按钮,再单击【开始】|【字体】,打开【设置单元格格式】对话框,单击【字体】选项卡,将"字体"设置为"楷体",将"字号"设置为"18",将"下划线"设置为"双下划线",将"颜色"设置为"绿色",单击【确定】按钮,如图3-32所示。

(3) 在单元格B3中输入公式"=YEAR(TODAY())&"年"",用于自动显示年份。选择单元格B3:C3,单击【开始】工具栏的【合并后居中】按钮。

(4) 在单元格B4、C4中分别输入"月""日"。

(5) 在单元格D4、E4、F4、G4、H4、I4中分别录入"凭证编号""类别""摘要""借方""贷方"和"余额"。

(6) 选中第3、4行,单击菜单【开始】|【字体】命令,打开【设置单元格格式】对话框,单击【对齐】选项卡,设置"水平对齐"为【居中】、"垂直对齐"为【居中】,如图3-33a所示;单击【字体】选项卡,将"字体"设置为"宋体",将"字形"设置为"加粗",将"字号"设置为"12",将"颜色"设置为"绿色",如图3-33b所示,单击【确定】按钮。

图 3-32 【设置单元格格式】对话框

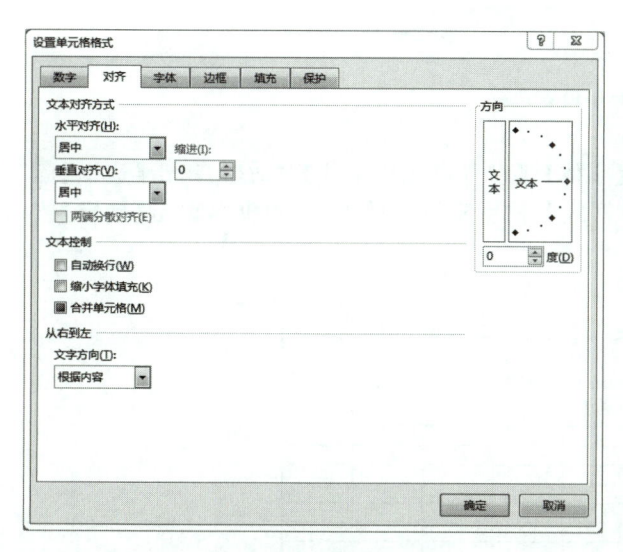

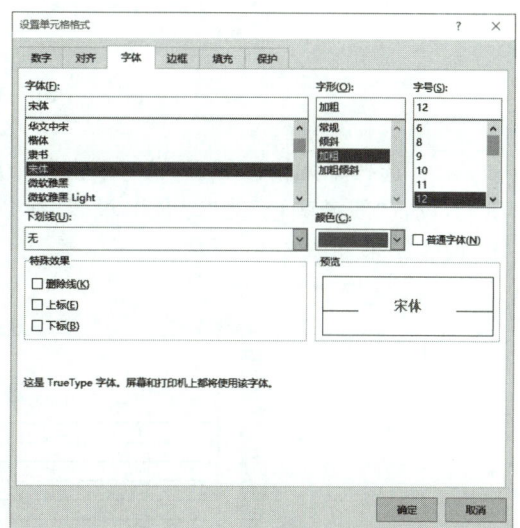

图 3-33a 设置单元格格式

图 3-33b 设置单元格格式

（7）分别选择单元格区域 D3:D4、E3:E4、F3:F4、G3:G4、H3:H4、I3:I4，单击【开始】工具栏的【合并后居中】按钮，结果如图 3-34 所示。

图 3-34 设置结果

(8) 选择单元格区域 B3:I70,单击菜单【字体】|【设置单元格格式】命令,单击【边框】选项卡,设置"线条颜色"为"绿色",设置"线条样式"为"粗实线",单击"外边框",设置"线条样式"为"细实线",单击"内部";单击【确定】按钮,如图 3-35 所示。

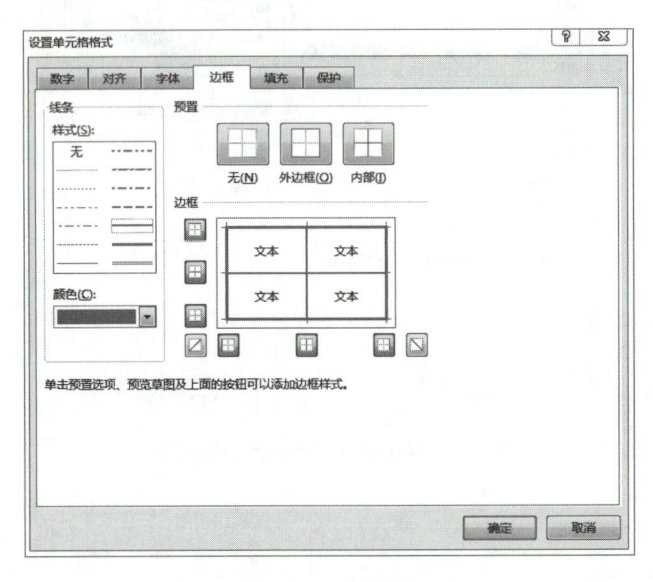

图 3-35 设置边框

(9) 选择单元格区域 B3:I4,单击菜单【字体】|【设置单元格格式】对话框,单击【边框】选项卡,设置"线条颜色"为"绿色",设置"线条样式"为"粗实线",单击"下边框",单击【确定】按钮,设置结果如图 3-36 所示。

图 3-36 设置结果

(10) 适当调整各列宽度,完成现金日记账的结构设计。

工作步骤二 数据验证的设置

为了提高输入数据的效率,可以对一些单元格设置数据验证。下面介绍现金日记账"类

别"这一列的数据验证设置,其具体步骤如下:

(1) 打开工作簿"项目三",选择工作表"现金类别定义"。

(2) 在列 A 输入如图 3-37 所示的文字。

(3) 选择单元格区域 A1:A10,单击鼠标右键,选择【定义名称】,设置"范围名称"为"现金类别定义",单击【确定】按钮。

(4) 返回"现金日记账"表单,选择"类别"所在的 E 列,单击【数据】菜单中的【数据验证】命令,打开【数据验证】对话框;设置"允许"为"序列",单击"来源"位置,单击【确定】按钮,如图 3-38 所示。

图 3-37　输入文字

图 3-38　【数据验证】对话框

图 3-39　选择相应的类别

(5) 选择单元格 E5,在 E5 单元格的右面便会出现一个下拉箭头,单击下拉箭头,便可选择相应的类别,如图 3-39 所示。

工作步骤三　条件格式的设置

我们可以通过添加条件格式的方法,给特定单元格设置醒目的格式,以方便用户查阅。具体步骤如下:

在"现金日记账"表单选择单元格 B5:I70,单击【开始】|【条件格式】菜单中的【新建规则】命令,单击【使用公式确定要设置的单元格】,在"为符合此公式的值设置格式"中输入条件公式"＝OR(\$F5="本日合计",\$F5="本月累计",\$F5="期初余额")",如图 3-40 所示。在本对话框中,单击【格式】,单击【字体】,选择颜色为"红色",单击【边框】,选择"线条样式"为"细实线",选择颜色为"红色",然后选择"下边框",单击【确定】按钮。

设置了上述条件格式以后,当在"摘要"栏(F 列)输入"期初余额""本日合计""本月累计"字样的时候,字体颜色自动设置成醒目的红色,并且该行的下边框也变成红色,而其他的地方保持不变,如图 3-41 所示。

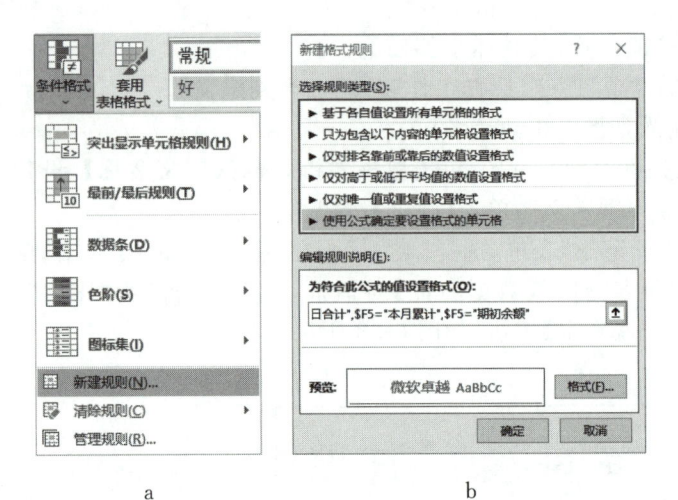

106　项目三　日记账管理系统的建立

a　　　　　　　　　　　　b

图 3-40　新建格式规则

图 3-41　设置效果

工作步骤四　余额自动计算的设置

本活动将学习余额的自动计算,每笔业务发生后,应将上次的余额加上本次的借方金额,减去贷方金额,得到本次的余额。

（1）输入期初余额和本月发生的第一笔现金业务,如图 3-42 所示。

图 3-42　输入金额

（2）在单元格 I6 中输入公式"＝I5＋G6－H6",按回车键自动计算出余额,如图 3-43 所示。

（3）复制公式到单元格区域 I7：I70。

（4）每行的余额都显示出来了,并不美观,我们需要的是输入了金额的行才显示余额,否则就显示空白。把单元格 I6 处的公式改成"＝IF(COUNT(G6：H6)＝0,"",I5＋G6－H6)",再把公式复制到单元格区域 I7：I70,得到的结果如图 3-44 所示。

（5）依次输入引导案例资料 2 中 6 月 3 日发生的现金业务,形成现金日记账,如图 3-45 所示。

图 3-43　自动计算余额

图 3-44　得到结果

图 3-45　形成现金日记账

工作步骤五　本日合计和本月累计的计算

每日营业终了,需要计算当日的合计数和本月的累计数。按照工作步骤四的例子,计算本日合计和本月合计的详细步骤如下:

(1) 在单元格 F14 输入"本日合计",在单元格 G14 输入"＝SUM(G6:G13)",并将公式复制到单元格 H14,形成本日合计的结果。

(2) 在单元格 F15 输入"本月累计",在单元格 G15 输入"＝SUM(G6:G13)",并将公式复制到 H15,形成本月累计的结果,如图 3-46 所示。

(3) 从图 3-46 中可以直观看出,本日合计和本月累计行的余额显然是错误的。错误原因在于余额列的计算公式"＝IF(COUNT(G14＝"",h14＝"")),"",I13＋G14－H14)"和"＝IF(COUNT(G15＝"",h15＝"")),"",I14＋G15－H15)",合计和累计本来不该继续计算的,它们也进行了一次计算,而实际上它们的值应该等于 I13 单元格的值。所以我们应该对公式进行一定的修改。选中 I6 单元格,把公式改为"＝IF(COUNT(G6:H6)＝0,"", IF(OR(F6＝{"本日合计","本月累计","本年累计"}),I5,I5＋G6－H6))",并复制到单元格 I7:I70 区域,从而达到每一行都能够正确显示余额的目的,如图 3-47 所示。

计算本日合计和本月累计

现金日记账

2021年 月	日	凭证编号	类别	摘要	借方	贷方	余额
6	1			期初余额			2500
6	3		营业款	收到营业款	35000		37500
6	3		费用报销	张丹报销电话费		300	37200
6	3		退还保证金	退还供应商保证金		20000	17200
6	3		营业款	收到赊销款	25000		42200
6	3		取款	提取现金	50000		92200
6	3		其他支出	发放工资		50000	42200
6	3		存款	存入银行		40000	2200
6	3		个人还款	李明阳还款	500		2700
6	3			本日合计	110500	110300	2900
6	3			本月累计	110500	110300	3100

图 3-46　形成本日合计和本月累计的结果

现金日记账

2021年 月	日	凭证编号	类别	摘要	借方	贷方	余额
6	1			期初余额			2500
6	3		营业款	收到营业款	35000		37500
6	3		费用报销	张丹报销电话费		300	37200
6	3		退还保证金	退还供应商保证金		20000	17200
6	3		营业款	收到赊销款	25000		42200
6	3		取款	提取现金	50000		92200
6	3		其他支出	发放工资		50000	42200
6	3		存款	存入银行		40000	2200
6	3		个人还款	李明阳还款	500		2700
6	3			本日合计	110500	110300	2700
6	3			本月累计	110500	110300	2700

图 3-47　正确显示余额

（4）依次输入引导案例资料 2 中 6 月 4 日发生的现金业务，形成现金日记账。

（5）在单元格 F19 输入"本日合计"，在单元格 G19 输入相应公式，并将公式复制到单元格 H19，形成本日合计的结果。在单元格 F20 输入"本月累计"，在单元格 G20 输入相应公式，并将公式复制到单元格 H20，形成本月累计的结果，如图 3-48 所示。

现金日记账

2021年 月	日	凭证编号	类别	摘要	借方	贷方	余额
6	1			期初余额			2500
6	3		营业款	收到营业款	35000		37500
6	3		费用报销	张丹报销电话费		300	37200
6	3		退还保证金	退还供应商保证金		20000	17200
6	3		营业款	收到赊销款	25000		42200
6	3		取款	提取现金	50000		92200
6	3		其他支出	发放工资		50000	42200
6	3		存款	存入银行		40000	2200
6	3		个人还款	李明阳还款	500		2700
6	3			本日合计	110500	110300	2700
6	3			本月累计	110500	110300	2700
6	4		费用报销	王娇报销差旅费		1200	1500
6	4		营业款	收到营业款	20000		21500
6	4		个人借款	客户借款		5000	16500
6	4			本日合计	20000	6200	16500
6	4			本月累计	130500	116500	16500

图 3-48　形成结果

任务三　现金日报表的编制

任务描述

现金日报表是企业管理部门为了及时掌握和了解现金的流动情况而要求出纳人员每日提供的报表。现金日报表的编制不仅为企业现金的管理提供了方便,而且为管理者及时了解和掌握本企业的资金状况和合理运用资金提供了参考数据。下面介绍现金日报表的编制方法。

知识准备

打开一个 Excel 表格工作簿,新建现金日报表,输入标题等基本字段;依次合并单元格区域,设置字体、字号和文本对齐;输入现金日报表各基本内容,设置公式,这样一个现金日报表就编制完成了。

岗位说明

会计主管岗位负责创建页面,布局 Excel 现金日报表系统。

工作步骤一　现金日报表的格式设计

在 Excel 上设计的现金日报表工作表具体的设计步骤如下:

(1) 在单元格 B2 中输入"现金日报表",选取单元格区域 B2:G2,单击【开始】工具栏的【合并后居中】按钮,再单击菜单【开始】|【字体】,打开【设置单元格格式】对话框,单击【字体】选项卡,将"字体"设置为"楷体",将"字号"设置为"18",将"下划线"设置为"双下划线",将"颜色"设置为"绿色",单击【确定】按钮,现金日报表标题设置完成。

(2) 在单元格 B4 中输入"2021-6-3",选择单元格 B4:F4,单击【开始】工具栏的【合并后居中】按钮,再单击菜单【开始】|【字体】|【设置单元格格式】对话框,打开【设置单元格格式】对话框,单击【数字】选项卡,分类列表选择"日期"。在类型中选择【2012年3月14日】,单击【确定】按钮,现金日报表日期设置结束。

(3) 在单元格 G4 中输入"单位:元",并设置其格式。现金日报表表头设置完成。

(4) 选择单元格 B6:C7,单击【开始】工具栏的【合并后居中】及【垂直居中】按钮,输入"项目"并设置其格式。

(5) 选择单元格 D6:F6,单击【开始】工具栏的【合并后居中】及【垂直居中】按钮,输入"金额"并设置其格式。

(6) 在单元格 D7、E7、F7 中分别录入"本日""本月累计""本年累计"并设置其格式。

(7) 选择单元格 G6:G7,单击【开始】工具栏的【合并后居中】及【垂直居中】按钮,输入"备注"并设置其格式。

(8) 选择单元格 B8:B13,单击【开始】工具栏的【合并后居中】及【垂直居中】按钮,输入"本日收入"并设置其格式。

(9) 在单元格 C8:C13 中分别输入"营业款""个人还款""保证金收入""取款""其他收

入""本日收入合计"并设置其格式。

（10）选择单元格 B14:B19，单击【开始】工具栏的【合并后居中】按钮，输入"本日支出"并设置其格式。

（11）在单元格 C14:C19 中分别输入"费用报销""个人借款""存款""退还保证金""其他支出""本日支出合计"并设置其格式。

（12）选取单元格区域 B20:C20，单击【开始】工具栏的【合并后居中】按钮，输入"昨日现金余额："并设置其格式。合并 D20:G20。

（13）选取单元格区域 B21:C21，单击【开始】工具栏的【合并后居中】按钮，输入"本日现金余额："，并设置其格式。合并 D21:G21。

（14）选取 B6:G21，单击【开始】|【字体】|【边框】选项中的【外部框线】和【内部框线】；单击【视图】菜单，将【网格线】取消；选取 C13、C19、C20、C21，设置字体为"红色"；选取 B20:G21，设置填充颜色为"蓝色"。

最终格式效果如图 3-49 所示。

图 3-49　最终格式效果图

工作步骤二　现金日报表数据的自动生成

我们可以利用 Excel 公式和函数的操作，将现金日记账的数据引用过来，完成现金日报表数据的自动生成，具体步骤如下：

（1）选择单元格 D8，输入公式"=SUMPRODUCT((现金日记账!＄B＄6:＄B＄70=MONTH(现金日报表!＄B＄4))*(现金日记账!＄C＄6:＄C＄70=DAY(现金日报表!＄B＄4))*(现金日记账!＄E＄6:＄E＄70=C8)*现金日记账!＄G＄6:＄G＄70)"。

公式的含义为：当现金日记账单元格区域 B6:B70 的值为现金日报表单元格区域 D4 月份值、现金日记账单元格区域 C6:C70 的值为现金日报表单元格区域 D4 的天数值、现金日记账单元格区域 E6:E70 的值为现金日报表单元格区域 C8 的值（营业款）时，现金日报表单元格区域 D8 的值为现金日记账单元格区域 G6:G70 的正总数。应特别注意公式中的绝对引用和相对引用。

(2) 选择单元格 D8,复制公式到单元格区域 D9:D12。

(3) 选择单元格 D13,输入公式"=SUM(D8:D12)"。并复制到 E13:F13。

(4) 选择单元格 D14,输入公式"=SUMPRODUCT((现金日记账!＄B＄6:＄B＄70=MONTH(现金日报表!＄B＄4))*(现金日记账!＄C＄6:＄C＄70=DAY(现金日报表!＄B＄4))*(现金日记账!＄E＄6:＄E＄70=C14)*现金日记账!＄H＄6:＄H＄70)"。

(5) 选择单元格 D14,复制公式到单元格区域 D15:D18。

(6) 选择单元格 D19,输入公式"=SUM(D14:D18)",并复制到 E19:F19。

(7) 本月累计数只要把本日列公式中天数的条件"="改成"<="。本年累计只要把本日列公式中月份的条件"="改成"<",然后加 E 本月累计数即可。单元格 E8 的公式为"=SUMPRODUCT((现金日记账!＄B＄6:＄B＄70=MONTH(现金日报表!＄B＄4))*(现金日记账!＄C＄6:＄C＄70<=DAY(现金日报表!＄B＄4))*(现金日记账!＄E＄6:＄E＄70=C8)*现金日记账!＄G＄6:＄G＄70)"。复制公式到单元格 E9:E12。单元格 F8 的公式为"=SUMPRODUCT((现金日记账!＄B＄6:＄B＄70<MONTH(现金日报表!＄B＄4))*(现金日记账!＄E＄6:＄E＄70=C8)*现金日记账!＄G＄6:＄G＄70)+E8",复制公式到单元格 F9:F12。

(8) 选择单元格 E14,输入公式"=SUMPRODUCT((现金日记账!＄B＄6:＄B＄70=MONTH(现金日报表!＄B＄4))*(现金日记账!＄C＄6:＄C＄70<=DAY(现金日报表!＄B＄4))*(现金日记账!＄E＄6:＄E＄70=C14)*现金日记账!＄H＄6:＄H＄70)",复制公式到单元格 E15:E18。

(9) 选择单元格 F14,输入公式"=SUMPRODUCT((现金日记账!＄B＄6:＄B＄70<MONTH(现金日报表!＄B＄4))*(现金日记账!＄E＄6:＄E＄70=C14)*现金日记账!＄G＄6:＄G＄70)+E14",复制公式到单元格 F15:F18。

(10) 选择单元格 D21,输入公式"=现金日记账!I5+现金日报表!F13-现金日报表!F19"。

(11) 选择单元格 D20,输入公式"=D21-D13+D19"。

(12) 现金日报表的数据生成完毕,形成 2021 年 6 月 3 日的报表,如图 3-50 所示。

现金日报表

2021年6月3日　　　　　　　　　　　单位: 元

项目		金额			备注
		本日	本月累计	本年累计	
本日收入	营业款	60000	60000	60000	
	个人还款	500	500	500	
	保证金收入	0	0	0	
	取款	50000	50000	50000	
	其他收入	0	0	0	
本日收入合计		110500	110500	110500	
本日支出	费用报销	300	300	300	
	个人借款	0	0	0	
	存款	40000	40000	40000	
	退还保证金	20000	20000	20000	
	其他支出	50000	50000	50000	
其他支出合计		110300	110300	110300	
昨日现金余额:		2500			
本日现金余额:		2700			

图 3-50　形成报表

(13) 选择单元格 D4，输入新的日期"2021-6-4"，自动生成 6 月 4 日的现金日报表，如图 3-51 所示。

现金日报表

2021年6月4日　　　　　　　　　单位：元

项目		金额			备注
		本日	本月累计	本年累计	
本日收入	营业款	20000	80000	80000	
	个人还款	0	500	500	
	保证金收入	0	0	0	
	取款	0	50000	50000	
	其他收入	0	0	0	
	本日收入合计	20000	130500	130500	
本日支出	费用报销	1200	1500	1500	
	个人借款	5000	5000	5000	
	存款	0	40000	40000	
	退还保证金	0	20000	20000	
	其他支出	0	50000	50000	
	其他支出合计	6200	116500	116500	
昨日现金余额：			2700		
本日现金余额：			16500		

图 3-51　生成 6 月 4 日的现金日报表

任务四　银行存款日记账的创建

任务描述

银行存款日记账是由出纳人员按照银行存款的收、付款记账凭证逐日逐笔顺序登记，用于记录和反映银行存款收支及结存情况的一种特种日记账。银行存款日记账一般采用借方、贷方、余额三栏式账页格式，分别反映银行存款收入、支出和结存情况，以便检查监督各项收入和支出款项，并便于定期同银行送来的对账单核对。下面介绍银行存款日记账的设计方法和步骤。

知识准备

打开一个 Excel 表格工作簿，将鼠标光标放在 A 和 1 之间的小方块上，选择所有单元格；单击菜单栏的格式，然后单击列宽，会出现一个小设置框，在里面输入一个较大的值，单元格的列会变宽，这样每个单元格可以写更多的字；在表头输入银行存款日记账各项目名称，从第三行开始，记录正常业务；每日增加额记入借方，每日减少额记入贷方，当天的余额等于前一天的余额加上当天的借方余额，减去当天的贷方金额。

岗位说明

会计主管岗位负责创建页面，布局 Excel 银行存款日记账系统。

工作步骤一　银行存款日记账的结构设计

银行存款日记账工作表格式与现金日记账基本相同,因此可以复制一份"现金日记账"工作表,再对工作表进行修改。具体步骤如下:

(1) 删除现存的"银行存款日记账"工作表。

(2) 选择"现金日记账"工作表。

(3) 用鼠标指针对准"现金日记账"工作表标签,单击鼠标右键,在弹出的快捷菜单中选择"移动或复制"命令,打开【移动或复制工作表】对话框。在"下列选定工作表之前"列表框中选择"移至最后",选中【建立副本】复选框,单击【确定】按钮,就建立了一个名为"现金日记账(2)"的工作表。

(4) 将工作表"现金日记账(2)"重命名为"银行存款日记账"。

(5) 将工作表中的有关文字进行修改,例如,将"现金日记账"改为"银行存款日记账"。

工作步骤二　数据验证的设置

为了提高输入数据的效率,可以对一些单元格设置数据验证。下面介绍银行存款日记账的数据验证设置,其具体步骤如下:

(1) 打开工作簿"项目三",选择工作表"银行存款类别定义"。

(2) 在列 A 输入如图 3-52 所示的文字。

(3) 选择单元格区域 A1:A10,单击鼠标右键,选择【定义名称】,设置"范围名称"为"银行存款类别定义",单击【确定】按钮。

(4) 在"银行存款日记账"表单,选择"类别"所在的 E 列,单击【数据】菜单中的【数据验证】命令,打开【数据验证】对话框;设置"允许"为"序列",单击"来源"位置,如图 3-53 所示。

图 3-52　输入内容

图 3-53　【数据验证】对话框

(5) 在 E 列和 F 列之间插入两列,选中 F、G 列,单击菜单【数据】|【数据验证】,取消之前设定的数据验证,如图 3-54 所示。

图 3-54 取消之前设定的数据验证

合并 F3:F4，G3:G4，在合并后的单元格 F3 和 G3 中分别输入"结算方式"和"票据号码"。清空 B5:K70 的数据。

(6) 在表单"结算方式类别定义"的 A 列输入如图 3-34 所示内容，选择单元格区域 A1：A7，单击鼠标右键，选择【定义名称】，设置"范围名称"为"结算方式类别定义"，如图 3-55 所示。

图 3-55 输入内容　　图 3-56 【数据验证】对话框

(7) 选取 F 列，对其设置数据验证，即在【数据验证】对话框中，在【设置】选项卡的"允许"中选"序列"，在"来源"中输入"=结算方式类别定义"，可以根据企业的实际情况来输入不同的数据，如图 3-56 所示。在【输入信息】选项卡的"输入信息"文字框中输入"输入结算方式种类"，在【出错警告】选项卡的"样式"中选"警告"。

(8) 选取 G 列，对其设置数据验证，即在【数据验证】对话框中，仅在【输入信息】选项卡的"输入信息"文字框中输入"输入结算票据号码"，其他保持系统默认值，单击【确定】按钮。

(9) 在"银行存款日记账"表单选择单元格 B5:K70，单击【开始】|【条件格式】菜单中的

【新建规则】命令,单击【使用公式确定要设置的单元格】,在"为符合此公式的值设置格式"中输入条件公式"＝OR（＄H5＝"本日合计",＄H5＝"本月累计",＄H5＝"期初余额"",如图 3-57 所示。在本对话框中,单击【格式】,单击【字体】,选择颜色为"红色",单击【边框】,选择"线条样式"为"细实线",选择颜色为"红色",然后选择"下边框",单击【确定】按钮。

图 3-57 新建格式规则

设置了上述条件格式以后,当在"摘要"栏（H 列）输入"期初余额""本日合计""本月累计"字样的时候,字体颜色自动设置成醒目的红色,并且该行的下边框也变成红色,而其他的地方保持不变,如图 3-58 所示。

图 3-58 设置效果

工作步骤三 余额自动计算的设置

本活动将学习余额的自动计算,每笔业务发生后,应将上次的余额加上本次的借方金额,减去贷方金额,得到本次的余额。

（1）选择单元格 K6,输入公式"＝IF(COUNT(I6:J6)＝0,"",K5＋I6－J6)",再把公式复制到单元格区域 K7:K70。

（2）依次输入引导案例资料 3 中发生的银行存款业务,形成银行存款日记账,如图 3-59 所示。

	A	B	C	D	E	F	G	H	I	J	K
1											
2						银行存款日记账					
3	2021年		凭证编号	类别	结算方式	票据号码	摘要	借方	贷方	余额
4	月	日									
5	6	3					期初余额			168900
6	6	3		提现	现支	#10753158	提取现金		50000	118900
7	6	3		存款	现存		存入现金	40000		158900
8	6	6		销售款	电汇		收到货款	200000		358900
9	6	7		销售款	电汇		收到货款	81360		440260
10	6	10		其他支出	转支		购买银行转账支票		200	440060
11	6	15		其他支出	转支		补缴税款		46200	393860
12	6	20		提现	现支	#82161956	提取现金		5000	388860
13	6	21		购货款	汇票		申请银行汇票		100000	288860
14	6	23		贷款	转存		向银行贷款	500000		788860
15	6	28		购货款	委托		支付货款		5340	783520
16	6	30		销售款	转存	#36144635	收到货款	46400		829920
17	6	30		购买办公用品	转支	#36414463	购买办公用品		7800	822120

图 3-59 形成银行存款日记账

工作步骤四　本月累计的计算

每月终了,需要计算本月的累计数。按工作步骤三的例子,计算本月累计的详细步骤如下:

(1) 选择单元格 H18,输入"本月累计",在单元格 I18 输入"＝SUM(I6:I17)",并将公式复制到单元格 J18,形成本月累计的结果。

(2) 选择单元格 K6,输入公式"＝IF(COUNT(I6:J6)＝0,"", IF(OR(H6＝{"本日合计","本月累计","本年累计"}),K5,K5＋I6－J6))",并复制到单元格 K7:K70 区域,如图 3-60 所示。

	A	B	C	D	E	F	G	H	I	J	K
1											
2						银行存款日记账					
3	2021年		凭证编号	类别	结算方式	票据号码	摘要	借方	贷方	余额
4	月	日									
5	6	3					期初余额			168900
6	6	3		提现	现支	#10753158	提取现金		50000	118900
7	6	3		存款	现存		存入现金	40000		158900
8	6	6		销售款	电汇		收到货款	200000		358900
9	6	7		销售款	电汇		收到货款	81360		440260
10	6	10		其他支出	转支		购买银行转账支票		200	440060
11	6	15		其他支出	转支		补缴税款		46200	393860
12	6	20		提现	现支	#82161956	提取现金		5000	388860
13	6	21		购货款	汇票		申请银行汇票		100000	288860
14	6	23		贷款	转存		向银行贷款	500000		788860
15	6	28		购货款	委托		支付货款		5340	783520
16	6	30		销售款	转存	#36144635	收到货款	46400		829920
17	6	30		购买办公用品	转支	#36414463	购买办公用品		7800	822120
18							本月累计	867760	214540	822120

图 3-60 形成本月累计的结果

任务五　银行存款余额调节表的创建

任务描述

银行存款余额调节表是由企业编制,可作为银行存款科目的附列资料保存。该表主要目的是在于核对银行存款科目,企业账目与银行账目的差异,也用于检查企业与银行账目的差错。调节后的余额一般认为是该企业对账日银行实际可用的存款数额。

银行存款余额调节表,是在银行对账单余额与企业账面余额的基础上,各自加上对方已收、本单位未收账项数额,减去对方已付、本单位未付账项数额,以调整双方余额使其一致的一种调节方法。

知识准备

在 Excel 工作簿中编制并设置银行存款余额调节内容与格式,左侧为企业账面余额部分,右侧为银行对账单余额部分;根据企业账面数据填写银行存款账面余额、银行已收企业未收款和银行已付企业未付款;根据银行对账单填写对账单余额、企业已收银行未收款和企业已付银行未付款;最后,核对调节后余额,余额保持一致,银行存款余额调节表编制完成。

岗位说明

会计主管岗位负责创建页面,布局 Excel 银行存款余额调节表系统。

工作步骤一　银行存款余额调节表的结构设计

根据图 3-61 制作银行存款余额调节表。

图 3-61　银行存款余额调节表

工作步骤二　银行存款余额调节表的数据设计

（1）根据引导案例资料3和引导案例资料4中的相关内容，找到银行存款日记账与银行对账单中的未达账项，填入相应栏内。

（2）选择单元格F19，输入公式"＝SUM(F7:F18)"，并将公式复制到单元格G19，选择单元格L19，输入公式"＝SUM(L7:L18)"，并将公式复制到单元格M19。

（3）选择单元格G4，输入公式"＝E4＋F19－G19"，选择单元格M4，输入公式"＝K4＋L19－M19"，如图3-62所示，银行存款余额调节表编制完成。

图3-62　银行存款余额调节表

项　目　小　结

本项目的实践操作是建立日记账管理系统工作簿，完成该系统的首页页面的设计；制作或引用日记账账务处理数据源；创建现金日记账；编制现金日报表；创建银行存款日记账；创建银行存款余额调节表。项目三的实践操作导图，如图3-63所示。

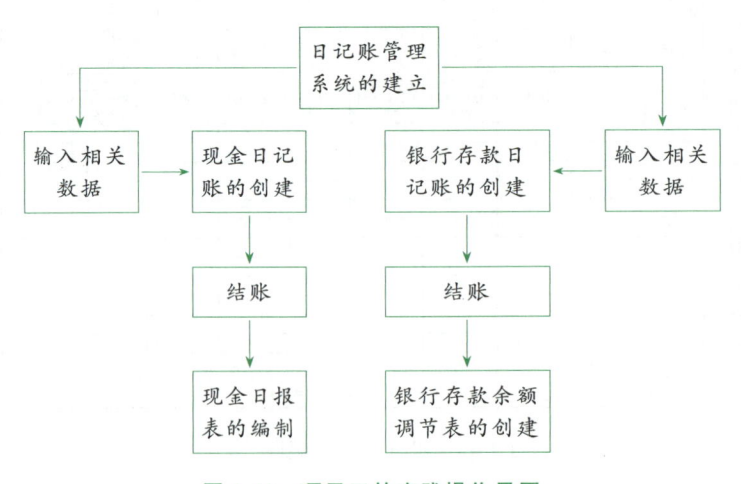

图3-63　项目三的实践操作导图

项 目 训 练

北京惠龙家具商贸有限责任公司在2021年6月和7月发生了如下和现金有关的业务：
(1) 6月1日,从上期结转过来的现金余额为3 630元。
(2) 6月3日,使用现金支付招待费3 000元。
(3) 6月14日,提取现金50 000元。
(4) 6月15日,支付工资90 000元。
(5) 6月20日,提取现金5 000元。
(6) 6月22日,支付劳保费用9 000元。
(7) 7月1日,销售部门出售包装废品4 600元。
(8) 7月2日,付差旅费1 500元。

操作要求：
(1) 通过直接输入的方法和记录单的方法将上述内容输入现金日记账中。
(2) 根据以上现金业务,编制一个使用函数和公式创建的现金日记账账页。
(3) 以"项目三——北京惠龙家具商贸有限责任公司现金日记账(姓名)"为名保存工作簿。

项目四　薪酬管理系统的建立

学习目标

◆ **知识目标**

1. 能够掌握 Excel 的数据处理功能。
2. 了解工资管理中各种表格之间直接的联系，如何互相引用各个工作表的数据。

◆ **技能目标**

1. 能够利用 Excel 处理薪酬管理业务。
2. 可以独立完成工资表的制作，掌握银行发放表不同形式的制作并能够编制工资汇总表以及工资费用分配表。

◆ **素养目标**

1. 树立个人所得税法律制度纳税的遵从意识。
2. 培育个人所得税涉税业务处理的底线思维。

◆ **知识导图**

```
                            ┌── 工资表的制作 ──┬── 工资表的建立
                            │                  └── 工资项目的设置
薪酬管理系统的建立 ─────────┼── 工资汇总表的制作
                            ├── 工资费用分配表的制作
                            └── 银行发放表的制作
```

引导案例

一、资料 1

志诺公司主要有行政部、销售部、财务部和生产车间四个部门，员工人数为 13 人，主要有经理人员、管理人员、业务人员、生产人员四种人员类别，各工资项目根据员工岗位、类别、考勤等情况决定。志诺公司员工的基本信息如表4-1所示。

表 4-1　　　　　　　　　　　　　员工基本信息表　　　　　　　　　　　金额单位:元

部门名称	人员编码	人员姓名	人员类别	银行账号	基本工资
行政部	01001	李　广	经理人员	87654301001	18 800
行政部	01002	刘　彻	管理人员	87654301003	8 000
行政部	01003	张　敏	经理人员	87654301007	15 800
财务部	02001	王　晶	经理人员	87654302002	9 000
财务部	02002	元　华	管理人员	87654302003	8 300
财务部	02003	刘　向	管理人员	87654302004	8 000
销售部	03001	周　杰	经理人员	87654304001	8 000
销售部	03002	李　靖	业务人员	87654304005	8 500
销售部	03003	吴　建	业务人员	87654304008	8 000
生产车间	04001	黄　新	管理人员	87654303006	8 500
生产车间	04002	张　冰	生产人员	87654303007	7 500
生产车间	04003	许广汉	生产人员	87654303008	7 600
生产车间	04004	何　进	生产人员	87654303009	7 000

二、资料2

工资项目的相关资料如下:

1. 岗位工资

志诺公司规定,经理人员岗位工资600元,管理人员岗位工资400元,其他人员岗位工资300元。

2. 住房补贴

志诺公司规定,销售部人员的住房补贴是300元,其他人员的住房补贴是200元。

3. 奖金

志诺公司规定,总经理的奖金是1 000元,销售主管及销售人员的奖金是800元,其他人员的奖金600元。

4. 扣款

志诺公司规定事假扣款如表4-2所示。

表 4-2　　　　　　　　　　　　　事假扣款标准

事假天数	事假扣款
大于10天	应发工资的50%
小于、等于10天	应发工资/30×事假天数

病假扣款标准如表4-3所示。

表 4-3　　　　　　　　　　　　病假扣款标准　　　　　　　　　　金额单位:元

病假天数	员工类别	病假扣款
大于 10 天	生产人员	500
大于 10 天	其他人员	800
小于、等于 10 天	生产人员	200
小于、等于 10 天	其他人员	500

5. 住房公积金

住房公积金为基本工资的 5%。

6. 养老保险

本单位代扣代缴员工个人养老保险金为基本工资的 8%。

7. 个人所得税税率

个人所得税税率如表 4-4 所示。

表 4-4　　　　　　　　　　　　个人所得税税率表　　　　　　　　　　金额单位:元

免征额	5 000.00			
级数	超过	不超过	税率(%)	速算扣除数
1	—	3 6000.00	3	—
2	36 000.00	144 000.00	10	2 520.00
3	144 000.00	300 000.00	20	16 920.00
4	300 000.00	420 000.00	25	21 920.00
5	420 000.00	660 000.00	30	52 920.00
6	660 000.00	960 000.00	35	85 920.00
7	960 000.00		45	181 920.00

所得税计算方法:

本期应预扣预缴税额＝累计预扣预缴应纳税所得额×折扣率－速算扣除数－累计免税额－累计已预扣预缴税额

累计预扣预缴应纳税所得额＝累计收入－累计免税收入－累计减除费用－累计专项扣除－累计专项附加扣除－累计依法确定的其他扣除(2019 年 1 月起可扣除的六项专项附加扣除项目暂不在本项目考虑内)

三、资料 3

公司 6 月份工资相关数据如下:

(1) 2021 年 6 月,志诺公司员工病假、事假情况如表 4-5 所示。

表 4-5　　　　　　　　　　　　病假、事假情况表

部门名称	人员编码	人员姓名	病假天数	事假天数
行政部	01001	李广	3	3
行政部	01002	刘彻		
行政部	01003	张敏	5	
财务部	02001	王晶		11
财务部	02002	元华		
财务部	02003	刘向	12	
销售部	03001	周杰		6
销售部	03002	李靖		
销售部	03003	吴建		15
生产车间	04001	黄新	1	
生产车间	04002	张冰	11	
生产车间	04003	许广汉		2
生产车间	04004	何进	2	

（2）员工个人 1—5 月已预扣预缴税额表如表 4-6 所示。

表 4-6　　　　　　　　　　　已预扣预缴税额表　　　　　　　　　　金额单位：元

员工编号	姓　名	部　门	累计应纳税所得额	累计已预扣预缴税额
1001	李广	行政部	65 780	4 058
1002	刘彻	行政部	15 800	474
1003	张敏	行政部	52 730	2 753
2001	王晶	财务部	23 150	694.5
2002	元华	财务部	17 105	513.15
2003	刘向	财务部	15 800	474
3001	周杰	销售部	19 300	579
3002	李靖	销售部	18 975	569.25
3003	吴建	销售部	16 800	504
4001	黄新	生产车间	17 975	539.25
4002	张冰	生产车间	13 125	393.75
4003	许广汉	生产车间	13 560	406.8
4004	何进	生产车间	10 950	328.5

案例思考

当公司要编制多类人员工资，数据多且繁杂时，作为企业薪资管理人员，怎样才能快速、精确地编制工资表？

【提示】

志诺公司正常经营，以上是该公司 2021 年 6 月份薪资数据。本项目结合现行财税政

策,应用 Excel 2016 版本编制工资表,计算个人代扣代缴所得税进行工资费用分摊,制作银行发放表。

任务一 工资表的制作

任务描述

制作工资表是进行工资管理的第一步,本任务主要根据公司 6 月份相关资料来编制工资表,包括建立工资表、设置工资项目。每个员工的工资项目包括员工编号、姓名、部门、员工类别、基本工资、岗位工资、住房补贴、奖金、应发合计、事假天数、事假扣款、病假天数、病假扣款、住房公积金、养老保险扣款合计、应发工资、本期应纳税所得额、累计应纳税所得额、累计已预扣预缴所得税额、本期应预扣预缴所得税额、实发合计。

任务要求:
(1) 建立一个名为"项目四.xlsx"的工作簿。
(2) 在项目四工作簿中新建工作表"工资表"并完成工资项目计算。

知识准备

在通常情况下,企业职工的工资表包括员工编号、姓名、部门、基本工资、岗位工资、奖金、补贴、应发合计、各项扣款、扣款合计、实发工资等工资项目,除此之外,各单位根据实际需要可以增加其他一些项目。如表 4-7 所示为某企业自制的工资发放表。

表 4-7　　　　　　　　　　工资发放表
编制单位:×××公司　　　　　所属月份:2021 年 6 月　　　　　发放日期:

序号	姓名	职务	应发工资				应扣款项			实发金额
			基本工资	出勤天数	岗位评估	小计	事(病)假	旷工(违纪)	小计	
1										
2										
3										
4										

岗位说明

薪资岗位的职责一般是负责公司员工的工资核算,及时、准确地缴纳公司员工的各种社会保险、公积金等工作。

赛题链接

31 日,编制个人所得税计算表并计提个人所得税,个人所得税计算表如表 4-8 所示。

表 4-8　　　　　　　　　　　个人所得税计算表

2020 年 3 月 31 日　　　　　　　　　　　　　　　　金额单位：元

姓　名	应付工资	三险一金	员工福利费	本月应纳税所得额	1—2月应纳税所得额	累计应纳税额	累计已缴税额	应补/退税额
杨国强	28 000.00	2 667.00	260.00	20 593.00	34 561.30	2 995.43	1 036.84	1 958.59
林海洋	24 000.00	2 223.00	260.00	17 037.00	23 093.70	1 493.07	692.81	800.26
陈　泉	17 000.00	2 223.00	260.00	10 037.00	16 793.70	804.92	503.81	301.11
铁　木	15 000.00	1 557.00	260.00	8 703.00	17 142.30	775.36	514.27	261.09
吴　迪	15 000.00	1 557.00	260.00	8 703.00	16 092.30	743.86	482.77	261.09
黄大尧	13 000.00	1 557.00	260.00	6 703.00	13 992.30	620.86	419.77	201.09
吴国华	9 000.00	1 557.00	260.00	2 703.00	5 592.30	248.86	167.77	81.09
胡　国	8 800.00	1 557.00	260.00	2 503.00	5 592.30	242.86	167.77	75.09
张　丽	8 000.00	1 557.00	260.00	1 703.00	3 492.30	155.86	104.77	51.09
王　紫	7 800.00	1 557.00	260.00	1 503.00	3 072.3	137.26	92.17	45.09
……	……	……	……	……	……	……	……	6 574.28
合　计	……	……	……	……	……	……	……	10 609.87

备注：假设均不存在专项附加扣除项目。

审核：陈泉　　　　　　　　　　　　　　　　　　　　　　　　　　制单：胡国

【提示】

该赛题来源于 2021 年全国职业院校技能大赛拟设赛项赛题库（高职组会计技能赛项样题）

工作步骤一　工资表的建立

（1）新建一个工作表。将工作表重命名为"工资表"，在工作表表头录入相关工资项目名称，包括员工编号、姓名、部门、员工类别、基本工资、岗位工资、住房补贴、奖金、应发合计、事假天数、事假扣款、病假天数、病假扣款、住房公积金、养老保险、扣款合计、应发工资、本期应纳税所得额、累计应纳税所得额、累计已预扣预缴所得税额、本期应预扣预缴所得税额、实发合计等，如图 4-1 所示。

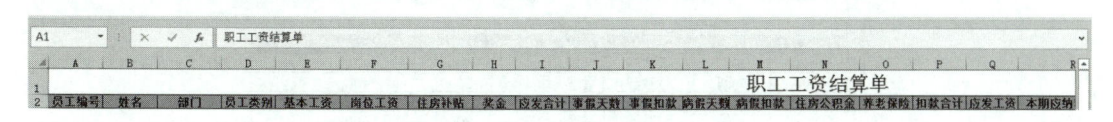

图 4-1　建立工资表

（2）进行有效性控制。选择 D3 单元格，选择【数据】菜单下的【数据验证】，在【数据验证】的对话框中，"验证条件"允许选择"序列"功能，"来源"录入"经理人员，管理人员，生产人员，业务人员"，如图 4-2 所示。单击确定，选择 D3 单元格，即可见下拉箭头及选项，如图 4-3 所示。利用填充功能，将数据的有效性复制到该列区域中的其他单元格。

设置数据验证 3

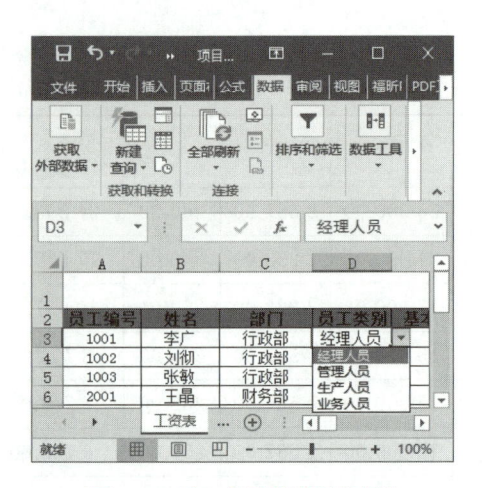

图 4-2 设置【数据验证】　　　　　图 4-3 员工类别【数据验证】

（3）按照上述方法设定部门（可分为行政部、财务部、销售部、生产车间等）的数据有效性，如图 4-4 所示，录入工资表相关信息。

图 4-4 录入工资表基本信息

工作步骤二　工资项目的设置

（1）设置岗位工资项目。单击 F3 单元格，录入函数公式"＝IF(D3＝"经理人员",600,IF(D2＝"管理人员",400,300))"，按回车键，系统自动显示金额，选中 F3 单元格，拖曳右下角的填充柄至 F15 单元格，自动显示结果，如图 4-5 所示。

图 4-5 设置岗位工资项目

【提示】

岗位工资输入公式"IF(D3="经理人员",600,IF(D3="管理人员",400,300))",表示如果员工类别是经理人员,则函数值是600,如果不是,进一步判断,如果是管理人员,则函数值是400,否则函数值是300。

（2）同样方式根据资料设置住房补贴、奖金项目公式,自动得到结果。

（3）设置应发合计项目。应发合计应该等于基本工资、岗位工资、住房补贴、奖金等项目之和。选择I3单元格,输入公式"＝E3＋F3＋G3＋H3",按下回车键,系统自动显示金额,选中I3单元格,拖曳右下角的填充柄至I15单元格,自动显示结果,如图4-6所示。

图 4-6　设置应发合计项目

（4）设置事假扣款项目。根据考勤录入事假天数,选择K3单元格,输入公式"＝IF(J3＞10,I3＊0.5,I3/30＊J2)",按下回车键,系统自动显示金额,选中K3单元格,拖曳右下角的填充柄至K15单元格,自动显示结果,如图4-7所示。

图 4-7　设置事假扣款项目

（5）设置病假扣款项目。根据考勤录入病假天数,选择M3单元格,输入公式"＝IF(L3＝0,0,IF(L3＞10,IF(D3="生产人员",500,800),IF(D3="生产人员",300,500)))",单击回车键,系统自动显示金额,选中M3单元格,拖曳右下角的填充柄至M15单元格,自动显示结果,如图4-8所示。

M3 =IF(L3=0,0,IF(L3>10,IF(D3="生产人员",500,800),IF(D3="生产人员",300,500)))

职工工

	员工编号	姓名	部门	员工类别	基本工资	岗位工资	住房补贴	奖金	应发合计	事假天数	事假扣款	病假天数	病假扣款
3	1001	李广	行政部	经理人员	18800	600	200	1000	20600	3	2060	3	500
4	1002	刘彻	行政部	管理人员	8000	400	200	600	9200		0		0
5	1003	张敏	行政部	经理人员	15800	600	200	1000	17600		0	5	500
6	2001	王晶	财务部	经理人员	9000	600	200	1000	10800	11	5400		0
7	2002	元华	财务部	管理人员	8300	400	200	600	9500		0		0
8	2003	刘向	财务部	管理人员	8000	400	200	600	9200		0	12	800
9	3001	周杰	销售部	经理人员	8000	600	300	1000	9900	6	1980		0
10	3002	李靖	销售部	业务人员	8500	300	300	800	9900		0		0
11	3003	吴建	销售部	业务人员	8000	300	300	800	9400	15	4700		0
12	4001	黄新	生产车间	管理人员	8500	400	200	600	9700		0	1	500
13	4002	张冰	生产车间	生产人员	7500	300	200	600	8600		0	11	500
14	4003	许广汉	生产车间	生产人员	7600	300	200	600	8700	2	580		0
15	4004	何进	生产车间	生产人员	7000	300	200	600	8100		0	2	300

图 4-8 设置病假扣款项目

【提示】

病假扣款输入公式:IF(L3=0,0,IF(L3>10,IF(D3="生产人员",500,800),IF(D3="生产人员",300,500))),表示如果事假天数为0,则函数值是0,如果不是,进一步判断,如果事假天数超过10天,再进一步判断,如果是生产人员,则函数值是500,否则函数值是800;如果事假天数没有超过10天,再进一步判断,如果是生产人员,则函数值是300,否则函数值是500。

4

(6) 同样方式根据资料设置住房公积金、养老保险项目公式,自动得到结果。

(7) 设置扣款合计项目。扣款合计应该等于病假扣款、事假扣款、住房公积金、养老保险之和。选择P3单元格,输入公式"=K3+M3+N3+O3",计算扣款合计。

(8) 设置应发工资项目。应发工资应该等于应发合计减去扣款合计。选择Q3单元格,输入公式"=I3-P3",单击回车键,系统自动显示金额,选中Q3单元格,拖曳右下角的填充柄至Q15单元格,自动显示结果,如图4-9所示。

Q3 =I3-P3

职工工资结算单

	员工编号	姓名	部门	员工类别	基本工资	岗位工资	住房补贴	奖金	应发合计	事假天数	事假扣款	病假天数	病假扣款	住房公积金	养老保险	扣款合计	应发工资
3	1001	李广	行政部	经理人员	18800	600	200	1000	20600	3	2060	3	500	940	1504	5004	15596
4	1002	刘彻	行政部	管理人员	8000	400	200	600	9200		0		0	400	640	1040	8160
5	1003	张敏	行政部	经理人员	15800	600	200	1000	17600		0	5	500	790	1264	2554	15046
6	2001	王晶	财务部	经理人员	9000	600	200	1000	10800	11	5400		0	450	720	6570	4230
7	2002	元华	财务部	管理人员	8300	400	200	600	9500		0		0	415	664	1079	8421
8	2003	刘向	财务部	管理人员	8000	400	200	600	9200		0	12	800	400	640	1840	7360
9	3001	周杰	销售部	经理人员	8000	600	300	1000	9900	6	1980		0	400	640	3020	6880
10	3002	李靖	销售部	业务人员	8500	300	300	800	9900		0		0	425	680	1105	8795
11	3003	吴建	销售部	业务人员	8000	300	300	800	9400	15	4700		0	400	640	5740	3660
12	4001	黄新	生产车间	管理人员	8500	400	200	600	9700		0	1	500	425	680	1605	8095
13	4002	张冰	生产车间	生产人员	7500	300	200	600	8600		0	11	500	375	600	1475	7125
14	4003	许广汉	生产车间	生产人员	7600	300	200	600	8700	2	580		0	380	608	1568	7132
15	4004	何进	生产车间	生产人员	7000	300	200	600	8100		0	2	300	350	560	1210	6890

图 4-9 设置应发工资项目

(9) 设置本期应纳税所得额项目。单击R3单元格,输"=IF(Q3-5000>0,Q3-5000,0)",计算本期应纳税所得额,根据资料3输入"累计应纳税所得额""累计已预扣预缴税额"。单击U3单元格,输入公式"U3=IF((R3+S3)>960000,(R3+S3)*45%-181920-T3,IF((R3+S3)>660000,(R3+S3)*35%-85920-T3,IF((R3+S3)>420000,(R3+S3)*30%-52920-T3,IF((R3+S3)>300000,(R3+S3)*25%-31920-T3,IF((R3+S3)>144000,(R3+S3)*20%-16920-T3,IF((R3+S3)>36000,(R3+S3)*10%-2520-

T3,IF((R3+S3)>0,(R3+S3)*3％-T3,0))))))）"，计算出个人所得税，如图 4-10 所示。

图 4-10 设置本期应纳税所得额项目

（10）设置实发工资项目。选中 V3 单元格，录入公式"＝Q3－U3"，回车，系统自动显示金额，选中 V3 单元格，拖曳右下角的填充柄至 V15 单元格，自动显示结果，如图 4-11 所示。

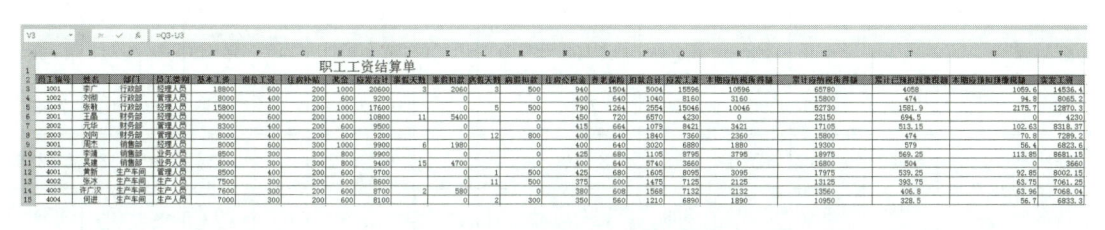

图 4-11 设置实发工资项目

任务二 工资汇总表的制作

任务描述

在完成工资表编制后，企业财务人员需要将工资计入对应的成本费用当中，进行会计分录的编制。

任务要求：

（1）在项目四工作簿中新建工作表"工资总额汇总表"。

（2）利用 Excel 2016 汇总功能对每个部门不同类别的员工工资进行汇总计算。

知识准备

工资总额汇总表是对工资数据进行分析的表格，需要将相同类型的数据统计出来，这也就是数据的分类和汇总，Excel 2016 中可以通过数据透视表功能完成。

会计人员在进行会计成本费用核算时，需要把不同部门人员工资计入对应的成本费用当中，如行政部门人员的工资计入管理费用，销售部门人员工资计入销售费用，在编制会计分录时，需要根据各部门人员汇总金额来进行编制。如表 4-9 所示，将各个部门的工资结算到一张表上。

表 4-9　　　　　　　　　　　　　　**工资汇总表**

工资结算汇总表

年　月　日　　　　　　　　　　　　　　　　　　　　　　　　　金额单位：(元)

部门名称	基本工资		辅助工资			缺勤扣款				应付工资	代扣款项			实发工资
	标准工资	岗位工资	工资性津贴	职务补贴	奖金	病假扣款	事假扣款	…	合计		个人所得税	…	合计	
动力车间小计	19 340	9 630	8 430	400	27 614	4	10	…	14		570	…	570	64 830
生产工人	18 500	9 120	8 080		26 714	4	10	…	14		494	…	494	61 906
车间管理人员	840	510	350	400	900			…			76	…	76	2 924
动力车间	1 080	580	510	300	1 130			…			30	…	30	3 570
销售部	1 820	1 110	1 020	600	8 050.31	63.31	37	…	100.31		625	…	625	11 875
管理部门小计	19 040	12 480	10 270	600	47 210			…			5 690	…	5 690	91 410
企划部	4 850	3 450	3 300	2 400	11 100			…			1 815	…	1 815	23 285
财务部	1 940	1 100	950	600	3 700			…			361	…	361	7 929
科研中心	8 650	7 080	5 370	4 550	28 710			…			3 134	…	3 134	51 226
供应部	2 050	450	350	300	1 900			…			205	…	205	4 845
库房	1 550	400	300	250	1 800			…			175	…	175	4 125
福利部门	1 870	1 080	900	750	3 300			…			360	…	360	7 540
工资总额合计	43 150	24 880	21 130	10 150	87 304.31	67.31	47	…	114.31		7 275	…	7 275	179 225

主管：　　　　　　　　　　　审核：　　　　　　　　　　　制表：

岗位说明

薪资管理岗位的职责一般是负责公司员工的工资核算，及时、准确地缴纳公司员工的各种社会保险、公积金等工作。

(1) 打开任务一中生成的工资表，选择【插入】菜单中的"数据透视表"，在弹出的【创建数据透视表】对话框中，在"请选择要分析的数据"选项框中，选定"选择一个表或区域"，在"表/区域"中选定工资表中所有数据，在"选择放置数据透视表的位置"选项框中，选定"新工作表"，如图 4-12 所示。系统新生成 Sheet1，将其重命名为"工资汇总表"。

(2) 在"数据透视表字段"选项中，将"员工类别"拖到"行标签"选项框中，将"实发工资"拖到"值"选项框，"部门"自动显示在"列"标签选项框中，系统自动生成一张汇总表，如图 4-13 所示，在表头输入"工资汇总表"。

图 4-12 创建数据透视表

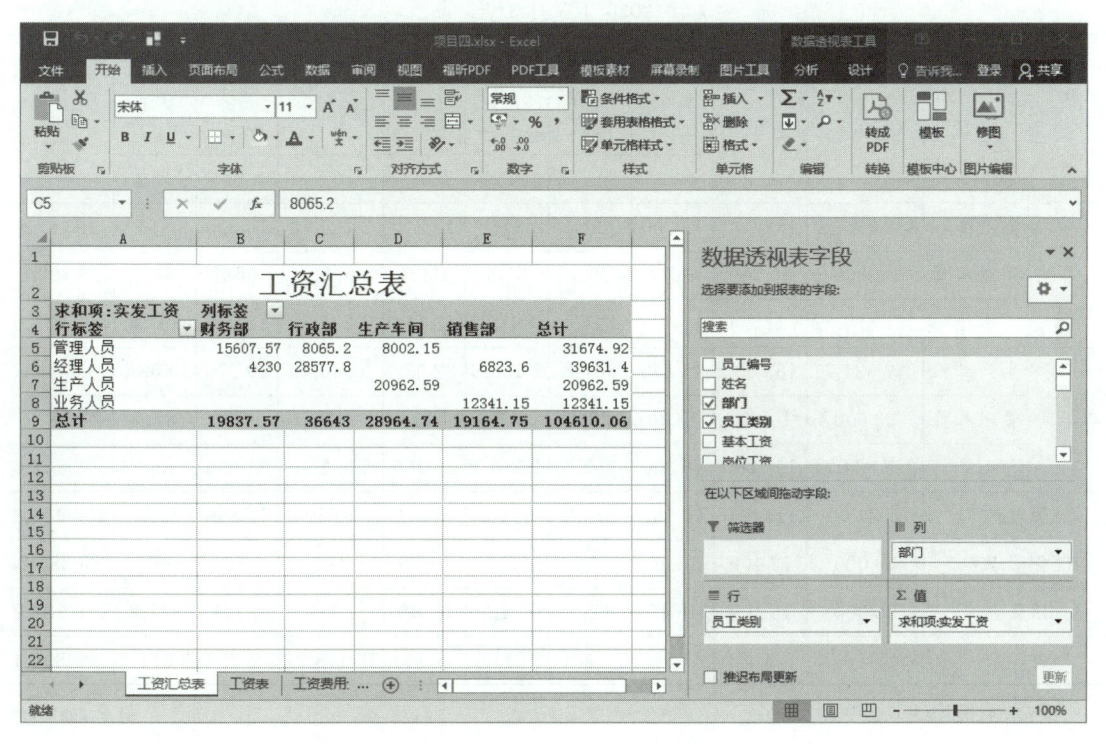

图 4-13 生成工资汇总表

任务三　工资费用分配表的制作

任务描述

任务要求：在项目四工作簿中新建工作表"工资费用分配表"，利用 Excel 2016 的数据透视表功能，编制工资费用分配表。

知识准备

工资费用分配表是在每月月末，企业将本月的应付职工薪酬按照其发生的地点、部门与产品的关系进行分配，编制工资费用分配表，并根据表中的各个项目分别记入相关账户。各类附加费用的计提比例一般为：职工福利费按工资总额的 14% 计提、工会经费按工资总额的 2% 计提，职工教育经费按工资总额的 8% 计提。

赛题链接

编制本月职工薪酬分配表并进行分配。职工薪酬汇总表如表 4-10 所示。

表 4-10　　　　　　　　　　　职工薪酬汇总表
2020 年 3 月 31 日　　　　　　　　　　　　　　　　　　　　　　　　金额单位：元

部门		应付工资	五险一金基数	短期薪酬					离职后福利		合计
				医疗保险 10.00%	工伤保险 0.20%	生育保险 0.80%	住房公积金 12.00%	工会经费 2.00%	养老保险 16.00%	失业保险 0.80%	
一车间	生产工人	139 839.22	102 000	10 200	204	816	12 240	2 796.78	16 320	816	183 232
	管理人员	22 000	10 200	1 020	20.4	81.6	1 224	440	1 632	81.6	26 499.6
	小计	161 839.22	112 200	11 220	224.4	897.6	13 464	3 236.78	17 952	897.6	209 731.6
二车间	生产工人	252 324.71	183 600	18 360	367.2	1 468.8	22 032	5 046.49	29 376	1 468.8	330 444
	管理人员	23 000	10 200	1 020	20.4	81.6	1 224	460	1 632	81.6	27 519.6
	小计	275 324.71	193 800	19 380	387.6	1 550.4	23 256	5 506.49	31 008	1 550.4	357 963.6
管理部		153 000	111 600	11 160	223.2	892.8	13 392	3 060	17 856	892.8	200 476.8
设备管理部		20 000	12 400	1 240	24.8	99.2	1 488	400	1 984	99.2	25 335.2
销售部		96 000	46 400	4 640	92.8	371.2	5 568	1 920	7 424	371.2	116 387.2
合计		706 163.93	476 400	47 640	952.8	3 811.2	57 168	14 123.27	76 224	3 811.2	909 894.4

审核：陈泉　　　　　　　　　　　　　　　　　　　　　　　　　　　　　　　制单：潘小凯

【提示】

该赛题来源于 2021 年全国职业院校技能大赛拟设赛项赛题库（高职组会计技能赛项样题）。

(1) 建立新的工作表,命名为"工资费用分配表"。
(2) 输入"工资费用分配表"的内容,如图 4-14 所示。

图 4-14　建立工资费用分配表

(3) 以行政部的工资总额为例,单击 B3 单元格,在公式编辑栏内输入公式"＝SUMIF(工资表！C:C,A3,工资表！Q:Q)"。公式的含义是:在"工资表"内 C 列中所有满足条件为部门是"行政部"的 Q 列数字相加,填入到 B3 单元格中。利用自动填充功能计算其他部门的职工工资总和,如图 4-15 所示。

图 4-15　计算工资总额

(4) 单击 C3 单元格,在公式编辑栏内输入公式"＝B3＊0.14"(职工福利费＝工资总额×14％),再使用自动填充功能计算各部门职工福利费,如图 4-16 所示。

图 4-16　计算福利费

(5) 用同样方法计算工会经费、职工教育经费。
(6) 单击 A7 单元格,输入"总计:"。单击 B7 单元格,利用 SUM 函数,计算出各项汇总数据,汇总结果如图 4-17 所示。

```
E7          ×  ✓  fx  =SUM(E3:E6)
        A       B          C         D          E
1                    工资费用分配表
2    部门      应发工资总额   职工福利费   工会经费   职工教育经费
3    行政部        38802     5432.28    776.04    3104.16
4    财务部        20011     2801.54    400.22    1600.88
5    销售部        19335     2706.9     386.7     1546.8
6    生产车间      29242     4093.88    584.84    2339.36
7    总计        107390     15034.6    2147.8    8591.2
8
```

图 4-17　汇总结果

任务四　银行发放表的制作

任务描述

任务要求：在项目四工作簿中新建工作表"银行发放表"，利用 Excel 2016 的引入功能根据工资表制作银行发放表。

知识准备

在数字化的时代，工资发放已经由传统的财务人员直接发放现金，转换成银行每月将工资发放到员工的银行卡上。每位员工在银行开设固定的银行卡，每月财务人员将核算后的含有员工姓名、工资和银行卡号的工作表交付银行，银行根据该工作表发放工资，一般银行还需要工资发放表的文本文件。交付给银行代发的工资金额不需要明细，只需要实际打到员工账上的工资金额就够了，因此给银行的工资发放表一般包括员工编号、员工姓名、实发工资、银行卡号等内容。

岗位说明

薪资岗位的职责一般包括向银行提交工资发放清单。

赛题链接

15 日，发放上月工资。（批量成功代付清单）

特色业务：交通银行北京海淀支行批量成功代付清单

机构代码：519　　　　机构名称：交通银行北京海淀支行　　入账日期：2020 年 03 月 15 日

账　号	姓　名	金　额
6222024100029501483	杨国强	21 500.92
6222024100039291462	林海洋	12 000.13
6222024100027139182	陈　泉	10 500.07
6222024100018696304	黄大尧	10 048.4
6227001935260700505	张　丽	8 908.36
6222024100018696799	王　紫	8 208.16
以下略	……	……
合计		597 343.76

【提示】

该赛题来源于2021年全国职业院校技能大赛拟设赛项赛题库(高职组会计技能赛项样题)

(1) 新建工作表。将工作表"Sheet1"重命名为"银行发放表",在 A1:D1 单元格区域录入表格字段标题:员工编号、姓名、工资、银行卡号等。利用工作表"工资表"中的数据引入员工编号。"银行发放表"中的"员工编号"与"工资表"中的"员工编号"是一致的,可以直接导入。单击 A2 单元格,输入公式"=工资表!A3",系统自动导入员工编号,拖曳右下角的填充柄至 A14 单元格,如图 4-18 所示。

图 4-18 引入工资表数据

图 4-19 生成银行发放表数据

(2) 利用同样的方法引入姓名、工资。单击 B2 单元格,输入公式"=工资表!B3",系统自动导入员工姓名,拖曳右下角的填充柄至 B14 单元格;工资单元格的内容应该和"工资表"中的"实发工资"内容一致,单击 C2 单元格,输入公式"=工资表!V2",系统自动导入员工姓名,拖曳右下角的填充柄至 C14 单元格,手工录入员工银行卡号,如图 4-19 所示。

(3) 将银行发放表保存为"prn"格式。单击"文件"选项框中的"另存为"功能按钮,在保存类型下拉菜单中选择"带格式文本文件(空格分隔)",文件名定义为"银行发放表.prn",如图 4-20 所示,单击保存。

图 4-20 另存为文本文件

(4) 在弹出的【Microsoft Excel】对话框中,只需要保存"银行发放表"这个工作表,单击确定,如图 4-21 所示。

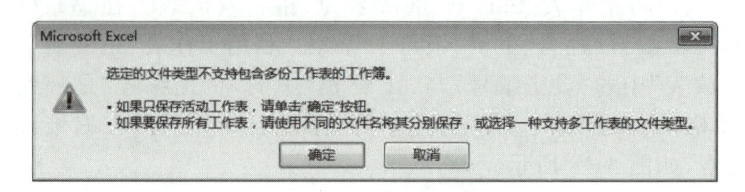

图 4-21 文件保存提示

(5) 在弹出的【Microsoft Excel】对话框中,继续使用此格式,单击【是】,如图 4-22 所示。

图 4-22 继续使用格式

(6) 在写字板中显示"银行发放表"中的内容,如图 4-23 所示。

员工编号	姓名	工资	银行卡号
1001	李广	14536.4	87654301001
1002	刘彻	8065.2	87654301003
1003	张敬	14041.4	87654301007
2001	王晶	4230	87654302002
2002	元华	8318.37	87654302003
2003	刘向	7289.2	87654302004
3001	周杰	6823.6	87654304001
3002	李靖	8681.15	87654304005
3003	吴建	3660	87654304008
4001	黄新	8002.15	87654303006
4002	张冰	7061.25	87654303007
4003	许广汉	7068.04	87654303008
4004	何进	6833.3	87654303009

图 4-23 银行发放表

项 目 小 结

薪酬管理是指管理单位职工每月的各项薪酬,包括基本工资、考勤扣款、奖金、福利补贴、社会保险扣款等,单位性质不同,薪酬的计算项目也不相同。但是,用手工计算这些数据工作效率低,也容易出错。利用 Excel 2016 版本进行薪酬管理能提高工作效率并规范管理企业人员的薪酬。同时,一旦建立了薪酬管理系统后,每月核算员工薪酬时,只需要更改少量的数据即可自动计算出每位员工的最终应发薪酬。这样不仅能有效地减轻薪酬管理人员和财务人员的工作负担,而且能提高工作效率、规范工资核算,同时也为查询、汇总、管理工资数据提供极大的方便。项目四的实践操作导图如图 4-24 所示。

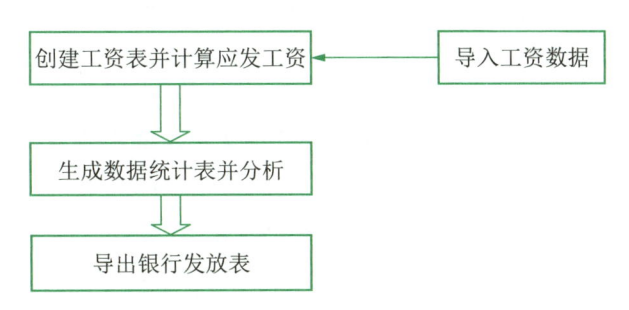

```
创建工资表并计算应发工资 ← 导入工资数据
        ↓
生成数据统计表并分析
        ↓
导出银行发放表
```

图 4-24　项目四的实践操作导图

项　目　训　练

1. 新荣公司职员 2021 年 1 月的基本信息

新荣公司职员信息表如 4-11 所示。

表 4-11　　　　　　　　　　　职员信息表　　　　　　　　　　金额单位:元

人员编号	部　门	姓　　名	人员类别	基本工资	病假天数	事假天数
001	经理室	张　力	经理人员	13 800	2	4
002	经理室	陈　希	管理人员	8 600		
003	经理室	周发奋	管理人员	9 000		
004	财务部	黄　折	管理人员	8 000		7
005	财务部	李　丽	管理人员	7 500		
006	销售部	周　星	经理人员	62 500	5	
007	销售部	李　彭	业务人员	7 000		
008	销售部	孙　伯	业务人员	8 100		1
009	生产车间	周　峰	管理人员	8 000	1	
010	生产车间	程　丽	生产人员	7 800		
011	生产车间	张　峰	生产人员	7 800		1

2. 工资项目

员工编号、姓名、部门、员工类别、基本工资、岗位工资、住房补贴、奖金、应发合计、事假天数、事假扣款、病假天数、病假扣款、扣款合计、应发工资、代扣税、实发合计。

3. 部分工资项目内容

(1) 岗位工资:经理人员的岗位工资是 1 000 元,管理人员的岗位工资是 800 元,其他人员的岗位工资是 600 元。

（2）住房补贴：经理人员 500 元，其他人员 300 元。
（3）奖金：销售部人员是 1 000 元，其他人员是 600 元。
（3）事假扣款＝（基本工资÷30）×事假天数
（4）病假扣款＝（基本工资÷30）×病假天数×0.3
（5）应发合计＝基本工资＋岗位工资＋奖金＋交补－事假扣款－病假扣款
（6）实发合计＝应发合计－代扣税

操作要求：

利用 Excel 2016 版本进行工资表的编制和成本费用分配表的编制。

项目五 固定资产管理系统的设计

学习目标

◆ 知识目标

1. 熟悉《企业会计准则第 4 号——固定资产》的规定,理解固定资产确认、后续计量方法。

2. 理解基于 Excel 的固定资产管理系统的设计方法与流程,以及固定资产管理系统中各指标之间的数据勾稽关系。

3. 熟悉会计法律法规和单位固定资产管理规章制度,理解折旧分配的账务处理程序。

◆ 技能目标

1. 能运用 Excel 设计简单的固定资产管理系统,正确选择 Excel 中的函数,并进行数据处理。

2. 能根据原始凭证完成固定资产的确认及后续业务处理。

3. 能落实固定资产管理中的各项规章制度,辅助完成网络管理体系,根据管理环节对固定资产信息进行修改与调整。

◆ 素养目标

1. 认真研究固定资产管理系统设计中的客户需求,提升服务意识。

2. 理解初级会计师证书的专业技术要求,养成自主学习领域内新技术的习惯。

3. 学习准则,坚持准则,践行会计职业道德。

4. 根据技术、政策的变化和不断完善,提升系统性能,坚守精益求精的工匠精神。

5. 能熟悉固定资产管理的法律法规和制度,做到固定资产管理中有法可依、有章可循。

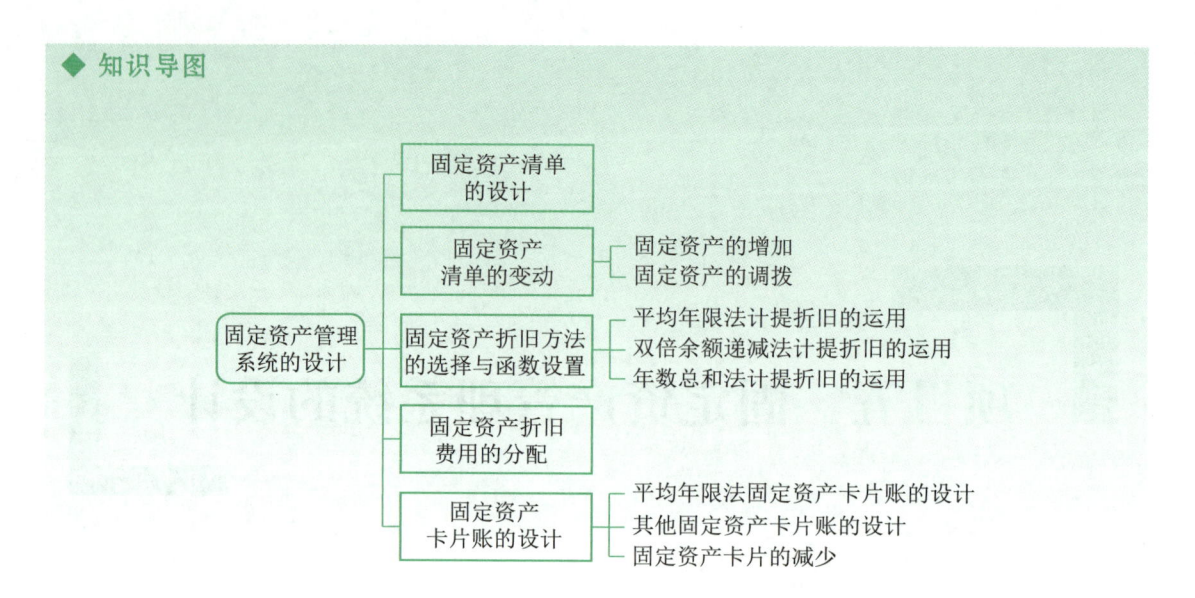

项目五　固定资产管理系统的设计

◆ **知识导图**

```
                              ┌─ 固定资产清单的设计
                              │
                              ├─ 固定资产清单的变动 ─┬─ 固定资产的增加
                              │                    └─ 固定资产的调拨
                              │
固定资产管理系统的设计 ────────┼─ 固定资产折旧方法的选择与函数设置 ─┬─ 平均年限法计提折旧的运用
                              │                                    ├─ 双倍余额递减法计提折旧的运用
                              │                                    └─ 年数总和法计提折旧的运用
                              │
                              ├─ 固定资产折旧费用的分配
                              │
                              └─ 固定资产卡片账的设计 ─┬─ 平均年限法固定资产卡片账的设计
                                                       ├─ 其他固定资产卡片账的设计
                                                       └─ 固定资产卡片的减少
```

引导案例

一、资料1

重庆渝嘉园林工程有限公司，现欲使用 Excel 构建一个企业的固定资产管理系统，2021 年 5 月 2 日从信息化软件中导出该企业的固定资产清单，如表 5-1 所示。

表 5-1　　　　　　　　固定资产清单（重庆渝嘉园林工程有限公司）

核算日期：2021/5/2　　　　　　　　　　　　　　　　　　　　　　　　金额单位：元

编号	固定资产名称	规格型号	使用部门	增加方式	购置时间	购置成本	预计使用年限	预计净残值率	折旧方法
01	办公楼	20万平方米	管理部门	自建	2019-6-22	5 000 000	30	25.00%	平均年限法
02	厂房	80万平方米	生产部门	自建	2018-4-11	16 000 000	20	25.00%	平均年限法
03	仓库	60平方米	销售部门	购入	2018-6-12	3 000 000	25	25.00%	平均年限法
04	卡车	20吨	销售部门	购入	2021-3-23	350 000	8	5.00%	平均年限法
05	计算机	dell	管理部门	购入	2020-9-16	12 000	4	1.00%	双倍余额递减法
06	计算机	dell	管理部门	购入	2020-9-16	15 000	4	1.00%	双倍余额递减法
07	传真机	惠普	销售部门	购入	2017-4-11	6 000	4	1.00%	平均年限法
08	复印机	佳能	管理部门	购入	2018-4-11	30 000	5	2.00%	平均年限法
09	打印机	佳能	管理部门	购入	2018-4-11	4 000	3	2.00%	平均年限法
10	挖土机	KL-01	生产部门	购入	2018-1-01	200 000	10	5.00%	年数总和法

续 表

编号	固定资产名称	规格型号	使用部门	增加方式	购置时间	购置成本	预计使用年限	预计净残值率	折旧方法
11	推土机	T1-02	生产部门	购入	2018-1-01	250 000	10	5.00%	年数总和法
12	会议桌	3 600 mm×1 600 mm×750 mm	管理部门	购入	2019-6-11	20 000	5	1%	平均年限法

其中企业办公楼卡片账相关信息如下(其他卡片账略),如图 5-1 所示。

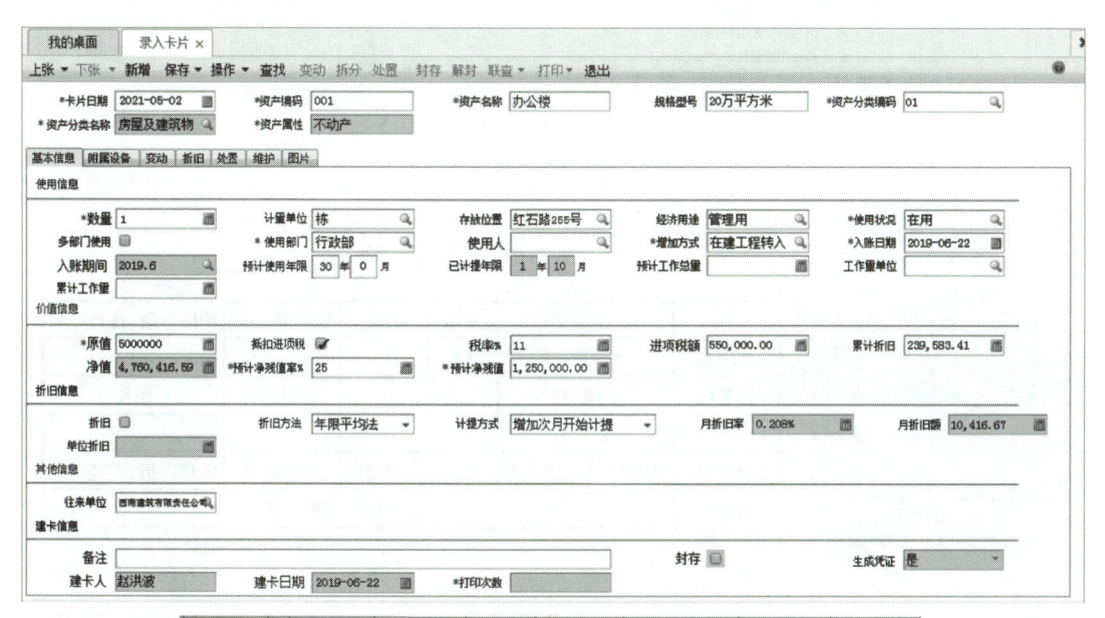

图 5-1 部分固定资产卡片历史资料

二、资料 2

该企业财务部门在 2021 年 5 月 2 日又购入一台新的打印机,型号为惠普 JK-01,预计使用年限为 3 年,购(造)价 3 000 元,净残值率为 2%,使用平均年限法计提折旧,如图 5-2 所示。

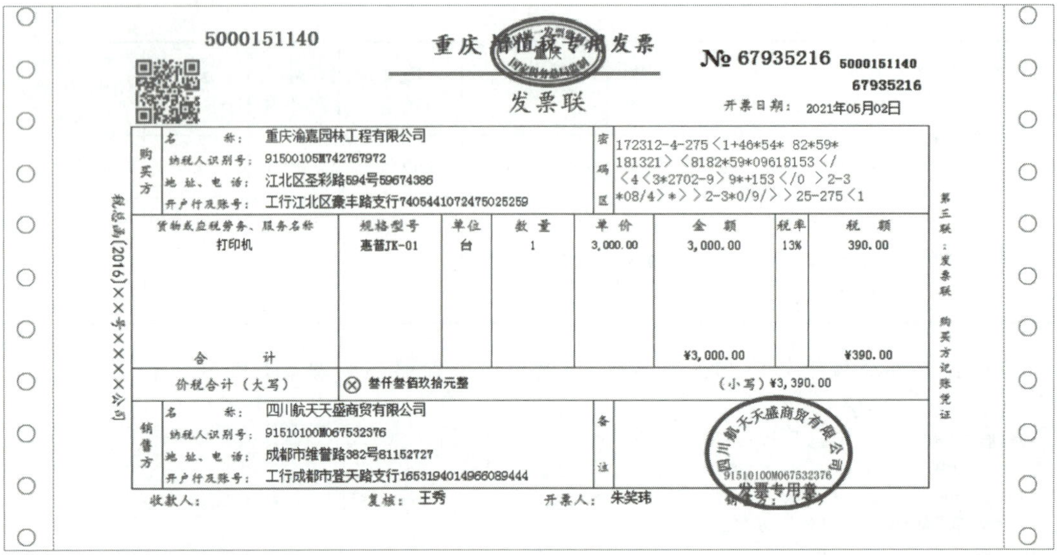
5000151140

重庆增值税专用发票

发票联

№ 67935216 5000151140

67935216

开票日期：2021年05月02日

购买方 名称：重庆渝嘉园林工程有限公司

纳税人识别号：91500105M742767972

地址、电话：江北区圣彩路594号59674386

开户行及账号：工行江北区豪丰路支行74054410724750252 59

密码区 172312-4-275<1+46*54* 82*59* 181321><8182*59*09618153</ <4<3*2702-9>9*+153</0 >2-3 *08/4>*>>2-3*0/9/>>25-275<1

货物或应税劳务、服务名称	规格型号	单位	数量	单价	金额	税率	税额
打印机	惠普JK-01	台	1	3,000.00	3,000.00	13%	390.00
合计					¥3,000.00		¥390.00

价税合计（大写） ⊗叁仟叁佰玖拾元整 （小写）¥3,390.00

销售方 名称：四川航天天盛商贸有限公司

纳税人识别号：91510100M067532376

地址、电话：成都市维譬路382号81152727

开户行及账号：工行成都市登天路支行16531940149660894 44

备注

收款人： 复核：王秀 开票人：朱笑玮 销售方：（章）

税总函(2016)××号××××公司

第三联：发票联 购买方记账凭证

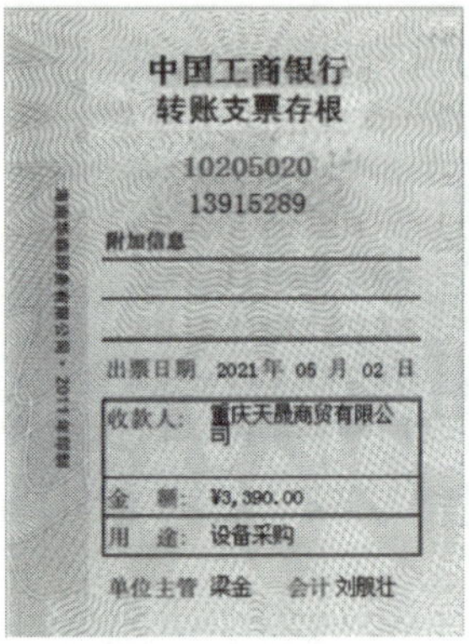
中国工商银行

转账支票存根

10205020

13915289

附加信息

出票日期 2021年06月02日

收款人：重庆天晟商贸有限公司

金额：¥3,390.00

用途：设备采购

单位主管 梁金 会计 刘服壮

	固定资产验收单					
	2021 年 05 月 02 日				编号：	013
名称	规格型号	来源	数量	购（造）价	使用年限	预计残值
打印机	惠普JK-01	外购	1	3,000.00	3	60
安装费	月折旧	建造单位		交工日期	附件	
无	2.72%					
验收部门	财务部门	验收人员	周婵	管理部门	财务部门	管理人员	张骏威
备注	年限平均法计提折旧					
			审核：		制单：	

固定资产折旧明细表									
			年 月 日						
类别	部门	资产名称	原值	使用年限	残值率	净残值	年折旧率	年折旧额	月折旧额
办公设备	财务部门	打印机	3,000.00	3	2%	60	32.67%	980	81.67
合计：	——	——	3,000.00			60.00	32.67%	980.00	81.67

图 5-2 新增固定资产发票及相关凭证

三、资料 3

该企业管理部门的打印机调拨到销售部门，如图 5-3 所示。

任务一 固定资产清单的设计 143

固定资产调拨单										
日期：2021年5月30日							第 10 号			
接受设备部门			销售部门			设备转出部门		管理部门		
固定资产编号	固定资产名称	规格型号	单位	数量	采购日期	预计使用年限	已使用年限	原始价值	已计提折旧	备注
009	打印机	佳能CH-310	台	1	2018-4-11	3	3	4000	3920	
技术鉴定			达到报废年度，尚可使用			折余价值		80		
接受部门负责人签字：			冯宇			转出部门负责人签字：		赵志田		

图 5-3　固定资产部门转移记录

四、资料4

该企业固定资产编号为007的传真机报废，如图5-4所示。

固定资产处置申请单						
单位名称：	重庆渝嘉园林工程有限公司		日期：2021年05月10日			
固定资产名称	传真机	单位	台	型号	惠普CQ-430	数量	1
资产编号	007	停用时间	2021年04月30日	购建时间	2017年04月11日	存放地点	财务部
已提折旧月数	48	原值	6,000.00		累计折旧	5,940.00
有效使用年限	4年	月折旧额	123.75		净值	60.00
处置原因：	达到报废年度，且设备老化严重					
财务部门意见：	同意报废 叶云，2021.5.10			公司领导意见：	同意报废	
编制人：梁金				单位负责人：朱少军		

图 5-4　固定资产报废记录

案例思考

阅读重庆渝嘉园林工程有限公司固定资产相关信息，简要说一下固定资产管理系统的基本构成组件有哪些？作为一名资产管理人员，如何做好固定资产管理工作呢？

【提示】

重庆渝嘉园林工程有限公司正常经营，以上是2021年5月该公司的固定资产相关资料，本项目结合现行财税政策，使用Excel 2016版本完成固定资产管理系统的设计。

任务一　固定资产清单的设计

任务描述

根据企业固定资产管理要求完成固定资产清单结构设计，根据固定资产盘点结果完成信息录入。固定资产清单应该含有以下信息：

卡片编号、固定资产名称、规格型号、使用部门、增加方式、购置时间、购置成本、预计使用年限、预计净残值率、折旧方法、净残值、累计折旧月份、资产状态、是否报废、当前所属折旧年度、本月折旧金额、尚可使用月份、本年计提折旧、已提累计折旧、折旧对应科目。

为简化起见，固定资产类别可以暂不纳入。

任务要求：

（1）建立一个名为"班级＋姓名＋项目五固定资产管理系统设计.xlsx"的工作簿（以下简称项目五工作簿）。

（2）在项目五工作簿中新建工作表"固定资产折旧清单"并完成表单结构设计及固定资产基础信息录入。

知识准备

一个完整的固定资产管理系统应该具备的基本功能：保证固定资产数据准确，账实相符；按月计提折旧，保障会计处理符合会计制度要求；方便清查，方便管理，实施流程控制；增减报废凭证齐全，手续符合公司制度规定。

因此要实现以上功能，设计简单的固定资产管理系统，以下的组件是必备的：固定资产基础信息维护、固定资产增减与转移流程、固定资产清单、固定资产卡片、折旧计提与凭证生成等，当然现实中的工作可能会更加复杂，读者需要根据工作的需要增减组件以完成企业固定资产管理的需求。

岗位说明

会计主管岗位负责设计固定资产清单结构与固定资产信息审核，固定资产管理员完成固定资产信息录入。

固定资产清单是指按照固定资产的项目开设，用以进行固定资产明细核算的账簿，是固定资产管理中的基础数据。

建立固定资产清单的任务是在 Excel 环境中，将企业固定资产相关信息录入 Excel 中，充分利用 Excel 强大的公式管理功能进行公式输入，由计算机自动计算，自动填列数据，这样可以大大减少人工工作量。利用 Excel 所建立的固定资产清单格式可以不同，但是方法基本类似，现介绍如何快速设计并设置固定资产清单结构。具体建立步骤如下：

（1）建立名为"基础信息表"的工作表。设置基础信息表，为固定资产管理会计录入信息提供可供参考的规范格式，以便后期快速录入，基础信息表信息如图 5-5 所示。

图 5-5　基础信息表信息

（2）增加表单，命名为固定资产折旧清单，我们主要操作的表单就是这个，拖动选择第 1 行 A1:K1，合并单元格，表头录入"固定资产清单"，合并 A2:B2，录入"核算日期"；单击 D2 录入"单位："；合并 E2:F2，录入"渝嘉园林工程有限公司"；单击 G2 单元格录入"制表人："，其中日期很重要，因为很多后期计算的结果都由这个核算日期决定。单击第 3 行各单元格，输入资料 1 中固定资产卡片的各个项目。并在 K3:R3 录入后期需要自动计算出来的列标题,如图 5-6 所示。

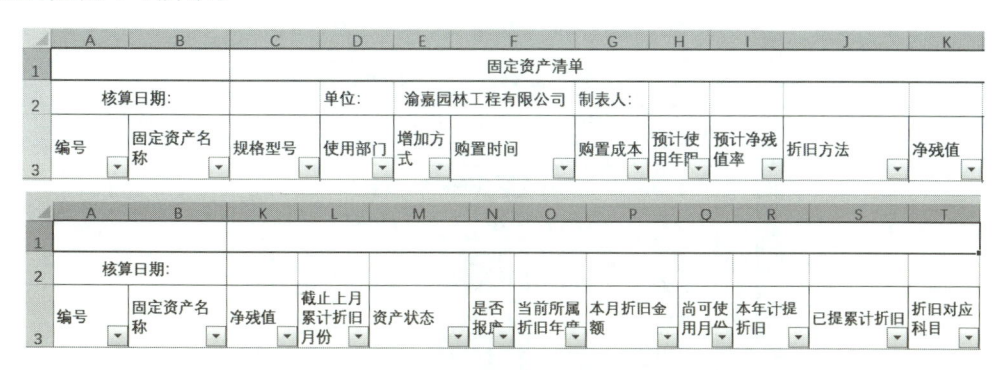

图 5-6　固定资产折旧清单表单结构设计

(3) 单击 D4 单元格,选择菜单栏中的【数据】|【数据验证】命令,打开【数据验证】对话框。"验证条件"里的"允许"下拉选项里选择"序列"选项,"来源"则单击基础信息表,拖动选择使用部门下面的所有记录,并添加绝对引用,如图 5-7 所示。

(4) 选择对应固定资产清单列标题下的单元格,单元格会出现一个下拉箭头,显现出可供选择的固定资产信息,完成信息录入;为了加快信息录入的工作,可以配合自动填充以及复制粘贴等工具,快速完成信息录入。

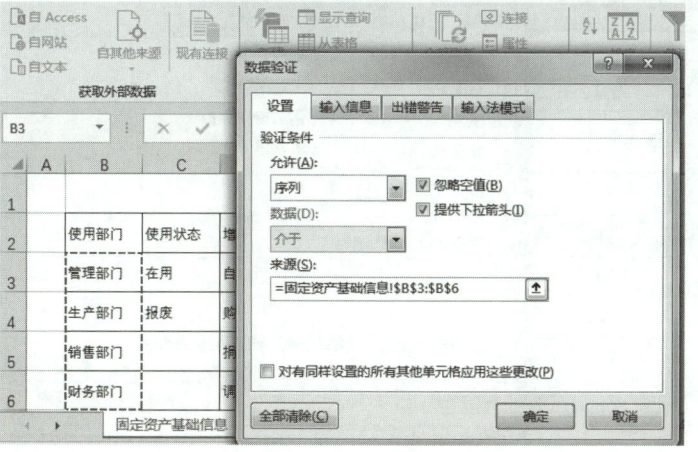

图 5-7　数据验证与使用部门信息录入

（5）单击 E4 单元格，设置数据有效性，本处除采用前述（3）、（4）方法设置外，还可以在数据来源里面输入"自建,购入,捐赠,调拨"，检验增加方式下的单元格效果（注意区别数据源录入中录入错误标点下的效果差异），如图 5-8 所示。

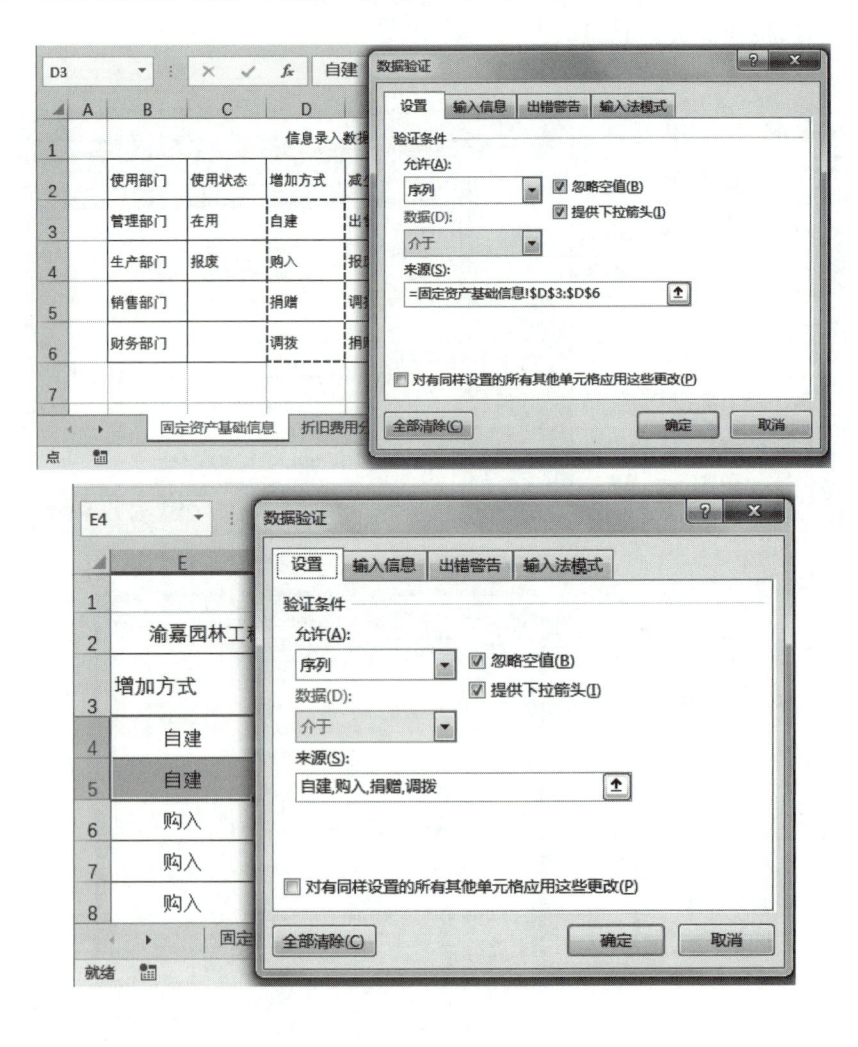

图 5-8　数据验证与增加方式选择

（6）单击 J4 单元格，用同样方法设置"折旧方法"的数据验证，来源基础信息表里面的折旧方法："平均年限法，双倍余额递减法，年数总和法"，如图 5-9 所示。

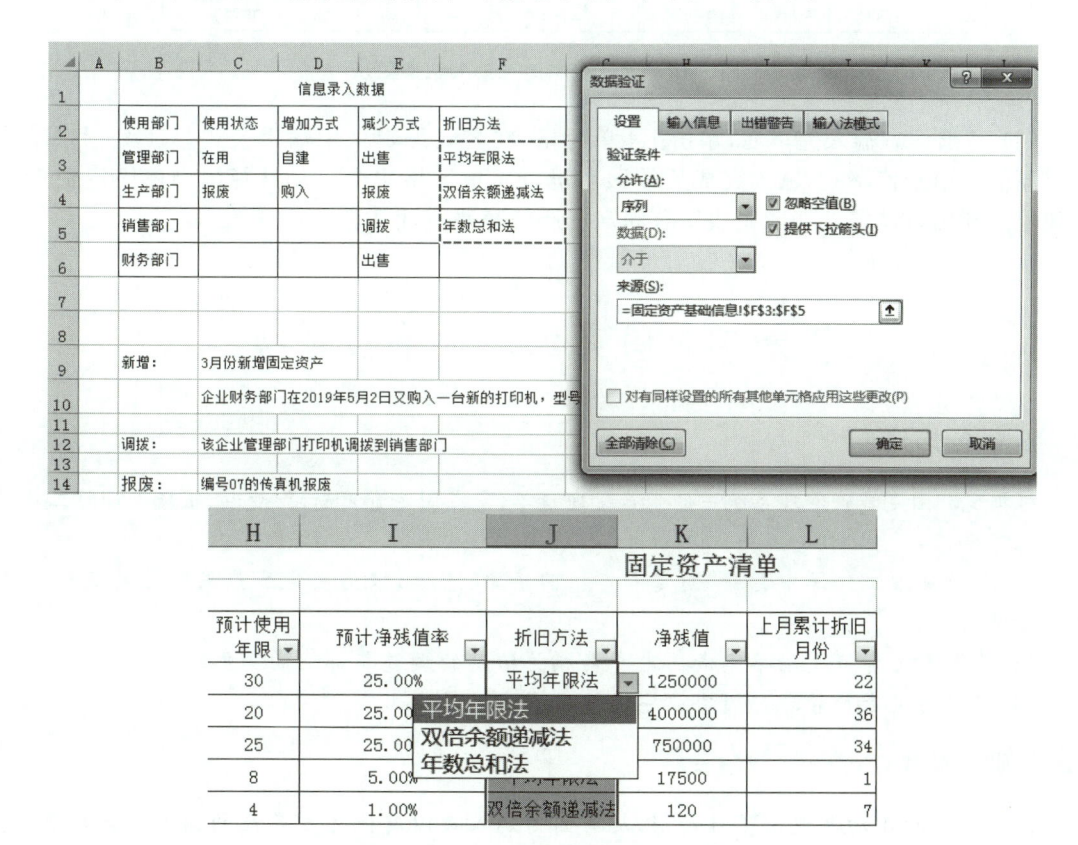

图 5-9　数据验证与折旧方法的选择

(7) 在会计主管完成固定资产清单设计之后,则由固定资产管理员完成信息的录入,根据资料 1 的内容,往单元格中输入相应信息,设置适合的单元格格式。如货币、日期等列的格式,如图 5-10 所示。

编号	固定资产名称	规格型号	使用部门	增加方式	购置时间	购置成本	预计使用年限	预计净残值率	折旧方法	净残值
001	办公楼	20万平方米	管理部门	自建	2019/6/22	5000000	30	25.00%	平均年限法	1250000
002	厂房	80万平方米	生产部门	自建	2018/4/11	16000000	20	25.00%	平均年限法	4000000
003	仓库	60平方米	销售部门	购入	2018/6/12	3000000	25	25.00%	平均年限法	750000
004	卡车	20吨	销售部门	购入	2021/3/23	350000	8	5.00%	平均年限法	17500
005	计算机	dell	管理部门	购入	2020/9/16	12000	4	1.00%	双倍余额递减法	120
006	计算机	dell	管理部门	购入	2020/9/16	15000	4	1.00%	双倍余额递减法	150
007	传真机	惠普	销售部门	购入	2017/4/11	6000	4	1.00%	平均年限法	60
008	复印机	佳能	管理部门	购入	2018/4/11	30000	5	2.00%	平均年限法	600
009	打印机	佳能	财务部门	购入	2018/4/11	4000	3	2.00%	平均年限法	80
010	挖土机	KL-01	生产部门	购入	2018/1/1	200000	10	5.00%	年数总和法	10000
011	推土机	T1-02	生产部门	购入	2018/1/1	250000	10	5.00%	年数总和法	12500
012	会议桌	00*1600*750	管理部门	购入	2019/6/11	20000	5	1%	平均年限法	200
013	打印机	惠普JK-01	财务部门	购入	2021/5/2	3000	3	2%	平均年限法	60

图 5-10　固定资产信息录入结果图示

(8) 基础信息输入完毕后,单击 K4 单元格,在公式编辑栏中输入公式"=G4＊I4(净残值＝原值×净残值率)",输入完成后按回车键,K4 单元格中会自动计算出当前固定资产的净残值。利用自动填充功能完成所有固定资产的净残值计算。

任务二　固定资产清单的变动

任务描述

根据现有固定资产管理系统中的资产管理清单,完成固定资产新增、变动、报废等调整工作。
任务要求:
(1)在项目五工作簿中打开"固定资产折旧清单"表单,根据固定资产采购相关凭证完成固定资产新增。
(2)根据固定资产变动单完成固定资产相关信息的调整与部门的变更。
(3)根据固定资产管理部门决议完成报废资产的转出。

知识准备

固定资产的变动显现出多种情形,既有因为购入或以其他方式导致的固定资产增加,也有企业内部不同部门之间存在的固定资产调拨,还有由于出售、损毁、报废等原因而出现的固定资产减少(注意:固定资产的增加、调拨安排在任务二,固定资产的减少编排在任务五),

其中,固定资产的增加需要熟悉"记录单"的启用、使用等功能,固定资产的调拨需要熟练操作"数据选项卡"的筛选、自动筛选等命令。

岗位说明

固定资产管理员负责完成固定资产信息的变更。会计主管岗位审核固定资产变更信息。

赛题链接

……业务5:4日,深圳华泰商贸有限公司遇到经营困难,无法按期偿还北京艾贝优婴儿车有限公司 36 200元货款,经协商北京艾贝优婴儿车有限公司同意深圳华泰商贸有限公司以设备抵偿部分货款,双方进行债务重组(北京艾贝优婴儿车有限公司已对该应收账款计提坏账准备14 480.00元),重组资料及凭证如图5-11所示。

图 5-11　重组资料及凭证

【提示】

该赛题来源于2019年全国职业院校技能大赛拟设赛项赛题库（高职组会计技能赛项正式赛题）。

工作步骤一　固定资产的增加

固定资产的增加是根据需要将购入或以其他方式增加的固定资产添加到固定资产卡片中增加的固定资产信息,见资料2。首先启用记录单功能（图5-12）,通过记录单功能完成固定资产的增加,具体增加步骤如下：

图 5-12　记录单功能的添加与信息录入

（1）删除固定资产信息表表头,右键单击表单第一行,在弹出的菜单中选择删除,注意有合并单元格的存在,记录单不能使用。也可以选中需要录入的区域,单击记录单,系统默认第一行为标签行,如图5-13所示。

（2）单击数据区域的任意单元格,单击菜单栏中的【数据】|【记录单】命令,弹出【固定资产卡片】对话框。

（3）单击【新建】按钮,显示空白的记录单,录入资料2固定资产增加的信息,输入完毕后单击【关闭】按钮,如图5-14所示。

图 5-13　表头信息的删除

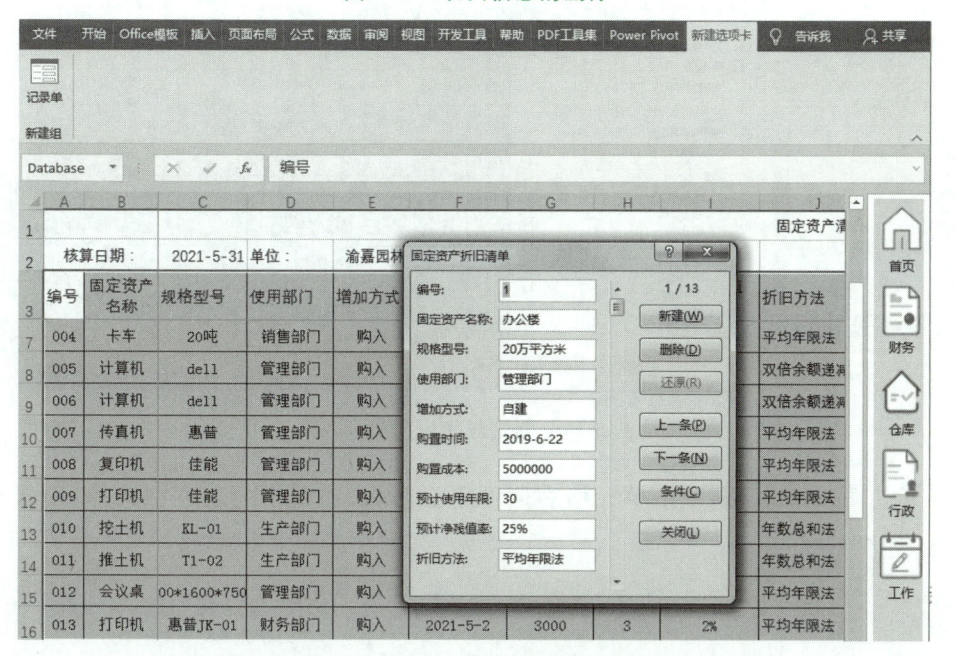

图 5-14　记录单录入固定资产信息

（4）生成净残值：选中 K15，向下填充，计算新设备的净残值。

（5）选择第一行，右键单击出现菜单，选择插入行，合并第一行部分单元格，重新设置表头"固定资产信息表"。

工作步骤二　固定资产的调拨

固定资产调拨是将固定资产从一个部门调拨到另一个部门。固定资产的调拨信息见资料 3，具体步骤如下：

（1）单击菜单栏中的【数据】|【筛选】|【自动筛选】命令，使工作表处于筛选状态，如图 5-15 所示。

图 5-15 筛选功能位置

(2) 单击"编号"右侧的下拉箭头,在下拉列表框中选择需要调拨的固定资产编号"09",显示出筛选的结果,如图 5-16 所示。

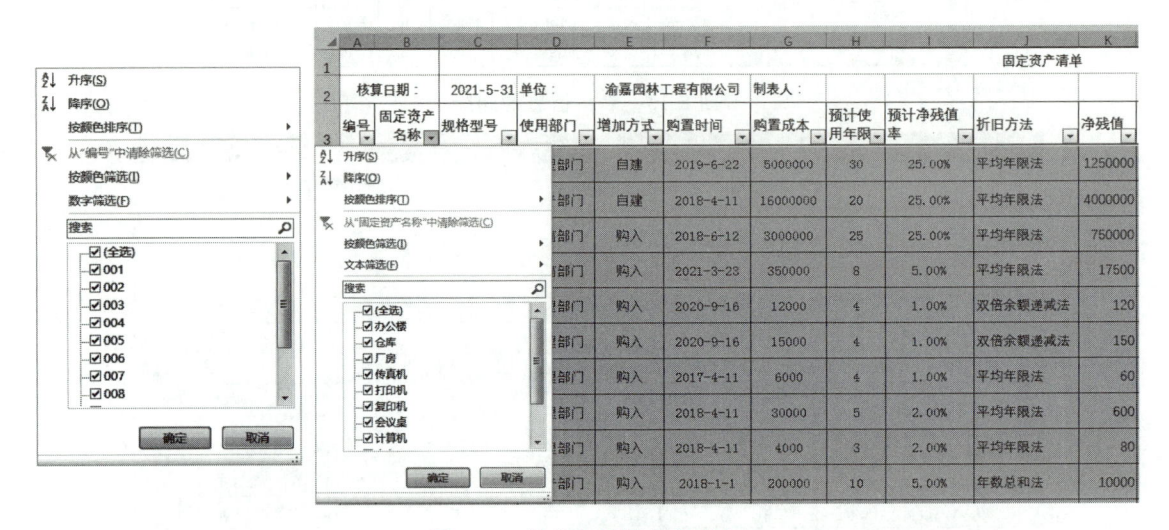

图 5-16 筛选与使用部门录入

(3) 单击 D12 单元格,单击单元格右侧的下拉箭头,在弹出列表框中选择"销售部门",如图 5-17 所示。

图 5-17 选择使用部门

(4) 单击菜单栏【数据】|【筛选】,在弹出菜单中取消自动筛选的复选框,让卡片恢复到正常状态。

任务三　固定资产折旧方法的选择与函数设置

任务描述

根据会计准则要求以及固定资产管理规定,确定企业固定资产折旧政策,管理折旧清单,完成当月折旧金额的计算。

任务要求:

(1) 在项目五工作簿中打开固定资产折旧清单,确定固定资产寿命、净残值,完成折旧所属年度、剩余折旧月份的计算。

(2) 按折旧方法进行数据筛选,选择折旧函数并进行参数设置。

知识准备

折旧的计算是固定资产管理系统中的一项核心工作,不同的固定资产类别可能选择不同的折旧方法,折旧方法一经选择,不得随意变更。不同的折旧方法其影响因素与计算方法不同,基本上都要考虑以下几个因素:寿命、原值、残值、当前所属年度;在折旧计提过程中,还需要考虑当前折旧年度的确定以及各种折旧方法下的折旧计算,才能更好地理解系统设计中的公式设置。当然在固定资产使用过程中也有可能发生大规模减值以及更新改造等活动导致原值、寿命等发生改变,从而产生前后月度折旧差异,在本任务中暂不考虑。

岗位说明

会计主管完成固定资产折旧方法、折旧估计的确定;固定资产管理员完成参数的设置及数据的计算,为总账会计进行账务处理提供数据支撑。

赛题链接

业务 5:31 日,计提折旧,分配共用固定资产折旧:

公司固定资产管理制度:公司固定资产折旧、无形资产摊销采用年限平均法,固定资产折旧方法和无形资产摊销方法与税法规定一致。固定资产预计净残值率为 4%,无形资产无净残值。固定资产类别与折旧年限数据如表 5-2 所示,厂房折旧分配表如表 5-3 所示。

表 5-2　　　　　　　　　　固定资产类别与折旧年限

固定资产类别	折旧年限(年)
房屋建筑物	20
生产设备	10
运输设备	4
管理设备	5

表 5-3　　　　　　　　　　　　　厂房折旧分配表

部门	面积	分配率	折旧金额
一车间	2 500		
二车间	2 200		
设备管理部	300		
合计	5 000		

固定资产清单见表 5-4。

表 5-4　　　　　　　　　　　　　固定资产清单

2020 年 3 月 31 日　　　　　　　　　　　　　　　　　　　　　　　　　　　金额单位:元

部门名称	设备名称	单位	数量	单价	原值	开始使用日期	使用年限(年)	残值率	月折旧率	当月计提折旧额	类别
一车间	电脑	台	2	5 000	10 000	2015-2-5	5	4%			管理设备
	办公家具	套	2	2 000	4 000	2016-9-5	5	4%			管理设备
	三层瓦楞纸板生产线	条	2	1 200 000	2 400 000	2016-9-5	10	4%			生产设备
	五层瓦楞纸板生产线	条	1	1 600 000	1 600 000	2016-10-12	10	4%			生产设备
	五层瓦楞纸板生产线	条	1	1 680 000	1 680 000	2020-3-12	10	4%			生产设备
	叉车	辆	2	89 000	178 000	2016-10-12	4	4%			运输设备
	小计				5 872 000						
二车间	电脑	台	1	5 000	5 000	2015-2-5	5	4%			管理设备
	办公家具	套	1	2 000	2 000	2016-9-5	5	4%			管理设备
	纸箱生产线	条	2	800 000	1 600 000	2016-10-12	10	4%			生产设备
	叉车	辆	2	89 000	178 000	2016-10-12	4	4%			运输设备
	小计				1 785 000						
共用	厂房	幢	1	6 500 000	6 500 000	2015-9-5	20	4%			房屋建筑物
	小计				6 500 000						
管理部门	办公楼	幢	1	16 000 000	16 000 000	2015-9-5	20	4%			房屋建筑物
	车辆	辆	3	120 000	360 000	2016-9-5	4	4%			运输设备
	车辆	辆	1	120 000	120 000	2019-9-5	4	4%			运输设备
	高级轿车	辆	1	560 000	560 000	2016-10-12	4	4%			运输设备
	电脑	台	15	4 000	60 000	2016-10-12	5	4%			管理设备
	打印机		2	5 000	10 000	2016-10-12	5	4%			管理设备
	办公家具	套	19	2 000	38 000	2016-10-12	5	4%			管理设备
	小计				17 148 000						

续 表

部门名称	设备名称	单位	数量	单价	原值	开始使用日期	使用年限（年）	残值率	月折旧率	当月计提折旧额	类别
设备管理部	电脑	台	4	5 000	20 000	2016-9-5	5	4%			管理设备
	检测设备	套	2	50 000	100 000	2019-7-12	10	4%			生产设备
	小计				120 000						
销售部门	电脑	台	6	5 000	30 000	2016-9-5	5	4%			管理设备
	小计				30 000						
合计					31 455 000						

【提示】

该赛题来源于2021年全国职业院校技能大赛拟设赛项赛题库（高职组会计技能赛项样题）。

工作步骤一　平均年限法计提折旧的运用

固定资产折旧是企业的固定资产在使用过程中，通过损耗而逐渐转移到产品成本或商品流通费的那部分价值。为了保证企业将来有能力重置固定资产，把固定资产的成本分配到各个收益期，实现期间收入与费用的正确配比，企业必须在固定资产的有效使用年限内，计提一定数额的折旧费。

企业一般应该按月计提折旧，当月增加的固定资产，当月不计提折旧，但当月减少的固定资产，当月还要计提折旧。在计提固定资产折旧时，首先应考虑折旧计提方法，不同的折旧方法对应的各期折旧值也各不相同。固定资产的折旧方法主要有平均年限法、双倍余额递减法、年数总和法等。

平均年限法又称为直线法，它是根据固定资产的原值、预计净残值以及预计清理费用，然后按照预计使用年限平均计算折旧的一种方法。

按平均年限法计算折旧额可以使用SLN(cost, salvage, life)函数来计算。cost：固定资产成本；salvage：固定资产预计残值；life：固定资产可使用年限。SLN函数的功能是基于直线折旧法返回某项固定资产在一个期间的线性折旧值。使用SLN函数计算出的每个月份或年份的折旧额是相等的。

具体计提折旧步骤如下：

(1) 单击L列，单击右键，弹出选项卡，选择【插入】，在固定资产卡片中插入两列，依次为"已计提月份""资产状态"。选中L列，单击右键弹出选项卡，选择"设置单元格格式"，在"分类"中选择"常规"。单击【确定】按钮，如图5-18所示。

(2) 选中A2、B2单元格，单击合并后居中按钮，输入"核算日期："，在新的C2单元格，输入"2021/5/31"。单击D2单元格，输入"单位："，在E2单元格中输入"渝嘉园林工程有限公司"，在G2单元格中输入"制表人："，在H2单元格中输入你的名字。根据情况选择是否合并部分单元格，如图5-19所示。

(3) 单击L4单元格，输入公式：

"=IF((YEAR($C$2)-YEAR(F4))*12+MONTH($C$2)-MONTH(F4)-1<0, 0, IF((YEAR($C$2)-YEAR(F4))*12+MONTH($C$2)-MONTH(F4)-

1>H4*12,H4*12,((YEAR($C$2)−YEAR(F4))*12+MONTH($C$2)−MONTH(F4)−1)))",按回车键即可计算出第一项固定资产的已计提折旧月份。向下填充,得出各种资产的已计提折旧月份,如图5-20所示。

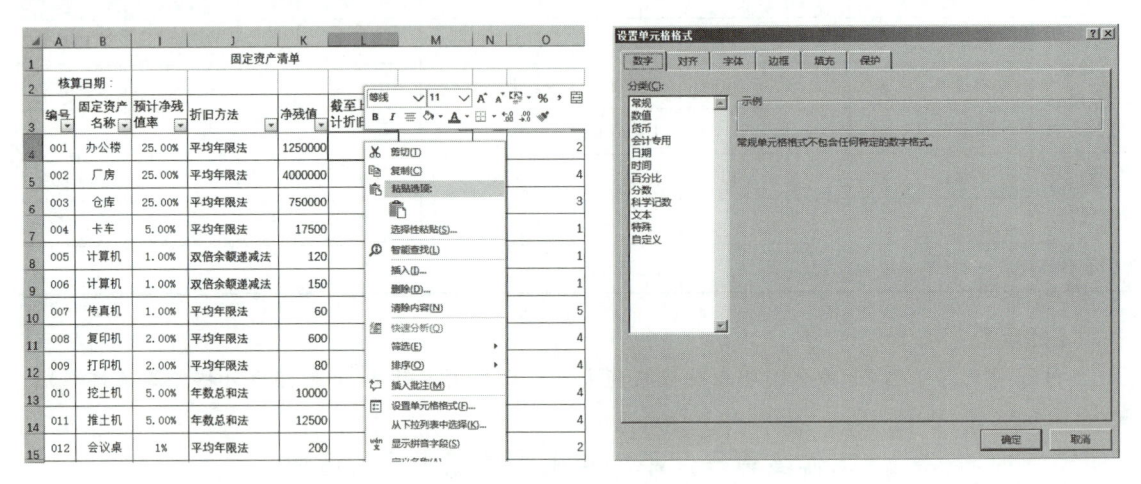

图 5-18　单元格设置

图 5-19　单元格合并

图 5-20　截至上月累计计提折旧月份

【提示】
如果根据资产使用期计算折旧月份数为负,则已提折旧月度填制为0;否则就按

"((YEAR($C$2)－YEAR(F4))＊12＋MONTH($C$2)－MONTH(F4)－1)"计算，如果资产已经超过计提折旧年度，则填写根据折旧年度计算已计提折旧月份。否则按年度差乘以12加上月度差计算。

（4）选中M4单元格，编辑公式："=IF(L4=H4＊12,"达到报废年度",IF((YEAR($C$2)－YEAR(F4))＊12＋MONTH($C$2)－MONTH(F4)－1=－1,"本月购进","在役"))"，得出编号01固定资产使用状态，向下填充得出每种资产的使用状态，分为"在役、达到报废年度、本月购进"三种，如图5-21所示。

图5-21 当前资产所属状态

【提示】

如果已计提折旧月份数等于固定资产寿命，则资产状态标注为"达到报废年度"，如果根据购置月度计算已计提折旧月份数为"－1"，则资产状态标注为"本月购进"，如果当前年限大于采购年限，则为"在役"。

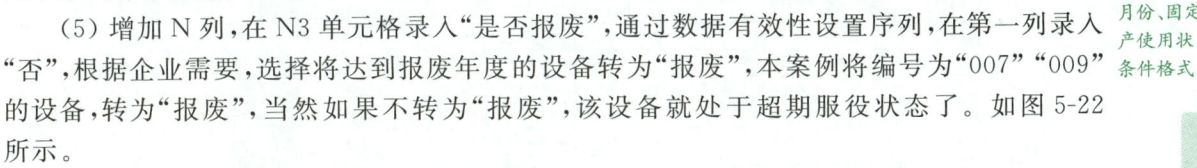

（5）增加N列，在N3单元格录入"是否报废"，通过数据有效性设置序列，在第一列录入"否"，根据企业需要，选择将达到报废年度的设备转为"报废"，本案例将编号为"007""009"的设备，转为"报废"，当然如果不转为"报废"，该设备就处于超期服役状态了。如图5-22所示。

（6）选中N列，使用条件格式，选择"使用公式确定要设置格式的单元格"，在编辑规则说明中录入"=$N4="是""。如图5-23所示。

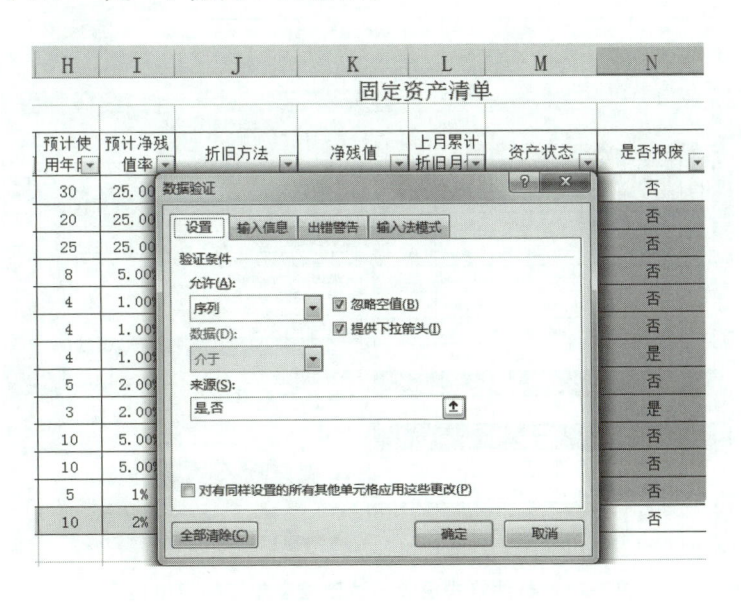

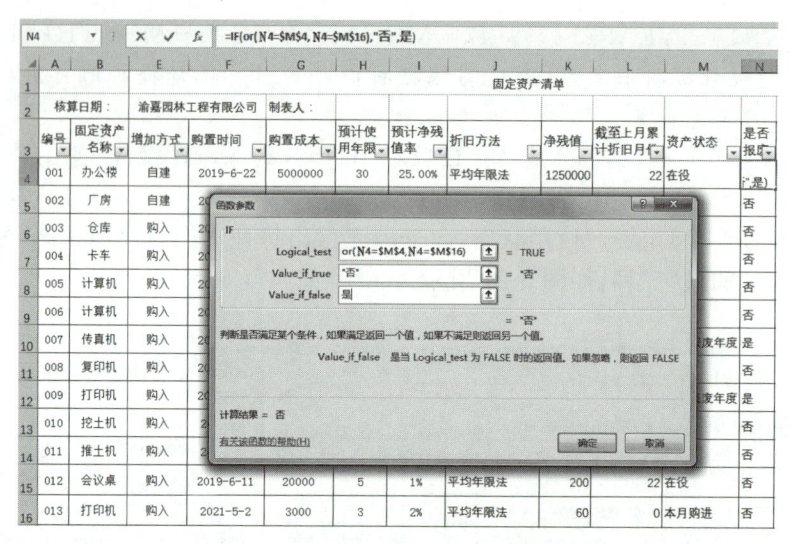

图 5-22　到期资产是否报废的选择设置

图 5-23　条件格式设置与达到报废年度的突出显示

（7）选中 O4 单元格，在函数录入区域，录入公式"＝INT((L4＋1)/12)＋1"，向下填充，生成折旧年度数据，这个数据会影响到年数总和法、双倍余额递减法折旧的计提。如图 5-24 所示。

图 5-24　当前折旧年度计算公式设置

（8）单击 J3 单元格，弹出筛选项，选择平均年限法折旧的资产，选择 P4，在单元格里输入公式"＝IF(M4＝"在役",ROUND(SLN(G4, K4, H4)/12, 2), 0)"，按回车后即可计算出该固定资产本月折旧额。向下填充，得出所有年限平均法资产的本月计提折旧，如图 5-25 所示。

图 5-25　平均年限法月折旧公式设置

【提示】

如果已提折旧月份大于等于资产寿命,不再计提,填制为空,如果是本月购进,暂不提折旧,标注为空,其他正常计提折旧,计提方法为"SLN(G4,K4,H4)/12)"。

工作步骤二　双倍余额递减法计提折旧的运用

双倍余额递减法是在不考虑固定资产净残值的情况下,根据每期期初固定资产账面余额和双倍的直线法折旧率计算固定资产折旧的一种方法。实行双倍余额递减法计提折旧的固定资产,应当在其固定资产折旧年限到期以前的两年内,将固定资产净值(扣除净残值)平均摊销。

双倍余额递减法计提折旧额可以使用 DDB 函数来计算。函数的格式为 DDB(cost,salvage,life,period,factor),其中:cost:资产原值;salvage:资产残值;life:资产的使用寿命;period:您要计算折旧的时期;factor:余额递减速率。如果省略 factor 因素,则假定为 2(双倍余额递减法)。

图 5-26　双倍余额递减法本月折旧公式设置

具体计提折旧步骤如下:

(1) 单击 P8 单元格,在公式编辑栏内输入公式"＝IF(M8＝"在役",ROUND(DDB(G8,K8,H8,O8)/12,2),0)",如图 5-26 所示。

【提示】

如果处于固定资产在用状态,正常计提折旧,否则不管是本月购进、还是达到报废年度,不再计提折旧。

(2) 按回车键,即可计算出该项固定资产本月折旧额。

(3) 向下填充得出所有双倍余额递减法计提折旧资产的本月折旧额。

工作步骤三 年数总和法计提折旧的运用

年数总和法又称为合计年限法,是将固定资产的原值减去净残值后的净额乘以一个逐年递减的分数计算每年的折旧额。这个分数的分子代表固定资产尚可使用的年数,分母代表使用年限的逐年数字总和。按年数总和法计算折旧额可以使用 SYD 函数来计算。

SYD(cost, salvage, life, per), cost:资产原值; salvage:折旧末尾时的值; life:资产的折旧期数; per:期间。

具体计提折旧步骤如下:

(1) 筛选出折旧方法为年数总和法折旧资产后,单击 P13 单元格,在公式编辑栏内输入公式"=IF(M13="在役",ROUND(SYD(G13,K13,H13,O13)/12,2),0)"。因为用 SYD 函数计算得出的每年折旧额各不相同,所以要计算出本月折旧额,则需要选择当前折旧年度。

(2) 按下回车键,即可计算出该项固定资产本月折旧额。

(3) 向下填充得出其他年数总和法计提折旧的资产本月折旧额,如图 5-27 所示。

(4) 在折旧方法列中筛选选择全部折旧方法,选择尚可使用年限,计算资产的折余期限,单击 Q13(尚可使用月份)单元格,在公式编辑栏内输入公式"=IF(H13*12=L13,0,H13*12-L13-1)",计算出尚可使用月份,因为本月已提折旧,尚可使用月份要多减一个月,如图 5-28 所示。

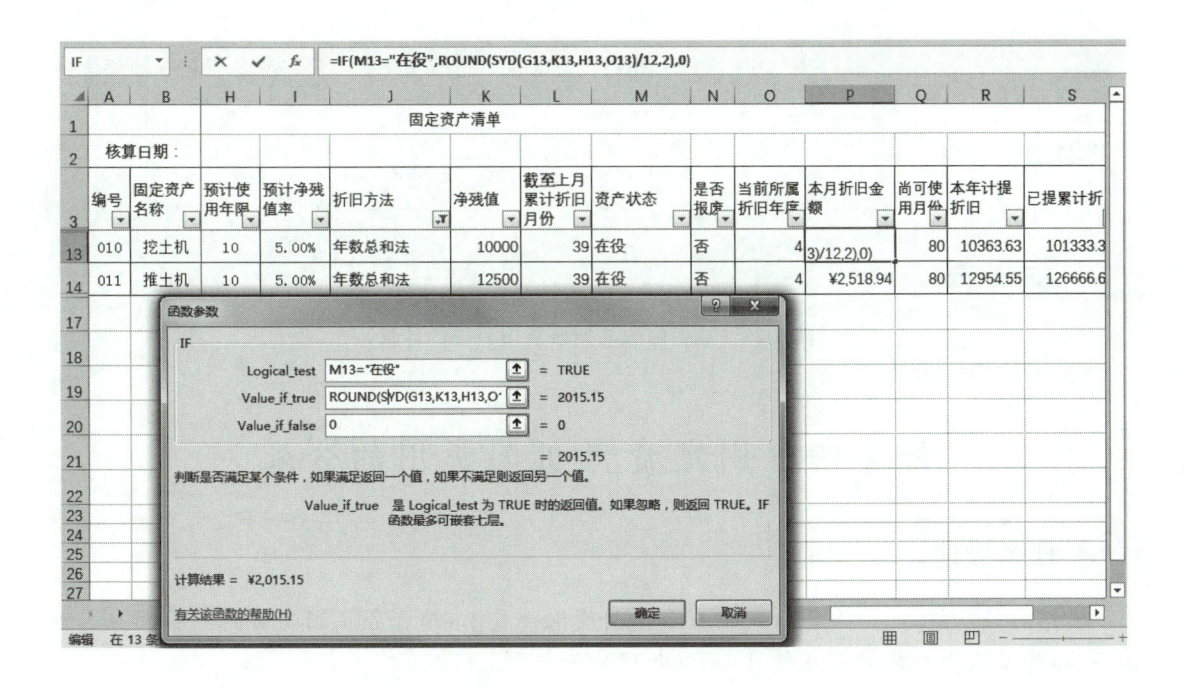

图 5-27　年数总和法月折旧公式设置

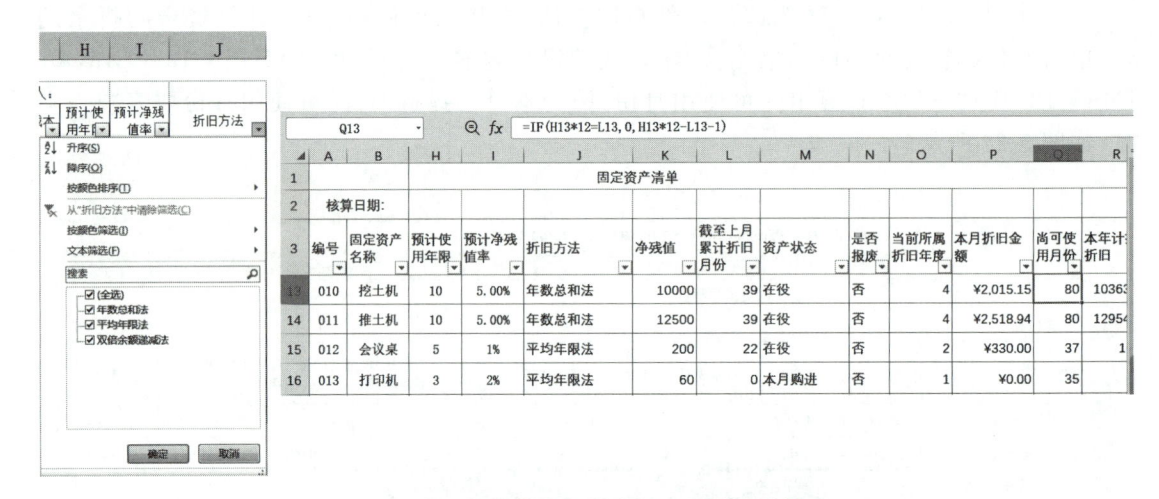

图 5-28　数据筛选与剩余折旧月份的计算

任务四　固定资产折旧费用的分配

任务描述

根据财经法规、会计准则以及企业会计制度设计要求，结合各项固定资产服务对象与所属部门，确定折旧计提的对方科目，完成折旧账务处理。

任务要求：

以项目五固定资产折旧清单计算结果为基础，通过数据透视表，完成折旧对应科目的折旧金额汇总，通过切片器完成部门折旧金额的详细信息查询。确保折旧费用分配的合法合规。

知识准备

固定资产折旧费用分配，实际上也就是固定资产折旧的账务处理，根据《企业会计准则第 4 号——固定资产》第十八条要求：固定资产应当按月计提折旧，并根据用途计入相关资产的成本或者当期损益，成本包括生产成本、制造费用、在建工程，当期损益包括主营业务成本、其他业务成本、管理费用、销售费用，需要结合资产所属部门以及资产的用途综合分析。固定资产还有可能出现多部门共同使用的情况，折旧要进行部门之间的分摊。

同时还要清晰业务处理的流程，在折旧费用分配完毕后，登记哪些账目，将固定资产管理系统与总账核算系统有效衔接。

岗位说明

会计主管完成折旧计提会计政策确定、折旧账务处理的审核，总账会计完成折旧账务处理。

固定资产折旧费用的分配是指在建立当月固定资产报表时，需要对折旧费用的分配情况进行分析。例如，按费用类别分析折旧费用的分配情况，按使用部门分析折旧费用的分配情况等。

固定资产折旧费用类别一般分为"管理费用""销售费用""制造费用"等几类，通过建立固定资产折旧费用分配表可以直观地查看本期折旧额中各项费用类别所占的份额。具体分配步骤如下：

（1）在 R3、S3、T3 单元格分别录入列标签"本年计提折旧、已提累计折旧、折旧对应科目"，先隐藏 R、S 列，如图 5-29 所示。

图 5-29 Excel 部分列的隐藏

（2）在 T 列添加折旧对应科目。财务部门和管理部门为"管理费用"，销售部门为"销售费用"，生产部门为"制造费用"，本处可以通过 D 列筛选管理费用所对应的部门，之后在 T4 单元格填制管理费用，之后向下填充，然后选择销售费用所对应的部门，在 T6 单元格输入"销售费用"，向下填充，制造费用的填制参照前面两个填制。也可以不通过筛选，直接在

T4单元格输入公式"＝IF(OR(D4="管理部门",D4="财务部门"),"管理费用",IF(D4="生产部门","制造费用","销售费用"))",如图5-30、5-31所示。

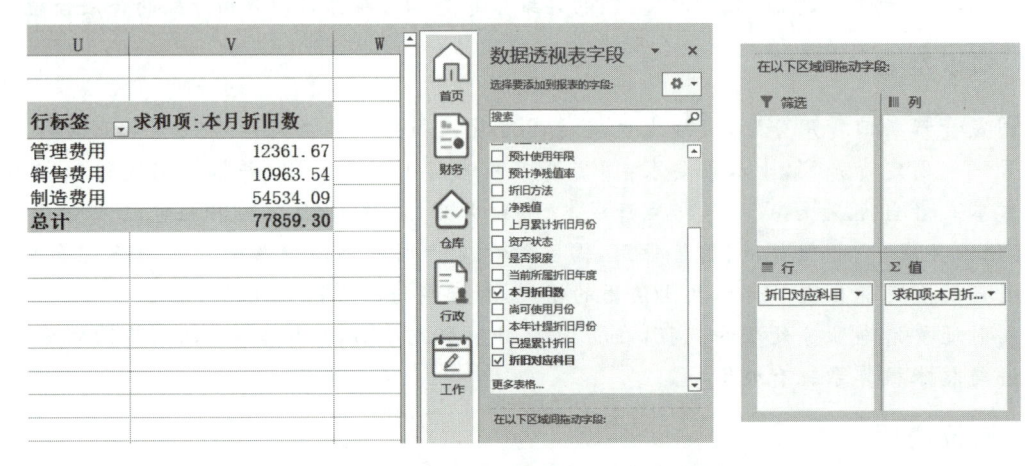

图5-30 数据透视表字段与固定资产清单关系

图5-31 折旧对应科目设置

（3）数据透视表汇总折旧数据。选中U3单元格，单击菜单栏中的【插入】|【数据透视表和数据透视图】，系统自动弹出数据透视表字段，依次选择折旧对应科目，"固定资产名称""购置成本""本月折旧数"，即可得到下表，但是这个表格中"本月折旧数"是资产的数量而不是折旧额，因此需要作进一步处理。

如果想在另一个表单中生成数据透视表，可以在创建数据透视图中，在选择放置透视表的位置处勾选"新工作表"，如图5-32所示。

（4）设置值字段。在数据透视表字段的下方，拖动"本月折旧数"到"∑值"那一栏，单击"求和项"，单击"本月折旧数"下拉箭头，弹出菜单值字段设置，选择"求和"，得到下面结果，如图5-33所示。

（5）如果想按照折旧科目下设置部门来显示折旧，可以勾选折旧对应科目，如"使用部门""购置成本""本月折旧额"，分别加以显示，当然企业也可以根据实际的需要选择其他项目，也可以按照Excel表美化的方法对表格进行美化处理，如图5-34所示。

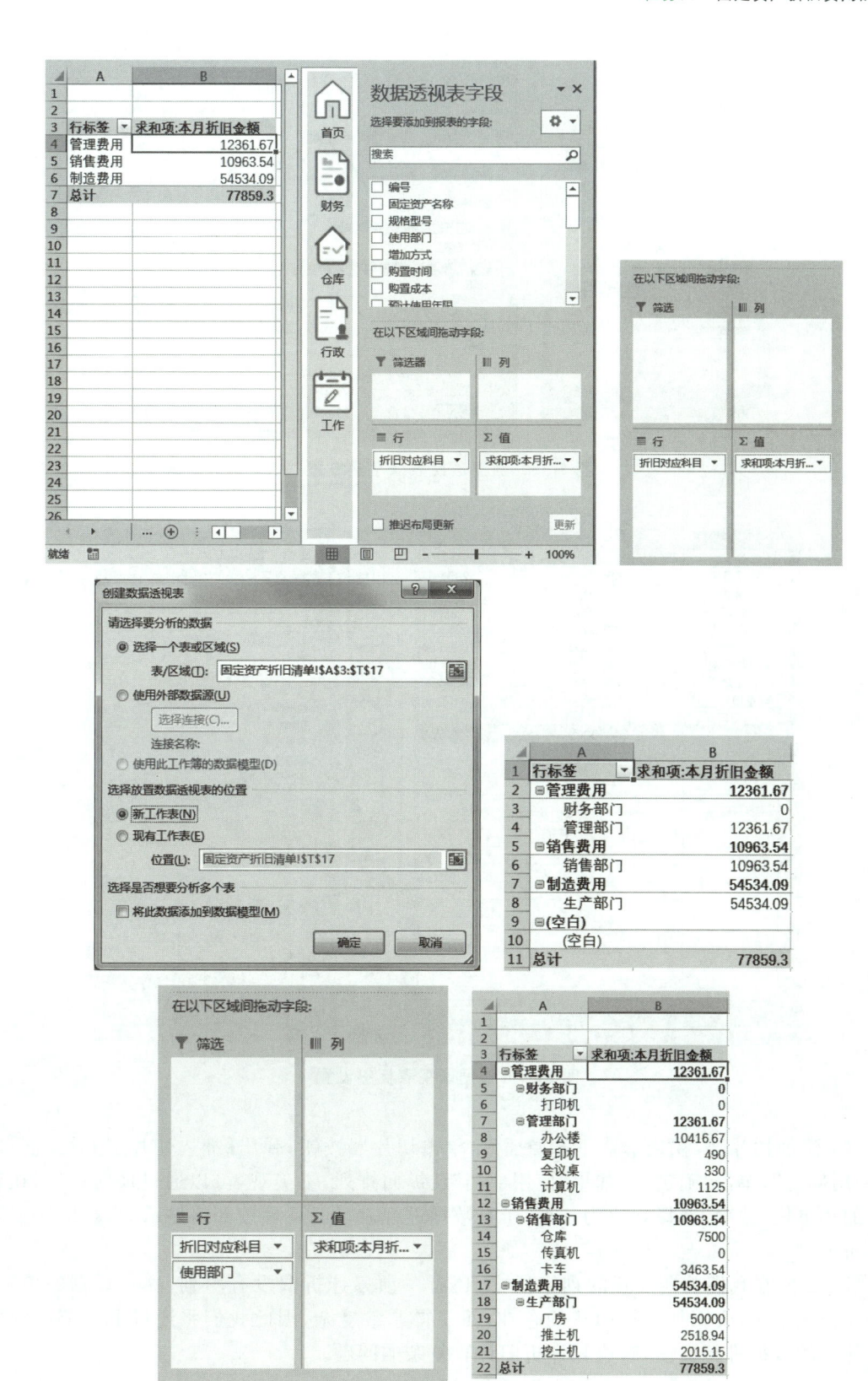

图 5-32　多字段行标签设置

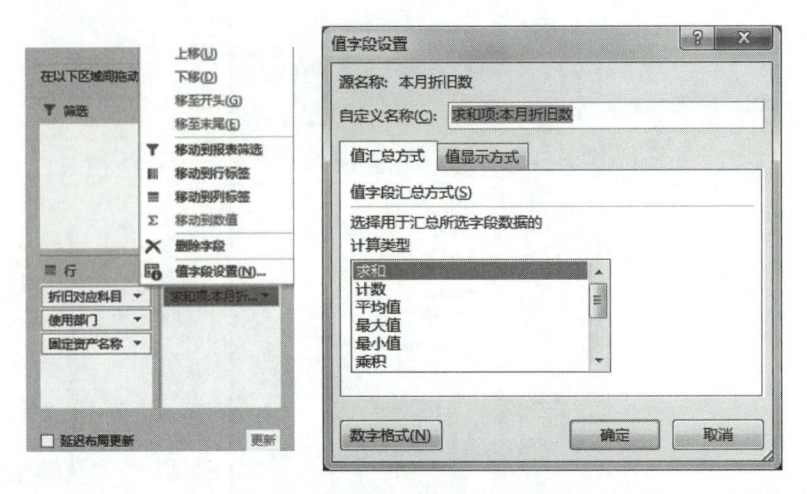

图 5-33 数据透视表值字段设置

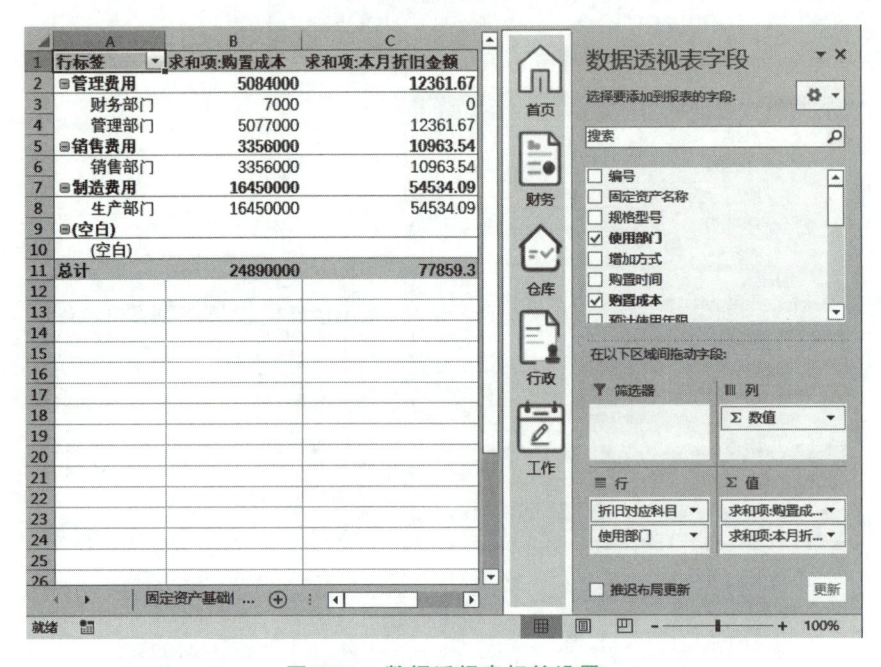

图 5-34 数据透视表标签设置

（6）添加切片器，在菜单栏里选择插入，单击切片器按钮，弹出【插入切片器】对话框，选择"使用部门"，单击"确定"。如果"使用部门"成纵向排列，不美观，可以通过横向设置，在新产生的菜单栏"选项"选择列改为 4 列，于是数据透视表可以呈现按部门显示的效果，如图 5-35 所示。

（7）目前在我们前期设置的列字段中，还有一项累计折旧没有填列，这个数据的填列，如果用公式解决，会因加速折旧法的存在，而变得非常复杂，因此我们将通过下一节固定资产卡片中的数据进行反馈，解决累计折旧计算复杂的问题。

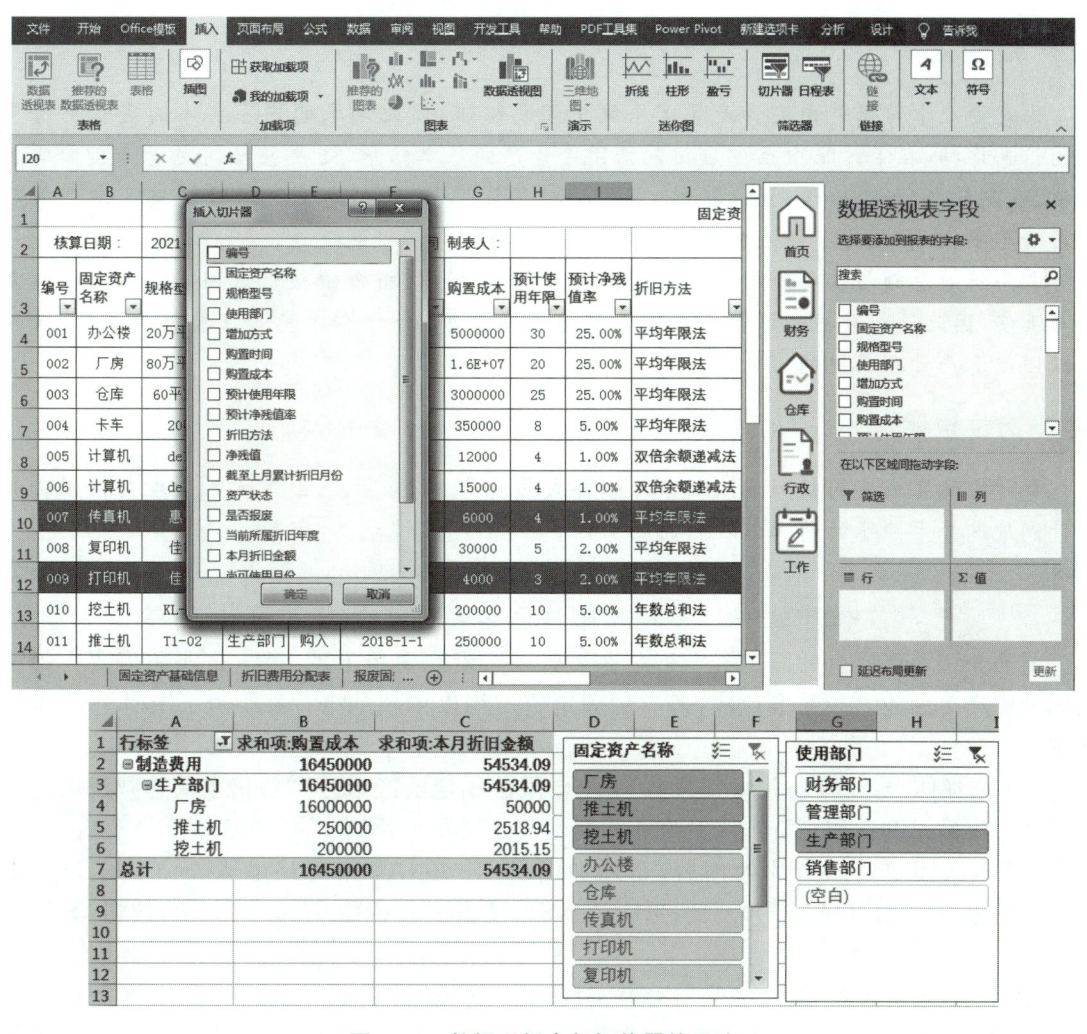

图 5-35　数据透视表与切片器的用法

任务五　固定资产卡片账的设计

任务描述

设计固定资产卡片账样式,完成各种折旧方法下的固定资产卡片账信息引入以及固定资产折余价值的计算。

任务要求:

(1) 在项目五工作簿中建立"平均年限法001"表单,对应编号为001的固定资产,根据固定资产清单列标签完成资产卡片账结构的设计。

(2) 通过复制表单,完成其他编号资产卡片账的建立,修改资产编号完成信息引入,为每一个资产建立固定资产卡片。

知识准备

固定资产卡片账是固定资产管理系统中的明细账,因此记录的内容要比固定资产清单中的信息详细,在卡片账中至少应该包括固定资产的基本信息,还要包括固定资产折旧所属年度、资产状态、折余价值、累计折旧、本年折旧总额等,这些信息应该通过链接反馈到固定资产清单中,在本处为了简化起见,我们只做累计折旧向清单的反馈。

本年折旧总额与本年费用要完成数据对照,累计折旧、折余价值保证固定资产数据的完整与真实,因此这些数据的计算方法需要读者思路清晰,会计算才能验证数据的真伪,从而保证固定资产管理系统的有效。

岗位说明

会计主管完成不同折旧方法的卡片账样式的设计、信息审核;固定资产管理员根据企业会计制度选择卡片账的选择以及信息的引入。

工作步骤一 平均年限法固定资产卡片账的设计

前面介绍了将所有的固定资产记录在一张固定资产清单上的方法,企业还需要为每一项固定资产单独建立一张卡片账,所有的固定资产均以单独的卡片账保存。具体建立步骤如下:

(1)增加四个工作表,并将其命名"平均年限法固定资产卡片""双倍余额递减法固定资产卡片""年数总和法固定资产卡片""工作量法固定资产卡片"。

(2)输入固定资产卡片的内容,布局如图所示。在 A1 单元格输入"="固定资产卡片——编号"&TEXT(B2,"000")",选中 A1:F1,单击工具栏的【合并后居中】按钮,设置其格式。

在 A2 单元格输入"卡片编号",合并 B2:D2,E2 输入"日期",在 A3~A10 单元格输入"固定资产名称""类别编号""部门编号""增加方式""资产状态""开始使用日期""原值""折旧年份"。

在 B3 单元格输入"固定资产名称"、B10 单元格输入"月折旧额",在余下的 C3~C9 列依次输入"规格型号""类别名称""部门名称""存放地点""预计使用年限""已计提月份""净残值率"。

在 E7~E10 单元格输入"折旧方法""尚可使用月份""净残值""累计折旧",F10 处输入"月末折余价值",A11 下面的单元格设置折旧月份,按资产最长使用月份设置。

(3)单元格美化:选择整个工作表,单击鼠标右键,弹出菜单,选择【行高】,在弹出的对话框中输入合适的行高,当然也可以选择"开始菜单",单击格式按钮进行调整,如图 5-36 所示。

用同样的方法设置其他单元格的行高和列宽。另外,用鼠标调整行高、列宽方便快捷,往往成为用户的首选。例如,要改变上图中 A 列的列宽,将鼠标指针移到 A、B 两列的分隔线处,这时鼠标指针变成黑色的"↔"时,然后按住鼠标左键,向右拖动则增加列宽,向左拖动则减少列宽,宽度适合时释放鼠标左键即可。

图 5-36 表单行高设置

选择要对齐的单元格区域 B3：B9、D3：D6、D7：D9、F7：F10（连续选择时可按住 Ctrl 键），右键单击鼠标弹出【设置单元格格式】对话框，在弹出的对话框中单击【对齐】选项卡，选择"水平对齐"→"靠右（缩进）"，"垂直对齐"→"居中"，其他默认不变，单击【确定】。该设置使得这三列数据对齐方式均为水平靠右，垂直居中。

单击 C5 单元格，单击菜单栏中的【格式】|【设置单元格格式】，在弹出的对话框中选择【边框】选项卡，在"线条"→"样式"中选择细实线，在"边框"中选择下边框。同样，对其他需要加边框的单元格加实线下边框。可以利用"格式刷"的功能，如图 5-37 所示。

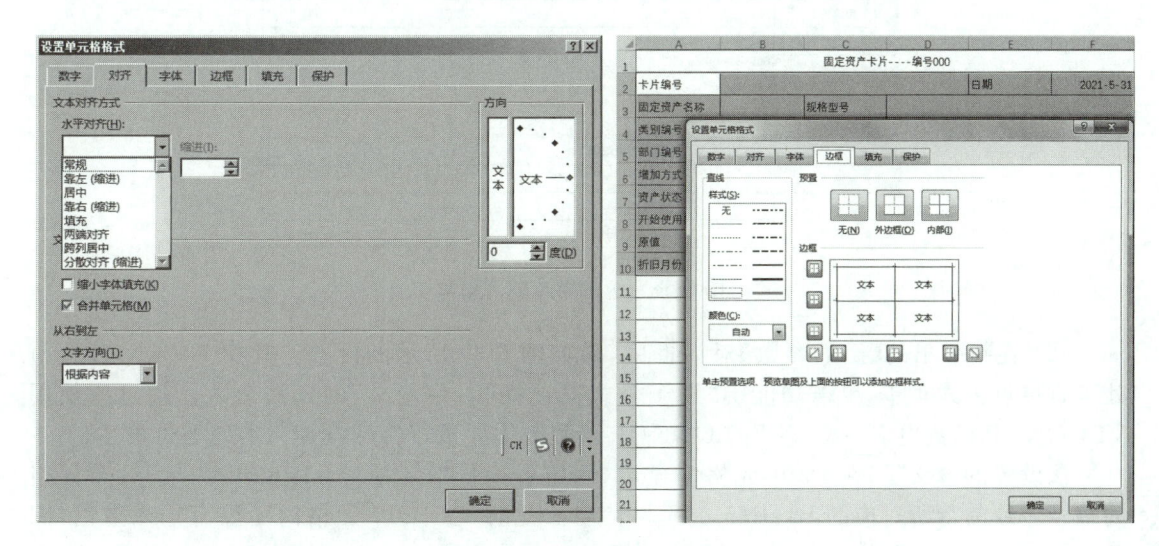

图 5-37 表单格式设置

（4）选中 B2 单元格，使用数据验证，数据来源选择"固定资产折旧清单！A4：A16"。这样卡片编码就不需要录入，而是直接选择，如图 5-38 所示。

（5）回到"独立的固定资产卡片"工作表，单击 D3 单元格，单击菜单栏中的【公式】|【插入函数】，在弹出的【插入函数】对话框中，选择"或选择类别"→"查找与引用"，"选择函数"→"LOOKUP"，单击【确定】按钮，在选择参数对话框中直接单击【确定】。

图 5-38　卡片编号数据验证

(6) 在新弹出的【函数参数】对话框中,做如图 5-39 所示的设置。其中 Lookup_vector 处可直接点公式菜单,单击功能键"用于公式",选择"名称定义"的方法输入。信息库使用 VLOOKUP 函数更多一些,使用 LOOKUP 函数时需要进行特殊设置。本处不再赘述。

该设置的含义是,在 D3 单元格中显示"固定资产折旧清单！A4:A16"中与 B2 单元格内编号一致的行所对应的 B4:B15 单元格信息。此时,在 B2 单元格内还没有输入数值,因此,设置完毕后,只要在 B2 单元格内输入任意一卡片编号的值,该编号的固定资产就立即显示出来。F2 单元格录入公式"=固定资产折旧清单！C2"。

(7) 用同样的方法,设置其他项目单元格的函数。为了减少工作量,可采用复制公式的方法。我们可以将 B3 单元格中的公式"=LOOKUP(B2,固定资产折旧清单！A4:A16,固定资产折旧清单！B4:B16)"复制出来,粘贴在对应的位置中,将公式中"B4:B16"修改为与固定资产信息表中信息对应的列,如:B8 单元格需要填制的是开始使用日期,其对应的是固定资产信息表中 F 列。我们粘贴公式后将公式修改为"LOOKUP(B2,固定资产折旧清单！

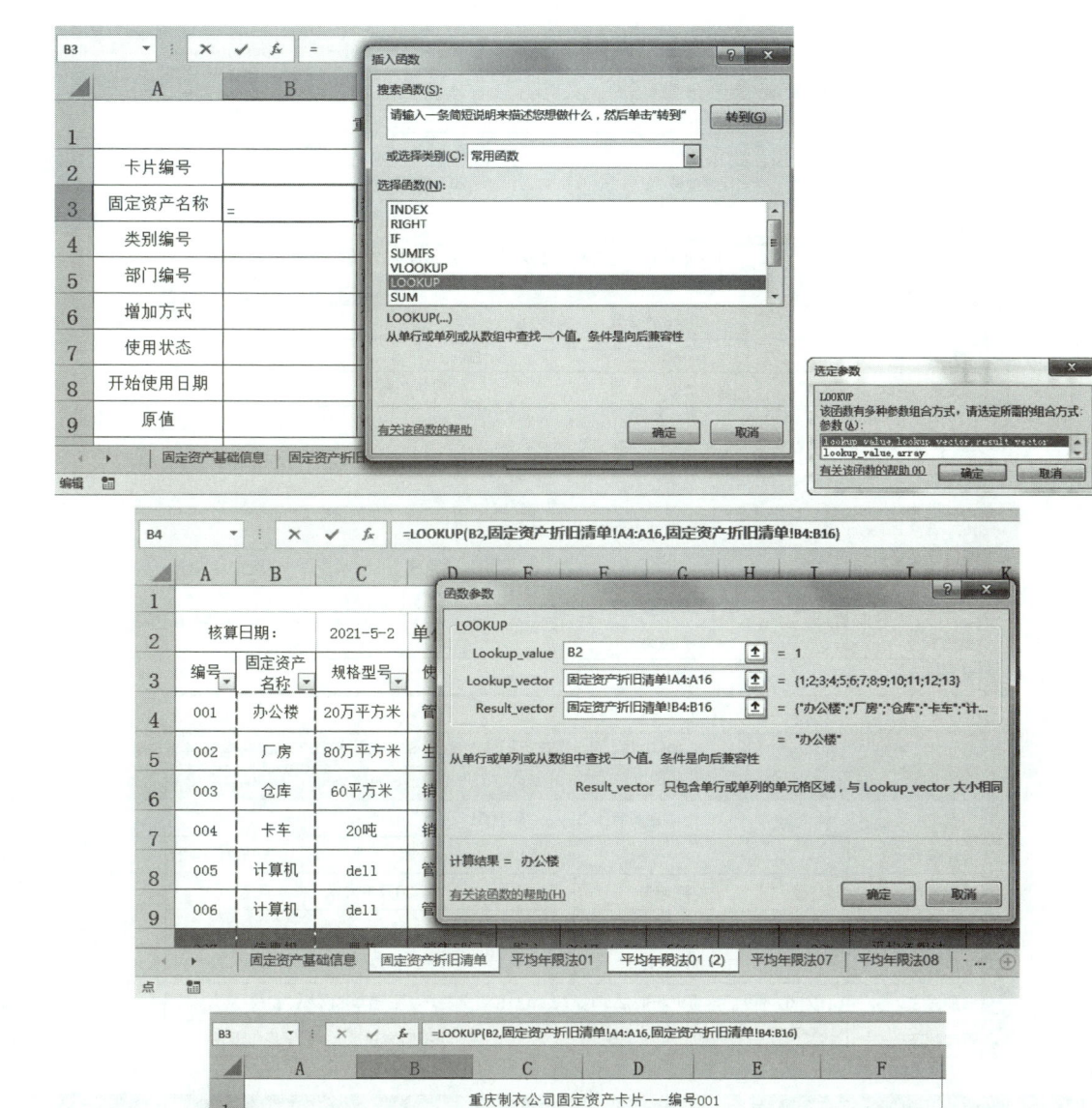

图 5-39 LOOKUP 函数公式设置

A4:A16,固定资产折旧清单!C4:C16)",根据上面所述完成固定资产名称、规格型号、部门名称、增加方式、资产状态、预计使用年限、折旧方法、开始使用日期、已计提折旧月份、原值、净残值率信息,如图 5-40 所示。

（8）类别编号、类别名称,部门编号、存放地点是不需要填写的项目。尚可使用月份后面单元格 F8 输入公式"=D7*12-D8",净残值后面的单元格 F9 输入公式"=B9*D9"（也可以用查询的方法获取）。信息录入后的效果如图 5-41 所示。

（9）设置月折旧额、累计折旧、年末折余价值等信息。在 A11 单元格输入"0",A12 单元格输入"1",设置序列,步骤:编辑→填充→序列,按下图设置步长值、终止值,选择序列产生在"列",A 列自动产生序号,如图 5-42 所示。

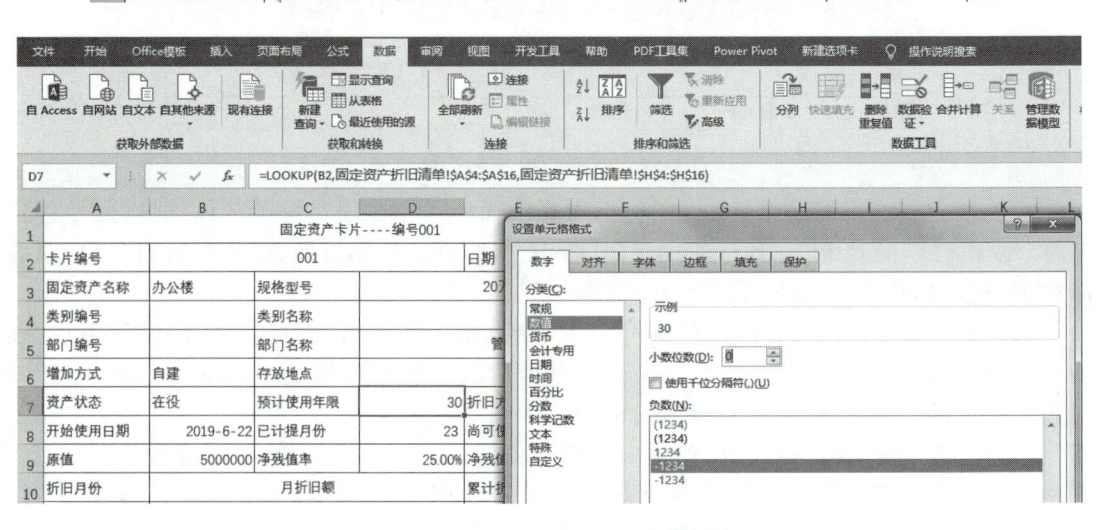

图 5-40 LOOKUP 函数设置及复制效果

图 5-41　固定资产卡片设置

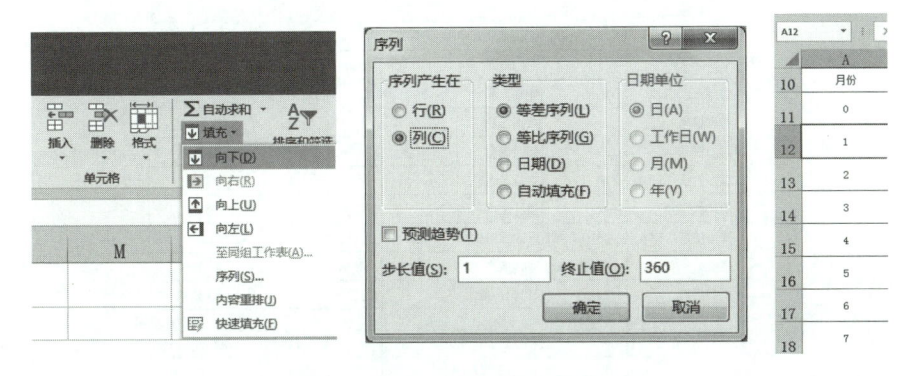

图 5-42　折旧月度等差数列设置

设置最初月末折余价值 F11 单元格输入原值即采购成本,公式为"＝B9";选中 B11 单元格,因为代表的是购置当月,不提折旧,无需信息录入,累计折旧也无需输入。

B12 单元格输入公式"＝IF(A12/12＞＄D＄7,"",IF(A12＞(YEAR(＄F＄2)－YEAR(＄B＄8))＊12＋MONTH(＄F＄2)－MONTH(＄B＄8),"",SLN(＄B＄9,＄F＄9,＄D＄7)/12))",或者使用公式"＝IF(AND(A12＜＄D＄7＊12,A12＜＝＄D＄8),ROUND(SLN(＄B＄9,＄F＄9,＄D＄7)/12,2),0)"

【提示】

如果折旧年度大于实用寿命,不再计提折旧,反之如果已提折旧月份大于目前截至该计提的月份,停止计算,否则按平均年限法分月计提折旧,由于后期需要把卡片账中数据带回可能产生错误,建议将公式中的""""全部替换为 0,(9)中做法相同。

(10)累计折旧的计算:选中 E12,输入公式"＝B12",选中 F12,输入公式"＝IF(B12="","",F11－B12)",选中 E13,输入公式"＝IF(B13="","",E12＋B13)",选中 F13,输入公式"＝IF(B13="","",F12－B13)",然后分别选中 B13、E13、F13 单元格,向下填充,至最后使用月份,部分尚未到计提月份不会产生数据,其他单元格数据已经完成填充。当然此处的设置也可以简化为"＝F11－B12""＝E11＋B12",如图 5-43 所示。

图 5-43 固定资产卡片公式设置

(11)单项固定资产卡片信息完成后,需要将累计折旧信息返回到固定资产清单中,打开固定资产信息表,选中 S4,输入公式"=LOOKUP(L4+1,'平均年限法 01'！＄A＄11：＄A＄411,'平均年限法 01'！＄E＄11：＄E＄411)",如图 5-44 所示。

图 5-44 VLOOKUP 函数引入累计折旧

【提示】

在固定资产卡片账中查找当前折旧月份对应的累计折旧值，并引入。

本年计提折旧月份，通过添加辅助列的方式完成。在"平均年限法01"工作表中，在G11单元格中录入公式"＝B8"，在G12单元格中输入"＝EDATE(G11,1)"，向下填充最大使用月份，回到固定资产清单表单，选择单元格R4，输入公式"＝SUMPRODUCT((YEAR('平均年限法01'!＄G＄11：＄G＄400)＝YEAR('平均年限法01'!＄F＄2))*('平均年限法01'!＄B＄11：＄B＄400))"，如图5-45所示。

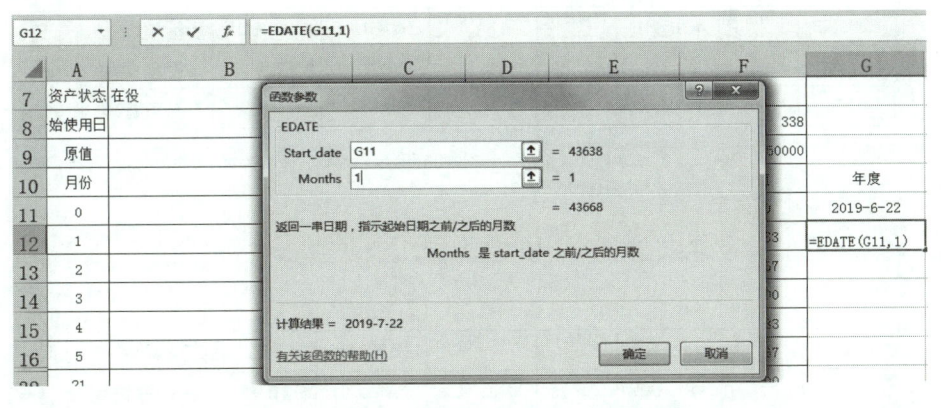

图 5-45　辅助列设置与 EDATE 函数的用法

（12）信息处理完毕后，回到固定资产卡片账01工作表，按Ctrl键，鼠标拖动工作表平均年限法01，修改表单名称为"平均年限法02"，进入工作表，选择卡片编号，生成卡片账。

返回固定资产折旧清单中，选择S4:T4，向下填充，选择S5，修改公式中的文件名为"平均年限法02"，自动生成并引入数据。或者输入公式"＝SUMPRODUCT((YEAR(平均年限法02!＄G＄11：＄G＄400)＝YEAR(平均年限法02!＄F＄2))*(平均年限法02!＄B＄11：＄B＄400))"，如图5-46所示。

（13）整表复制平均年限法固定资产卡片03、04、07、08、09、12、13，建立相关平均年限法固定资产卡片工作表，工作表命名方式为"平均年限法＋资产编号"，同理将累计折旧带回到固定资产信息表中。

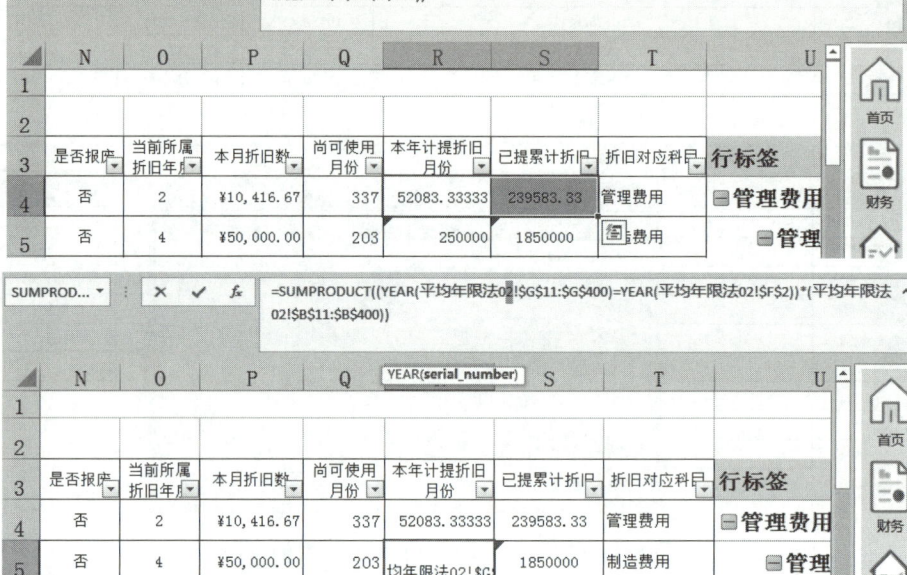

图 5-46　平均年限法累计折旧公式设置

工作步骤二　其他固定资产卡片账的设计

企业固定资产折旧方法除了平均年限法之外,还有双倍余额递减法、年数总和法以及工作量法等,不同的折旧方法,固定资产卡片在设计上会有许多差异。

一、双倍余额递减法固定资产卡片账的设计

(1)按住 Ctrl 键,鼠标拖动工作表"平均年限法 02"生成副表,重命名为"双倍余额递减法 05",打开"双倍余额递减法 05",在单元格选择固定资产的编号 05,信息就会带回到双倍余额递减法固定资产卡片 05,但月折旧额、累计折旧、月末折旧余额,因为折旧方法的不同会出现差异。

(2)设置月折旧额、累计折旧、折余价值的公式,实际上累计折旧、折余价值都是依托月

折旧额的计算而来的,因此不需要重新进行公式设置,关键在于月折旧额的计算,选择C12,输入公式"＝IF(A12/12＞＄D＄7,0,IF(A12＞(YEAR(＄F＄2)－YEAR(＄B＄8))＊12＋MONTH(＄F＄2)－MONTH(＄B＄8),0,DDB(＄B＄9,＄F＄9,＄D＄7,INT(D8/12)＋1)/12))",如图5-47所示。

图 5-47 双倍余额递减法表单结构

【提示】

如果折旧年度大于使用年度(已提足折旧),则不再计提折旧;如果当年已提折旧月份大于当前年度距离开始使用年度的月份数(还没到折旧月份),也不计提折旧;否则按双倍余额递减法计提年度折旧额除以12。

(3) VLOOKUP 索引方法的使用,通过复制可以极大简化固定资产卡片账的设置,为了让读者区分不同的索引方法的使用,双倍余额递减法索引信息采用 VLOOKUP 函数。VLOOKUP(lookup_value,table_array,col_index_num,range_lookup),VLOOKUP 函数参数表如表5-5所示。

表 5-5　　　　　　　　　　　　VLOOKUP 函数参数表

参　　数	简单说明	输入数据类型
lookup_value	要查找的值	数值、引用或文本字符串
table_array	要查找的区域	数据表区域
col_index_num	返回数据在查找区域的第几列数	正整数
range_lookup	精确匹配/近似匹配	FALSE(或0)/TRUE(或1或不填)

我们为固定资产清单设置一个序数行,方便查找对应的列序号,如图5-48所示。

如:固定资产名称的索引的建立,单击 B3 单元格,输入"＝VLOOKUP(B2,固定资产折旧清单!＄A＄4:＄T＄16,2,0)",固定资产信息表的定义方法同上。读者复制 B3 公式设置到其他信息栏中,修改列序数,完成数据的索引。

图 5-48　固定资产清单各列标签序数值

(4) 双倍余额递减法的累计折旧带回。选择固定资产折旧清单工作表，筛选"双倍余额递减法，"选中 R8 单元格，输入公式"＝SUMPRODUCT((YEAR(双倍余额递减法 05!＄B＄11:＄B＄400)＝YEAR(双倍余额递减法 05!＄G＄11:＄G＄400))＝YEAR(双倍余额递减法 05!＄F＄2)))"，数据从双倍余额递减法固定资产卡片 05 中带回到固定资产清单工作表，如图 5-49 所示。

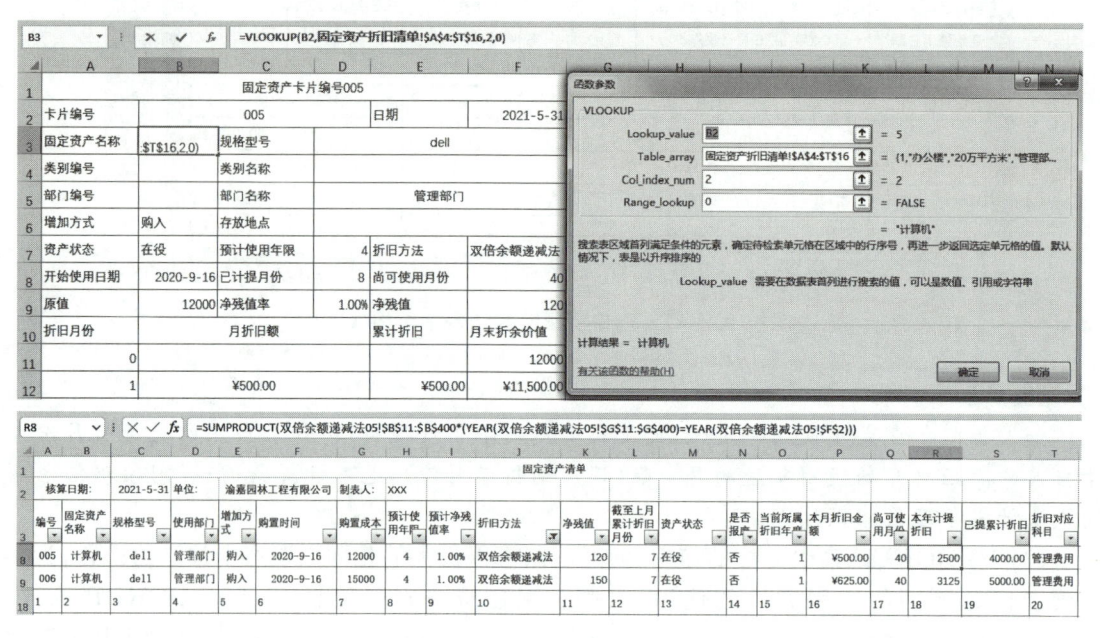

图 5-49　VLOOKUP 数据查询与双倍余额递减法累计折旧公式设置

选定 S8 单元格，输入公式"＝ROUND(VLOOKUP(L8＋1,双倍余额递减法 05!＄A＄11:＄F＄400,5,0),2)"，大家比较一下和平均年限法累计折旧计算函数设置的区别，并分析序列数为什么是 5？

(5) 整表复制双倍余额递减法固定资产卡片 05，建立双倍余额递减法固定资产卡片 06，同理将累计折旧带回到固定资产信息表中，设置公式时只要修改工作表的号码就可以了。

二、年数总和法固定资产卡片账的设计

(1) 按住 Ctrl 键，鼠标拖动工作表"平均年限法 02"生成副表，建立新的工作表，命名为"年数总和法 10"，在该表 B2 单元格中输入或选择固定资产卡片编号，相关信息就会改变，但是折旧是不对的，需要进行修改。

(2) 设置月折旧额、累计折旧、月末折余价值的公式，实际上累计折旧、月末折余价值都是依托月折旧额的计算而来的，因此不需要重新进行公式设置，关键在于月折旧额的计算，选择 B12，输入公式"＝IF(AND(A12＜＝＄D＄7＊12,A12＜＝＄D＄8),ROUND(SYD

($B$9,$F$9,$D$7,INT((A12－1)/12)＋1)/12,2),0)"，如图 5-50 所示。

图 5-50　年数总和法月折旧额公式设置

公式含义：如果折旧年度大于使用年度，不计提折旧，如果当年已提折旧月份大于当前年度距离开始使用年度的月份数，则日期不到，不计提折旧，其他按年数总和法计提年度折旧额除以 12。

（3）在卡片编号、固定资产名称、增加方式等信息中，沿用了平均年限法中查找方法，在这里我们使用另外一种查找方法：INDEX 函数与 MATCH 函数搭配检索的使用。

【提示】

INDEX(array，row_num，column_num)即索引、搜索函数，也就是根据区域内指定的行号和列号返回值（指定行和列交叉处的值）或者对某个值的引用。其参数设置格式为：INDEX(数组或区域，行号，列号)；MATCH 函数：返回指定数值在指定数组区域中的位置，语法：MATCH(lookup_value, lookup_array, match_type)，lookup_value：需要在数据表(lookup_array)中查找的值。

如：固定资产名称的索引的建立，选择 B3 单元格，输入"＝INDEX(固定资产折旧清单!B4:B16,MATCH(B2,固定资产折旧清单!A4:A16,0))"，比较一下，B3 和 D3 单元格在公式上的差异，如图 5-51 所示。

图 5-51　年数总和法固定资产卡片图示

此处分别在类别编号和类别名称中截取 INDEX 和 MATCH 函数的片段，看一下结果，通过对比，可以看出 MATCH 函数返回的是查找内容在查找区域中的行号，通过在另一个查找区域中查找对应的行号的值来完成查找，现在可以将 B3 单元格公式复制粘贴到对应的项目中，修改检索区域，也就是"＝INDEX(固定资产折旧清单！B4:B16，MATCH(B2，固定资产折旧清单！A4:A16))中阴影部分"，如图 5-52 所示。

B4 =MATCH(B2,固定资产折旧清单!A4:A16,0)

	A	B	C	D	E	F
1	固定资产卡片编号010					
2	卡片编号	010			日期	2021-5-31
3	固定资产名称	挖土机	规格型号	KL-01		
4	类别编号	10	类别名称			
5	部门编号		部门名称	生产部门		
6	增加方式	购入	存放地点			
7	资产状态	在役	预计使用年限	10	折旧方法	年数总和法
8	开始使用日期	2018-1-1	已计提月份	40	尚可使用月份	80

D4 =INDEX(固定资产折旧清单!B4:B16,10)

	A	B	C	D	E	F
1	固定资产卡片编号010					
2	卡片编号	010			日期	2021-5-31
3	固定资产名称	挖土机	规格型号	KL-01		
4	类别编号	10	类别名称	挖土机		
5	部门编号		部门名称	生产部门		
6	增加方式	购入	存放地点			
7	资产状态	在役	预计使用年限	10	折旧方法	年数总和法
8	开始使用日期	2018-1-1	已计提月份	40	尚可使用月份	80

图 5-52 信息查询

(4) 年数总和法的累计折旧带回。选择固定资产折旧清单工作表，筛选"年数总和法"，选中 R13 单元格，输入公式"＝ROUND(SUMPRODUCT((YEAR(年数总和法 10！$G$11:$G$400)＝YEAR(年数总和法 10！$F$2))＊(年数总和法 10！$B$11:$B$400))，2)"，数据从双倍余额递减法固定资产卡片 05 中带回到固定资产清单工作表。

选定 S8 单元格，输入公式"＝ROUND(INDEX(年数总和法 10！E12:E400，MATCH(L13＋1，年数总和法 10！ A11:A400，0))，2)"，也可以采用自己熟悉的检索方式检索出累计折旧。

(5) 整表复制年数总和法固定资产卡片 10，建立年数总和法固定资产卡片 11，同理将累计折旧带回到固定资产信息表中。

于是，整个固定资产管理系统就连接建立起来，在以后的月份中，只需要修改核算日期，当月的折旧等相关信息就可以自动生成了。已计提累计折旧计算结果如图 5-53 所示。

三、工作量法固定资产卡片账的设计

工作量法计提折旧一般用于工作量可以准确计量的固定资产，下面举一个工作量卡片账设置的案例：

案例 1：重庆制衣企业 2021 年 1 月 20 日购入一辆载重汽车，核定工作量为 100 000 吨·公里，预计使用寿命 8 年，在购入后各月的工作量及发票信息如表 5-6、图 5-54 所示。

编号	固定资产名称	规格型号	使用部门	增加方式	购置时间	购置成本	预计使用年限	预计净残值率	折旧方法	净残值	截至上月累计折旧月份	资产状态	是否报废	当前所属折旧年度	本月折旧金额	尚可使用月份	本月计提折旧	已提累计折旧	折旧对应科目
001	办公楼	20万平方米	管理部门	自建	2019-6-22	5000000	30	25.00%	平均年限法	1250000	22	在役	否	2	¥10,416.67	337	52083.35	239583.41	管理费用
002	厂房	30万平方米	生产部门	自建	2018-4-11	16000000	20	25.00%	平均年限法	4000000	36	在役	否	4	¥50,000.00	203	250000	1850000	制造费用
003	仓库	60平方米	销售部门	购入	2018-6-12	3000000	25	25.00%	平均年限法	750000	34	在役	否	3	¥7,500.00	265	37500	262500.00	销售费用
004	卡车	20吨	销售部门	购入	2021-3-23	350000	8	5.00%	平均年限法	17500	1	在役	否	1	¥3,463.54	94	6927.08	6927.08	销售费用
005	计算机	dell	管理部门	购入	2020-9-16	12000	4	1.00%	双倍余额递减法	120	7	在役	否	1	¥500.00	40	2500	4000.00	管理费用
006	计算机	dell	管理部门	购入	2020-9-16	15000	4	1.00%	双倍余额递减法	150	7	在役	否	1	¥625.00	40	3125	5000.00	管理费用
007	传真机	惠普	管理部门	购入	2017-4-11	6000	4	1.00%	平均年限法	60	48	达到报废	是	5	¥0.00	0	495	5940.00	销售费用
008	复印机	佳能	管理部门	购入	2018-4-11	30000	5	2.00%	平均年限法	600	36	在役	否	3	¥490.00	23	2450	18130.00	管理费用
009	打印机	佳能	财务部门	购入	2018-4-11	4000	3	2.00%	平均年限法	80	36	达到报废	是	4	¥0.00	0	489.56	3920.04	管理费用
010	挖土机	KL-01	生产部门	购入	2018-1-1	200000	10	5.00%	年数总和法	10000	39	在役	否	4	¥2,015.15	80	10363.63	101333.36	制造费用
011	推土机	T1-02	生产部门	购入	2018-1-1	250000	10	5.00%	年数总和法	12500	39	在役	否	4	¥2,518.94	80	12954.55	126666.68	制造费用
012	会议桌	D*1600*75	管理部门	购入	2019-6-11	20000	5	1%	平均年限法	200	22	在役	否	2	¥330.00	37	1650	7590.00	管理费用
013	打印机	惠普JK-01	财务部门	购入	2021-5-2	3000	3	2%	平均年限法	60	0	本月购进	否	1	¥0.00	35	0	0.00	管理费用

图 5-53　已提累计折旧计算结果

表 5-6　　　　　　　　　　　　　　运输设备各月工作量统计表　　　　　　　　　　　　　　单位:吨·公里

2021年1月	2021年2月	2021年3月	2021年4月	2021年5月	2021年6月
1 000	2 000	800	1 500	2 000	1 650

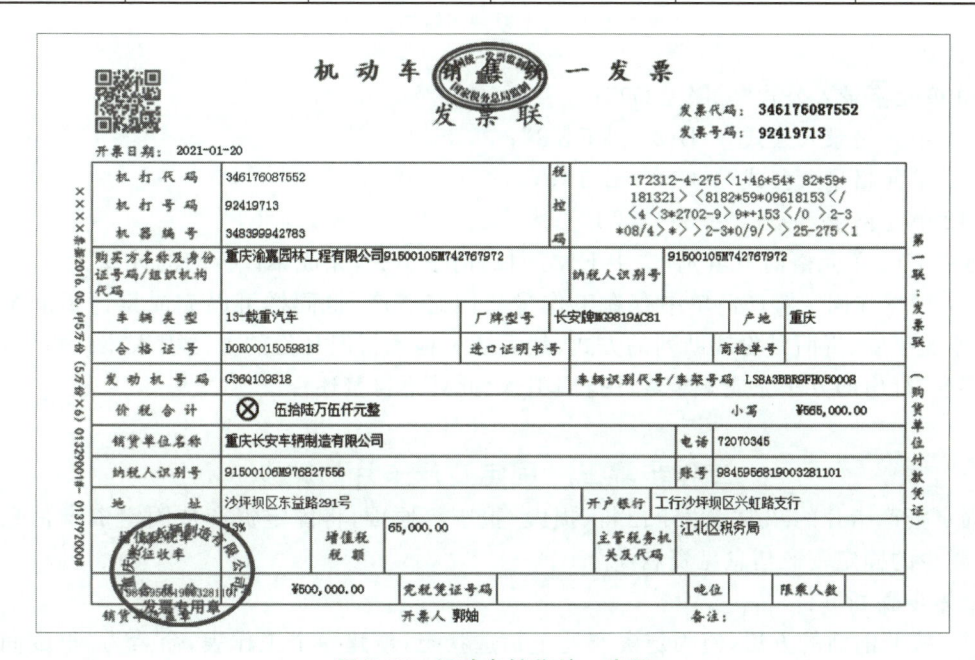

图 5-54　机动车销售统一发票

（1）选中"年限总和法固定资产卡片10"，按 Ctrl 键拖动，复制整表，重新命名新表为"工作量法固定资产卡片"，对相关的卡片项目进行修改，删除单元格之间的引用公式，重新修改后的单元格如图 5-55 所示。

根据相关信息依次录入下列数据：

D8 单元格录入公式"＝COUNTA(A12:A30)"；

F8 单元格录入公式"＝(B9－F9)/D7"；

图 5-55　工作量法固定资产卡片

F9 单元格录入公式"＝B9＊D9"；
C12 单元格录入公式"＝B12＊＄F＄8"；
E12 单元格录入公式"＝C12＋E11"；
F12 单元格录入公式"＝F11－C12"；
选中 C12 单元格向下填充；选中 E12:F12，向下填充；完成累计折旧的计算。

（2）当然在固定资产清单中存在工作量法固定资产，也同样可以完成累计折旧金额的引用，添加年度、折旧月份辅助列的方式，然后通过检索折旧月份的方法引入累计折旧，通过检索年度、月份的方法完成本年累计折旧引入，此处不再赘述。

工作步骤三　固定资产卡片的减少

固定资产卡片的减少是由于出售、损毁、报废等原因，将固定资产从固定资产信息表中删除，减少的固定资产信息见资料 4。

具体步骤如下：

（1）按照前面的方法，使固定资产处于筛选状态，新建一个工作表，命名为"报废固定资产清单"，并返回固定资产折旧清单中，固定资产清单与报废固定资产信息如图 5-56 所示。

（2）选中 C18:C19，分别录入"是否报废""是"；返回报废固定资产清单工作表，单击高级筛选，列表区域选择：固定资产折旧清单!＄A＄3:＄T＄16；条件区域选择：固定资产折旧清单!Criteria，这里实际上就是选择 C18:C19；复制到选择：报废固定资产清单!＄A＄1，点击确定，引入报废固定资产，如图 5-57 所示。

（3）选择固定资产折旧清单前两行，复制，回到报废固定资产清单，选中第一行，单击鼠标右键，选择"插入复制的单元格"，为报废的资产添加表头，效果如图 5-58 所示。

图 5-56　固定资产清单与报废固定资产信息

图 5-57　报废固定资产的高级筛选

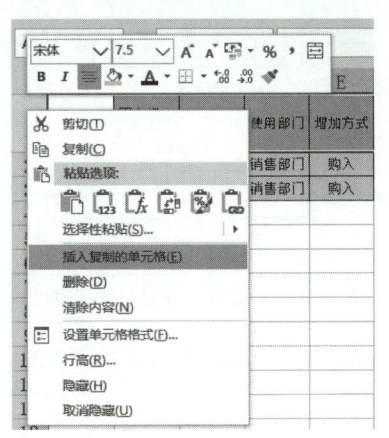

	A	B	C	D	E	F	G	H	I	J	K	L	M	N	O	P	Q	R	S	T
1									固定资产清单											
2	核算日期:	2021-5-31	单位:		渝嘉园林工程有限公司		制表人:													
3	编号	固定资产名称	规格型号	使用部门	增加方式	购置日期	购置成本	预计使用年限	预计净残值率	折旧方法	净残值	截至上月累计折旧月份	资产状态	是否报废	当前所属折旧年度	本月折旧金额	尚可使用月份	本年计提折旧	已提累计折旧	折旧对应科目
4	007	传真机	惠普	销售部门	购入	2017-4-11	6000	4	1.00%	平均年限法	60	48	达到报废年度	是	5	¥0.00	0	495	5940.00	销售费用
5	009	打印机	佳能	财务部门	购入	2018-4-11	4000	3	2.00%	平均年限法	80	36	达到报废年度	是	4	¥0.00	0	435.6	3920.04	管理费用

图 5-58 报废固定资产信息复制与表头的添加

（4）于是报废固定资产就算另立新册管理，待下个月复制整个工作簿，修改日期，从固定资产折旧清单中删除报废固定资产，工作就完成了，本月暂不在原表中删除，因为会影响折旧计算表（透视表）中的数据。当然删除的固定资产卡片以及固定资产清单需要按照账簿管理的要求保存 10 年。

项 目 小 结

固定资产在企业总资产中的占比很大，对确保企业资产的安全完整具有重要意义，但固定资产种类较多，分布在各个部门，为资产的管理带来不便，设计简单有效的固定资产管理系统可以快速准确地掌握固定资产信息，有效提高固定资产使用效率。

一个基本的固定资产管理系统应该具备信息查询、记录资产变动、计算折旧、完成账务处理等功能。

本项目的实践操作是使用 Excel 设计一个简易的固定资产管理系统：通过基础信息表，辅助完成固定资产清单信息录入；通过固定资产清单完成数据查询，资产的部门变更、新增与减少，通过固定资产卡片完成各项固定资产月度折旧与累计折旧的计算，并补充完善固定资产清单中的信息；通过自动补充数据后的固定资产清单完成折旧费用分配及数据处理，将固定资产清单更新、固定资产卡片生成，固定资产折旧计提等工作融合为一个整体，达到通过修改核算日期自动调整固定资产清单与卡片账的目的，简化固定资产的管理工作。

通过完成本项目的五个工作任务，使学习者能够清楚固定资产管理系统的组件及其工作原理，逐步具备利用 Excel 进行财务各子系统设计的能力，熟练使用 Excel 财务函数，掌握条件格式、表单设计、记录单、高级筛选以及数据透视表等重要功能。

项目五的实践操作导图，如图 5-59 所示。

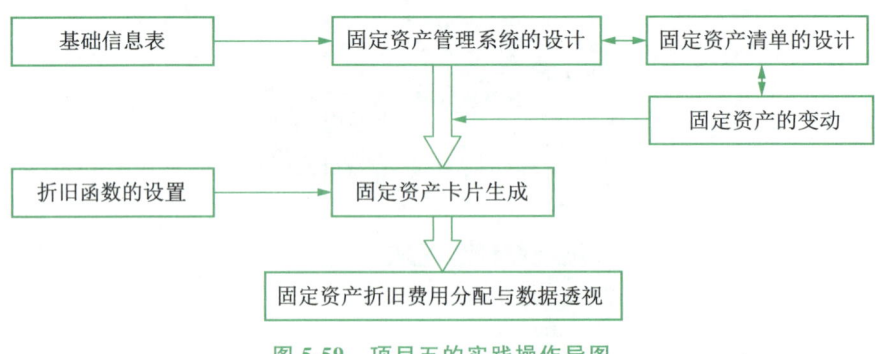

图 5-59 项目五的实践操作导图

项目训练

一、资料1

天利公司的固定资产取得状况如表5-7所示。

表5-7　　　　　　　　　固定资产信息表(天利公司)

核算日期：2021/6/30　　　　　　　　　　　　　　　　　　　　　　　　　　金额单位：元

编号	固定资产名称	规格型号	使用部门	增加方式	购置时间	购置成本	预计使用年限(年)	预计净残值率	折旧方法
1	计算机	IBM	客服部门	购入	2019/11/15	9 000	4	5.00%	平均年限法
2	服务器	HP	客服部门	购入	2020/1/11	180 000	10	1.00%	平均年限法
3	压膜机	东方6型	销售部门	购入	2020/12/23	300 000	15	1.00%	双倍余额递减法
4	办公楼	O型号	总经办	购入	2020/1/26	2 100 000	20	1.00%	平均年限法
5	空调	HT535	客服部门	购入	2020/2/7	5 000	5	1.00%	双倍余额递减法
6	乘用车	W12	销售部门	购入	2020/3/4	120 000	10	2.00%	年数总和法
7	轿车	本田雅阁	总经办	购入	2021/5/19	180 000	8	1.00%	平均年限法

操作要求：

(1) 设计固定资产清单，增加净残值、资产状态、尚可使用月份、本月折旧、累计折旧、折旧对应科目列标题，设置各列公式，完成各资产信息的计算。

(2) 本月新购进酿酒设备，型号ET20，交酿酒车间使用，总价200 000元，预计使用15年，预计残值率为2%。使用记录单完成新设备录入。

(3) 使用数据透视表，按折旧对应科目、部门编制"折旧信息"表，设置切片器，完成分部门不同显示。

(4) 每种折旧方法选一个设备，完成单项固定资产卡片的编制，计算各月折旧额，并将累计折旧额，传递给固定资产信息表。

二、资料2

(1) 八菱汽车配件加工公司，固定资产清单如表5-8所示，当前日期为：2021年1月31日。

表5-8　　　　　　　　　固定资产信息表(八菱汽车配件)　　　　　　　　　　金额单位：元

资产编号	使用部门	固定资产名称	增加方式	可使用年限(年)	开始使用日期	折旧方法	固定资产净值
1001	企划部	办公楼	在建工程转入	30	2015/7/1	直线法	1 500 000
1002	组装部	厂房	在建工程转入	30	2015/7/1	直线法	1 200 000
1003	机修部	厂房	在建工程转入	30	2015/7/1	直线法	500 000
1004	组装部	车床	直接购入	10	2015/9/1	直线法	80 000

续 表

资产编号	使用部门	固定资产名称	增加方式	可使用年限(年)	开始使用日期	折旧方法	固定资产净值
1005	组装部	铣床	直接购入	10	2015/9/1	直线法	180 000
1006	组装部	钳工平台	直接购入	10	2015/9/1	直线法	15 000
1007	组装部	专用量具	直接购入	10	2015/9/1	直线法	70 000
1008	组装部	磨床	直接购入	10	2015/9/1	直线法	50 000
1009	后勤部	原材料库	在建工程转入	30	2015/7/1	直线法	300 000
1010	后勤部	成品库	在建工程转入	30	2015/7/1	直线法	600 000
1011	企划部	复印机	直接购入	3	2020/1/1	直线法	12 000
1012	财务部	计算机	直接购入	3	2020/1/1	直线法	5 000
1013	销售部	计算机	直接购入	3	2019/10/1	直线法	5 000
2014	企划部	汽车	直接购入	10	2017/7/1	工作量法	250 000
3015	组装部	吊车	直接购入	10	2017/10/1	双倍余额递减法	150 000
4016	组装部	刨床	直接购入	10	2017/1/1	年数总和法	20 000

备注：企划部汽车可行驶里程400 000千米，已累计行驶200 000千米，当月行驶3 000千米。房屋建筑类、机械设备类、运输工具类、电子设备类的固定资产残值分别为5%、4%、4%、3%。

(2) 其他信息。

公司在2021年1月末财务部购入一台价值为5 600元的联想电脑，预计使用年限为5年，采用直线法计提折旧；

公司在2020年1月1日购入的编号为1012的计算机主板烧毁，无法使用，于2021年1月将其作为二手计算机卖掉；

财务部在2021年1月5日决定将资产编号为1011的复印机从企划部调拨给财务部使用。

操作要求：

(1) 设计固定资产清单，增加净残值、资产状态、尚可使用月份、本月折旧、累计折旧、折旧对应科目列标题，设置各列公式，完成各资产信息的计算。

(2) 根据其他信息，在固定资产清单中增加或减少相应的资产。

(3) 每种折旧方法选一个设备，完成单项固定资产卡片的编制，计算各月折旧额，并将累计折旧额，传递给固定资产信息表。

(4) 使用数据透视表，按折旧对应科目、部门编制"折旧信息"表，设置切片器，完成分部门不同显示。

三、资料3

成都航天模塑股份有限公司是从事模具及汽车内外饰件制造的公司，当前日期为2021年1月31日，其固定资产系统导出数据如表5-9所示。

表 5-9　　　　　　　　　　　固定资产信息表（成都航天模塑）　　　　　　　　金额单位：元

固定资产编号	固定资产名称	类别编号	所在部门	增加方式	可使用年限	开始使用日期(年)	数量	原值	当前日期	折旧方法	净残值率
01001	厂房	房屋及建筑物	生产车间	在建工程转入	30	2019/8/18	1	100 000	2021/1/31	平均年限法	5%
01002	仓库	房屋及建筑物	仓储部	在建工程转入	30	2019/8/18	1	100 000	2021/1/31	平均年限法	5%
02001	3T柴油叉车	运输设备	生产车间	直接购入	5	2020/2/16	1	28 000	2021/1/31	平均年限法	5%
02002	S生产线	生产设备	生产车间	直接购入	5	2020/2/16	1	20 000	2021/1/31	平均年限法	5%
02003	剪板机	生产设备	生产车间	直接购入	5	2019/9/28	1	20 000	2021/1/31	平均年限法	5%
02004	液压板料折弯机	生产设备	生产车间	直接购入	5	2020/2/22	1	30 000	2021/1/31	平均年限法	5%
02005	切割机	生产设备	生产车间	直接购入	5	2018/8/18	1	20 000	2021/1/31	平均年限法	5%
02006	电焊机	生产设备	生产车间	直接购入	5	2019/9/28	1	5 000	2021/1/31	平均年限法	5%
02007	气泵	生产设备	生产车间	直接购入	5	2016/1/16	1	5 000	2021/1/31	平均年限法	5%
03001	联想电脑	办公设备	总经办	直接购入	3	2020/2/14	1	4 000	2021/1/31	平均年限法	1%
03002	联想电脑	办公设备	采购部	直接购入	3	2020/2/14	1	4 000	2021/1/31	平均年限法	1%
03003	联想电脑	办公设备	销售部	直接购入	3	2015/2/14	1	4 000	2021/1/31	平均年限法	1%
03004	联想电脑	办公设备	财务部	直接购入	3	2020/12/14	1	4 000	2021/1/31	平均年限法	1%
03005	惠普打印机	办公设备	财务部	直接购入	3	2020/2/14	1	3 000	2021/1/31	平均年限法	1%

操作要求：

（1）设置已计提折旧月份，资产状态、净残值，本月折旧，累计折旧，本年计提折旧月份、折旧对应科目等项目，完成公式设置并计算。

（2）使用数据透视表，按折旧对应科目、部门编制"折旧信息"表。

（3）设置单项固定资产卡片，完成公式的设置，以编号选择，自动带出相关信息。

四、资料 4

重庆市大成机械厂 2021 年 9 月 30 日固定资产情况如表 5-10 所示，根据资料完成基本信息的快速输入，并根据要求完成相关处理。

表 5-10　　　　　　　　　　固定资产信息表（大成机械厂）　　　　　　　　金额单位：元

资产编号	使用部门	固定资产名称	增加方式	可使用年限(年)	开始使用日期	折旧方法	固定资产原值
1001	厂部	办公楼	在建工程转入	30	2014/7/1	直线法	1 000 000
1002	金工车间	车床	在建工程转入	30	2014/7/1	直线法	1 200 000
1003	集装车间	自动封装机	在建工程转入	30	2014/7/1	直线法	1 000 000
1004	金工车间	仓库	直接购入	20	2014/9/1	直线法	80 000

续 表

资产编号	使用部门	固定资产名称	增加方式	可使用年限(年)	开始使用日期	折旧方法	固定资产原值
1005	集装车间	商品分离器	直接购入	10	2014/9/1	直线法	50 000
1006	金工车间	切割机	直接购入	10	2014/9/1	直线法	15 000
2001	采购处	客车	直接购入	10	2014/9/1	工作量法	80 000
1008	人事处	计算机	直接购入	10	2014/9/1	直线法	5 000
3001	集装车间	吊车	投资者投入	10	2014/9/1	双倍余额递减法	150 000
1009	厂部	会议桌	直接购入	30	2014/7/1	直线法	6 000
1010	销售处	计算机	直接购入	3	2019/1/1	直线法	5 000
1011	财务处	计算机	直接购入	3	2019/1/1	直线法	5 000
1012	财务处	打印机	直接购入	3	2018/10/1	直线法	4 000
2002	厂部	汽车	直接购入	10	2016/7/1	工作量法	100 000

备注：房屋建筑类、机械设备类、运输工具类、电子设备类的固定资产残值分别为 5%、4%、4%、3%。采购处客车可行驶总里程 400 000 千米，已累计行驶 200 000 千米，当月行驶 3 000 千米；厂部的汽车可行驶里程数为 500 000 千米，已累计行驶 200 000 千米，当月行驶 2 000 千米。

操作要求：

（1）设置基础信息表，录入厂部、金工车间、集装车间、采购处、人事处、销售处、财务处，在建工程转入、直接购入、投资者投入、直线法、双倍余额递减法、工作量法等信息，通过数据有效性检验，完成信息的快速录入。

（2）根据备注信息完成新固定资产信息的录入。

（3）增加设置本月折旧、已计提折旧月份(已工作里程数)、折旧对应科目、本月工作量、固定资产状态等项目，通过筛选方式，对不同折旧方法的资产计算当月折旧，并按折旧对应科目、部门建立数据透视表。

五、资料 5

永固铸件厂是一家以生产铁铸件为主的企业，2021 年 7 月 31 日，系统导出固定资产基本信息如表 5-11 所示。

表 5-11　　　　　　　　固定资产信息表(永固铸件厂)　　　　　　　金额单位：元

购置日期	资产类型	资产名称	使用部门	数量	原值	可使用年限(年)	净残值率	折旧方法
2016/3/10	机器设备	车床	生产车间	10	60 000.00	10	8.00%	年限平均法
2016/3/10	机器设备	液压机	生产车间	2	380 000.00	10	8.00%	年限平均法
2016/3/10	机器设备	天车	生产车间	2	250 000.00	10	8.00%	年限平均法
2016/6/12	建筑物	车间	生产车间	2	2 000 000.00	30	3.00%	年限平均法
2016/6/20	办公设备	台式电脑	财务部	6	5 000.00	5	5.00%	年限平均法

续　表

购置日期	资产类型	资产名称	使用部门	数量	原值	可使用年限（年）	净残值率	折旧方法
2016/8/10	办公设备	针式打印机	财务部	3	5 500.00	5	5.00%	年限平均法
2016/12/31	办公设备	激光打印机	总经办	3	3 000.00	5	5.00%	年限平均法
2016/12/31	办公设备	复印机	财务部	2	12 000.00	5	5.00%	年限平均法
2017/5/21	办公设备	笔记本电脑	销售部	5	6 000.00	5	5.00%	年限平均法
2017/5/21	办公设备	空调	总经办	5	3 600.00	5	3.00%	年限平均法
2017/7/8	运输设备	宝马	总经办	1	950 000.00	10	3.00%	年限平均法
2017/7/8	运输设备	本田	采购部	2	300 000.00	10	3.00%	年限平均法
2017/7/8	运输设备	大众	销售部	3	80 000.00	10	3.00%	年限平均法

假定不存在其他信息。

操作要求：

(1) 设置总价值、资产状态、净残值、本月折旧、累计折旧、折旧对应科目等项目，完成公式设置并计算。

(2) 设置单项固定资产卡片，完成公式的设置，以编号选择，自动带出相关信息。

项目六　往来账款管理系统的建立

学习目标

◆ 知识目标
1. 能描述 Excel 中应收款项表和应付款项表的制作流程。
2. 能对应收账款和应付款的账龄进行分析。
3. 能创建应收票据账期金额分析图。

◆ 技能目标
1. 会使用 Excel 制作应收款项表和应付款项表。
2. 会使用 Excel 制作应收账款和应付款账龄分析表。
3. 会使用 Excel 完成应付款账期金额分析图的创建。

◆ 素养目标
　　能够认识到往来账款中存在的问题会给企业带来不良后果，要按不同性质的问题进行风险评估，建立、分析与管理相关风险的机制。

◆ 知识导图

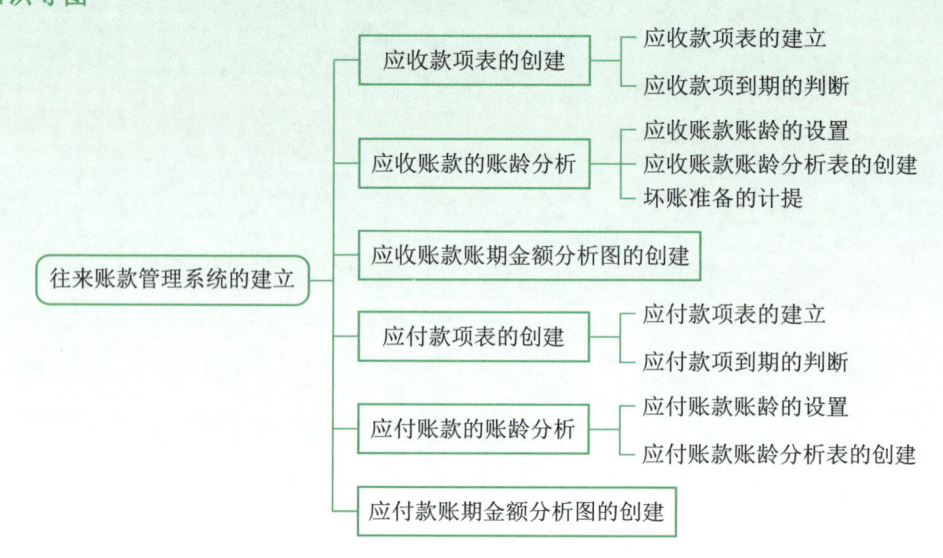

```
                                    ┌── 应收款项表的建立
                  ┌── 应收款项表的创建 ┤
                  │                 └── 应收款项到期的判断
                  │
                  │                 ┌── 应收账款账龄的设置
                  ├── 应收账款的账龄分析 ┼── 应收账款账龄分析表的创建
                  │                 └── 坏账准备的计提
                  │
  往来账款        ├── 应收账款账期金额分析图的创建
  管理系统        │
  的建立          │                 ┌── 应付款项表的建立
                  ├── 应付款项表的创建 ┤
                  │                 └── 应付款项到期的判断
                  │
                  │                 ┌── 应付账款账龄的设置
                  ├── 应付账款的账龄分析 ┤
                  │                 └── 应付账款账龄分析表的创建
                  │
                  └── 应付款账期金额分析图的创建
```

引导案例

北京龙丰商贸有限责任公司是中小制造企业，现欲构建一个企业的往来账款管理系统，该企业迄今有关往来账款的基本资料如下：

一、资料1

客户及应收款信息，如表6-1所示。

表6-1　　　　　　　　　　　　客户及应收款信息表　　　　　　　　　　金额单位：（元）

客户代码	客户名称	发票号码	期初余额	开票日期	收款期限（天）
K01	新飞科技	A3012	20 000.00	2021-3-11	90
K02	康城实业	D6498	5 000.00	2019-2-11	80
K03	河南实业	B5019	5 000.00	2019-5-3	30
K04	天美服饰	P5598	4 000.00	2020-4-24	30
K05	宝家商场	L2354	200 000.00	2020-10-22	20
K06	新型大厦	N6346	10 000.00	2020-10-2	30
K07	宜家房产	H8879	1 000.00	2020-10-1	90
K08	快乐超市	T8967	500.00	2020-11-30	90

二、资料2

供应商及应付款信息，如表6-2所示。

表6-2　　　　　　　　　　　　供应商及应付款信息表　　　　　　　　　　金额单位：元

供应商代码	供应商名称	发票号码	应付款金额	已付款金额	开票日期	付款期限（天）
G01	诺亚电脑	B3321	50 000.00	3 000.00	2021-7-11	120
G02	历程电脑	H3554	3 000.00	0.00	2021-10-13	90
G03	正大机电	L2345	12 000.00	6 000.00	2021-1-3	50
G04	民生百货	N2542	8 000.00	2 000.00	2021-6-4	70
G05	天天实业	T9834	100 000.00	30 000.00	2021-12-2	30
G06	立新百货	A9436	40 000.00	10 000.00	2021-8-3	50
G07	南方集团	D6583	11 000.00	0.00	2021-5-4	120
G08	利民实业	T2773	4 300.00	3 000.00	2021-2-11	90

案例思考

阅读北京龙丰商贸有限责任公司案例，请说说能从中解读出哪些信息。作为一名财务人员，在业务处理过程中如何做到合理分析应收款项的归还时间。

【提示】

北京龙丰商贸有限责任公司正常经营，以上是2021年6月该公司的业务情况，本项目结合现行财税政策，使用Excel 2016版本制作往来账款管理系统。

任务一　应收款项表的创建

任务描述

应收账款是指企业因销售商品、产品或提供劳务等原因,应向购货客户或接受劳务的客户收取的款项或代垫的运杂费等。在会计上,应收账款应于收入实现时予以确认。在市场经济发达的今天,企业应收账款的管理是至关重要的,它关系到企业能否及时收回资金,能否有效地利用资金。因此应收账款管理是企业管理的一个重要方面。

知识准备

打开 Excel 工作簿,创建应收款项表,首先创建往来客户表;之后创建应收款项表,再输入相应的列表名称,如发票号码、期初余额、开票日期、收款期限、到期日、是否到期等;在对应的单元格中输入实际欠款金额;再根据实际的需要将该表格做适当的宽度和高度调整以及其他优化。

岗位说明

会计主管岗位负责创建页面,布局 Excel 应收款项表。

工作步骤一　应收款项表的建立

应收款项表的具体建立步骤如下:

(1) 在工作簿中的"往来客户表"里面,根据资料1中的内容输入相应的标题信息。完成后效果如图6-1 所示。

(2) 选取单元格 D4,在公式栏中输入"= IF(E4=0,"","借")",显示相应的计算结果后用 Excel 的自动填充功能填充 D 列,如图 6-2 所示。

(3) 单击"往来客户表"工作表,选择单元格区域 B4:E11。单击菜单栏中的【公式】,单击【定义名称】,弹出【新建名称】对话框,在"名称"中输入"客户代码",在"范围"中选择"往来客户表",单击【确定】按钮,如图 6-3 所示。

图 6-1　往来客户表效果图

图 6-2　往来客户"借或贷"公式

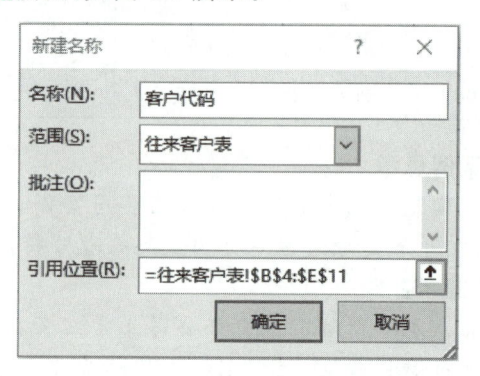

图 6-3　【定义名称】图

(4)新建"应收款项表",在"应收款项表"中输入资料1中的相应内容,如图6-4所示。

	A	B	C	D	E	F	G	H	I	J	K	L	M	N
1						应收款项表								
2														
3		客户代码	客户名称	发票号码	期初余额	开票日期	收款期限	到期日	是否逾期	未到期	0~60天	61~120天	121~365天	366天以上
4		K01	新飞科技	A3012	20,000.00	2021/3/11	90							
5		K02	康城实业	D6498	5,000.00	2019/2/11	80							
6		K03	河南实业	B5019	5,000.00	2019/5/3	30							
7		K04	天美服饰	P5598	4,000.00	2020/4/24	30							
8		K05	宝宝商场	L2354	200,000.00	2020/10/22	20							
9		K06	新型大厦	N6346	10,000.00	2020/10/2	30							
10		K07	宜家房产	H8879	1,000.00	2020/10/1	90							
11		K08	快乐超市	T8967	500.00	2020/11/30	90							
12									合计:					

图 6-4 应收款项表效果图

(5)选取"应收款项表"中的单元格C4,单击菜单栏中的【公式】,单击【插入函数】,选择VLOOKUP函数,提取"往来客户表"中的客户名称,函数参数的"Lookup_value"设置为"B4","Table_array"设置为"往来客户表!客户代码","Col_index_num"设置为"2",如图6-5所示。利用自动填充功能将C列其他单元格的数据引入其中。

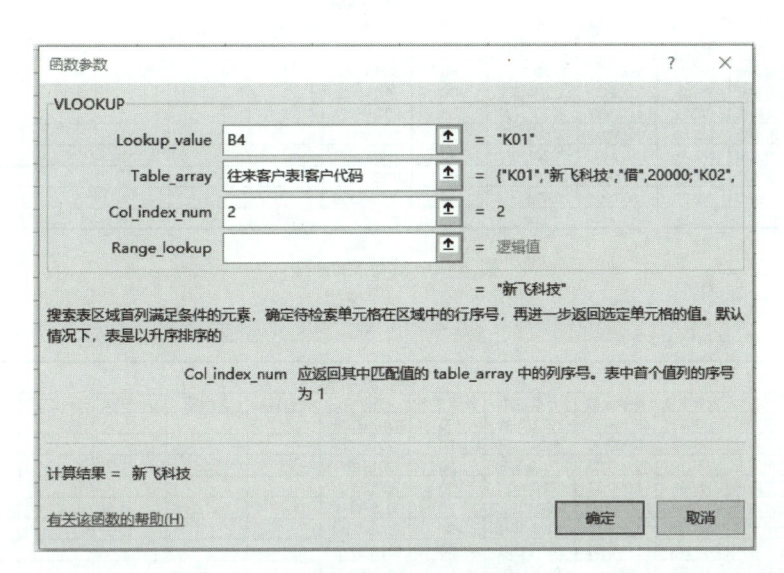

图 6-5 VLOOKUP函数

(6)选取"应收款项表"中的单元格E4,单击菜单栏中的【公式】,单击【插入函数】,选择VLOOKUP函数,提取"往来客户表"中的客户名称,函数参数的"Lookup_value"设置为"B4","Table_array"设置为"往来客户表!客户代码","Col_index_num"设置为"4",如图6-6所示。利用自动填充功能将E列其他单元格的数据引入其中。

(7)选取单元格H4,在公式编辑栏中输入公式"=F4+G4",H4单元格显示到期日,使用自动填充功能输入H列所有客户应收账款的到期日,如图6-7所示。

(8)选取单元格I13,输入"今天日期:",假设当前日期为2021-4-11,输入J13单元格,如图6-8所示。

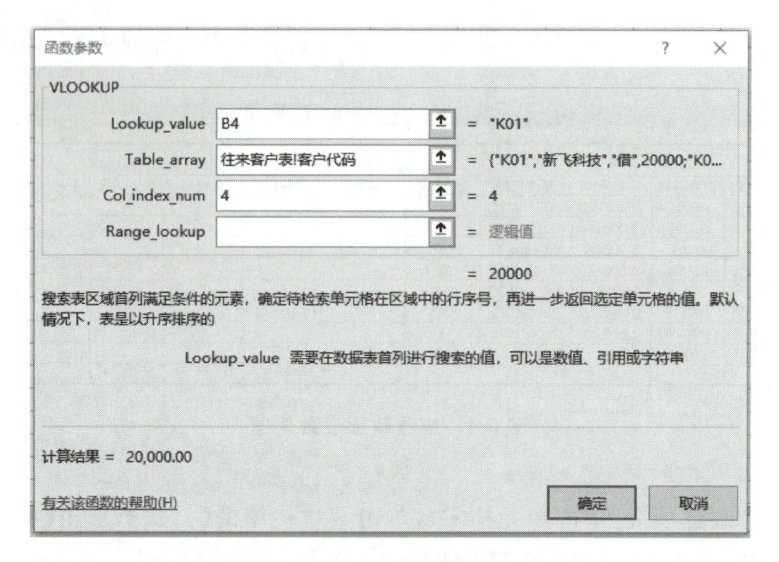

图 6-6　引入期初余额数据

图 6-7　设置到期日

图 6-8　输入当前日期

工作步骤二　应收款项到期的判断

利用 IF 函数,判定各个客户的应收款项是否到期。如果到期日小于当前日期,则说明应收款项已经到期;如果到期日大于当前日期,则说明应收款项还未到期。具体步骤如下:

(1) 选取单元格 I4,在公式编辑栏中输入"＝IF(H4＜\$J\$13,"是","否")",即显示应收款项是否到期。

(2) 使用自动填充功能填充 I 列,判断各个客户的应收款项是否到期,如图 6-9 所示。

	A	B	C	D	E	F	G	H	I	J	K	L	M	N
1														
2						应收款项表								
3		客户代码	客户名称	发票号码	期初余额	开票日期	收款期限	到期日	是否到期	未到期	0-60天	61-120天	121-365天	366天以上
4		K01	新飞科技	A3012	20,000.00	2021/3/11	90	2021/6/9	否					
5		K02	康城实业	D6498	5,000.00	2019/2/11	80	2019/5/2	是					
6		K03	河南实业	B5019	5,000.00	2019/5/3	30	2019/6/2	是					
7		K04	天美服饰	P5598	4,000.00	2020/4/24	30	2020/5/24	是					
8		K05	宝家商场	L2354	200,000.00	2020/10/22	20	2020/11/11	是					
9		K06	新型大厦	N6346	10,000.00	2020/10/2	30	2020/11/1	是					
10		K07	宜家房产	H8879	1,000.00	2020/10/1	90	2020/12/30	是					
11		K08	快乐超市	T8967	500.00	2020/11/30	90	2021/2/28	是					
12									合计:					
13									今天日期:	2021/4/11				

图 6-9　判断应收款项是否到期

任务二　应收账款的账龄分析

任务描述

应收账款账龄分析是依据企业每一笔应收账款的账龄划分账龄组来进行的，那么，当不同顾客拖欠的多笔应收账款中存在多种账龄时，所拖欠的应收账款就可能会被划分为不同的账龄组。

知识准备

在 Excel 工作簿中创建应收账款账龄分析表，依次输入具体项目内容，如客户代码、客户名称、发票号码、期初余额、开票日期、收款期限、到期日、账期等；按照所学公式依次输入相应栏中，可按所得到的金额编制相应的会计分录。

岗位说明

会计主管岗位负责创建页面，布局 Excel 应收账款账龄分析系统。

工作步骤一　应收账款账龄的设置

应收账款账龄的具体设置步骤如下：

（1）选取单元格 J4，在公式编辑栏中输入公式"＝IF($J$13－H4＜0,E4,"-")"，使用自动填充功能填充 J 列。

（2）选取单元格 K4，在公式编辑栏中输入公式"＝IF(AND($J$13－H4＞＝0,$J$13－H4＜＝60),E4,"-")"，使用自动填充功能填充 K 列。

（3）选取单元格 L4，在公式编辑栏中输入公式"＝IF(AND($J$13－H4＞60,$J$13－H4＜＝120),E4,"-")"，使用自动填充功能填充 L 列。

（4）选取单元格 M4，在公式编辑栏中输入公式"＝IF(AND($J$13－H4＞120,$J$13－H4＜＝365),E4,"-")"，使用自动填充功能填充 M 列。

（5）选取单元格 N4，在公式编辑栏中输入公式"＝IF(AND($J$13－H4＞365,$J$13－H4＜＝720),E4,"-")"，使用自动填充功能填充 N 列。

IF 函数的含义在于，若满足账龄判断条件，则返回值为该笔应收账款的金额，若不满足条件,则返回值为"-"。

(6)利用 IF 函数将其他应收账款分别进行账龄的分类。

(7)选取单元格 J12,在公式编辑栏输入公式"=SUM(J4:J11)",J12 单元格即显示未到期的应收账款之和,使用自动填充功能填充单元格区域 K12:N12,如图 6-10 所示。

客户代码	客户名称	发票号码	期初余额	开票日期	收款期限	到期日	是否到期	未到期	0～60天	61～120天	121～365天	366天以上
						应收款项表						
K01	新飞科技	A3012	20,000.00	2021/3/11	90	2021/6/9	否	20000	-	-	-	-
K02	康城实业	D6498	5,000.00	2019/2/11	80	2019/5/2	是	-	-	-	-	5000
K03	河南实业	B5019	5,000.00	2019/5/3	30	2019/6/2	是	-	-	-	-	5000
K04	天美服饰	P5598	4,000.00	2020/4/24	30	2020/5/24	是	-	-	-	4000	-
K05	宝家商场	L2354	200,000.00	2020/10/22	20	2020/11/11	是	-	-	-	200000	-
K06	新型大厦	N6346	10,000.00	2020/10/2	30	2020/11/1	是	-	-	-	10000	-
K07	宜家房产	H8879	1,000.00	2020/10/1	90	2020/12/30	是	-	-	1000	-	-
K08	快乐超市	T8967	500.00	2020/11/30	90	2021/2/28	是	-	500	-	-	-
							合计	20000	500	1000	214000	10000
							今天日期:	2021/4/11				

图 6-10　未到期应收款项汇总

工作步骤二　应收账款账龄分析表的创建

应收账款账龄分析是在应收账款的日常管理中,企业根据掌握的每个客户的应收账款的账龄和金额来合理制定应收账款的催收制度和进行坏账准备提取的行为。具体分析步骤如下:

(1)在工作簿中,新建名为"应收账款账龄分析表"的工作表。选择单元格区域 B2:D2,单击工具栏的【合并后居中】按钮,输入"应收账款账龄分析表",设置其格式。分别在单元格 B3、C3、D3 中输入"账龄""应收款金额""百分率"。

(2)选择"应收款项表"工作表中的单元格区域 J3:N3,单击右键选择【复制】。

(3)选择"应收账款账龄分析表"工作表中单元格 B4,单击右键选择【选择性粘贴】,在弹出的对话框中选择【粘贴】|【数值】|【运算】|【无】,并勾选【转置】,这样就将账龄区域垂直复制到 B4:B8 区域,如图 6-11 所示。

(4)输入应收账款金额,方法同账龄输入方法。选择单元格 B9,输入"合计",在单元格 C9 中输入公式"=SUM(C4:C8)",结果如图 6-12 所示。

(5)选择单元格 D4,在公式编辑栏中输入公式"=C4/$C$9",使用自动填充功能填充 D 列,即显示结果,如图 6-13 所示。

应收账款账龄分析主要是分析不同账龄的应收款在总应收款中所占的比例,因此,应收账款账龄分析表内的"百分率"一栏为不同账龄区内的应收账款占应收账款合计的比例。

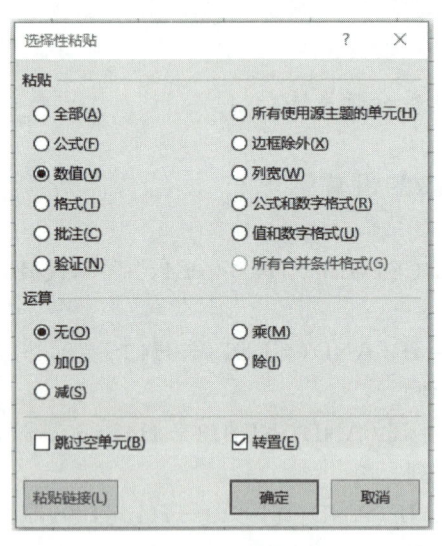

图 6-11　选择性粘贴

(6)选择单元格区域 D4:D9,选择菜单栏中的【开始】|【数字】|【百分比】,【小数位数】选择【2】,如图 6-14 所示。

图 6-12　应收账款合计

图 6-13　不同账龄应收款计算结果

图 6-14　设置百分比格式

（7）设置完成后最终结果如图 6-15 所示。

图 6-15　不同账龄应收款百分比

工作步骤三　坏账准备的计提

赛题链接

……5.坏账损失的核算

公司应收账款坏账准备采用账龄分析法估计，其他的应收及预付款项不计提坏账准备。不同账龄计提坏账准备的比例如表6-3所示。

表6-3　　　　　　　　　　　计提坏账准备的比例表

账龄	未到期	逾期 1~90天	逾期 91~270天	逾期 271~360天	逾期 361~540天	逾期 541~720天	逾期720 天以上
计提坏账准备的比例	0.00%	2%	4%	6%	10%	12%	15%

债务重组协议如图6-16所示。

业务5：4日，债务重组。(该应收账款已计提坏账准备14480.00元)

债务重组协议

债权人：北京艾贝优婴儿车有限公司（以下简称"甲方"）

债务人：深圳华泰商贸有限公司（以下简称"乙方"）

鉴于：

1.甲方系依据中国法律在中国境内设立并合法存续的独立法人，具有履行本协议的权利能力和行为能力，有权独立作出处置自有资产决定，包括处置自有债权债务的决定。

2.乙方系依据中国法律在中国境内设立并合法存续的独立法人，具有履行本协议的权利能力和行为能力，有权独立作出处置自有资产决定，包括置自有债权债务的决定。

3.协议双方有意就其因长期业务往来形成债权债务关系，进行相应的调整以实现债务重组的目的。

有鉴于此，甲乙双方经友好协商达成如下债务重组协议，以兹共同遵守：

一、截至本协议签署之时，乙方尚欠甲方货款人民币362000.00元（金额大写：叁拾陆万贰仟元整）。

图6-16　债务重组协议

【提示】

该赛题来源于2019年全国职业院校技能大赛拟设赛项赛题库（高职组会计技能赛项赛题）。

坏账准备的核算方法一般有两种：直接转销法和备抵法。我国《企业会计准则》规定，企业应采用备抵法核算坏账准备。备抵法是按期估计坏账损失，形成坏账准备。当某一应收账款全部或部分被确认为坏账时，应根据坏账金额冲减坏账准备，同时转销相应的应收账款金额。

使用备抵法对坏账损失进行估计的方法有余额百分比法、账龄分析法、销货百分比法和个别认定法四种。假设该企业2020年12月31日"坏账准备"科目贷方余额为4 023元，使用账龄分析法对坏账损失进行估计，具体步骤如下：

(1) 在工作簿中新建工作表,命名为"坏账准备计提表",表格设置如图 6-17 所示。

(2) 选取单元格区域 D4:D8,分别录入估计损失比率"0.50%""1%""2%""3%""5%"。选取单元格 E4,在公式编辑栏内输入公式"=C4﹡D4",并将公式自动填充至 D 列。

(3) 计算各账龄应收账款的估计总损失情况。选择单元格 C9,在公式编辑栏内输入公式"=SUM(C4:C8)",将公式复制到单元格 E9,在单元格 D9 中输入公式"=E9/C9",如图 6-18 所示。

图 6-17 坏账准备计提表设置

图 6-18 不同应收款的估计损失金额

(4) 如图 6-17 所示,企业计算出的 2021 年 4 月 11 日"坏账准备"的账面余额应为 7 045 元,企业要根据前期"坏账准备"科目的账面余额计算本期应入账金额。原有坏账准备贷方余额为 4 023 元,所以本期调整分录的金额为 7 045－4 023＝3 022(元)。企业应作如下调整分录:

借:信用减值损失　　　　　　　　　　　　　　　　　　　　　3 022
　　贷:坏账准备　　　　　　　　　　　　　　　　　　　　　　　　3 022

任务三　应收账款账期金额分析图的创建

任务描述

对应收账款账期进行账龄分析,按应收账款拖欠时间的长短,分析判断可收回金额和坏账,检视每一笔应收账款已发生的时间,并按时间予以归类。

知识准备

本任务是根据前一任务的数据而生成的,运用【选择数据】命令,三维堆积柱形图表示应收票据的账期,该图形显示单个项目与整体之间的关系,从而比较各类别的每个数值所占总数值的大小,可使之更加形象与直观。

岗位说明

会计主管岗位负责创建页面,布局 Excel 应收账款账期金额分析图。

应收账款是指企业在正常的经营过程中因销售商品、产品、提供劳务等业务,被购买单位所占用的资金,属于企业的一项债权。对应收账款实施管理的第一步就是建立应收账款账期数据表。对应收账款金额进行具体分析步骤如下:

(1) 在工作簿中新增工作表,命名为"应收账款账期分析图"。

(2) 单击菜单栏中的【插入】|【图表】|【推荐的图表】|【三维堆积柱形图】图标,生成空白图表区,如图 6-19 所示。

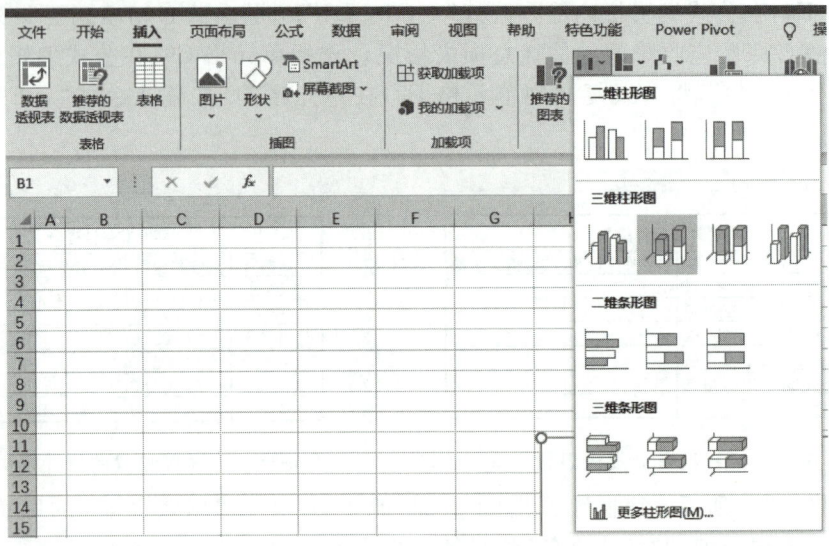

图 6-19 插入三维堆积柱形图

(3) 右键单击空白图表区域,选择【选择数据】命令,在弹出的【选择数据源】对话框中,单击对话框中的【图表数据区域】,选择 Excel 工作簿中的"应收款项表",按住 Ctrl 键,选择单元格区域 J3:N3 和单元格区域 J12:N12,如图 6-20 所示。

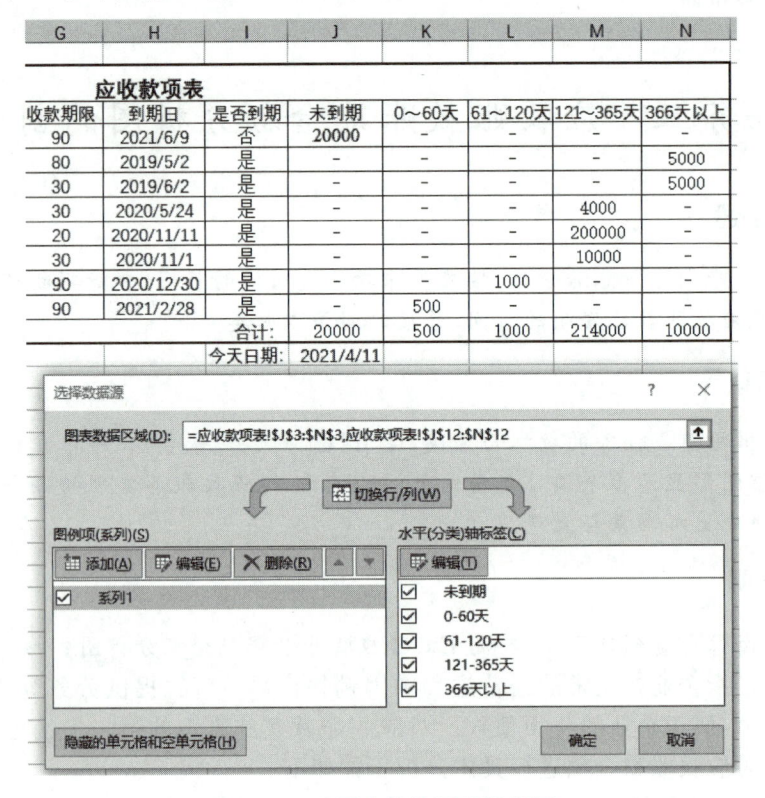

图 6-20 设置应收款图表数据源

（4）单击【确定】按钮，生成三维堆积柱形图，如图 6-21 所示。

图 6-21　三维堆积柱形图

（5）单击图表，单击图标，在"图表标题"输入"应收账款账期分析图"，在【图表元素】对话框中选中"坐标轴标题""数据标签""图例"等选项，如图 6-22 所示。

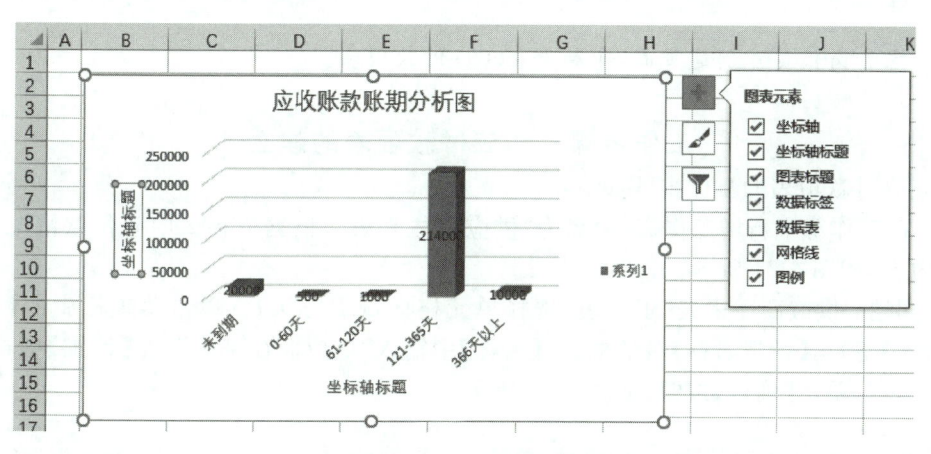

图 6-22　图标选项设置

（6）将横、纵坐标轴的标题分别修改为"到期天数"和"应收金额"，如图 6-23 所示。

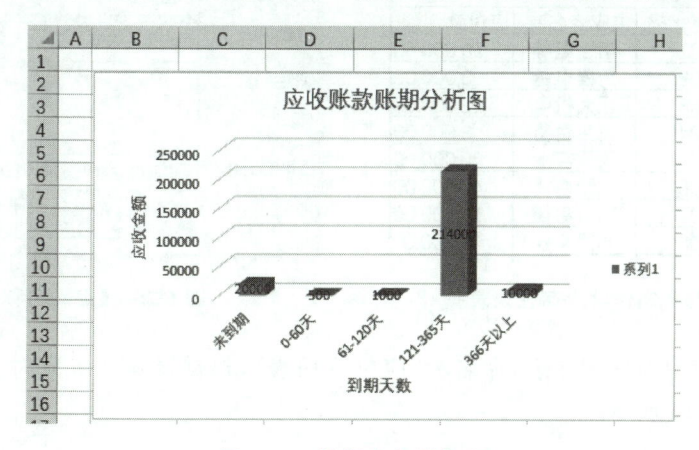

图 6-23　编辑坐标轴标题

任务四　应付款项表的创建

任务描述

应付款是指企业因购买材料、商品或接受劳务等应当支付给货物提供者或劳务提供者的款项,是在商品交易中买方先取货后付款时发生的一种信用形式。企业要避免财务危机、维护企业信誉,就一定要加强应付款的管理。

知识准备

打开 Excel 工作簿,创建应付款项表,首先创建供应商往来表;之后创建应付款项表,再输入相应的列表名称,如发票号码、应付款金额、已付款金额、未付款金额、开票日期、付款期限、到期日和是否到期等;在对应的单元格中输入实际欠款金额;再根据实际的需要将该表格作适当的宽度和高度调整以及其他优化。

岗位说明

会计主管岗位负责创建页面,布局 Excel 应付款项表。

工作步骤一　应付款项表的建立

建立应付款项表的具体步骤如下:

(1) 在工作簿中新增工作表,命名为"供应商往来表",根据资料 2 中应付款情况表输入相应的内容,如图 6-24 所示。

(2) 单击"供应商往来表"工作表,选择单元格区域 B4:D11。单击菜单栏中的【公式】|【定义名称】,弹出【新建名称】对话框,在【名称】中输入"供应商往来表",在【范围】中选择"供应商往来表",单击【确定】按钮,如图 6-25 所示。

供应商代码	供应商名称	应付款金额
G01	诺亚电脑	50,000.00
G02	历程电脑	3,000.00
G03	正大机电	12,000.00
G04	民生百货	8,000.00
G05	天天实业	100,000.00
G06	立新百货	40,000.00
G07	南方集团	11,000.00
G08	利民实业	4,300.00

图 6-24　制作供应商往来表

图 6-25　【定义名称】

(3) 在工作簿中新增工作表,命名为"应付款项表",根据资料 2 中应付款情况表输入相应的内容,如图 6-26 所示。

	A	B	C	D	E	F	G	H	I	J	K
1											
2		\multicolumn{10}{c	}{应付款项表}								
3		供应商代码	供应商名称	发票号码	应付款金额	已付款金额	未付金额	开票日期	付款期限	到期日期	是否到期
4		G01	诺亚电脑								
5		G02	历程电脑								
6		G03	正大机电								
7		G04	民生百货								
8		G05	天天实业								
9		G06	立新百货								
10		G07	南方集团								
11		G08	利民实业								

图 6-26　应付款项表效果图

（4）选取单元格 C4，单击菜单栏中的【公式】，单击【插入函数】，选择 VLOOKUP 函数，提取"供应商往来表"中的供应商名称，函数参数的"Lookup_value"设置为"B4"，"Table_array"设置为"供应商往来表！供应商往来表"，"Col_index_num"设置为"2"，如图 6-27 所示。利用自动填充功能将 C 列其他单元格的数据引入其中。

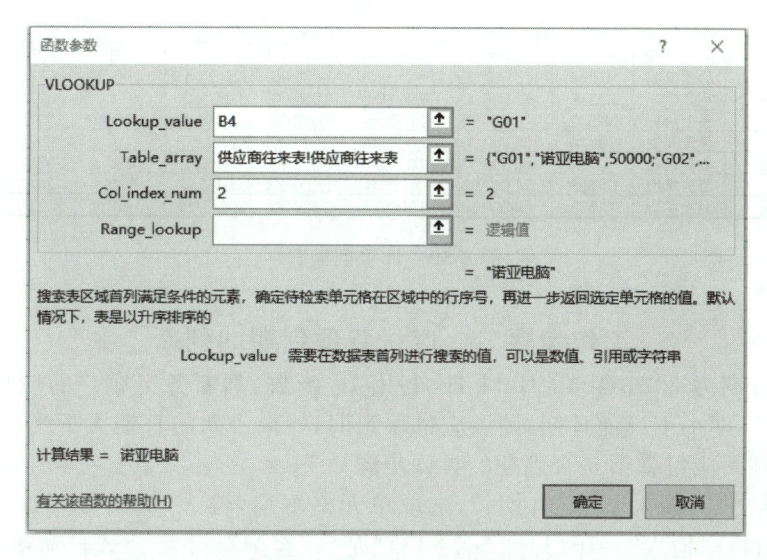

图 6-27　VLOOKUP 函数

（5）根据资料 2 中所给的其他数据，输入"应付款项表"中，如图 6-28 所示。

	A	B	C	D	E	F	G	H	I	J	K
1											
2		\multicolumn{10}{c	}{应付款项表}								
3		供应商代码	供应商名称	发票号码	应付款金额	已付款金额	未付金额	开票日期	付款期限	到期日期	是否到期
4		G01	诺亚电脑	B3321	50,000.00	3,000.00		2021/7/11	120		
5		G02	历程电脑	H3554	3,000.00	0		2021/10/13	90		
6		G03	正大机电	L2345	12,000.00	6,000.00		2021/1/3	50		
7		G04	民生百货	N2542	8,000.00	2,000.00		2021/6/4	70		
8		G05	天天实业	T9834	100,000.00	30,000.00		2021/12/2	30		
9		G06	立新百货	A9436	40,000.00	10,000.00		2021/8/3	50		
10		G07	南方集团	D6583	11,000.00	0		2021/5/4	120		
11		G08	利民实业	T2773	4,300.00	3,000.00		2021/2/11	90		

图 6-28　应付款项表效果图

(6) 选取单元格 G4, 在公式编辑栏输入"＝E4－F4", 则在 G4 单元格计算出未付款金额, 利用自动填充功能将该列其他供应商的未付款金额计算出来, 如图 6-29 所示。

	A	B	C	D	E	F	G	H	I	J	K
1											
2					应付款项表						
3		供应商代码	供应商名称	发票号码	应付款金额	已付款金额	未付款金额	开票日期	付款期限	到期日期	是否到期
4		G01	诺亚电脑	B3321	50,000.00	3,000.00	47,000.00	2021/7/11	120		
5		G02	历程电脑	H3554	3,000.00	0	3,000.00	2021/10/13	90		
6		G03	正大机电	L2345	12,000.00	6,000.00	6,000.00	2021/1/3	50		
7		G04	民生百货	N2542	8,000.00	2,000.00	6,000.00	2021/6/4	70		
8		G05	天天实业	T9834	100,000.00	30,000.00	70,000.00	2021/12/2	30		
9		G06	立新百货	A9436	40,000.00	10,000.00	30,000.00	2021/8/3	50		
10		G07	南方集团	D6583	11,000.00		11,000.00	2021/5/4	120		
11		G08	利民实业	T2773	4,300.00	3,000.00	1,300.00	2021/2/11	90		

图 6-29　计算未付款金额

(7) 选取单元格 J4, 在公式编辑栏中输入公式"＝H4＋I4", 则 J4 单元格显示到期日期, 使用自动填充功能将该列的其他供应商应付款项到期日期计算出来, 如图 6-30 所示。

	A	B	C	D	E	F	G	H	I	J	K
1											
2					应付款项表						
3		供应商代码	供应商名称	发票号码	应付款金额	已付款金额	未付款金额	开票日期	付款期限	到期日期	是否到期
4		G01	诺亚电脑	B3321	50,000.00	3,000.00	47,000.00	2021/7/11	120	2021/11/8	
5		G02	历程电脑	H3554	3,000.00	0	3,000.00	2021/10/13	90	2022/1/11	
6		G03	正大机电	L2345	12,000.00	6,000.00	6,000.00	2021/1/3	50	2021/2/22	
7		G04	民生百货	N2542	8,000.00	2,000.00	6,000.00	2021/6/4	70	2021/8/13	
8		G05	天天实业	T9834	100,000.00	30,000.00	70,000.00	2021/12/2	30	2022/1/1	
9		G06	立新百货	A9436	40,000.00	10,000.00	30,000.00	2021/8/3	50	2021/9/22	
10		G07	南方集团	D6583	11,000.00		11,000.00	2021/5/4	120	2021/9/1	
11		G08	利民实业	T2773	4,300.00	3,000.00	1,300.00	2021/2/11	90	2021/5/12	

图 6-30　计算到期日

工作步骤二　应付款项到期的判断

假设当前日期为 2021 年 12 月 11 日, 利用 IF 函数, 判断各个客户的应付款项是否到期; 如果 J 列的日期小于当前日期, 则该应付款到期; 如果 J 列的日期大于当前日期, 则该应付款未到期。判断应付款项是否到期的具体步骤如下:

选取单元格 J13, 输入"今天日期:", 选取单元格 K13, 输入"2021-12-11"。选取单元格 K4, 在公式编辑栏中输入"＝IF(J4＜$K$13,"是","否")", 并将公式自动填充至 K 列, 如果 6-31 所示。

K4			fx	=IF(J4<$K$13,"是","否")							
	A	B	C	D	E	F	G	H	I	J	K
1											
2					应付款项表						
3		供应商代码	供应商名称	发票号码	应付款金额	已付款金额	未付款金额	开票日期	付款期限	到期日期	是否到期
4		G01	诺亚电脑	B3321	50,000.00	3,000.00	47,000.00	2021/7/11	120	2021/11/8	是
5		G02	历程电脑	H3554	3,000.00	0	3,000.00	2021/10/13	90	2022/1/11	否
6		G03	正大机电	L2345	12,000.00	6,000.00	6,000.00	2021/1/3	50	2021/2/22	是
7		G04	民生百货	N2542	8,000.00	2,000.00	6,000.00	2021/6/4	70	2021/8/13	是
8		G05	天天实业	T9834	100,000.00	30,000.00	70,000.00	2021/12/2	30	2022/1/1	否
9		G06	立新百货	A9436	40,000.00	10,000.00	30,000.00	2021/8/3	50	2021/9/22	是
10		G07	南方集团	D6583	11,000.00		11,000.00	2021/5/4	120	2021/9/1	是
11		G08	利民实业	T2773	4,300.00	3,000.00	1,300.00	2021/2/11	90	2021/5/12	是
12											
13										今天日期:	2021/12/11

图 6-31　计算到期日期

任务五　应付账款的账龄分析

任务描述

应付账款账龄分析是依据企业每一笔应付账款的账龄划分账龄组来进行的,那么,当企业拖欠不同供应商多笔应付账款中存在多种账龄时,所拖欠的应付而未付的账款就可能会被划分为不同的账龄组。

知识准备

在 Excel 工作簿中创建应付款账龄分析表,依次输入具体项目内容,如供应商代码、供应商名称、发票号码、应付款金额、已付款金额、未付金额、开票日期、到期日期、是否到期等;按照所学公式依次输入相应栏中,可按所得到的金额编制相应的会计分录。

岗位说明

会计主管岗位负责创建页面,布局 Excel 应付账款的账龄分析表。

工作步骤一　应付账款账龄的设置

应付账款账龄的具体设置步骤如下:

(1) 选取单元格区域 L3:P3,分别输入"未到期金额""0~30 天""31~60 天""61~90 天""90 天以上"等几个时间区间,如图 6-32 所示。

供应商代码	供应商名称	发票号码	应付款金额	已付款金额	未付金额	开票日期	付款期限	到期日期	是否到期	未到期金额	0~30天	31~60天	61~90天	90天以上
G01	诺亚电脑	B3321	50,000.00	3,000.00	47,000.00	2021/7/11	120	2021/11/8	是					
G02	历程电脑	H3554	3,000.00	0	3,000.00	2021/10/13	90	2022/1/11	否					
G03	正大机电	L2345	12,000.00	6,000.00	6,000.00	2021/1/3	50	2021/2/22	是					
G04	民生百货	N2542	8,000.00	2,000.00	6,000.00	2021/6/4	70	2021/8/13	是					
G05	天天实业	T9834	100,000.00	30,000.00	70,000.00	2021/12/2	30	2022/1/1	否					
G06	立新百货	A9436	40,000.00	10,000.00	30,000.00	2021/8/3	50	2021/9/22	是					
G07	南方集团	D6583	11,000.00	0	11,000.00	2021/5/4	120	2021/9/1	是					
G08	利民实业	T2773	4,300.00	3,000.00	1,300.00	2021/2/11	90	2021/5/12	是					
								应付账款合计:						
							今天日期	2021/12/11						

图 6-32　设置账龄区间

(2) 选取单元格 L4,在公式编辑栏内输入公式"=IF($K$13-J4>0,"-",G4)",利用自动填充功能将公式复制到 L 列。

(3) 选取单元格 M4,在公式编辑栏内输入公式"=IF(AND($K$13-J4>=0,$K$13-J4<=30),G4,"-")",利用自动填充功能将公式复制到 M 列。

(4) 选取单元格 N4,在公式编辑栏内输入公式"=IF(AND($K$13-J4>30,$K$13-J4<=60),G4,"-")",利用自动填充功能将公式复制到 N 列。

(5) 选取单元格 O4,在公式编辑栏内输入公式"=IF(AND($K$13-J4>60,$K$13-J4<=90),G4,"-")",利用自动填充功能将公式复制到 O 列。

(6) 选取单元格 P4,在公式编辑栏内输入公式"=IF($K$13-J4>90,G4,"-")",利用自动填充功能将公式复制到 P 列。

IF 函数的含义在于,若满足账龄判断条件,则返回值为该笔应付款的未付款金额,若不满足条件则返回值为"-"。

(7) 合并 B12:K12 单元格区域,输入"应付账款合计:",选取单元格 L12,在公式编辑栏输入公式"=SUM(L4:L11)",单元格 L12 即显示未到期的应付账款金额之和,利用自动填充功能,将公式复制到单元格区域 M12:P12,如图 6-33 所示。

图 6-33 不同账龄应付款合计

工作步骤二 应付账款账龄分析表的创建

应付账款账龄分析主要是分析不同账龄的应付款未付金额在总应付款未付金额中所占的比例。因此,应付账款账龄分析表内的百分率一栏为不同账龄区间内的应付款未付金额占应付款未付金额合计的比例。创建应付账款账龄分析表的具体操作步骤如下:

(1) 在工作簿中新增工作表,命名为"应付账款账龄分析表",输入应付账款账龄分析表的有关内容,其中,单元格区域 B4:B8,单元格区域 C4:C8 的内容可以用前面介绍过的【选择性粘贴】方法来填写,如图 6-34 所示。

(2) 选取单元格 C9,在公式编辑栏内输入公式"=SUM(C4:C8)",即可输出合计金额,如图 6-35 所示。

(3) 选取单元格 D4,在公式编辑栏内输入公式"=C4/$C$9",并设置其数字显示格式,利用自动填充功能将公式复制到 D 列,如图 6-36 所示。

图 6-34 应付账款账龄分析表

图 6-35 应付账款账龄分析表——应付款合计

图 6-36 不同账龄应付款占比

任务六　应付款账期金额分析图的创建

任务描述

在对应付款进行了详细分析之后，为了能够更直观、清楚地了解应付款账期金额的分布情况，还需要创建一个应付款账期金额分析图，以图表的形式展现账期金额情况。

知识准备

本任务是根据前一任务的数据而生成，运用【选择数据】命令，三维堆积柱形图表示应收票据的账期，该图形显示单个项目与整体之间的关系，从而比较各类别的每个数值所占总数值的大小，可使之更加形象与直观。

岗位说明

会计主管岗位负责创建页面，布局 Excel 应付款账期金额分析图。

具体建立步骤如下：

（1）在工作簿中新增工作表，并命名为"应付款账期金额分析图"。

（2）单击菜单栏中的【插入】|【图表】|【推荐的图表】|【三维堆积柱形图】图标，生成空白图表区，如图 6-37 所示。

创建应付款账期金额分析图

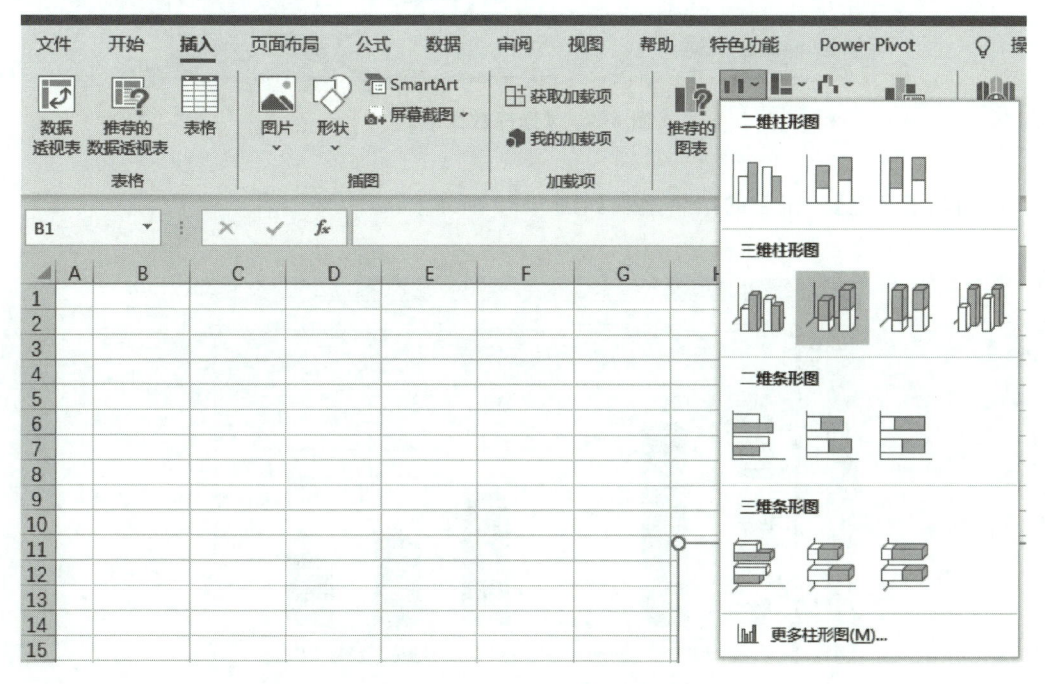

图 6-37　插入三维堆积柱形图

（3）鼠标右键单击空白图表区域，选择【选择数据】命令，在弹出的【选择数据源】对话框中,单击对话框中的【图表数据区域】,选择 Excel 工作簿中的"应付款项表",按住 Ctrl 键,选择单元格区域 L3:P3 和单元格区域 L12:P12,如图 6-38 所示。

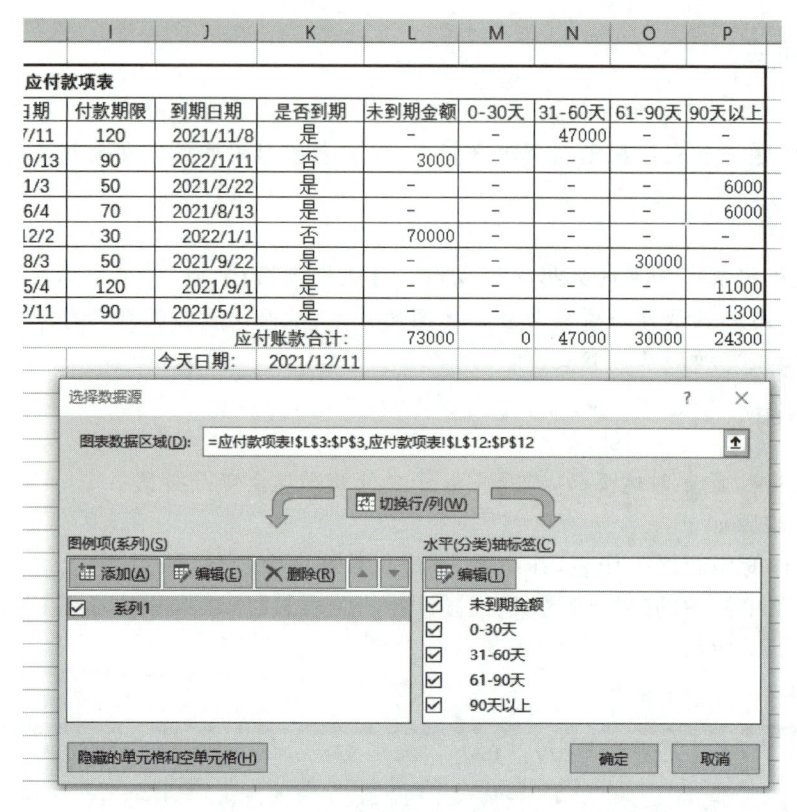

图 6-38 【选择数据源】

(4) 单击【确定】按钮后的结果呈现如图 6-39 所示。

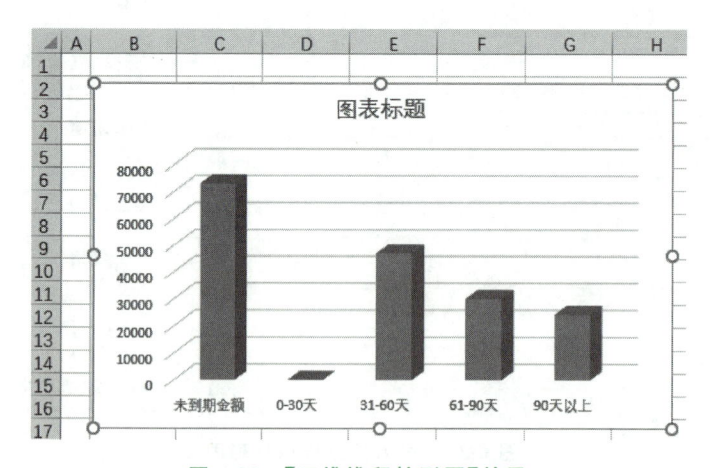

图 6-39 【三维堆积柱形图】效果

（5）单击图表，单击图标，在"图表标题"输入"应付款账期分析图"，在【图表元素】对话框中选中"坐标轴标题""数据标签""图例"等选项，如图6-40所示。

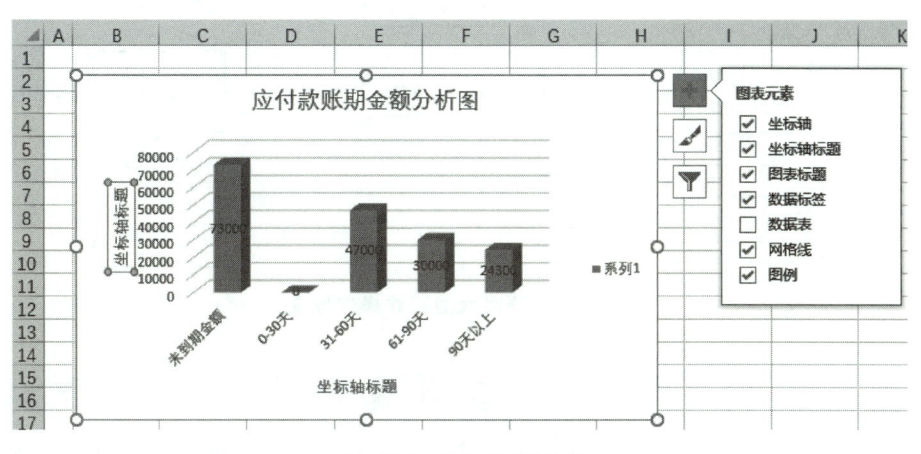

图 6-40　图表选项设置

（6）将横、纵坐标轴的标题分别修改为"账龄期间"和"应付款未付金额"，如图6-41所示。

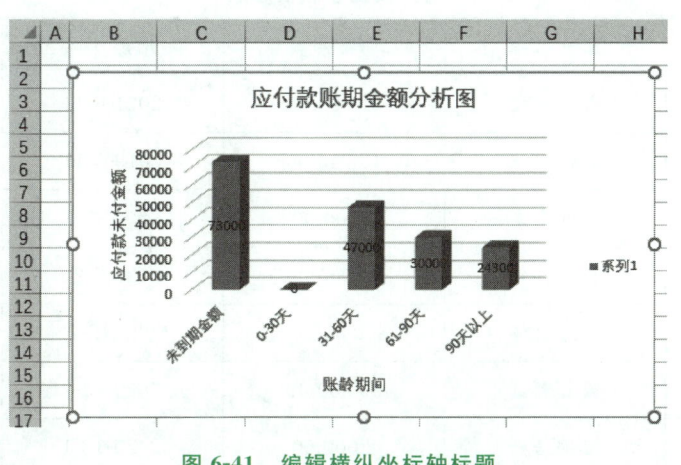

图 6-41　编辑横纵坐标轴标题

项 目 小 结

本项目的实践操作是建立往来业务管理系统工作簿，创建完成各种基本表页，如"客户往来表""供应商往来表"等；编制完成应收款项表和应付款项表；对应收、应付款进行账龄分析；建立有关图表、图形并进行分析。

其中，项目六的实践操作导图如图6-42所示。

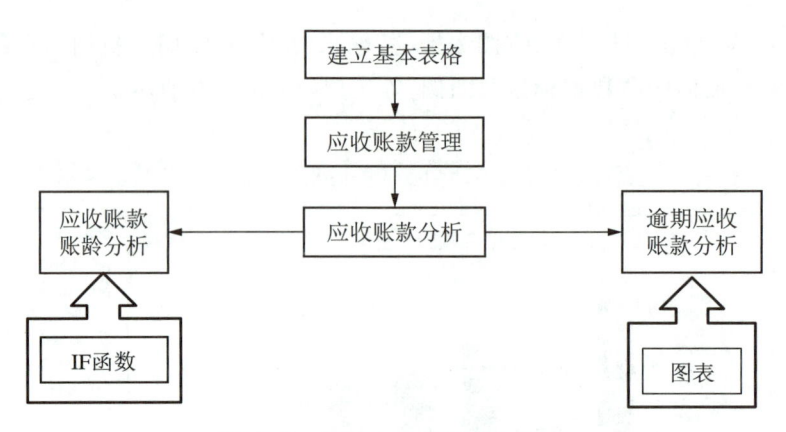

```
                    ┌──────────────┐
                    │  建立基本表格 │
                    └──────┬───────┘
                           ↓
                    ┌──────────────┐
                    │  应收账款管理 │
                    └──────┬───────┘
                           │
  ┌──────────┐      ┌──────┴───────┐      ┌──────────┐
  │ 应收账款 │ ←──  │  应收账款分析 │ ──→ │ 逾期应收 │
  │ 账龄分析 │      └──────────────┘      │ 账款分析 │
  └────↑─────┘                            └────↑─────┘
       │                                       │
  ┌────┴─────┐                            ┌────┴─────┐
  │  IF函数  │                            │   图表   │
  └──────────┘                            └──────────┘
```

图 6-42　项目六的实践操作导图

项 目 训 练

上海宜新商贸有限责任公司为中小制造企业，现欲构建一个企业的往来账款管理系统，该企业迄今有关往来账款的基本资料如下：

一、资料 1

客户及应收款信息，如表 6-4 所示。

表 6-4　　　　　　　　　客户及应收款信息表　　　　　　　　金额单位：元

客户代码	客户名称	期初余额	开票日期	收款期限（天）
K01	白云科技	30 000.00	2021-6-11	60
K02	武钢实业	10 000.00	2019-5-11	90
K03	北风汽车	2 000.00	2019-8-3	20
K04	华南服饰	24 000.00	2020-7-24	40
K05	上海商场	300 000.00	2020-12-22	80
K06	国贸大厦	50 000.00	2020-12-2	60
K07	宝钢房产	6 000.00	2020-12-1	40
K08	三一超市	2 500.00	2020-11-1	80

操作要求：

（1）假设现在是 2021 年 6 月 1 日，请编制客户往来表；

（2）请编制应收款项表和应收款账龄分析表；

（3）请编制坏账准备计提表。

二、资料 2

供应商及应付款信息，如表 6-5 所示。

表 6-5　　　　　　　　　　供应商及应付款信息表　　　　　　　　金额单位:元

供应商代码	供应商名称	应付款金额	已付款金额	开票日期	付款期限(天)
G01	哈飞电脑	25 000.00	5 000.00	2021-5-11	90
G02	中山地产	5 000.00	0.00	2021-8-13	80
G03	东方机电	24 000.00	10 000.00	2021-3-3	70
G04	医疗百货	16 000.00	5 000.00	2021-9-4	50
G05	五矿实业	120 000.00	80 000.00	2021-10-2	60
G06	联合百货	30 000.00	20 000.00	2021-10-3	60
G07	中江集团	22 000.00	0.00	2021-10-4	90
G08	中信实业	9 300.00	3 000.00	2021-3-11	120

操作要求:

(1) 假设现在是 2021 年 9 月 10 日,请编制供应商往来表;
(2) 请编制应付款项表和应付账款账龄分析表;
(3) 请编制应付款账期分析图。

项目七　成本核算系统的建立

学习目标

◆ **知识目标**

1. 掌握在 Excel 环境下成本核算相关分配表的格式设置方法。
2. 掌握在 Excel 环境下费用分配相关的函数、公式、数据透视图的使用方法。
3. 掌握在 Excel 环境下材料费用分配、动力费用分配、职工薪酬费用分配、折旧费用分配、辅助生产成本的归集与分配、制造费用的归集与分配、生产费用在完工产品与月末在产品间的分配等方法。

◆ **技能目标**

1. 会利用 Excel 进行成本核算，完成制造业企业会计部门月末完工产品成本的核算工作。
2. 会利用 Excel 进行要素费用的分配（材料费用分配表、动力费用分配表、职工薪酬费用分配表和折旧费用分配表）。
3. 会利用 Excel 进行辅助生产费用的归集与分配（辅助生产费用明细账和辅助生产费用分配表）。
4. 会利用 Excel 进行制造费用的分配（制造费用明细账和制造费用分配表）。
5. 会利用 Excel 进行生产费用在完工产品和在产品之间的分配（完工产品与在产品成本分配表）。

◆ **素养目标**

培养严谨细致的工作态度，养成勤于思考的学习习惯。

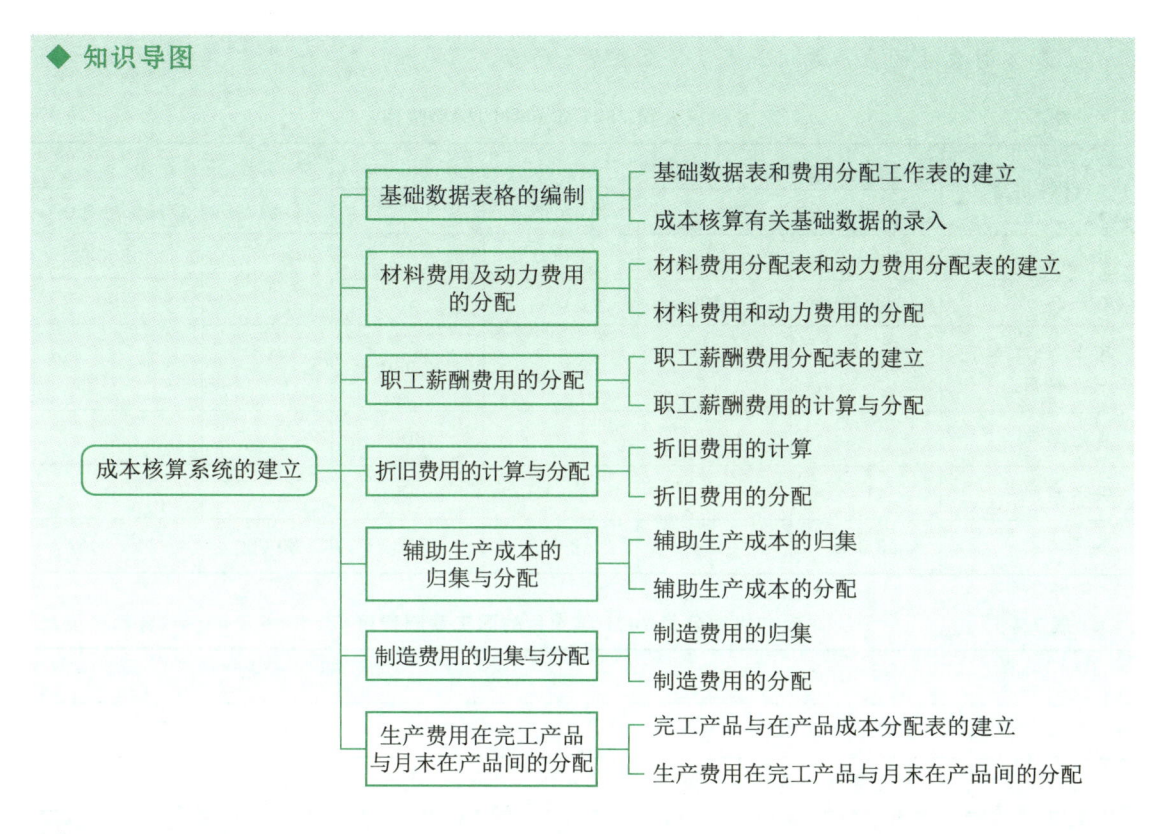

◆ **知识导图**

```
                    ┌─ 基础数据表格的编制 ──┬─ 基础数据表和费用分配工作表的建立
                    │                      └─ 成本核算有关基础数据的录入
                    │
                    ├─ 材料费用及动力费用 ──┬─ 材料费用分配表和动力费用分配表的建立
                    │        的分配         └─ 材料费用和动力费用的分配
                    │
                    ├─ 职工薪酬费用的分配 ──┬─ 职工薪酬费用分配表的建立
                    │                      └─ 职工薪酬费用的计算与分配
成本核算系统的建立 ─┤
                    ├─ 折旧费用的计算与分配 ┬─ 折旧费用的计算
                    │                      └─ 折旧费用的分配
                    │
                    ├─ 辅助生产成本的 ──────┬─ 辅助生产成本的归集
                    │    归集与分配         └─ 辅助生产成本的分配
                    │
                    ├─ 制造费用的归集与分配 ┬─ 制造费用的归集
                    │                      └─ 制造费用的分配
                    │
                    └─ 生产费用在完工产品 ──┬─ 完工产品与在产品成本分配表的建立
                         与月末在产品间的分配└─ 生产费用在完工产品与月末在产品间的分配
```

◆ **引导案例**

南方机械公司是一家生产某种机械设备的装备制造企业，企业为一般纳税人，目前规模不大，产品也不多，月末成本核算采用品种法，该公司打算利用 Excel 辅助进行成本核算工作，实现成本核算的计算机辅助处理，以提高成本核算岗位的工作效率。该企业 2021 年 6 月份生产情况及成本费用资料如下：

（1）生产情况如表 7-1 所示。

表 7-1　　　　　　　南方机械公司 2021 年 6 月的生产情况　　　　　　　单位：件

产品	月初在产品	本月投入	本月完工	月末在产品
甲产品	30	3 000	3 000	30
乙产品	40	2 000	1 800	240

（2）月初在产品成本费用如表 7-2 所示。

表 7-2　　　　　　南方机械公司 2021 年 6 月的月初在产品成本　　　　　金额单位：元

产品	直接材料	直接人工	燃料及动力	制造费用	合计
甲产品	32 400	23 600	6 500	4 300	66 800
乙产品	21 140	10 240	4 352	2 880	38 612
合计	53 540	33 840	10 852	7 180	105 412

(3) 本月发生的生产费用如表 7-3 至表 7-8 所示。

表 7-3　　　　　南方机械公司 2021 年 6 月的材料耗用　　　　　金额单位：元

材料用途	直接耗用				共同耗用	
^	A 材料	B 材料	C 材料	机物料	D 材料	定额耗用量（吨）
甲产品	55 000	3 200	7 000		20 000	300
乙产品	38 000	1 300	5 000		^	200
基本生产车间一般耗用				2 900		
质检车间				300		
供水车间				800		
合计	93 000	4 500	12 000	4 000	20 000	

表 7-4　　　　　南方机械公司 2021 年 6 月的职工薪酬费用　　　　　金额单位：元

部门	职工薪酬
产品生产工人	64 000
企业管理人员	50 000
质检车间人员	8 500
供水车间人员	6 500
生产车间管理人员	21 000
销售人员	30 000
合计	180 000

注：企业按职工薪酬总额的 10% 提取三险（医疗保险、工伤保险及生育保险，不考虑养老和失业保险），6.5% 提取住房公积金，2% 提取工会经费，8% 提取职工教育经费。

表 7-5　　　　　南方机械公司 2021 年 6 月的电费　　　　　金额单位：元

部门	当月电费
生产车间（动力用电）	32 000
生产车间（照明用电）	2 000
质检车间	3 000
供水车间	2 000
企业管理部门	1 000
合计	40 000

注：电费尚未支付。

表 7-6　　　　　　　　南方机械公司 2021 年 6 月固定资产的变化情况　　　　　　金额单位：元

部　　门	资产类别	上月资产原值	上月增加固定资产	上月减少固定资产
基本生产车间	房屋建筑物	3 000 000		
	机器设备	100 000	20 000	
质检车间	房屋建筑物	500 000		
	机器设备	50 000		10 000
供水车间	房屋建筑物	150 000		
	机器设备	20 000	5 000	
企业管理部门	房屋建筑物	2 000 000		
	办公设备	50 000		2 000
销售部门	机器设备	10 000		
	办公设备	8 000	2 000	
合计		5 888 000	27 000	12 000

注：该企业全部采用直线法计算折旧，且不存在使用寿命完结后仍然使用的固定资产。

表 7-7　　　　　　　　　南方机械公司固定资产折旧的有关规定

固定资产类别	使用寿命（年）	预计净残值率
房屋建筑物	50	10.00%
机器设备	16	4.00%
办公设备	5	1.00%

表 7-8　　　　　　　　　南方机械公司 2021 年 6 月的其他相关费用　　　　　　金额单位：元

部　　门	低值易耗品摊销	劳动保护费	保险费	电话费	办公费	合　计
基本生产车间	3 600	8 000	2 000	1 000	600	15 200
质检车间	400	500		400	100	1 400
供水车间	700	400	1 000	300	100	2 500
企业管理部门	400	200		1 000	3 000	4 600
销售部门	300	200		2 000	600	3 100
合计	5 400	9 300	3 000	4 700	4 400	26 800

注：以上费用中，低值易耗品摊销采用一次摊销法，其余均以银行存款支付。

(4) 产品生产工时：甲产品 6 000 小时，乙产品 4 000 小时。
(5) 辅助生产车间对外提供产品和劳务情况如表 7-9 所示。

表7-9　　　　　　　　辅助生产车间2021年6月提供的产品及劳务量

受益部门	质检车间（小时）	供水车间（吨）
供水车间	500	
质检车间		5 000
基本生产车间	2 800	24 000
企业管理部门	70	4 000
合计	3 370	33 000

（6）有关费用的分配方法：

① 甲产品和乙产品共同耗用的材料费用按照定额耗用量比例分配；

② 生产工人的工资按两种产品生产工时的比例分配；

③ 制造费用按两种产品生产工时的比例分配（注：辅助生产车间不单独设置制造费用明细账）；

④ 甲产品的在产品成本按年初的固定数计算，乙产品的在产品成本按约当产量法计算，其投料方式为生产开始时一次性投入，在产品的完工程度按50%计算；

⑤ 辅助生产费用采用直接分配法分配。

案例思考

如何使用Excel 2016版本来代替手工成本核算，改进南方机械公司成本核算工作的方案并落实，以提高该企业成本核算的工作效率？

【提示】

南方机械公司正常经营，以上是该公司2021年6月份生产情况及成本费用资料。本项目结合现行财税政策，应用Excel 2016版本建立南方机械公司成本核算系统。

任务一　基础数据表格的编制

任务描述

通过对南方机械公司的会计工作进行分析，使用Excel完成该企业的成本核算，首先应该把基础资料录入到Excel里面形成基础数据表。然后在项目七工作簿中新建费用分配工作表，并输入相关的基础数据。

知识准备

成本核算相关基础数据来源。

Excel建立工作表的方法。

Excel输入数据的方法。

岗位说明

成本核算岗建立基础数据表、录入基础数据。

工作步骤一　基础数据表和费用分配工作表的建立

建立基础数据表和费用分配工作表,在初次使用 Excel 进行成本核算时,根据企业成本核算的顺序建立成本核算有关的基础数据和费用分配表格。比如,材料耗用、材料费用分配、用电情况、动力费用分配、职工薪酬费用、职工薪酬费用分配等表格。基本思路:根据成本核算涉及的某项基础数据,建立独立的表格,方便未来每月根据企业业务发生的实际情况进行修改。而该项费用分配表紧跟着基础数据表建立,利用 Excel 的引用功能从基础数据表取数,然后利用公式进行费用的自动分配。

操作步骤如下:

(1) 打开 Excel 软件,新建空白工作簿。

(2) 把"Sheet1"重命名为"材料耗用"。

(3) 新增工作表,增加工作表 Sheet2、Sheet3、Sheet4、Sheet5、Sheet6、Sheet7、Sheet8、Sheet9、Sheet10、Sheet11、Sheet12、Sheet13、Sheet14、Sheet15、Sheet16、Sheet17、Sheet18,分别命名为"材料费用分配表""电费情况""动力费用分配表""职工薪酬费用""职工薪酬费用分配表""固定资产情况""折旧费用计算表""折旧费用分配表""其他费用""辅助生产车间的劳务情况""辅助生产成本明细账""辅助生产成本分配表""制造费用明细账""制造费用分配表""生产情况""期初在产品成本"和"完工产品与在产品成本分配表"。

(4) 保存工作簿,命名为"成本核算",如图 7-1 所示。

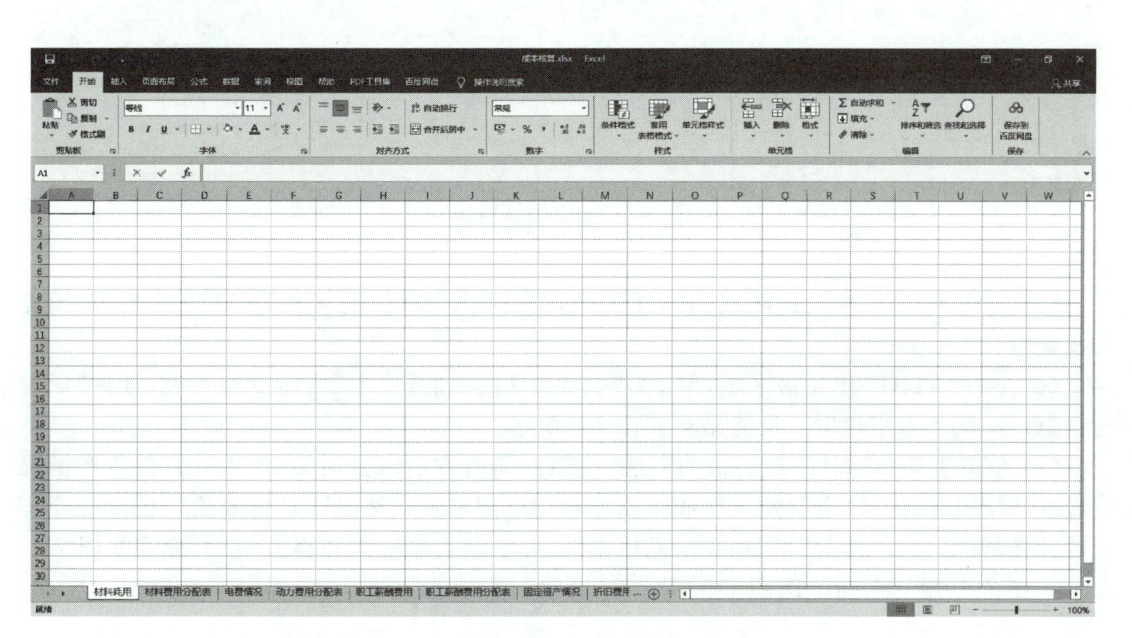

图 7-1　建立基础数据表格

工作步骤二　成本核算有关基础数据的录入

把南方机械公司成本核算有关基础数据,录入上文已经新建的成本核算工作表中。

操作步骤如下:

(1) 在工作表"材料耗用"的 A1 至 G1 单元格分别输入"材料用途""A 材料""B 材料""C 材料""机物料""D 材料""定额耗用量(吨)"。

(2) 同时选中 F2 和 F3 单元格,单击【对齐方式】工具栏中的【合并后居中】按钮,把两个单元格合并。

(3) 在工作表"材料耗用"的 A2:G7 区域,按照前述"表 7-3 南方机械公司 2021 年 6 月的材料耗用",分别输入当月各种材料的用途及耗用信息。

(4) 选中 A1:G7 单元格区域,在【单元格】工具栏中,选择【格式】按钮下拉列表中的【自动调整列宽】命令,把表格内容调整为合适的列宽,如图 7-2 所示。

图 7-2　自动调整列宽

(5) 选中 A1:G1 单元格区域,单击【字体】工具栏中的【填充颜色】按钮下拉列表,填充为浅蓝色。

(6) 选中 A1:G7 单元格区域,单击【字体】工具栏中的【边框】按钮下拉列表,选择【所有边框】命令,画上表格边框。最终结果如图 7-3 所示。

(7) 依据上述(1)到(6)步类似的方法,按照前面南方机械公司 2021 年 6 月份生产情况及成本费用资料,完成"电费情况""职工薪酬费用""固定资产情况""其他费用""辅助生产车间的劳务情况""生产情况""期初在产品成本"工作表的数据输入和格式设置,分别如图 7-4、图 7-5、图 7-6、图 7-7、图 7-8、图 7-9、图 7-10 所示。

图 7-3 材料耗用（加边框）

材料用途	A材料	B材料	C材料	机物料	D材料	定额耗用量（吨）
甲产品	55000	3200	7000		20000	300
乙产品	38000	1300	5000			200
基本生产车间一般耗用				2900		
质检车间				300		
供水车间				800		
合计	93000	4500	12000	4000	20000	

图 7-4 电费情况

部门	当月电费
生产车间动力电	32000
生产车间照明电	2000
质检车间	3000
供水车间	2000
企业管理部门	1000
合计	40000

图 7-5 职工薪酬费用

部门	职工薪酬
产品生产工人	64000
企业管理人员	50000
质检车间人员	8500
供水车间人员	6500
生产车间管理人员	21000
销售人员	30000
合计	180000

固定资产情况

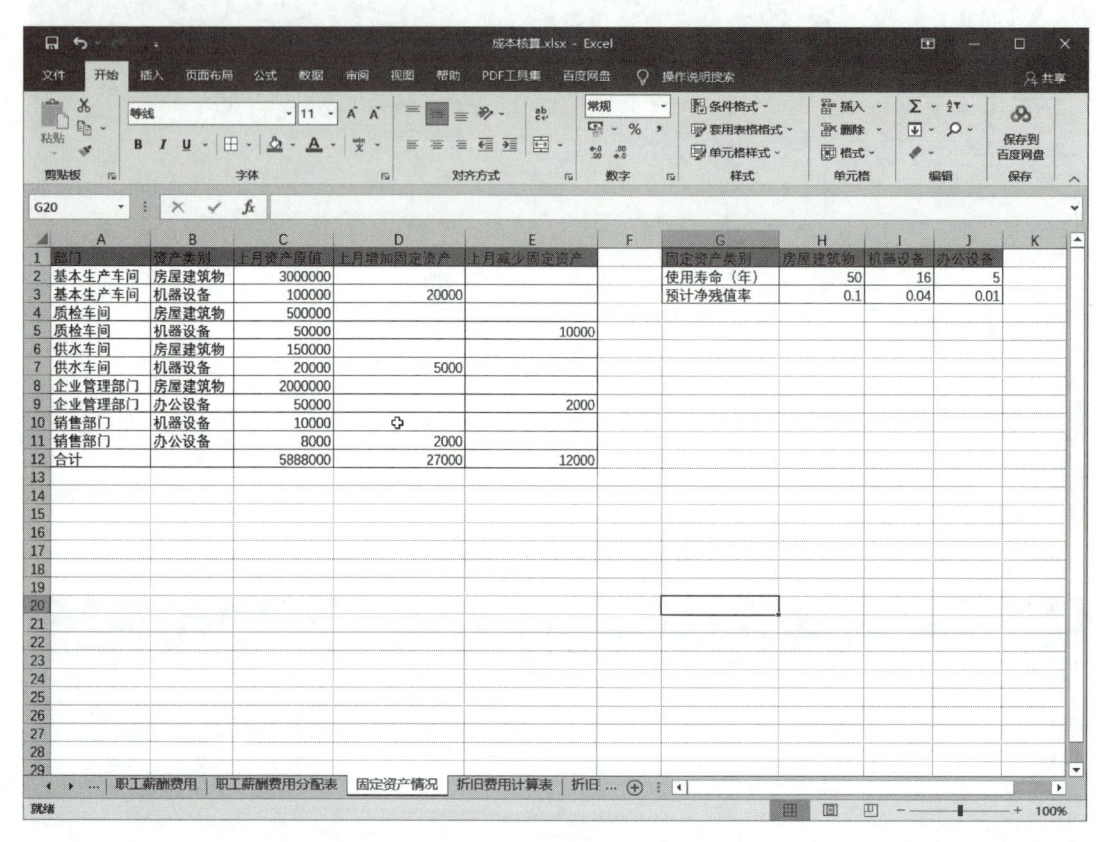

部门	资产类别	上月资产原值	上月增加固定资产	上月减少固定资产		固定资产类别	房屋建筑物	机器设备	办公设备
基本生产车间	房屋建筑物	3000000				使用寿命（年）	50	16	5
基本生产车间	机器设备	100000	20000			预计净残值率	0.1	0.04	0.01
质检车间	房屋建筑物	500000							
质检车间	机器设备	50000		10000					
供水车间	房屋建筑物	150000							
供水车间	机器设备	20000	5000						
企业管理部门	房屋建筑物	2000000							
企业管理部门	办公设备	50000		2000					
销售部门	机器设备	10000							
销售部门	办公设备	8000	2000						
合计		5888000	27000	12000					

图 7-6　固定资产情况

其他费用

	低值易耗品摊销	劳动保护费	保险费	电话费	办公费	合计
基本生产车间	3600	8000	2000	1000	600	15200
质检车间	400	500		400	100	1400
供水车间	700	400	1000	300	100	2500
企业管理部门	400	200		1000	3000	4600
销售部门	300	200		2000	600	3100
合计	5400	9300	3000	4700	4400	26800

图 7-7　其他费用

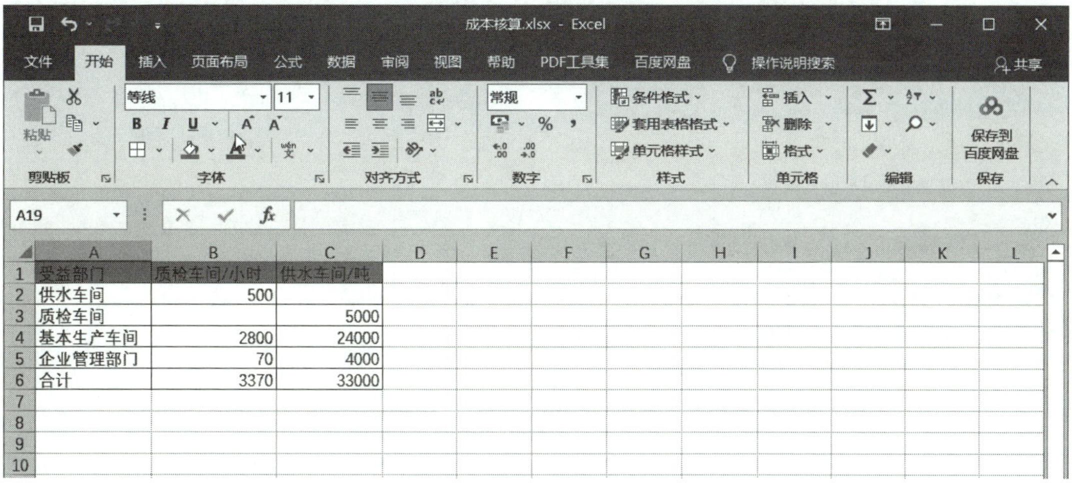

	A	B	C
1	受益部门	质检车间/小时	供水车间/吨
2	供水车间	500	
3	质检车间		5000
4	基本生产车间	2800	24000
5	企业管理部门	70	4000
6	合计	3370	33000

图 7-8 辅助生产车间的劳务情况

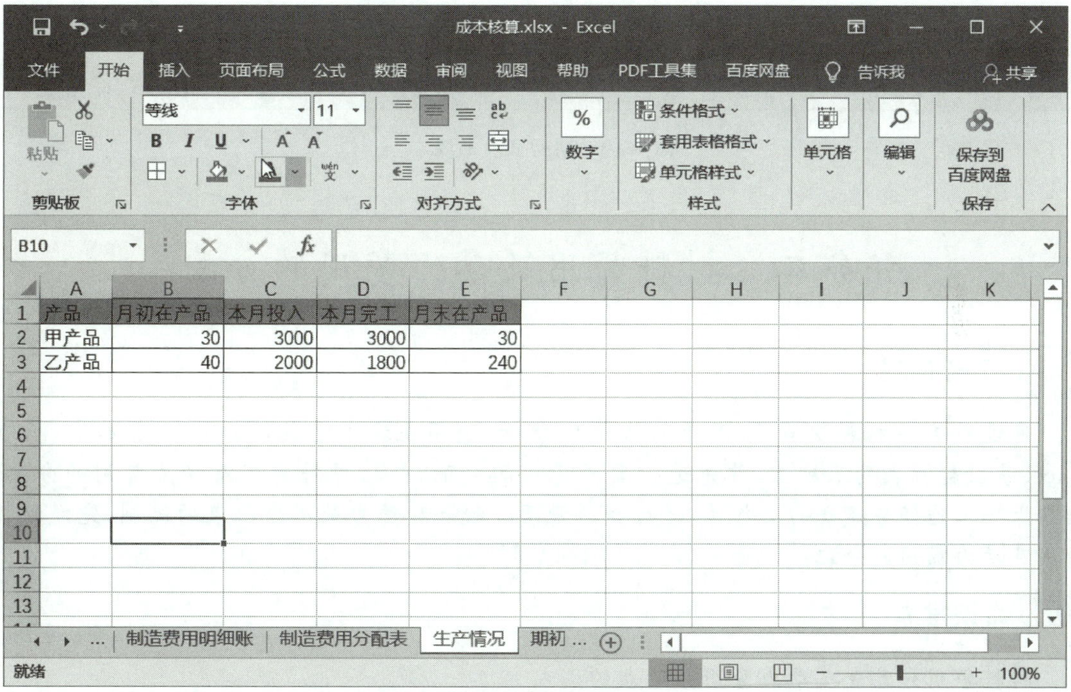

	A	B	C	D	E
1	产品	月初在产品	本月投入	本月完工	月末在产品
2	甲产品	30	3000	3000	30
3	乙产品	40	2000	1800	240

图 7-9 生产情况

图 7-10　期初在产品成本

任务二　材料费用及动力费用的分配

📖 任务描述

通过对南方机械公司的会计工作进行分析，使用 Excel 完成该企业的成本核算，在 Excel 基础数据表的基础上，首先进行要素费用的分配，包括材料费用及动力费用的分配。接着上一工作任务建立的工作簿，进行材料费用分配表和动力费用分配表的编制，完成材料费用及动力费用的分配。

🔍 知识准备

材料费用分配表及动力费用分配表的格式。
材料费用及动力费用分配的方法。
Excel 中表格格式的设置方法。
Excel 中公式的设置方法。

📄 岗位说明

成本核算岗建立材料费用分配表和动力费用分配表，进行材料费用及动力费用的分配。

赛题链接

31日，分配一车间材料成本。领料单3张、一车间主要材料领料汇总表、一车间领料分配表等凭证材料如图7-11至图7-13所示，表7-10、表7-11所示。

领 料 单

领料部门：一车间
用途：
2020年03月01日　　　第L001号

材料			单位	数量		成本	
编号	名称	规格		请领	实发	单价	总价
1001	牛皮箱纸	140g/m2	吨	58.00	58.00		
1002	挂面箱纸	120g/m2	吨	36.00	36.00		
1003	瓦楞原纸A	140g/m2	吨	160.00	160.00		
1004	瓦楞原纸B	120g/m2	吨	160.00	160.00		
1005	玉米淀粉		吨	60.00	60.00		
合计		—	—				

部门经理：杨国强　　会计：潘小凯　　仓库：张小新　　经办人：王成功

图7-11　领料单1

领 料 单

领料部门：一车间
用途：
2020年03月10日　　　第L007号

材料			单位	数量		成本	
编号	名称	规格		请领	实发	单价	总价
1001	牛皮箱纸	140g/m2	吨	300.00	300.00		
1002	挂面箱纸	120g/m2	吨	400.00	400.00		
1003	瓦楞原纸A	140g/m2	吨	200.00	200.00		
1004	瓦楞原纸B	120g/m2	吨	100.00	100.00		
1005	玉米淀粉		吨	210.00	210.00		
合计		—	—				

部门经理：杨国强　　会计：潘小凯　　仓库：张小新　　经办人：王成功

图7-12　领料单2

领 料 单

领料部门：一车间
用途：
2020年03月18日　　　第L015号

材料			单位	数量		成本	
编号	名称	规格		请领	实发	单价	总价
1001	牛皮箱纸	140g/m2	吨	254.00	254.00		
1002	挂面箱纸	120g/m2	吨	380.00	380.00		
1003	瓦楞原纸A	140g/m2	吨	147.00	147.00		
1004	瓦楞原纸B	120g/m2	吨	110.00	110.00		
合计		—	—				

部门经理：杨国强　　会计：潘小凯　　仓库：张小新　　经办人：王成功

图7-13　领料单3

表 7-10　　　　　　　　　　　　　　一车间主要材料领料汇总表
2020 年 3 月 31 日　　　　　　　　　　　　　　　　金额单位：元

材料名称	单位	规格	计划单价	一车间 数量	一车间 金额
牛皮箱纸	吨	140 g/m²			
挂面箱纸	吨	120 g/m²			
瓦楞原纸 A	吨	140 g/m²			
瓦楞原纸 B	吨	120 g/m²			
玉米淀粉	吨				
小计					

审核：陈泉　　　　　　　　　　　　　　　　　　　　　　　　　　　　　　　　制单：潘小凯

表 7-11　　　　　　　　　　　　　　　一车间领料分配表
2020 年 3 月 31 日　　　　　　　　　　　　　　　　金额单位：元

材料名称	本期领料金额	分配率	牛皮卡纸五层A瓦楞纸板 1 700 mm×660 mm 投产量 1 154 000 平方米 标准用量/m²	金额	牛皮卡纸五层B瓦楞纸板 1 300 mm×500 mm 投产量 1 026 000 平方米 标准用量/m²	金额	挂面三层A瓦楞纸板 1 000 mm×500 mm 投产量 1 300 000 平方米 标准用量/m²	金额	挂面单三B瓦楞纸板 1 000 mm×500 mm 投产量 1 000 000 平方米 标准用量/m²	金额
牛皮箱纸			2		2					
挂面箱纸			1		1		2			
瓦楞原纸 A			2				1			
瓦楞原纸 B					2				1	
玉米淀粉			4		4		2		2	
合计										

审核：陈泉　　　　　　　　　　　　　　　　　　　　　　　　　　　　　　　　制单：潘小凯

【提示】
该赛题来源于2021年全国职业院校技能大赛拟设赛项赛题库（高职组会计技能赛项样题）。

工作步骤一　材料费用分配表和动力费用分配表的建立

材料费用的分配与动力费用的分配非常相似，都是按照其耗用的部门或受益的对象进行费用分配。下面以材料费用的分配为例进行详细介绍。

直接材料的耗用，能分清楚受益产品的，采用直接追溯法，计入相应产品的直接材料费用项目；不能分清受益产品的材料耗用，一般采用分摊法，按一定标准分配计入相应产品直接材料成本。间接材料的耗用，即车间一般性耗用的机物料等计入车间制造费用，月末再转入产品成本。行政部门和销售部门耗用的材料，分别计入管理费用和销售费用。

材料费用和动力费用的分配一般使用材料费用分配表和动力费用分配表来进行。

一、表头设置

根据成本核算的需求，把材料费用分配表和动力费用分配表输入 Excel 表格。"材料费用分配表"和"动力费用分配表"的表头信息如图 7-14 和图 7-15 所示。

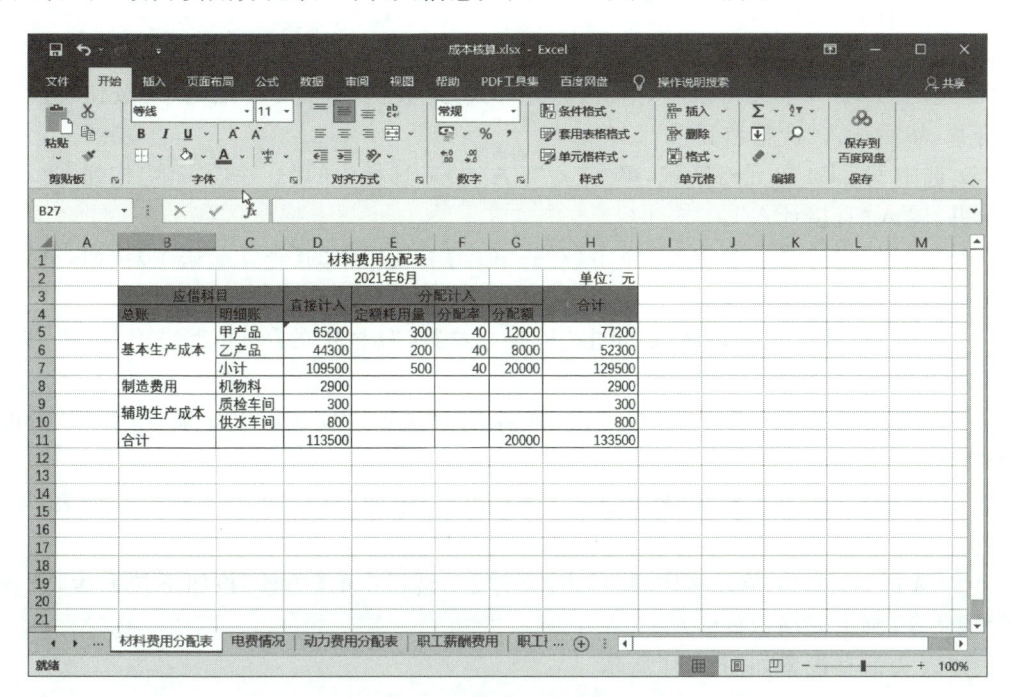

图 7-14　材料费用分配表

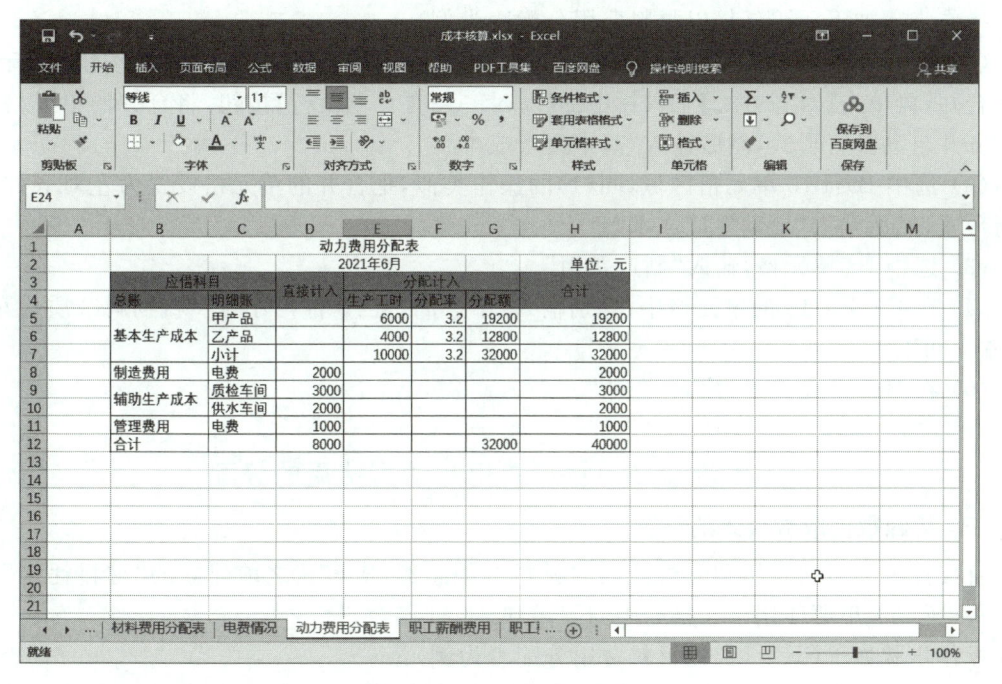

图 7-15　动力费用分配表

操作步骤如下（以材料费用分配表为例）：

（1）打开工作表"材料费用分配表"，选中 B1:H1 单元格区域，单击【对齐方式】工具栏中的【合并后居中】按钮，进行单元格的合并，然后输入"材料费用分配表"。

（2）选中 D2:F2 单元格区域，单击【对齐方式】工具栏中的【合并后居中】按钮，进行单元格的合并，然后输入"2021 年 6 月"。

（3）选中 H2 单元格，输入"单位:元"。

（4）选中 B3:C3 单元格区域，单击【对齐方式】工具栏中的【合并后居中】按钮，进行单元格的合并，然后输入"应借科目"。

（5）选中 D3:D4 单元格区域，单击【对齐方式】工具栏中的【合并后居中】按钮，进行单元格的合并，输入"直接计入"。

（6）选中 E3:G3 单元格区域，单击【对齐方式】工具栏中的【合并后居中】按钮，进行单元格的合并，输入"分配计入"。

（7）选中 H3:H4 单元格区域，单击【对齐方式】工具栏中的【合并后居中】按钮，进行单元格的合并，输入"合计"。

（8）在 B4、C4、E4、F4、G4 单元格，分别录入"总账""明细账""定额耗用量""分配率""分配额"。

（9）选中 B3:H4 单元格区域，单击【字体】工具栏中的【填充颜色】按钮下拉列表，填充为浅蓝色。

（10）选择 B3:H11 单元格区域，单击【字体】工具栏中的【边框】按钮下拉列表，选择【所有框线】命令，画上表格边框。

最终表头信息设置如图 7-14 所示。

二、应借科目设置

操作步骤如下（承上，仍以材料费用分配表为例）：

（1）选中 B5:B7 单元格区域，单击【对齐方式】工具栏中的【合并后居中】按钮，进行单元格的合并，再单击【对齐方式】工具栏中的【左对齐】和【自动换行】按钮，将合并的单元格改为左对齐并自动换行形式，然后输入"基本生产成本"。

（2）选中 B9:B10 单元格区域，同（1）的操作类似，把合并的单元格设置为左对齐并自动换行形式，然后输入"辅助生产成本"。

（3）选中 B8 单元格，输入"制造费用"。

（4）在 C5 至 C10 的单元格中，分别输入"甲产品""乙产品""小计""机物料""质检车间""供水车间"。

（5）在 B11 单元格中，输入"合计"。

工作步骤二　材料费用和动力费用的分配

一、基础数据取数公式的设置

直接计入的材料费用和分配计入的材料费用总额，应该从之前建立的"材料耗用"表格中取得，所以这里要使用单元格的表间引用和 SUM 函数。

操作步骤如下（承上，仍以材料费用分配表为例）：

（1）直接在 D5 单元格输入公式"＝SUM(材料耗用! B2:E2)"，对直接计入甲产品成本的直接材料费用求和。这里要注意标点符号使用英文字符。另外,还可以利用 Excel 的求和工具来辅助公式的输入。选中 D5 单元格,然后单击【编辑】工具栏中的【自动求和】按钮,再选中"材料耗用"工作表的 B2:E2 单元格区域,按回车键即可。

(2) 用与(1)相同的方法,在 D6 单元格输入公式"=SUM(材料耗用!B3:E3)",在 D8 单元格输入公式"=SUM(材料耗用!B4:E4)",在 D9 单元格输入公式"=SUM(材料耗用!B5:E5)",在 D10 单元格输入公式"=SUM(材料耗用!B6:E6)"。

提示:可以利用填充柄或复制粘贴的方法将 D5 单元格中的公式快速填充 D6 单元格,将 D8 单元格中的公式快速填充 D9、D10 单元格。即选中 D5 单元格,鼠标光标移到右下角变成黑色"+",按住鼠标左键拖动光标进行 D6 单元格的填充;或者先复制 D5 单元格,然后在 D6 单元格进行粘贴。同理,选中 D8 单元格,鼠标光标移到右下角变成黑色"+",按住鼠标左键拖动光标进行 D9、D10 单元格的填充;或者先复制 D8 单元格,然后分别在 D9、D10 单元格进行粘贴。这里要注意,此处要求"材料费用分配表"直接计入费用的顺序正好与材料耗用表里面相应费用的顺序相同,否则不能使用填充柄或复制粘贴工具。

(3) 分配计入的材料费用总额和分配标准也要使用取数公式。即在 E5 单元格输入公式"=材料耗用!G2",在 E6 单元格输入公式"=材料耗用!G3",在 G7 单元格输入公式"=材料耗用!F2"。另外,还有相对简便的方式输入公式。以 E5 单元格公式输入为例,选中 E5 单元格,输入"=",然后单击鼠标选中"材料耗用"工作表中的 G2 单元格后,按回车键即可,此时电子表格系统会自动补充公式为"=材料耗用!G2"。同时,还可以利用填充柄或复制粘贴的方法将 E5 单元格中的公式快速填充 E6 单元格。

二、分配率、分配额、合计数公式的设置

操作步骤如下(承上,仍以材料费用分配表为例):

(1) 计算分配计入两种产品材料费用的金额。在 E7 单元格输入公式"=SUM(E5:E6)",计算分配标准总额;在 F7 单元格输入公式"=G7/E7",计算分配率;在 F5 和 F6 单元格都输入公式"=$F$7",引用刚刚算出的分配率;最后在 G5、G6 单元格分别输入公式"=E5*F5""=E6*F6",完成分配计入金额的计算。

(2) 进行合计列(H 列)合计数的计算。在 H5 单元格输入公式"=D5+G5",把甲产品材料费用的直接计入部分和分配计入部分相加。同样方法,在 H6 单元格输入公式"=D6+G6",在 H7 单元格输入公式"=D7+G7",在 H8 单元格输入公式"=D8+G8",在 H9 单元格输入公式"=D9+G9",在 H10 单元格输入公式"=D10+G10"。此处也可以使用填充柄或复制粘贴的方法来完成 H6、H8、H9、H10 单元格的公式的录入。

(3) 补充完成剩余合计数单元格的计算。在 D7 单元格输入公式"=SUM(D5:D6)",在 D11 单元格输入公式"=SUM(D7:D10)",在 G11 单元格输入公式"=SUM(G7:G10)",在 H11 单元格输入公式"=SUM(H7:H10)"。这里仍然可以灵活运用填充柄或复制粘贴工具完成相关公式的录入。

(4) 调整列宽,规整表格显示。选中 B1:H11 单元格区域,在【单元格】工具栏中,选择【格式】按钮下拉列表中的【自动调整列宽】命令,把表格内容调整为合适列宽。另外,还需要调整 H 列的列宽,使年份月份与表格标题对齐。再选中 H2 单元格,单击【对齐方式】工具栏中的【右对齐】按钮,将该单元格改为右对齐形式。最终结果如图 7-14 所示。

表格中所有的公式的设置如图 7-16 所示。

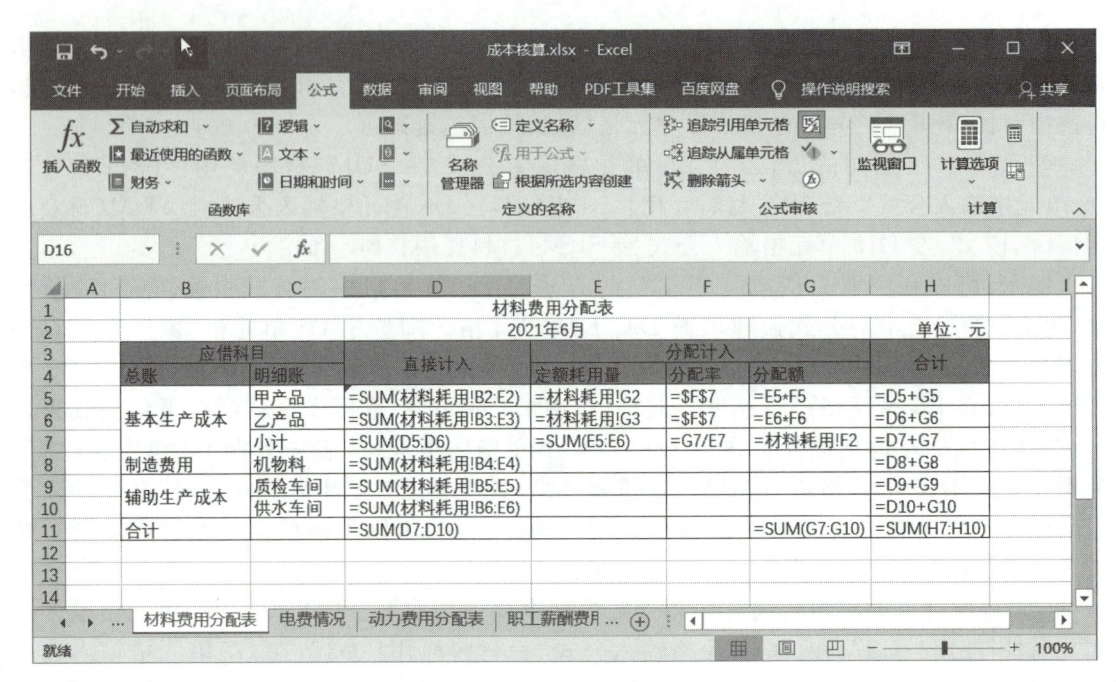

图 7-16 材料费用分配表中的公式

"材料费用分配表"输入完成以后，可以使用类似的方法完成"动力费用分配表"的输入，其表格所有的公式如图 7-17 所示，这里不再重复说明设置过程，可作为工作任务二练习的内容。

图 7-17 动力费用分配表中的公式

【提示】

"材料费用分配表"和"动力费用分配表"可以打印出来，作为当月材料费用和动力费用分配的原始凭证。

任务三　职工薪酬费用的分配

任务描述

通过对南方机械公司的会计工作进行分析，使用 Excel 完成该企业的成本核算，在 Excel 基础数据表的基础上，继续进行要素费用的分配，包括职工薪酬费用的分配。接着上一工作任务，进行职工薪酬费用分配表的编制，完成职工薪酬费用的分配。

知识准备

职工薪酬费用分配表的格式。
职工薪酬费用分配的方法。
Excel 中表格格式的设置方法。
Excel 中公式的设置方法。

岗位说明

成本核算岗建立职工薪酬费用分配表，进行职工薪酬费用的分配。

赛题链接

31 日，编制本月职工薪酬分配表并进行分配。职工薪酬汇总表、职工薪酬分配表如表 7-12、表 7-13 所示。

表 7-12　　　　　　　　　　　职工薪酬汇总表
2020 年 3 月 31 日　　　　　　　　　　　　　　　　　　　金额单位：元

部门		应付工资	五险一金基数	短期薪酬					高职后福利		合计
				医疗保险	工伤保险	生育保险	住房公积金	工会经费	养老保险	失业保险	
				10.00%	0.20%	0.80%	12.00%	2.00%	16.00%	0.80%	
一车间	生产工人	139 639.22	102 000	10 200	204	816	12 240	2 796.78	16 320	816	183 232
	管理人员	22 000	10 200	1 020	20.4	81.6	1 224	440	1 632	81.6	26 499.6
	小计	161 839.22	112 200	11 220	224.4	897.6	13 464	3 236.78	17 952	897.6	209 731.6
二车间	生产工人	252 324.71	183 600	18 360	367.2	1 468.8	22 032	5 046.49	29 376	1 468.8	330 444
	管理人员	23 000	10 200	1 020	20.4	81.6	1 224	460	1 632	81.6	27 519.6
	小计	275 324.71	193 800	19 380	387.6	1 550.4	23 256	5 506.49	31 008	1 550.4	357 963.6
管理部		153 000	111 600	11 160	223.2	892.8	13 392	3 060	17 856	892.8	200 476.8
设备管理部		20 000	12 400	1 240	24.8	99.2	1 438	400	1 984	99.2	25 335.2
销售部		96 000	46 400	4 640	92.8	371.2	5 568	1 920	7 424	371.2	116 387.2
合计		706 163.93	476 400	47 640	952.8	3 811.2	57 168	14 123.27	76 224	3 811.2	909 894.4

审核：陈泉　　　　　　　　　　　　　　　　　　　　　　　制单：潘小凯

表 7-13　　　　　　　　　　　　　　　　职工薪酬分配表
2020 年 3 月 31 日　　　　　　　　　　　　　　　　金额单位:元

受益对象		单位	分配标准（投产量）	分配率	分配金额
一车间	牛皮卡纸五层 A 瓦楞纸板 1 700 * 660 mm	千平方米	1 154		
	牛皮卡纸五层 B 瓦楞纸板 1 300 * 500 mm	千平方米	1 026		
	挂面三层 A 瓦楞纸板 1 000 * 500 mm	千平方米	1 300		
	挂面单三 B 瓦楞纸板 1 000 * 500 mm	千平方米	1 000		
	小计		4 480		
二车间	1 号标准箱	万件	120		
	2 号标准箱	万件	80		
	3 号标准箱	万件	40		
	4 号标准箱	万件	38		
	5 号标准箱	万件	150		
	6 号标准箱	万件	120		
	小计		548		
一车间管理人员					
二车间管理人员					
管理部					
设备管理部					
销售部					
合计					

审核：陈泉　　　　　　　　　　　　　　　　　　　　　　　　制单：潘小凯

【提示】
该赛题来源于 2021 年全国职业院校技能大赛拟设赛项赛题库（高职组会计技能赛项样题）。

工作步骤一　职工薪酬费用分配表的建立

职工薪酬费用的分配与材料费用的分配类似，也是按照其耗用的部门或受益的对象进行费用分配。不过职工薪酬费用的分配还要包括社会保险、公积金、工会经费、职工教育经费等职工福利费用的分配。

因为一般不能分清具体哪些工人生产哪种产品，所以生产工人薪酬费用分配一般采用分摊法，按一定的标准，分配计入相应产品直接人工成本。车间管理人员的薪酬一般计入车间制造费用，月末再转入产品成本。行政部门和销售部门人员的薪酬，计入管理费用和销售费用。

职工薪酬费用的分配一般使用职工薪酬费用分配表来进行。

一、表头设置

根据成本核算的需求，把手工编制的职工薪酬费用分配表输入 Excel，从而设计出"职工薪酬费用分配表"。

操作步骤如下：

（1）打开工作表"职工薪酬费用分配表"，选中 B1:M1 单元格区域，单击【对齐方式】工具栏中的【合并后居中】按钮，进行单元格的合并，输入"职工薪酬费用分配表"。

（2）选中 D2:K2 单元格区域，单击【对齐方式】工具栏中的【合并后居中】按钮，进行单元格的合并，输入"2021 年 6 月"。

（3）选中 M2 单元格，输入"单位：元"，同时单击【对齐方式】工具栏中的【右对齐】按钮，将该单元格改为右对齐形式。

（4）选中 B3:C3 单元格区域，单击【对齐方式】工具栏中的【合并后居中】按钮，进行单元格的合并，输入"应借科目"。

（5）同（4）相同的方法，分别对 D3:D4 单元格区域、E3:G3 单元格区域、H3:H4 单元格区域、M3:M4 单元格区域进行单元格的合并操作，分别输入"直接计入""分配计入""工资合计""合计"。

（6）在 B4、C4、E4、F4、G4、I3、J3、K3、L3 单元格分别录入"总账""明细账""生产工时""分配率""分配额""社会保险费""公积金""公会经费""职工教育经费"。

（7）把 B3:M4 单元格区域填充颜色为浅蓝色，同时单击【对齐方式】工具栏中的【居中】按钮，将该单元格改为居中对齐形式，此处有些单元格之前已经设置居中对齐，可能需要单击两次【对齐方式】工具栏中的【居中】按钮，一次为解除居中对齐，一次为设置居中对齐。

（8）把 B3:M13 单元格区域边框设置为"所有框线"。

表头信息设置最终如图 7-18 所示。

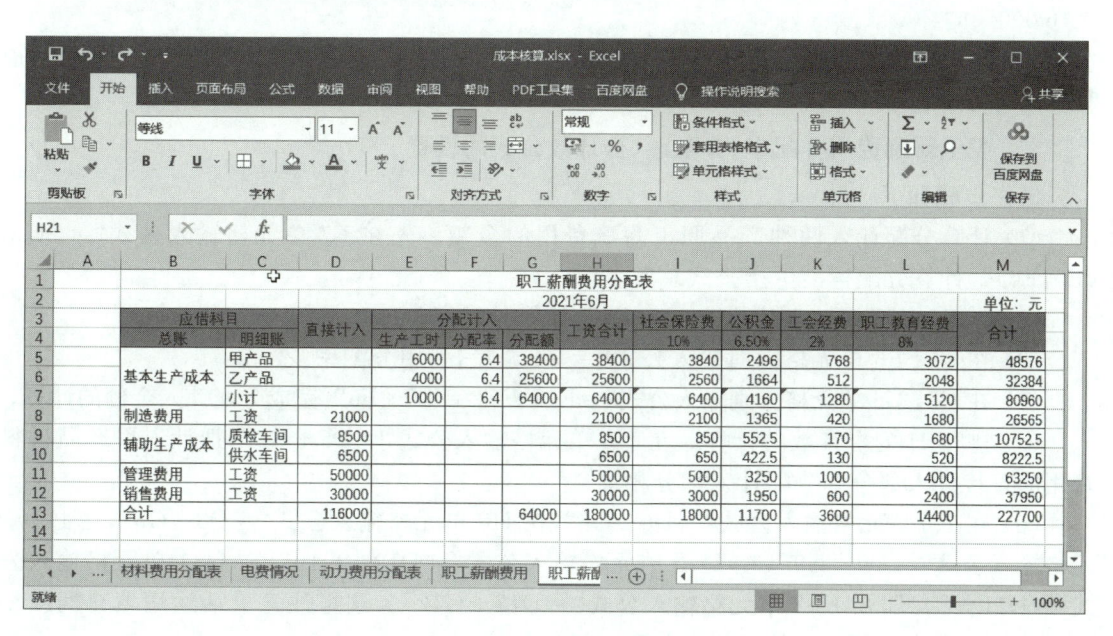

图 7-18 职工薪酬费用分配表

二、应借科目设置

操作步骤如下：

（1）选中 B5:B7 单元格区域，单击【对齐方式】工具栏中的【合并后居中】按钮，进行单元格的合并,再单击【对齐方式】工具栏中的【左对齐】和【自动换行】按钮,将合并的单元格改为左对齐并自动换行形式,输入"基本生产成本"。

(2) 用同(1)一样的方法,将 B9：B10 单元格区域进行单元格的合并,然后将合并的单元格改为左对齐并自动换行形式,输入"辅助生产成本"。

(3) 在 B8、B11、B12、B13 单元格,分别输入"制造费用""管理费用""销售费用""合计"。

(4) 在 C5 至 C12 的单元格,分别输入"甲产品""乙产品""小计""工资""质检车间""供水车间""工资""工资"。

工作步骤二　职工薪酬费用的计算与分配

一、基础数据取数公式的设置

直接计入的职工薪酬费用和分配计入的职工薪酬费用总额,类似于之前的材料费用分配,应该从之前的"职工薪酬费用"工作表里取得,所以这里仍然要使用单元格的表间引用和 SUM 函数。

操作步骤如下：

(1) 在 D8 单元格输入公式"=职工薪酬费用！B6",在 D9 单元格输入公式"=职工薪酬费用！B4",在 D10 单元格输入公式"=职工薪酬费用！B5",在 D11 单元格输入公式"=职工薪酬费用！B3",在 D12 单元格输入公式"=职工薪酬费用！B7"。

(2) 分配计入的职工薪酬费用总额也要使用取数公式,在 G7 单元格输入公式"=职工薪酬费用！B2"。而分配的标准,按照题目要求使用生产工时,所以在 E5、E6 单元格分别输入"6 000"和"4 000"。

(3) 相关费用的计提比率也一并录入,在 I4、J4、K4、L4 单元格分别输入相关职工福利费用的计算比率 10%、6.5%、2%、8%。

二、职工薪酬费用分配率、分配额、合计数公式的设置

操作步骤如下：

(1) 计算分配计入两种产品职工薪酬费用的金额。先在 E7 单元格输入公式"=SUM(E5：E6)",计算分配标准生产公式总额。

(2) 在 F7 单元格输入公式"=G7/E7",计算分配率。

(3) 在 F5、F6 单元格同时输入公式"=$F$7",引用分配率。

(4) 在 G5、G6 单元格分别输入公式"=E5*F5""=E6*F6",完成分配计入金额的计算。

(5) 进行 H 列合计数的计算。在 H5 单元格输入公式"=D5+G5",把计入甲产品材料费用的直接计入部分和分配计入部分相加。

(6) 在 H6 单元格输入公式"=D6+G6",在 H8 单元格输入公式"=D8+G8",在 H9 单元格输入公式"=D9+G9",在 H10 单元格输入公式"=D10+G10",在 H11 单元格输入公式"=D11+G11",在 H12 单元格输入公式"=D12+G12"。这里注意灵活运用填充柄或复制粘贴工具完成相关公式的录入。

(7) 补充完成剩余合计数单元格的计算公式。在 H7 单元格输入公式"=SUM(H5：H6)",在 D13 单元格输入公式"=SUM(D7：D12)",在 G13 单元格输入公式"=SUM(G7：G12)",在 H13 单元格输入公式"=SUM(H7：H12)"。这里仍然可以灵活运用填充柄或复制粘贴工具完成相关公式的录入。

表格中所有的公式如图 7-19 所示。

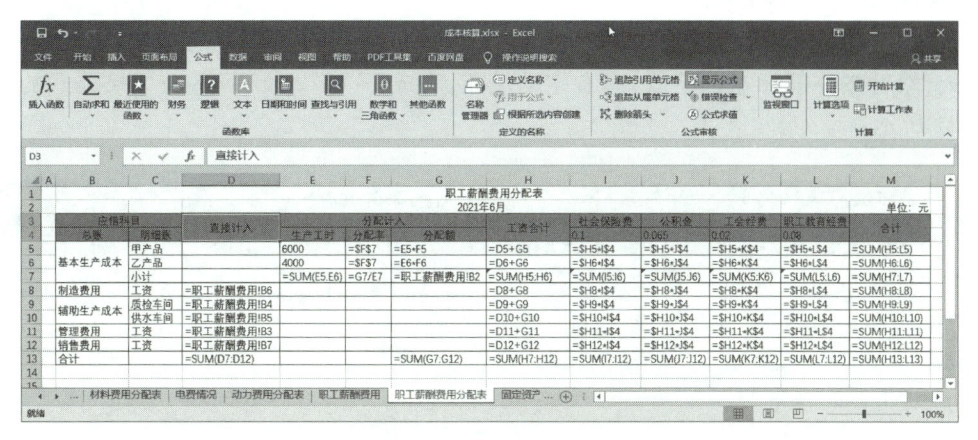

图 7-19　职工薪酬费用分配表有关公式

三、职工福利费用的计算

职工福利费用是按之前计算出的工资合计数乘以相关计提比率计算得到，这里建议使用混合引用与复制粘贴工具完成。

操作步骤如下：

（1）在 I5 单元格输入含有混合引用的公式"＝＄H5＊I＄4"，计算生产甲产品生产工人的社会保险费金额。

（2）复制 I5 单元格，在 J5、K5、L5、I6、J6、K6、L6 单元格和 I8:L12 单元格区域内的所有单元格进行粘贴，完成职工福利费用的自动计算，如图 7-20 所示。

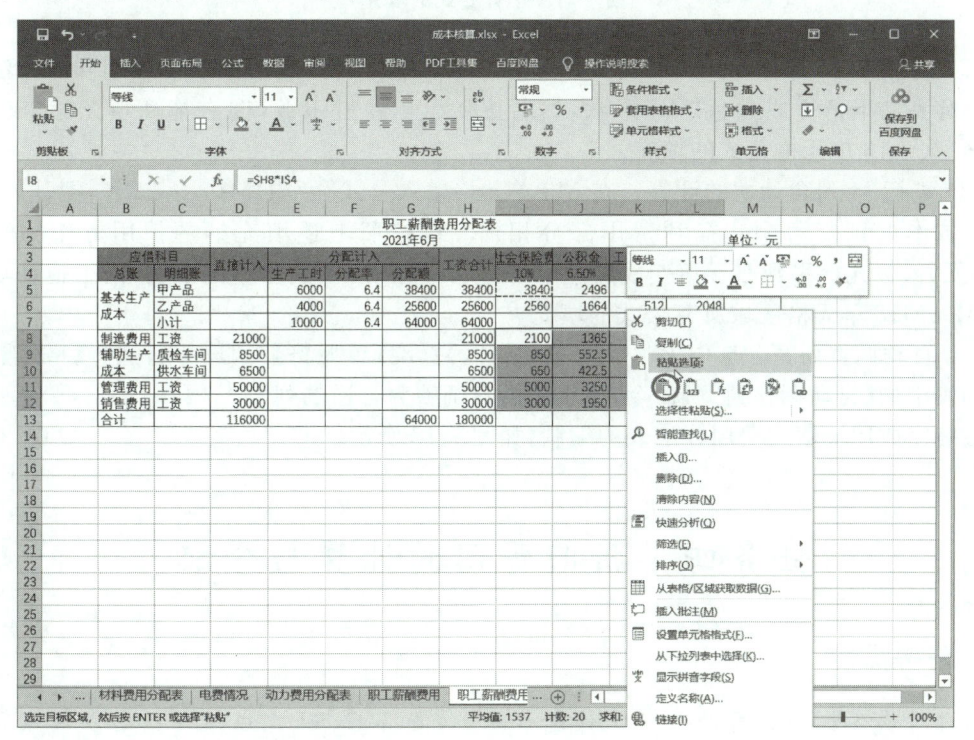

图 7-20　职工福利费用的计算

四、剩余合计内容的输入

(1) 第 7 行小计公式的输入。先选中 H7 单元格,然后鼠标光标移到右下角变成黑色"＋"形式,然后按住鼠标左键不放,向右拖动填充,完成 I7、J7、K7、L7 单元格公式的填充。如图 7-21 所示:

图 7-21 小计公式的填充

(2) 进行第 13 行合计公式的输入。先选中 H13 单元格,然后按照上边相同的办法,鼠标光标移到右下角变成黑色"＋"形状,然后按住鼠标左键不放,向右拖动填充,完成 I13、J13、K13、L13 单元格公式的填充。

(3) 进行 M 列合计数的计算。在 M5 单元格输入公式"＝SUM(H5:L5)",把计入甲产品人工成本的工资薪酬和福利费用部分相加。再按照上述填充柄的使用方法,先选中 M5 单元,鼠标光标移到右下角变成黑色"＋"形状,然后按住鼠标左键不放,向下拖动填充,完成 M6:M13 单元格区域所有公式的填充。

(4) 自动调整列宽。选中 B1:M13 单元格区域,在【单元格】工具栏中,选择【格式】按钮下拉列表中的【自动调整列宽】命令,把表格内容调整为合适的列宽。

最终完成职工薪酬费用分配表的编制,如图 7-18 所示。

任务四　折旧费用的计算与分配

任务描述

通过对南方机械公司的会计工作进行分析,使用 Excel 完成该企业的成本核算,在 Excel 基础数据表的基础上,继续进行要素费用的分配,包括折旧费用的分配。

接着上一工作任务,完成该企业固定资产折旧费用的计算与分配。其中,折旧费用的分配借助数据透视表工具来完成。

知识准备

折旧费用分配表的格式。
折旧费用分配的方法。
Excel 中表格格式的设置方法。
Excel 中公式的设置方法。
Excel 中数据透视表的使用方法。

岗位说明

成本核算岗负责建立折旧费用分配表,进行折旧费用的分配。

赛题链接

31 日,计提折旧。固定资产折旧计算表如表 7-14、表 7-15 所示。

表 7-14 固定资产折旧计算表(表 1)

2020 年 3 月 31 日　　　　　　　　　　　　　　　　　金额单位:元

部门名称	设备名称	单位	数量	单价	原值	开始使用日期	使用年限(年)	残值率	月折旧季	当月计提折旧额	类别
一车间	电脑	台	2	5 000	10 000	2015/2/5	5	4%			管理设备
	办公家具	套	2	2 000	4 000	2016/9/5	5	4%			管理设备
	三层瓦楞纸板生产线	条	2	1 200 000	2 400 000	2016/9/5	10	4%			生产设备
	五层瓦楞纸板生产线	条	1	1 600 000	1 600 000	2016/10/12	10	4%			生产设备
	五层瓦楞纸板生产线	条	1	1 680 000	1 680 000	2020/3/12	10	4%			生产设备
	叉车	辆	2	89 000	178 000	2016/10/12	4	4%			运输设备
	小计				5 872 000						
二车间	电脑	台	1	5 000	5 000	2015/2/5	5	4%			管理设备
	办公家具	套	1	2 000	2 000	2016/9/5	5	4%			管理设备
	纸箱生产线	条	2	800 000	1 600 000	2016/10/12	10	4%			生产设备
	叉车	辆	2	89 000	178 000	2016/10/12	4	4%			运输设备
	小计				1 785 000						
共用	厂房	幢	1	6 500 000	6 500 000	2015/9/5	20	4%			房屋建筑物
	小计				6 500 000						

续 表

部门名称	设备名称	单位	数量	单价	原值	开始使用日期	使用年限（年）	残值率	月折旧季	当月计提折旧额	类别
管理部门	办公楼	幢	1	16 000 000	16 000 000	2015/9/5	20	4%			房屋建筑物
	车辆	辆	3	120 000	360 000	2016/9/5	4	4%			运输设备
	车辆	辆	1	120 000	120 000	2019/9/5	4	4%			运输设备
	高级轿车	辆	1	560 000	560 000	2016/10/12	4	4%			运输设备
	电脑	台	15	4 000	60 000	2016/10/12	5	4%			管理设备
	打印机	台	2	5 000	10 000	2016/10/12	5	4%			管理设备
	办公家具	套	19	2 000	38 000	2016/10/12	5	4%			管理设备
	小计				17 148 000						
设备管理部	电脑	台	4	5 000	20 000	2016/9/5	5	4%			管理设备
	检测设备	套	2	50 000	100 000	2019/7/12	10	4%			生产设备
	小计				120 000						
销售部门	电脑	台	6	5 000	30 000	2016/9/5	5	4%			管理设备
	小计				30 000						
合计					31 455 000						

审核：陈泉　　　　　　　　　　　　　　　　　　　　　　　　　　　制单：潘小凯

表 7-15　　　　　　　　　　　厂房折旧分配表（表 2）
　　　　　　　　　　　　　　　　2020 年 3 月 31 日　　　　　　　　　　　　　金额单位：元

部门	面积（平方米）	分配率	折旧金额
一车间	2 500		
二车间	2 200		
设备管理部	300		
合计	5 000		

审核：陈泉　　　　　　　　　　　　　　　　　　　　　　　　　　　制单：潘小凯

【提示】
　　该赛题来源于2021年全国职业院校技能大赛拟设赛项赛题库（高职组会计技能赛项样题）。

工作步骤一　折旧费用的计算

　　折旧费用的分配仍然与材料费用的分配类似，是按照固定资产的使用部门进行费用的分配。车间固定资产的折旧费一般先计入制造费用，月末随着制造费用转入生产成本。行政部门和销售部门固定资产的折旧费，直接计入管理费用和销售费用。折旧费用的分配与之前材料费用、动力费用及职工薪酬费用类似，要借助折旧费用分配表进行。

前文给出了南方机械公司固定资产变动情况的表格,及该企业固定资产折旧的基本方法,所以要先编制折旧费用计算表,计算出该企业当月各种固定资产的折旧额,然后再编制折旧费用分配表,对折旧费用进行分配。

一、折旧费用计算表结构的设置

根据之前的"固定资产情况"工作表编制"折旧费用计算表",折旧费用计算表结构信息如图 7-22 所示。

图 7-22　折旧费用计算表

操作步骤如下:

(1) 打开"固定资产情况"工作表,选中 A1:J12 单元格区域后右击,选择【复制】命令。之后打开"折旧费用计算表",选择 A1 单元格进行粘贴,粘贴选项选择保留原列宽,如图 7-23 所示。

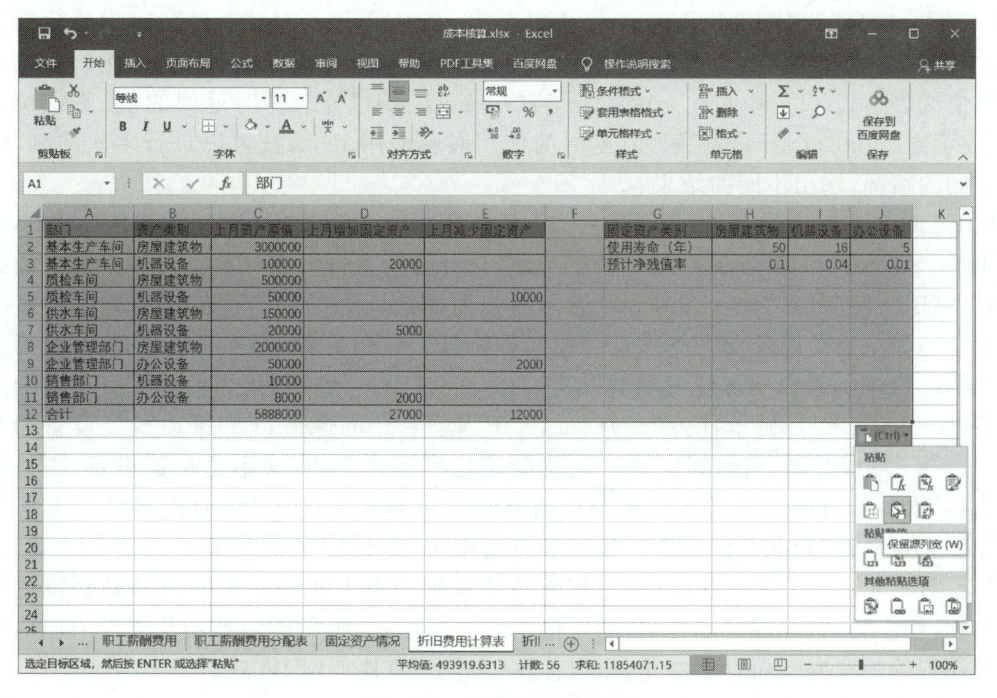

图 7-23　使用【粘贴】选项

(2) 在"折旧费用计算表"中,选择 F 列后右击,连续选择两次【插入】命令,插入两条空列,再选中 F1:G12 单元格区域,设置边框为"所有框线"。再选中 I4:L5 区域,设置边框为"所有框线"。

(3) 分别在 F1、G1、I4、I5 单元格中输入"本月资产原值""本月折旧额""年折旧率""月折旧率",这样就完成了折旧费用计算表结构的设置。

二、完成本月折旧额的计算

操作步骤如下:

(1) 计算当月各类资产的月折旧率。在 J4 单元格输入公式"=(1－J3)/J2",计算房屋建筑物的年折旧率。在 J5 单元格输入公式"=J4/12",把年折旧率折算为月折旧率。再利用填充柄或复制粘贴工具,完成机器设备、办公设备折旧率的计算。即选中 J4:J5 单元格区域,鼠标光标移到右下角变成黑色"＋"形状,然后按住左键不放,向右拖动填充,完成 K4、K5、L4、L5 单元格公式的填充。

(2) 计算当月计提折旧各类资产的原值。在 F2 单元格输入公式"=C2+D2－E2",计算基本生产车间的房屋建筑物本月资产原值。再利用填充柄或复制粘贴工具,完成其他固定资产原值的计算。即选中 F2 单元格,鼠标光标移到右下角变成黑色"＋"形状,然后按住鼠标左键不放,向下拖动填充,完成 F3:F12 单元格区域所有单元格公式的填充。

(3) 计算各部门当月每类资产的月折旧额。在 G2 单元格输入折旧计算公式"＝IF(B2＝$J$1,F2*$J$5,IF(B2＝$K$1,F2*$K$5,F2*$L$5))",完成基本生产车间的房屋建筑物当月折旧额的计算。再利用填充柄或复制粘贴工具,完成其他固定资产当月折旧额的计算,即选中 G2 单元格,鼠标光标移到右下角变成黑色"＋"形状,然后按住左键不放,向下拖动填充,完成 G3:G12 单元格区域所有单元格公式的填充。

提示:此处为嵌套使用 IF 函数。

IF 函数的格式为"IF(Logical_test,Value_if_true,Value_if_false)",用于执行真假值判断,根据逻辑计算的真假值,返回不同结果。其中"Logical_test"表示计算值为"真"或"假"的任意值或表达式。"Value_if_true"表示当"Logical_test"为"真"时返回的值。"Value_if_false"表示当"Logical_test"为"假"时返回的值。嵌套使用 IF 函数可以进行多次的判断,即根据不同的情况,输出不同的结果。

在 G2 单元格输入公式"=IF(B2＝$J$1,F2*$J$5,IF(B2＝$K$1,F2*$K$5,F2*$L$5))",其含义是根据资产类别,选择合适月折旧率计算本月固定资产的折旧额。其中"B2＝$J$1""B2＝$K$1"表示对当前固定资产的资产类别进行判断。整个公式的含义是如果当前固定资产类别是房屋建筑物(B2＝$J$1),则本月折旧额(G2)等于当前资产的原值(F2)乘以房屋建筑物的月折旧率($J$5);否则,如果当前固定资产类别是机器设备(B2＝$K$1),则本月折旧额(G2)等于当前资产的原值(F2)乘以机器设备的月折旧率($K$5);再否则,当前固定资产类别既不是房屋建筑物,又不是机器设备,则只能是办公设备,本月折旧额(G2)等于当前资产的原值(F2)乘以办公设备的月折旧率($L$5)。

需要注意的是,判断条件的资产类别和月折旧率,都使用了绝对引用($J$1、$J$5、$K$1、$K$5、$L$5)方式,因为判断条件和折旧率不能跟着填充或粘贴到位置的移动而变化,相应类别资产的折旧率是固定值,且一一对应。而资产的类别及资产的原值则随着被填充到的位置变化而发生变化,所以使用相对引用(B2、F2)方式。

(4) 在 G12 单元格输入公式"＝SUM(G2:G11)",完成本月折旧额合计的计算。完成所有公式的输入和填充以后,"折旧费用计算表"中已经输入完成的公式如图7-24所示。

图 7-24　折旧费用计算的公式

工作步骤二　折旧费用的分配

完成了折旧费用计算表,下一步要根据折旧费用计算表来编制折旧费用分配表。这里可以使用数据透视表工具来完成。

一、利用数据透视表进行折旧费用的分配

操作步骤如下:

(1) 打开工作表"折旧费用分配表",选中C3单元格,单击【插入】菜单栏中【表格】工具栏的【数据透视表】按钮,打开【创建数据透视表】对话框,如图7-25所示。选择"一个表或区域"单选按钮,输入"表/区域:"的内容为"折旧费用计算表!＄A＄1:＄G＄12",这里也可以直接使用鼠标选中"折旧费用计算表"工作表的相关单元格区域,由计算机自动填充相应区域,即把"折旧费用计算表"工作表的折旧计算区域选为需要分析的数据,然后单击【确定】按钮。

图 7-25　【创建数据透视表】对话框

(2)把【数据透视表字段】中的"部门"字段拖动到"在以下区域间拖动字段"中的"行"之中,即可将"部门"字段作为数据透视表的行标题;类似地,把"资产类别"字段拖放到"列"之中;把"本月折旧额"拖放到"值"之中。这样左边相应的数据透视表区域就会出现数据透视的结果,如图 7-26 所示。

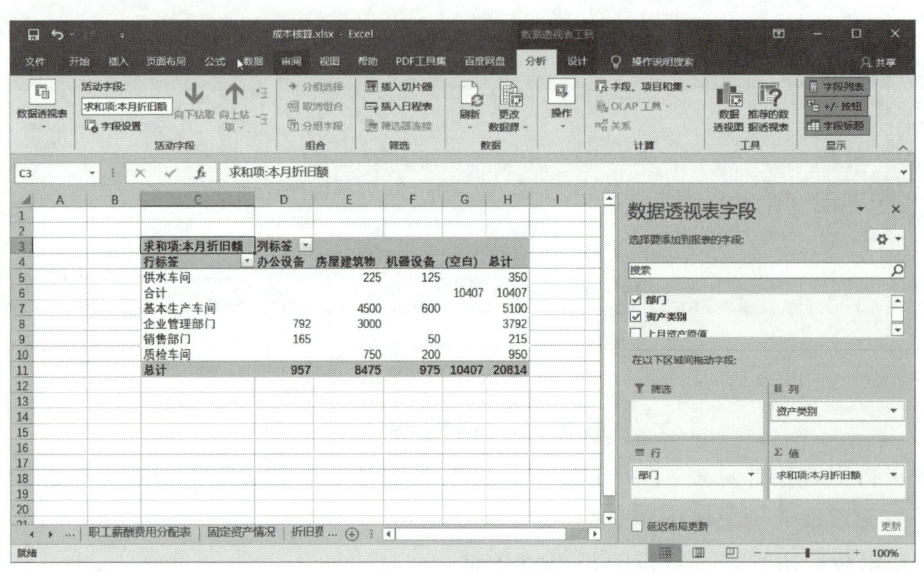

图 7-26　数据透视表的字段布局

(3)对数据透视表显示结果进行调整。单击"行标签"右侧下拉箭头,取消选中"合计"复选框,如图 7-27 所示。

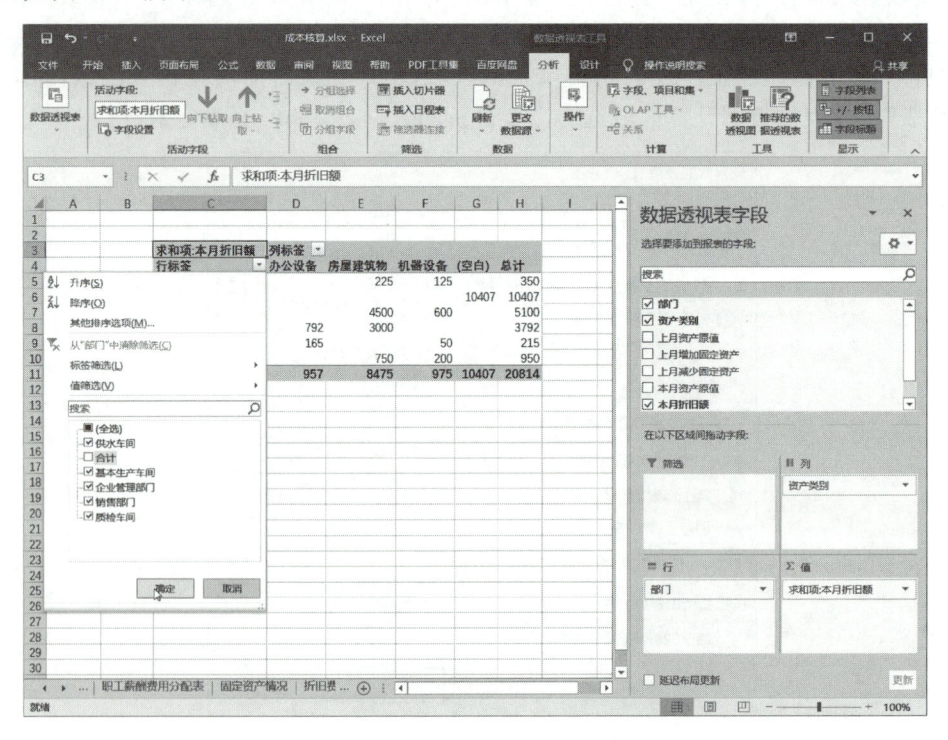

图 7-27　数据透视表的字段设置调整

(4) 进行标签顺序的改变。右击 C9 单元格,在弹出的右键菜单中,选择【移动】|【将"质检车间"移至开头】命令。再次右击 C7 单元格,在弹出的右键菜单中,选择【移动】|【将"基本生产车间"移至开头】命令。即根据费用分配表的一般顺序调整费用项目的排列顺序。结果如图 7-28 所示。

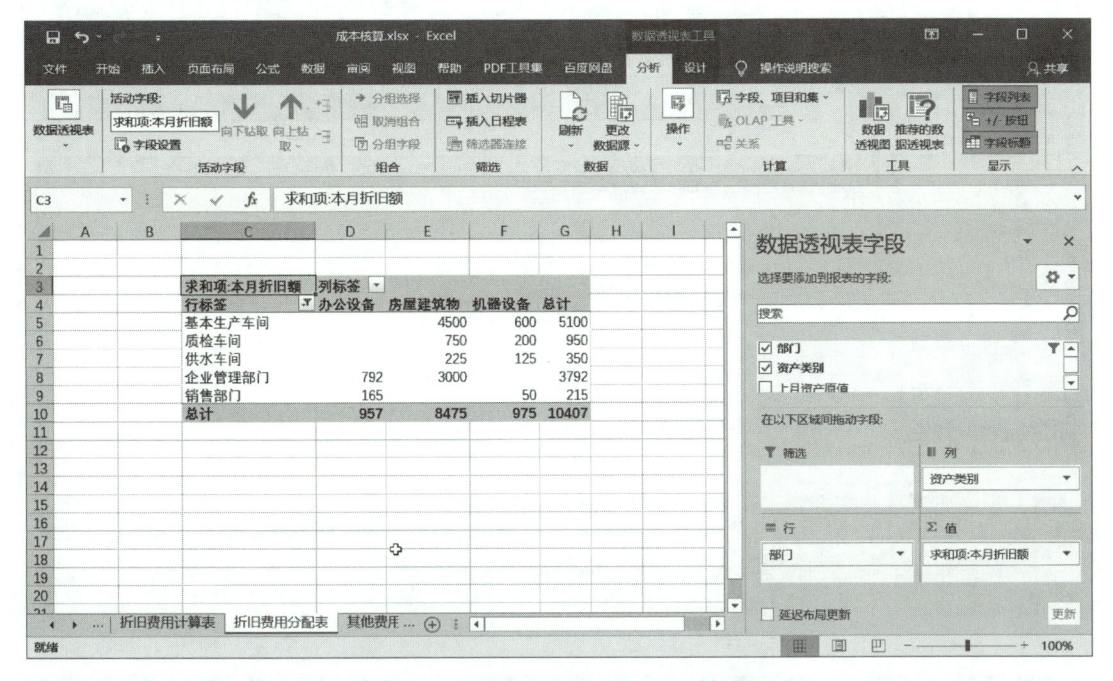

图 7-28　数据透视表的行标签顺序调整

二、对折旧费用分配表进行格式编辑

数据透视表工具生成的表格并不是最终的折旧费用分配表,还要对费用分配表的格式进行编辑。

操作步骤如下:

(1) 设置表头和行标题。选中 B1:G1 区域,进行单元格的合并居中操作,输入"折旧费用分配表";选中 D2:E2 单元格区域,进行单元格的合并居中操作,输入"2021 年 6 月";选中 G2 单元格,输入"单位:元",并设置单元格为右对齐;选中 B6:B7 单元格区域,进行单元格的合并居中操作,然后将合并的单元格改为左对齐并自动换行形式,输入"辅助生产成本";在 B4、B5、B8、B9 单元格分别输入"总账""制造费用""管理费用""销售费用";C4 单元格中的"行标签"改为"明细账"。

(2) 设置显示效果。右击第 3 行,在弹出的右键菜单中选择"隐藏"命令,如图 7-29 所示;适当调整列宽,把 B4:G4 单元格区域填充颜色为浅蓝色;选中 B4:G10 单元格区域,设置边框为"所有线框";把 C10:G10 单元格区域的填充颜色改为白色,效果如图 7-30 所示。

【提示】

数据透视表工具是根据已有的表格,生成对该表格的汇总分析表,生成后,其数据不会跟着原数据表的变化而自动改变,如果原表格数据发生了变化,可以在数据透视表区域右击鼠标,选择其中的【刷新】按钮重新进行数据的汇总分析。

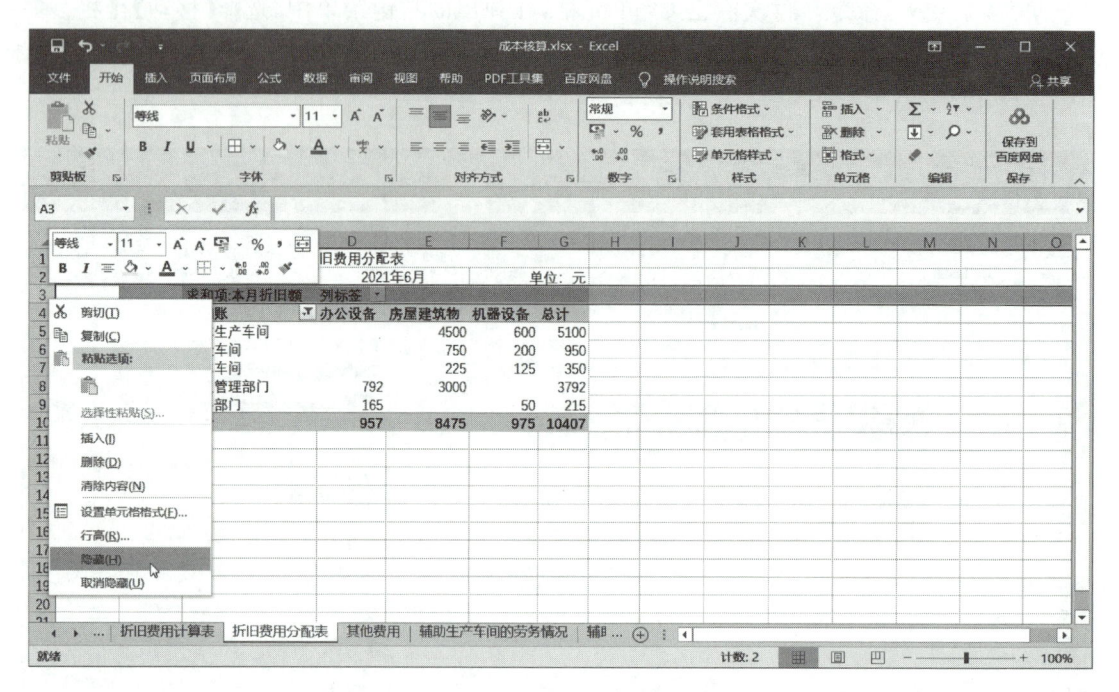

242　项目七　成本核算系统的建立

图 7-29　行的隐藏

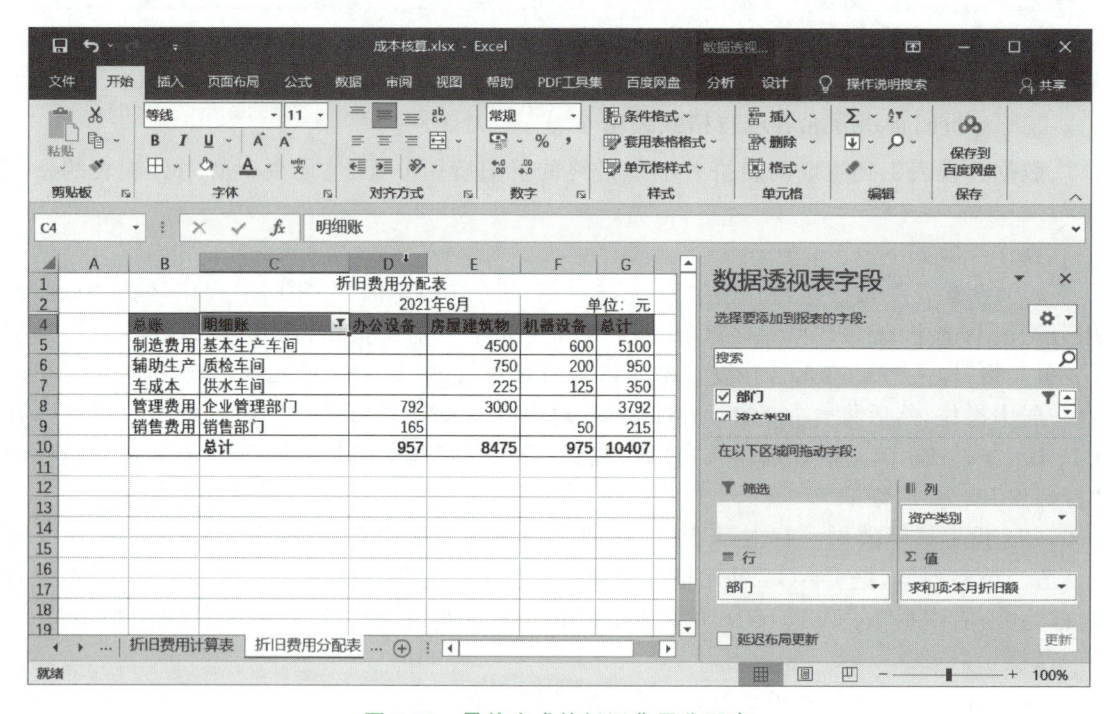

图 7-30　最终完成的折旧费用分配表

任务五 辅助生产成本的归集与分配

📖 任务描述

通过对南方机械公司的会计工作进行分析,使用 Excel 完成该企业的成本核算,在 Excel 基础数据表的基础上,完成要素费用的分配后,应该进行辅助生产费用的分配。

接着上一工作任务,首先编制辅助生产成本明细账,完成辅助生产成本的归集;然后完成辅助生产成本分配表的编制,完成辅助生产成本的分配。

🔍 知识准备

辅助生产成本明细账和辅助生产成本费用分配表的格式。
辅助生产费用归集和分配的方法。
Excel 中表格格式的设置方法。
Excel 中公式的设置方法。

📝 岗位说明

成本核算岗建立辅助生产成本明细账,进行辅助生产成本的归集;再建立辅助生产成本分配表,进行辅助生产成本的分配。

🔗 赛题链接

31 日,分配结转设备管理部制造费用。设备管理部制造费用分配表如表 7-16 所示。

表 7-16

设备管理部制造费用分配表

2020 年 3 月 31 日　　　　　　　　　　　　　　　　　　　　　　　金额单位:元

受益对象	分配标准(工时)	分配率	分配金额
一车间	164		
二车间	126		
合计	290		

审核:陈泉　　　　　　　　　　　　　　　　　　　　　　　　　　　制单:潘小凯

【提示】

该赛题来源于 2021 年全国职业院校技能大赛拟设赛项赛题库(高职组会计技能赛项样题)。

工作步骤一 辅助生产成本的归集

辅助生产费用的核算,首先应该将各辅助生产车间在提供服务过程中所发生的服务费用进行归集,然后再将所归集的费用按受益部门(或产品)的受益量进行合理分配。

就南方机械公司来说,首先,应按辅助生产车间编制辅助生产成本明细账,对辅助生产费用进行归集;然后,再根据辅助生产费用明细账归集的结果,按照辅助生产车间对外服务的情况,编制辅助生产费用分配表,将辅助生产费用进行分配。所以这里先进行辅助生产成本明细账的编制。

操作步骤如下:

(1) 打开"辅助生产成本明细账"工作表,选中 B1:K1 单元格区域,单击【对齐方式】工具栏上的【合并后居中】按钮,进行单元格的合并居中,输入"辅助生产成本明细账"。

(2) 同样方法,选中 B2:D2 单元格区域,进行单元格的合并居中,输入"车间:质检车间",并设置单元格为右对齐;选中 B3:C3 单元格区域,进行单元格的合并居中,输入"2021年";选中 F2:G2 单元格区域,进行单元格的合并居中,输入"2021年6月"。

(3) 在 D3:K3 单元格区域的单元格中,依次输入"凭证号""摘要""材料费""职工薪酬""动力费用""折旧费""其他费用""合计";在 E4:E10 单元格区域的单元格中,依次输入"材料费用分配表""职工薪酬费用分配表""动力费用分配表""折旧费用分配表""其他费用""本月发生额""本月转出额";在 K2 单元格输入"单位:元",并设置单元格为右对齐。

(4) 选中 B2:K10 单元格区域,在【开始】菜单栏中,单击【单元格】工具栏上的【格式】按钮下拉列表中的"自动调整列宽"命令,把表格内容调整为合适的列宽。

(5) 把 B3:K3 单元格区域填充颜色为浅蓝色。

(6) 选中 B3:K10 单元格区域,设置边框为"所有框线"。

(7) 选中 B1:K10 单元格区域,进行复制,然后粘贴到 B12 单元格,把质检车间的辅助生产成本明细账复制一遍,最后把 B13 单元格中的内容改为"车间:供水车间"。

结果如图 7-31 所示。

图 7-31 辅助生产成本明细账结构的建立

（8）利用<u>单元格的引用</u>，完成辅助生产成本明细账中明细数据的填制。分别在 F4、G5、H6、I7、J8、F15、G16、H17、I18、J19 单元格输入公式"＝材料费用分配表！H9""＝职工薪酬费用分配表！M9""＝动力费用分配表！H9""＝折旧费用分配表！G6""＝其他费用！G3""＝材料费用分配表！H10""＝职工薪酬费用分配表！M10""＝动力费用分配表！H10""＝折旧费用分配表！G7""＝其他费用！G4"，即从前面对应的费用分配表中取数。这里也可以借助之前介绍过相对简便的方式输入公式。以 F4 单元格公式输入为例，选中 F4 单元格，输入"＝"，然后鼠标点选"材料费用分配表"工作表中的 H9 单元格后，按回车键即可，此时电子表格系统会自动补充公式为"＝材料费用分配表！H9"，这里要注意，如果使用这种方法，对于 I7 或 I18 单元格自动输入公式，由于其引用的单元格是数据透视表的内容，其公式会自动变为"＝GETPIVOTDATA("本月折旧额",折旧费用分配表！＄C＄3,"部门","质检车间")"和"＝GETPIVOTDATA("本月折旧额",折旧费用分配表！＄C＄3,"部门","供水车间")"。

（9）完成辅助生产成本明细账中剩余数据的自动计算。首先是质检车间，选中 K4 单元格，输入公式"＝SUM(F4:J4)"，然后利用填充柄向下填充 K5:K10 单元格区域所有的单元格；选中 F9 单元格，输入公式"＝SUM(F4:F8)"，然后利用填充柄向右填充 G9:J9 单元格区域所有的单元格；选中 F10 单元格，输入公式"＝－F9"，然后利用填充柄向右填充 G10:J10 单元格区域所有的单元格。用同样的方法可以完成供水车间合计数及转出数的自动计算填充，最终结果如图 7-32 所示。

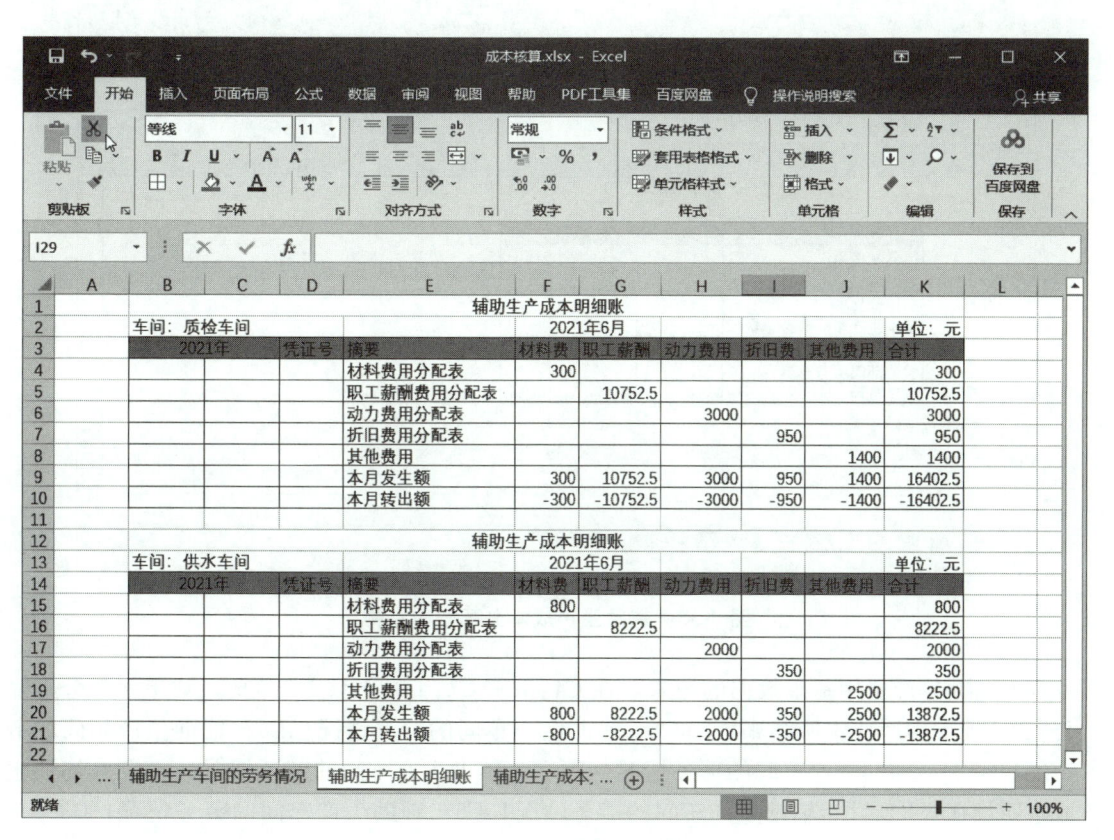

图 7-32 辅助生产成本明细账

工作步骤二　辅助生产成本的分配

完成了辅助生产成本明细账,下一步要根据该表来编制辅助生产成本分配表。

操作步骤如下:

(1) 打开"辅助生产成本分配表"工作表,选中 B1:E1 单元格区域,进行单元格合并居中操作,输入"辅助生产成本分配表"。选中 B2:E2 单元格区域,进行单元格合并居中操作,输入"2021 年 6 月"。

(2) 在 C3:E3 单元格区域中依次输入"质检车间""供水车间""合计";在 B4:B10 单元格区域中依次输入"待分配费用""对外提供劳务总量""费用分配率""基本生产车间劳务总量""制造费用""管理部门劳务总量""管理费用"。

(3) 选中 B3:E10 单元格区域,在【开始】菜单栏中,单击【单元格】工具栏上的【格式】按钮下拉列表中的"自动调整列宽"命令,把表格内容调整为合适的列宽。

(4) 把 B3:E3 单元格区域填充颜色为浅蓝色。

(5) 选中 B3:E10 单元格区域,设置边框为"所有框线"。

到本步骤为止,完成了辅助生产成本分配表的结构设置,如图 7-33 所示。

图 7-33　辅助生产成本分配表的结构

(6) 辅助生产费用基础数据的输入。在 C4、C5、C7、C9、D4、D5、D7、D9 单元格分别输入公式"=辅助生产成本明细账!K9""=辅助生产车间的劳务情况!B6−辅助生产车间的劳务情况!B2""=辅助生产车间的劳务情况!B4""=辅助生产车间的劳务情况!B5""=辅助生产成本明细账!K20""=辅助生产车间的劳务情况!C6−辅助生产车间的劳务情况!C3""=辅助生产车间的劳务情况!C4""=辅助生产车间的劳务情况!C5"。即待分配费用从"辅助生产成本明细账"工作表中取得,劳务量从"辅助生产车间的劳务情况"工作表中取得。

(7) 计算费用分配率,据以计算相关费用金额。在 C6 单元格输入公式"＝ROUND(C4/C5,4)",D6 单元格输入公式"＝ROUND(D4/D5,4)",计算辅助生产费用对外分配的分配率(直接分配法不需要考虑辅助生产车间之间互相提供劳务的情况)。在 C8 单元格输入公式"＝C7＊C＄6",C10 单元格输入公式"＝C4－C8",D8 单元格输入公式"＝D7＊D＄6",D10 单元格输入公式"＝D4－D8",完成辅助生产成本对外分配金额的计算。在 E4、E8、E10 单元格分别输入公式"＝SUM(C4:D4)""＝SUM(C8:D8)""＝SUM(C10:D10)",完成相关费用的汇总。另外,由于合计列的列宽不足,导致合计结果的小数位被遮挡,这里还可以再次使用(3)说明的方法,使用"自动调整列宽"命令,对 B3:E10 单元格区域进行列宽的调整。

提示:这里使用了取小数位数的 ROUND 函数。该函数的语法为 ROUND(number,num_digits),其中:"number"是指需要进行四舍五入的数字。"num_digits"为指定的位数,按此位数进行四舍五入。如果"num_digits"大于 0,则四舍五入到指定的小数位。如果"num_digits"等于 0,则四舍五入到最接近的整数。如果"num_digits"小于 0,则在小数点左侧进行四舍五入。对于费用分配率的计算,经常出现无法除尽的情况,所以需要对计算的结果进行四舍五入,这里按照小数点后取四位小数。这里要求分配的结果取小数点后两位小数,计算时也可以使用取小数位函数,不过由于有些劳务量数据是整百,分配率乘以劳务量的结果本身就是小数点两位以内,所以未对分配结果使用 ROUND 函数,比如,制造费用的分配金额,就未使用 ROUND 函数。另外,如果分配率进行了四舍五入,则计算分配金额时,为避免存在分配结果合计数的尾差,最后一个分配的结果往往需要使用倒轧的方式求得,比如,管理费用的分配金额使用的就是倒轧的方式求得。

到本步骤为止,辅助生产成本分配表编制完成,最终结果如图 7-34 所示。

图 7-34 辅助生产成本分配表

任务六　制造费用的归集与分配

任务描述

通过对南方机械公司的会计工作进行分析，使用 Excel 完成该企业的成本核算，在 Excel 基础数据表的基础上，完成要素费用的分配和辅助生产费用的分配后，应该进行制造费用的分配。

接着上一工作任务，首先编制制造费用明细账，完成制造费用的归集；然后编制制造费用分配表，完成制造费用的分配。

知识准备

制造费用明细账和制造费用分配表的格式。
制造费用归集和分配的方法。
Excel 中表格格式的设置方法。
Excel 中公式的设置方法。

岗位说明

成本核算岗建立制造费用明细账，进行制造费用的归集；再建立制造费用分配表，进行制造费用的分配。

赛题链接

31 日，分配一车间制造费用。（一车间制造费用分配表）分配率保留 4 位小数，尾差计入挂面单三 B 瓦楞纸板 1 000 mm×500 mm。

表 7-17　　　　　　　　　　一车间制造费用分配表
2020 年 3 月 31 日　　　　　　　　　　　　　　金额单位：元

受益对象	分配标准（产量千平方米）		分配率	分配金额
一车间	牛皮卡纸五层 A 瓦楞纸板 1 700 mm×660 mm	1 154		
	牛皮卡纸五层 B 瓦楞纸板 1 300 mm×500 mm	1 026		
	挂面三层 A 瓦楞纸板 1 000 mm×500 mm	1 300		
	挂面单三 B 瓦楞纸板 1 000 mm×500 mm	1 000		
	小计	4 480		

审核：陈泉　　　　　　　　　　　　　　　　　　　　　　　　　制单：潘小凯

【提示】
该赛题来源于 2021 年全国职业院校技能大赛拟设赛项赛题库（高职组会计技能赛项样题）。

工作步骤一　制造费用的归集

制造费用是按车间归集的间接费用,其日常归集的金额,期末要转入各种产品的生产成本中。如果生产车间只生产一种产品,制造费用直接转入该产品生产成本即可。但如果生产车间同时生产多种产品,则制造费用应采用合理的分配方法,分配计入各种产品的生产成本(这里仅考虑基本生产车间设置制造费用科目的情况)。

就南方机械公司来说,该企业有两种产品。所以,首先应按基本生产车间编制制造费用明细账,对制造费用进行归集;然后再根据制造费用明细账归集的结果,按照各种产品生产工时的标准,编制制造费用分配表,将制造费用在各种产品之间进行分配。

这里先进行制造费用明细账的编制。

操作步骤如下:

(1) 制作表头。打开工作表"制造费用明细账",选中 B1:M1 单元格区域,进行单元格的合并居中操作,输入"制造费用明细账";选择 B2:D2 单元格区域,进行单元格的合并居中操作,输入"车间:基本生产车间",再设置单元格为左对齐;选中 F2:H2 单元格区域,进行单元格合并居中操作,输入"2021 年 6 月";选中 M2 单元格,输入"单位:元",并设置单元格为右对齐。

(2) 制作表体。选中 B3:C3 单元格区域,进行单元格的合并居中操作,输入"2021 年";对 D3 至 M3 的单元格分别输入"凭证号""摘要""材料费""职工薪酬""动力费用""折旧费""其他费用""维修费""水费""合计";对 E4 至 E11 的单元格分别输入"材料费用分配表""职工薪酬费用分配表""动力费用分配表""折旧费用分配表""其他费用""辅助生产费用分配表""本月发生额""本月转出额"。

(3) 调整表格结构。选中 B2:M11 单元格区域,在【开始】菜单栏中,单击【单元格】工具栏上的【格式】按钮下拉列表中的"自动调整列宽"命令,把表格内容调整为合适的列宽。把 B3:M3 单元格区域设置填充颜色为浅蓝色。选中 B3:M11 单元格区域,设置边框为"所有框线"。此步骤后,结果如图 7-35 所示。

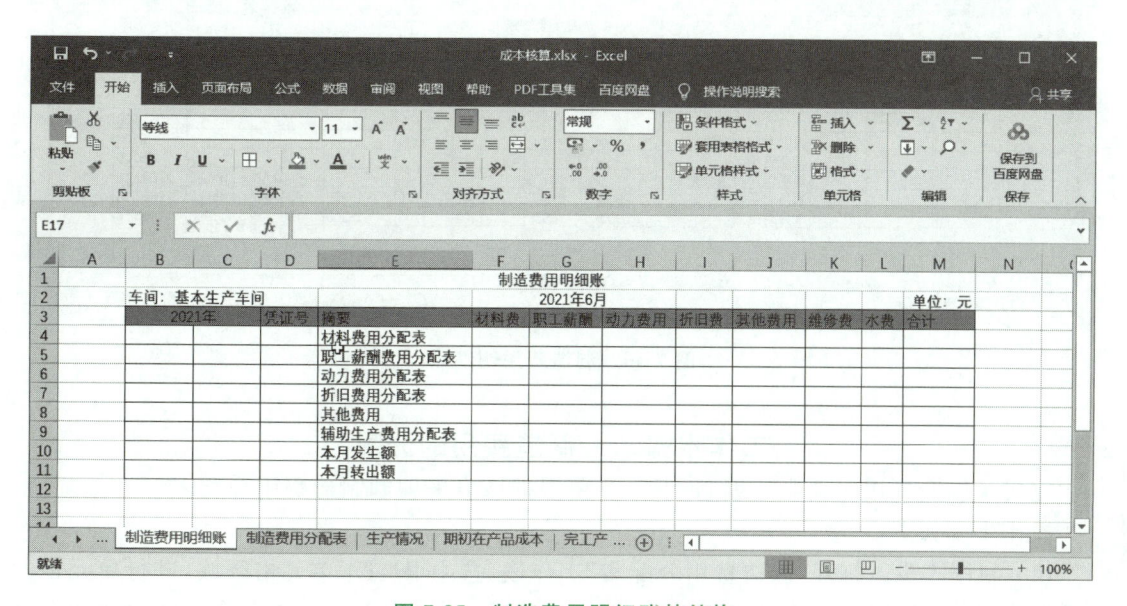

图 7-35　制造费用明细账的结构

(4) 利用单元的引用,完成制造费用明细账中明细数据的填制。分别在 F4、G5、H6、I7、J8、K9、L10 单元格输入公式"=材料费用分配表!H8""=职工薪酬费用分配表!M8""=动力费用分配表!H8""=折旧费用分配表!G5""=其他费用!G2""=辅助生产成本分配表!C8""=辅助生产成本分配表!D8",即从前面的相应费用分配表中取数。这里仍然可以使用编制辅助生产成本明细账介绍过的简化方式输入公式。以 F4 单元格公式输入为例,选中 F4 单元格,输入"=",然后鼠标点选"材料费用分配表"工作表中的 H8 单元格后,按回车键即可,此时电子表格系统会自动补充公式为"=材料费用分配表!H8"。这里要注意,如果使用这种方法,对于 I7 单元格自动输入公式,由于其引用的单元格是数据透视表的内容,其公式会自动变为"=GETPIVOTDATA("本月折旧额",折旧费用分配表!＄C＄3,"部门","基本生产车间")"。

(5) 完成制造费用明细账中剩余数据的自动计算。选中 M4 单元格,输入公式"=SUM(F4:L4)",然后利用填充柄向下填充 M5 至 M11 的所有单元格,完成合计列的输入;选中 F10 单元格,输入公式"=SUM(F4:F9)",然后利用填充柄向右填充 G10 至 L10 的所有单元格,完成"本月发生额"行的输入;选中 F11 单元格,输入公式"=－F10",然后利用填充柄向右填充 G11 至 L11 的所有单元格,完成"本月转出额"行的输入。另外,这里也会出现由于列宽不足,导致水费这列的结果无法正常显示,这里需要再次使用(3)的方法,使用"自动调整列宽"命令,对 B3:M11 单元格区域进行列宽的调整。最终结果如图 7-36 所示。

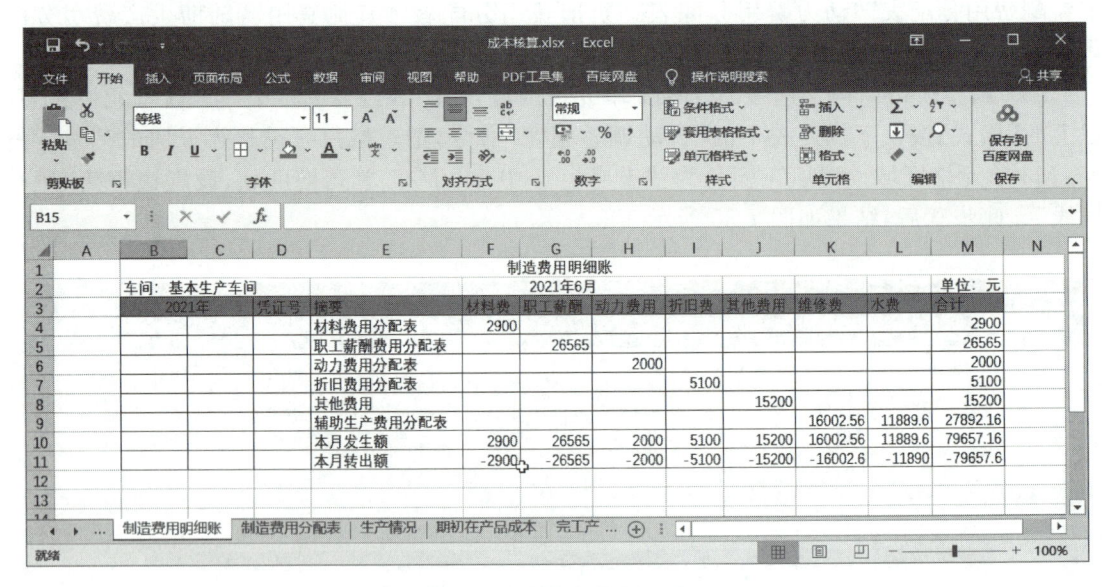

图 7-36 制造费用明细账

工作步骤二 制造费用的分配

完成了制造费用明细账的编制,下一步要根据该表来编制制造费用分配表。

操作步骤如下:

(1) 制作表头。打开"制造费用分配表"工作表,选中 B1:E1 单元格区域,进行单元格的合后居中操作,输入"制造费用分配表"。选中 C2:D2 单元格区域,进行单元格的合并后居中操作，输入"2021年6月"。选中E2单元格，输入"单位：元"，并设置单元格为右对齐。

（2）制作表体。在B3:E3单元格区域的单元格依次输入"产品名称""工时""分配率""金额"；在B4:B6单元格区域的单元格依次输入"甲产品""乙产品""合计"。

（3）选中B3:E3单元格区域，设置填充颜色为浅蓝色。

（4）选中B3:E6单元格区域，设置边框为"所有框线"。

（5）制造费用基础数据的输入。在C4和C5单元格，分别输入甲产品和乙产品当月的工时，"6000"和"4000"；在E6单元格输入公式"＝制造费用明细账！M10"，即制造费用合计金额从"制造费用明细账"工作表取得。

（6）计算费用分配率，据以计算各种产品分配制造费用的金额。在C6单元格输入公式"＝SUM(C4:C5)"，在D6单元格输入公式"＝ROUND(E6/C6,4)"，计算出制造费用分配率（按工时比率分配）。在D4和D5单元格分别输入相同的公式"＝$D$6"。在E4和E5单元格分别输入公式"＝C4*D4"和"＝E6－E4"，完成制造费用的分配。

提示：这里仍然使用了<u>取小数位的ROUND函数求分配率</u>，同时乙产品分配的金额使用了<u>倒轧</u>的方式取得。

（7）选中B2:E6单元格区域，在【开始】菜单栏中，单击【单元格】工具栏上的【格式】按钮下拉列表中的【<u>自动调整列宽</u>】把表格内容调整为合适的列宽。至此，制造费用分配表编制完成，最终结果如图7-37所示。

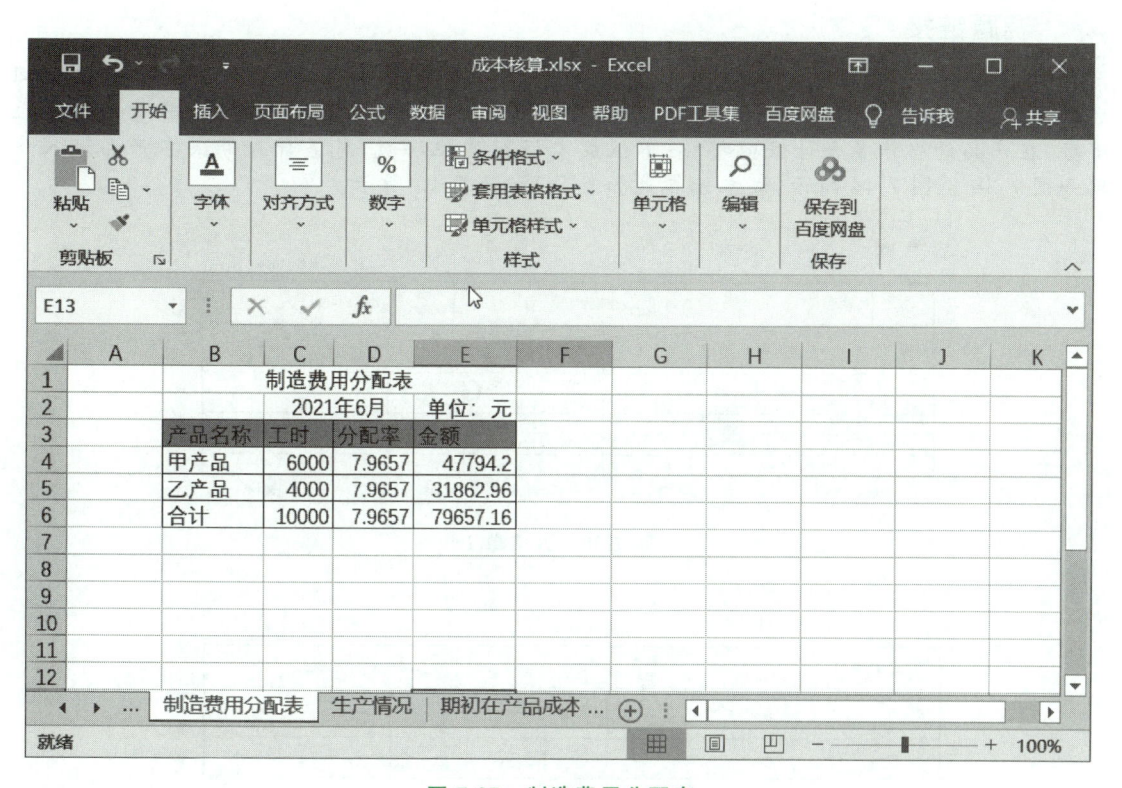

图7-37 制造费用分配表

任务七　生产费用在完工产品与月末在产品间的分配

📖 任务描述

通过对南方机械公司的会计工作进行分析,使用 Excel 完成该企业的成本核算,在 Excel 基础数据表的基础上,完成要素费用的分配、辅助生产费用的分配和制造费用的分配后,最后还要进行完工产品与月末在产品成本的分配。

接着上一工作任务,编制完工产品与月末在产品成本分配表,计算完工产品成本。

🔍 知识准备

完工产品与月末在产品成本分配表的格式。
完工产品与月末在产品成本分配的方法。
Excel 中表格格式的设置方法。
Excel 中公式的设置方法。

📝 岗位说明

成本核算岗建立完工产品与月末在产品分配表,进行完工产品与月末在产品成本的分配。

🔗 赛题链接

31 日,结转二车间完工成本。(入库单 7 张、二车间期末在产品约当产量计算表、二车间成本计算表)完工程度以百分数表示,且保留百分号前 2 位小数;在产品约当产量保留 2 位小数,在产品约当产量合计保留整数;单位成本保留 4 位小数,尾差计入期末在产品。入库单如图 7-38 至图 7-44 所示,成本计算表如表 7-18、表 7-19 所示。

图 7-38　入库单 1

图 7-39　入库单 2

入库单

2020 年 03 月 18 日　　　　　单号 rk0005

交来单位及部门	二车间		验收仓库	成品库		入库日期	2020年3月18日	
编号	名称及规格		单位	数量		实际价格		
				交库	实收	单价	金额	
c001	1号标准箱		PCS	300000.00	300000.00			
c002	2号标准箱		PCS	110000.00	110000.00			
c003	3号标准箱		PCS	460000.00	460000.00			
c004	4号标准箱		PCS	380000.00	380000.00			
合　计								

负责人：王成功　　　会计：潘小凯　　　经办人：王占立　　　制单人：潘小凯

图 7-40　入库单 3

入库单

2020 年 03 月 18 日　　　　　单号 rk0006

交来单位及部门	二车间		验收仓库	成品库		入库日期	2020年3月18日	
编号	名称及规格		单位	数量		实际价格		
				交库	实收	单价	金额	
c005	5号标准箱		PCS	1200000.00	1200000.00			
c006	6号标准箱		PCS	1300000.00	1300000.00			
合　计								

负责人：王成功　　　会计：潘小凯　　　经办人：王占立　　　制单人：潘小凯

图 7-41　入库单 4

入库单

2020 年 03 月 25 日　　　　　单号 rk0008

交来单位及部门	二车间		验收仓库	成品库		入库日期	2020年3月25日	
编号	名称及规格		单位	数量		实际价格		
				交库	实收	单价	金额	
c001	1号标准箱		PCS	300000.00	300000.00			
c002	2号标准箱		PCS	350000.00	350000.00			
c003	3号标准箱		PCS	300000.00	300000.00			
c004	4号标准箱		PCS	360000.00	360000.00			
合　计								

负责人：王成功　　　会计：潘小凯　　　经办人：王占立　　　制单人：潘小凯

图 7-42　入库单 5

入库单

2020 年 03 月 27 日　　　　　单号 rk0009

交来单位及部门	二车间		验收仓库	成品库		入库日期	2020年3月27日	
编号	名称及规格		单位	数量		实际价格		
				交库	实收	单价	金额	
c001	5号标准箱		PCS	700000.00	700000.00			
c006	6号标准箱		PCS	120000.00	120000.00			
合　计								

负责人：王成功　　　会计：潘小凯　　　经办人：王占立　　　制单人：潘小凯

图 7-43　入库单 6

入 库 单

2020 年 03 月 29 日　　　　单号 rk0010

交来单位及部门	二车间	验收仓库	成品库	入库日期	2020年3月29日		
编号	名称及规格		单位	数量		实际价格	
				交库	实收	单价	金额
c005	1号标准箱		PCS	150000.00	150000.00		
c006	6号标准箱		PCS	439000.00	439000.00		
	合计						

负责人:王成功　　会计:潘小凯　　经办人:王占立　　制单人:潘小凯

图 7-44　入库单 7

表 7-18　　　　　　　　　　二车间期末在产品约当产量计算表

2020 年 3 月 31 日

工序	工序名称	6号标准箱			
		定额工时(小时)	完工程度(%)	期末在产品数量	在产品约当产量
1	分纸、开槽	40			
2	钉箱	25		10 000	
3	粘合	25		5 000	
4	包装	10		26 000	
	合计	100		41 000	

审核:陈泉　　　　　　　　　　　　　　　　　　　　　　　　　　　　　　制单:潘小凯

表 7-19　　　　　　　　　　二车间成本计算表

2020 年 3 月 31 日　　　　　　　　　　　　　　　　　　　　　　金额单位:元

场目		月初在产品成本	本月发生费用	生产费用合计	产量			单位成本	完工产品总成本	期末在产品成本
					完工产品产量	期末在产品产量	合计			
1号标准箱	直接材料									
	直接人工									
	制造费用									
	小计									
2号标准箱	直接材料									
	直接人工									
	制造费用									
	小计									
3号标准箱	直接材料									
	直接人工									
	制造费用									
	小计									

续表

场目		月初在产品成本	本月发生费用	生产费用合计	产量 完工产品产量	产量 期末在产品产量	产量 合计	单位成本	完工产品总成本	期末在产品成本
4号标准箱	直接材料									
	直接人工									
	制造费用									
	小计									
5号标准箱	直接材料									
	直接人工									
	制造费用									
	小计									
6号标准箱	直接材料									
	直接人工									
	制造费用									
	小计									
合计										

审核:陈泉　　　　　　　　　　　　　　　　　　　　　　　　　制单:潘小凯

【提示】

该赛题来源于2021年全国职业院校技能大赛拟设赛项赛题库(高职组会计技能赛项样题)。

工作步骤一　完工产品与在产品成本分配表的建立

各项生产费用在各种产品之间进行分配和归集以后,应计入各种产品的生产费用都归集到了相关产品的生产成本明细账(也称产品成本计算单)中。对于生产企业来说,如果生产的产品当期已经全部完工而没有期末在产品的,那么计入该产品明细账中的全部生产费用,包括期初在产品成本以及本期归集的生产费用,就是该种完工产品的成本。如果当期没有完工产品,期末全部为在产品的,那么计入该产品明细账中的全部生产费用,就是该种产品的在产品成本。大多数的生产企业既有完工产品又有期末在产品,因此,全部生产费用应在同一种产品的完工产品和在产品之间进行分配,此时需要编制完工产品与在产品成本分配表,计算出月末在产品和完工产品各自的成本,据以登记生产成本明细账,完成完工产品成本的转出。

生产费用在完工产品和在产品之间的分配,主要有两类方法。一类是倒轧的方法,另一类是分配的方法。南方机械公司的甲产品是倒轧的方法(在产品成本按固定成本计算法),乙产品是分配的方法(具体为约当产量法)。

下面,先来建立完工产品与在产品成本分配表的结构。

操作步骤如下:

(1) 制作表头。打开工作表"完工产品与在产品成本分配表",选中 B1:J1 单元格区域,进行单元格的合并居中操作,输入"完工产品与在产品成本分配表"。选中 B2:D2 单元格区域,进行单元格的合并居中操作,输入"产品名称:甲产品",再设置单元格为左对齐;选中 B3:C3 单元格区域,进行单元格的合并居中操作,输入"2021 年";选中 E2:G2 单元格区域,进行单元格的合并居中操作,输入"2021年6月";在J2单元格输入"单位:元",并设置单元格为右对齐。

(2) 制作表体。在D3:J3单元格区域的单元格依次输入"凭证号""摘要""直接材料""直接人工""燃料动力""制造费用""合计";在E4:E11单元格区域的单元格依次输入"月初在产品""材料费用分配表""职工薪酬费用分配表""动力费用分配表""制造费用分配表""合计""结转完工产品成本""月末在产品成本"。

(3) 设置表格格式。先选中B2:J11单元格区域,在【开始】菜单栏中,单击【单元格】工具栏上的【格式】按钮下拉列表中的【自动调整列宽】命令,把表格内容调整为合适的列宽。把B3:J3单元格区域填充颜色设置为浅蓝色。选中B3:J11单元格区域,设置边框为"所有框线"。

(4) 利用甲产品的完工产品与在产品成本分配表,编制乙产品的完工产品与在产品成本分配表。选中B1:J11单元格区域,进行复制,然后到B12单元格粘贴,把甲产品的完工产品与在产品成本分配表复制一遍,再把B13单元格的内容改为"产品名称:乙产品"。选中第21行,右击选择【插入】命令,插入一行,再连续执行四次插入行的操作,共插入五个空行。在E21、E22、E23、E24、E25单元格依次输入"完工产品数量""在产品数量""在产品约当产量""约当总产量""单位成本"。

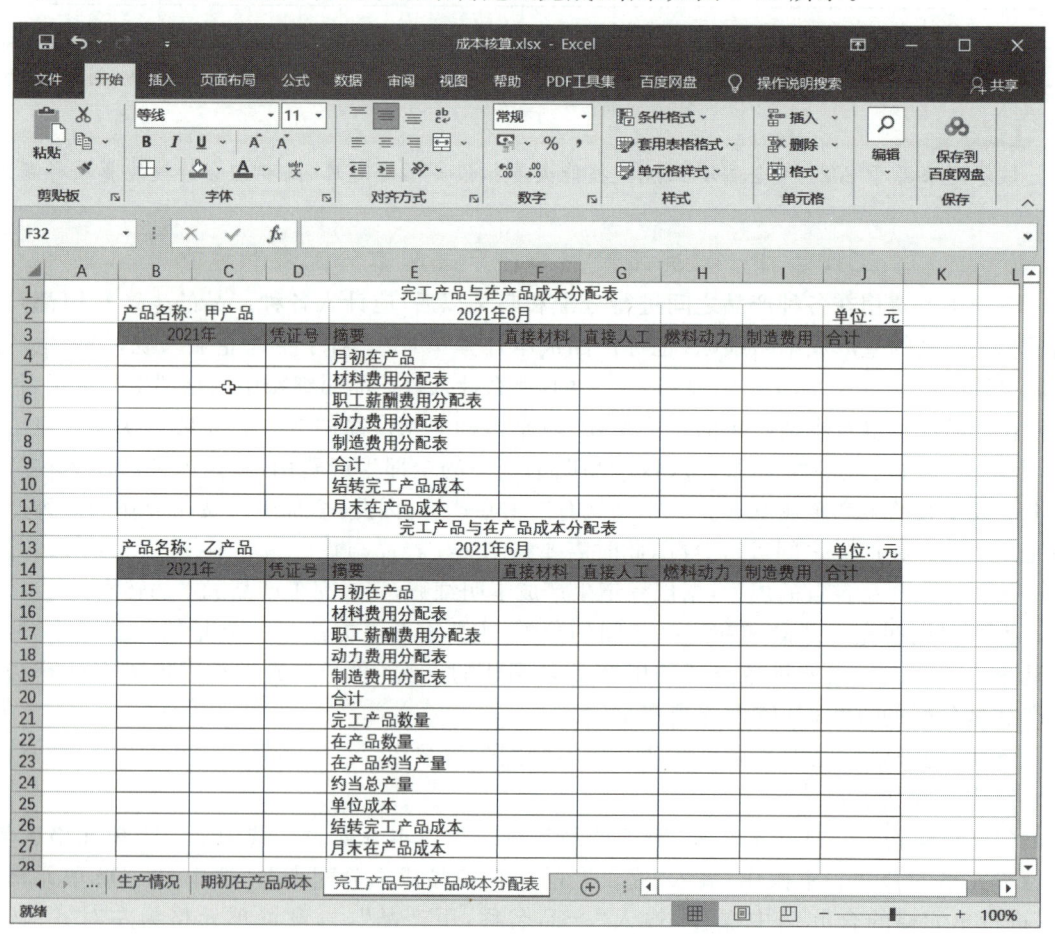

完工产品与在产品成本分配表的结构建立完成,结果如图7-45所示。

图7-45 完工产品与在产品成本分配表的结构

工作步骤二　生产费用在完工产品与月末在产品间的分配

要完成**完工产品与在产品成本分配表**，首先要从前面的分配表取得基础数据后汇总，然后再进行生产费用的分配。

操作步骤如下：

（1）利用单元格的引用，完成完工产品与在产品成本分配表中期初数据的填制。在F4单元格输入公式"＝期初在产品成本！B2"，然后利用填充柄向右填充G4、H4、I4单元格，把甲产品的期初数据引入当前工作表。同理，在F15单元格输入公式"＝期初在产品成本！B3"，然后利用填充柄向右填充G15、H15、I15单元格，把乙产品的期初数据引入到当前工作表。

（2）利用单元格的引用，完成完工产品与在产品成本分配表中日常数据的填制。在F5、G6、H7、I8单元格依次输入公式"＝材料费用分配表！H5""＝职工薪酬费用分配表！M5""＝动力费用分配表！H5""＝制造费用分配表！E4"，即从前面的相应的费用分配表取数。同理，在F16、G17、H18、I19单元格分别输入公式"＝材料费用分配表！H6""＝职工薪酬费用分配表！M6""＝动力费用分配表！H6""＝制造费用分配表！E5"。

（3）完成完工产品与在产品成本分配表中合计数据的自动计算。首先是甲产品，选择J4单元格，输入公式"＝SUM(F4:I4)"，然后利用填充柄向下填充J5:J9单元格区域所有的单元格；选择F9单元格，输入公式"＝SUM(F4:F8)"，然后利用填充柄向右填充G9:I9单元格区域所有的单元格；同理完成乙产品相关费用汇总的自动计算。结果如图7-46所示。

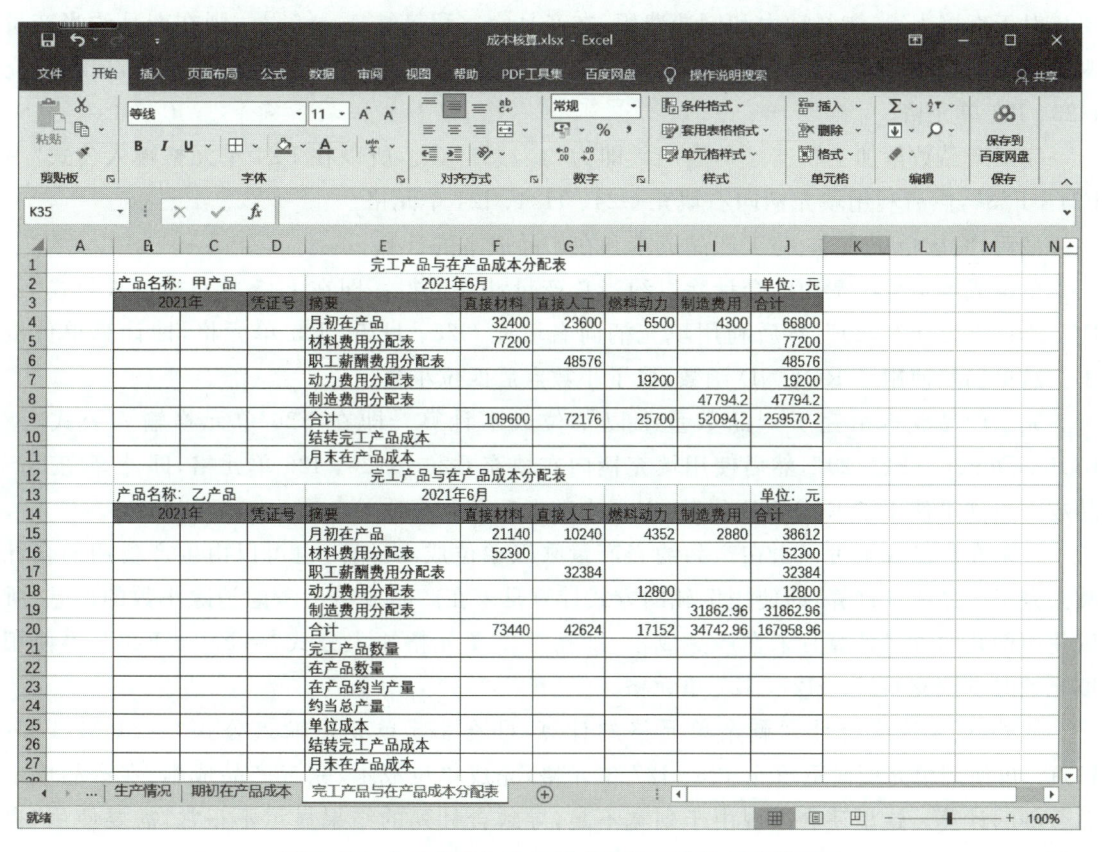

图7-46　完工产品与在产品成本分配表的基础数据

（4）进行甲产品生产费用的最终分配。甲产品采用在产品成本按固定成本法计算，由于当月不是 12 月，所以在产品成本等于月初的在产品成本，而完工产品成本倒轧即可。

首先，完成月末在产品成本的计算。在 F11 单元格输入公式"＝F4"，然后利用填充柄向右填充 G11、H11、I11、J11 单元格。

然后，完成完工产品成本的计算。在 F10 单元格输入公式"＝F9－F11"，再利用填充柄向右填充 G10、H10、I10、J10 单元格。

（5）进行乙产品生产费用的最终分配。由于乙产品采用约当产量法，所以要先计算乙产品在产品的约当产量及乙产品的约当总产量，然后进行费用的分配。

首先，完成完工产品产量及在产品产量数据的输入。

在 F21 单元格输入公式"＝生产情况！＄D＄3"，再利用填充柄向右填充 G21、H21、I21 单元格。

在 F22 单元格输入公式"＝生产情况！＄E＄3"，再利用填充柄工具，向右填充 G22、H22、I22 单元格。

然后，计算约当产量数据。

对于直接材料，在生产开始时一次性投入，所以在产品数量即为其约当产量，所以在 F23 单元格输入公式"＝F22"。

对于直接人工、燃料动力和制造费用，在产品完工程度按 50% 计算，则在产品约当产量为其数量的 50%，即在 G23 单元格输入公式"＝G22＊50%"，再利用填充柄工具，向右填充 H23、I23 单元格。

完工产品数量加上在产品约当产量即为约当总产量。所以在 F24 单元格输入公式"＝F21＋F23"，然后利用填充柄向右填充 G24、H24、I24 单元格。

最后，完成单位成本、完工产品成本和在产品成本的计算。

单位成本由生产费用的合计除以约当总产量计算可得。即在 F25 单元格输入公式"＝ROUND(F20/F24,4)"，然后利用填充柄向右填充 G25、H25、I25 单元格，即计算单位成本。这里仍然使用了 ROUND 函数，取了小数点后四位小数。

完工产品成本由完工产品数量乘以单位成本计算。即在 F26 单元格输入公式"＝ROUND(F25＊F21,2)"，然后使用填充柄向右填充 G26、H26、I26 单元格，即计算完工产品成本。这里使用了 ROUND 函数，取了小数点后两位小数。

月末在产品成本可以由在产品约当产量乘以单位成本计算，也可以由生产费用的合计减去完工产品成本计算，即使用倒轧的方式计算月末在产品成本。考虑消除小数的尾差，所以使用倒轧的方式计算月末在产品成本，即在 F27 单元格输入公式"＝F20－F26"，再使用填充柄向右填充 G27、H27、I27 单元格。

此外，还要完成合计列剩余单元格的计算，即在 J25 单元格输入公式"＝SUM(F25:I25)"，再使用填充柄向下填充 J26、J27 单元格，完成单位成本、完工产品成本、在产品成本总金额的计算。这里还会出现由于列宽不足，导致合计列的结果显示不正常，需要使用"自动调整列宽"命令，对 B1:J27 单元格区域进行列宽的调整。最终结果如图 7-47 所示。

图 7-47 完工产品与在产品成本分配表

项 目 小 结

通过完成本项目的工作任务，使学习者可以理解 Excel 环境下成本核算工作的基本思路和流程，掌握材料及动力费用分配表、薪酬费用分配表、折旧费用分配表、辅助生产成本费用分配表、制造费用分配表和完工产品与在产品成本分配表的编制。培养严谨细致的工作态度，养成勤于思考的学习习惯。项目七的实践操作导图如图 7-48 所示。

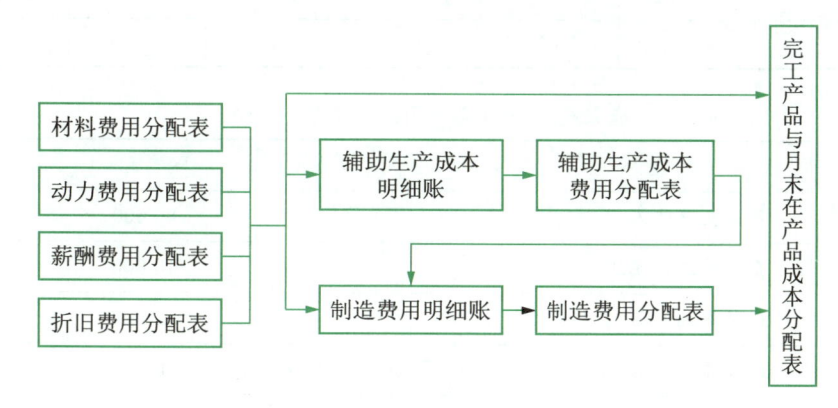

图 7-48 项目七的实践操作导图

项 目 训 练

成义酒业是一家生产白酒的企业,该企业为一般纳税人,目前规模不大,产品也不多,月末成本核算采用品种法。该企业 2021 年 6 月份的生产情况及成本费用资料如下:

(1) 生产情况如表 7-20 所示。

表 7-20　　　　　　　　成义酒业 2021 年 6 月的生产情况　　　　　　　　单位:瓶

产品	月初在产品	本月投入	本月完工	月末在产品
A 型白酒	200	2 100	2 000	300
B 型白酒	500	4 800	5 000	300

(2) 月初在产品成本如表 7-21 所示。

表 7-21　　　　　　　成义酒业 2021 年 6 月的月初在产品成本　　　　　　金额单位:元

产品	直接材料	直接人工	燃料及动力	制造费用	合计
A 型白酒	5 600	4 300	7 000	8 000	24 900
B 型白酒	12 000	3 600	5 400	6 500	27 500
合计	17 600	7 900	12 400	14 500	52 400

(3) 本月发生的生产费用如表 7-22 至表 7-17 所示。

表 7-22　　　　　　　　成义酒业 2021 年 6 月的材料耗用　　　　　　　金额单位:元

材料用途	直接耗用				共同耗用	
^	甲材料	乙材料	丙材料	机物料	丁材料	产品重量/吨
A 型白酒	3 000	4 000	2 500		6 400	700
B 型白酒	1 000	3 000	1 500		^	300
基本生产车间一般耗用				2 300		
包装车间				1 200		
运输车间				1 000		
合计	4 000	7 000	4 000	4 500	6 400	

表 7-23　　　　　　　成义酒业 2021 年 6 月的职工薪酬费用　　　　　　　　单位:元

部　门	职工薪酬
产品生产工人	80 000
企业管理人员	15 000
包装车间人员	4 000
运输车间人员	4 500

续 表

部 门	职工薪酬
生产车间管理人员	25 000
销售人员	70 000
合计	198 500

注：企业按职工薪酬总额的 8% 提取企业负担的医疗保险、生育保险、工伤保险等三项社会保险（不考虑养老保险和失业保险），4.5% 提取企业负担的住房公积金，2% 提取工会经费，8% 提取职工教育经费。

表 7-24　　　　　　　成义酒业 2021 年 6 月的电费　　　　　　　单位：千瓦时

部 门	耗电数
生产车间（动力用电）	9 000
生产车间（照明用电）	1 000
包装车间	800
运输车间	200
企业管理部门	600
销售部门	400
合计	12 000

注：电费的价格为：0.45 元/千瓦时，电费已经用银行存款支付。

表 7-25　　　　　　成义酒业 2021 年 6 月的固定资产情况　　　　　　金额单位：元

部门	资产类别	上月资产原值	上月增加固定资产	上月减少固定资产
基本生产车间	房屋建筑物	2 000 000		100 000
	机器设备	3 000 000	100 000	500 000
包装车间	房屋建筑物	1 000 000		
	机器设备	500 000	20 000	70 000
运输车间	房屋建筑物	500 000		
	运输设备	200 000	30 000	50 000
企业管理部门	房屋建筑物	1 500 000		
	运输设备	100 000	80 000	50 000
销售部门	机器设备	50 000	10 000	
	运输设备	150 000	50 000	20 000
合计		9 000 000	290 000	790 000

该企业全部采用直线法计算折旧，且不存在使用寿命完结后仍然使用的固定资产。

表 7-26　　　　　　　　　　成义酒业固定资产折旧的有关规定

固定资产类别	使用寿命(年)	预计净残值率
房屋及建筑物	50	8.00%
机器设备	20	5.00%
运输设备	15	3.00%

表 7-27　　　　　　　成义酒业2021年6月的其他费用　　　　　　金额单位:元

部门	低值易耗品摊销	劳动保护费	保险费	电话费	办公费	合计
基本生产车间	4 200	6 000	2 000	250	150	12 600
包装车间	300	600		100	50	1 050
运输车间	800	500	1 500	200	60	3 060
企业管理部门	300	400		250	2 500	3 450
销售部门	400	200		350	1 600	2 550
合计	6 000	7 700	3 500	1 150	4 360	22 710

注:以上费用低值易耗品摊销采用一次摊销法,其余均以银行存款支付。

（4）产品生产工时:A型白酒5 000小时,B型白酒3 000小时。

（5）辅助生产车间对外提供产品和劳务情况如表7-18所示。

表 7-28　　　　　成义酒业辅助生产车间2021年6月提供的产品及劳务量

受益部门	包装车间(小时)	运输车间(千米)
包装车间		5
运输车间	50	
基本生产车间	200	10
企业管理部门	30	150
销售部门	20	500
合计	300	665

（6）有关费用的分配方法。

① A型白酒和B型白酒共同耗用的材料费用按照产品重量的比例分配;

② 生产工人的工资按两种产品生产工时的比例分配;

③ 制造费用按两种产品生产工时的比例分配;

④ A型白酒、B型白酒的在产品都按约当产量计算,其产品的投料方式均为生产开始时一次性投入,在产品的完工程度均按60%计算;

⑤ 辅助生产费用采用直接分配法。

操作要求：

（1）利用 Excel 进行材料费用和动力费用的分配。

（2）利用 Excel 进行职工薪酬费用和折旧费用的分配。

（3）利用 Excel 进行辅助生产费用和制造费用的分配。

（4）利用 Excel 进行完工产品与月末在产品成本的分配。

项目八　会计报表的编制

学习目标

◆ 知识目标

1. 能总结会计报表的编制流程。
2. 能总结会计报表表内和表间的勾稽关系。
3. 能总结会计报表编制需要注意的问题。

◆ 技能目标

1. 会使用 Excel 编制科目汇总表。
2. 会使用 Excel 编制科目余额表。
3. 会使用 Excel 编制利润表、资产负债表和现金流量表。

◆ 素养目标

1. 能在工作中树立职业道德观念，不断加强思想建设，提高政治思想水平。
2. 能自觉把诚信原则放在首要位置，强化法制观念，自觉接受监督，维护会计法规的尊严。

◆ 知识导图

```
                              ┌─ 页面的设计
                              ├─ 科目汇总表数据的生成
              ┌─ 科目汇总表的编制 ─┤
              │               ├─ 科目汇总表的美化
              │               └─ 科目汇总表数据的自动更新
              │
              │               ┌─ 科目余额表结构的设计
              │               ├─ 期初余额链接的调用
              ├─ 科目余额表的编制 ─┤
              │               ├─ 本期发生额链接的调用
              │               └─ 期末余额的生成
              │
会计报表的编制 ─┤               ┌─ 利润表结构的设计
              ├─ 利润表的编制 ──┤
              │               └─ 利润表公式的设置
              │
              │               ┌─ 资产负债表结构的设计
              ├─ 资产负债表的编制 ┤
              │               └─ 资产负债表公式的设置
              │
              │               ┌─ 现金流量表结构的设计
              └─ 现金流量表的编制 ┤ 现金流量表编辑的准备
                              └─ 编制现金流量表公式的设置
```

引导案例

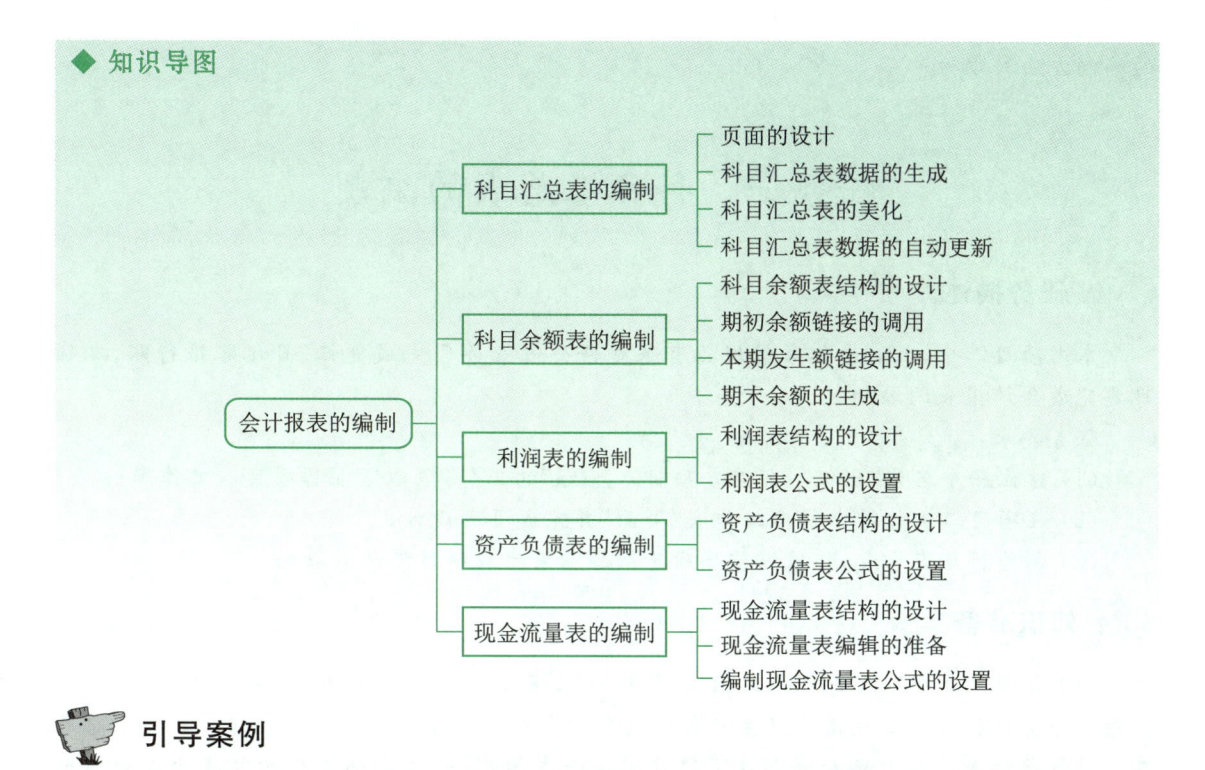

康美药业 A 股史上规模最大的财务造假舞弊案

2019 年 4 月 29 日,康美药业发布更正公告,称其 2017 年的年报数据存在重大差错。存货少计 195 亿元,现金多计 299 亿元。资产负债表、利润表、现金流量表几乎所有数据都需要更正,对 2017 年财报做出重大调整。4 月 30 日晚上,上交所立刻向康美药业发出监管函,称公司在财务管理、信息披露、内部控制等方面可能存在重大疑问,予以高度关注。此外,证监会已对康美药业审计机构正中珠江会计师事务所涉嫌未勤勉尽责立案调查。

5 月 17 日下午,证监会通报了康美药业调查进展。据证监会称,现已初步查明,康美药业披露的 2016 至 2018 年财务报告存在重大虚假信息,一是使用虚假银行单据虚增存款;二是通过伪造业务凭证进行收入造假;三是部分资金转入关联方账户买卖本公司股票。公司涉嫌违反《中华人民共和国证券投资法》第 63 条等相关规定。

康美药业是曾经的千亿元市值白马股、中药行业的龙头,前期已经屡遭质疑,但没有确凿的证据。如今,随着证监会调查进展的通报,财务造假有了实锤。截至 2019 年 12 月 31 日,康美药业市值仅剩 186 亿元,较上年末 458.09 亿元缩水六成。

康美药业财务造假舞弊

案例思考

2019 年的 A 股市场是丰收的一年,上证综指全年上涨超过 20%,创近 5 年来之最,创业板全年上涨超过 40%。但与此同时,我国证券市场财务造假的顽疾依然没有根本改观,2019 年全年共有 198 家上市公司发布过前期会计差错公告。

从康美药业的财务造假舞弊案中讨论:财务人员怎样做到坚守社会责任,遵纪守法?

【提示】

会计报表是综合反映企业经营成果、财务状况及现金流量信息的书面文件,它是会计核算的最终结果,也是会计核算工作的总结。会计报表按照反映内容的不同,可以分为资产负债表、利润表和现金流量表。本项目的主要内容就是介绍资产负债表、利润表和现金流量表的编制方法和步骤。

任务一 科目汇总表的编制

任务描述

本书项目二中，上海乐作家居用品有限责任公司业务已完成凭证、日记账银行账，本项目要完成会计报表的编制。

任务要求：

(1) 建立一个名为“班级 姓名 项目八.xlsx”的工作簿(以下简称项目八工作簿)；

(2) 在项目二工作簿中新建工作表“页面”并完成页面设计；

(3) 制作科目汇总表，并根据前序项目核算结果生成科目汇总表数据。

知识准备

科目汇总表是将一定期间内的所有经济业务，根据相同的会计科目进行归类，定期汇总出每一个会计科目的本期借方发生额合计数和贷方发生额合计数的一种表格。科目汇总表在会计账务核算过程中起着承上启下的作用。一方面，将一定期间发生的经济业务分门别类地进行汇总；另一方面，为编制会计报表提供数据。科目汇总表的格式如图 8-1 所示。

	A	B	C	D
1		科目汇总表		
2	编制单位:		年 月	单位：元
3	科目代码	总账科目	借方发生额	贷方发生额
4				
5				
6				
7				
8				
9				
10				
11				
12				
13	合计			

图 8-1 科目汇总表

岗位说明

会计主管岗位负责创建页面，布局 Excel 会计报表系统。会计岗位负责制作科目汇总表并生成数据。

工作步骤一 页面的设计

首先建立一个名为“姓名 学号 项目八.xls”工作簿，在此工作簿中建立“首页”“科目汇总表""科目余额表""资产负债表""利润表""现金流量表"等工作表,各工作表分别完成相应的工作任务。"首页"工作表的建立方法在前面项目二中已作介绍,具体样式如图 8-2 所示。

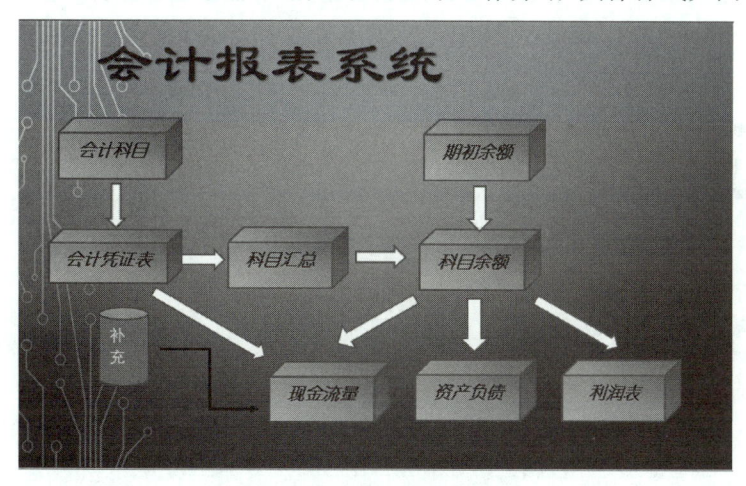

图 8-2 会计报表系统

工作步骤二 科目汇总表数据的生成

科目汇总表是建立在会计凭证表基础之上的,其数据来源于会计凭证表。我们可以利用 Excel 中的数据透视表功能将已形成的会计凭证表生成科目汇总表数据。具体的操作步骤如下:

(1) 打开"会计凭证表"工作表,选择有效数据区域内的任一单元格。

(2) 单击菜单【插入】|【数据透视表】命令,在弹出的【创建数据透视表】对话框中进行相应设置,如图 8-3 所示,然后单击【下一步】按钮。

图 8-3 【创建数据透视表】对话框

编制科目汇总表

(3) 设置所要分析的数据区域，默认为当前有效的数据区域。选择放置数据透视表的位置，默认为创建一张新的工作表。执行默认选项，单击【确定】，弹出数据透视表窗口，如图 8-4 所示。

图 8-4　数据透视表窗口

(4) 右键单击数据透视表区域，在弹出的列表中选择【数据透视表选项】命令，如图 8-5所示。弹出【数据透视表选项】对话框，如图 8-6 所示。

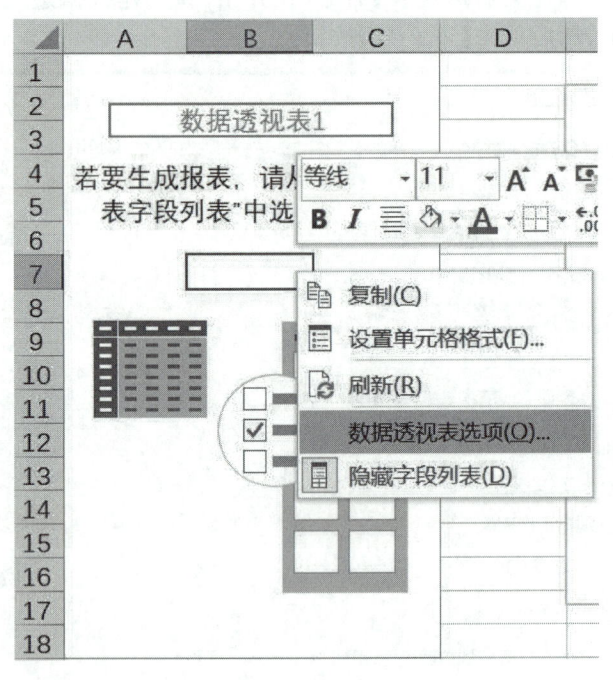

图 8-5　选择【数据透视表】选项命令

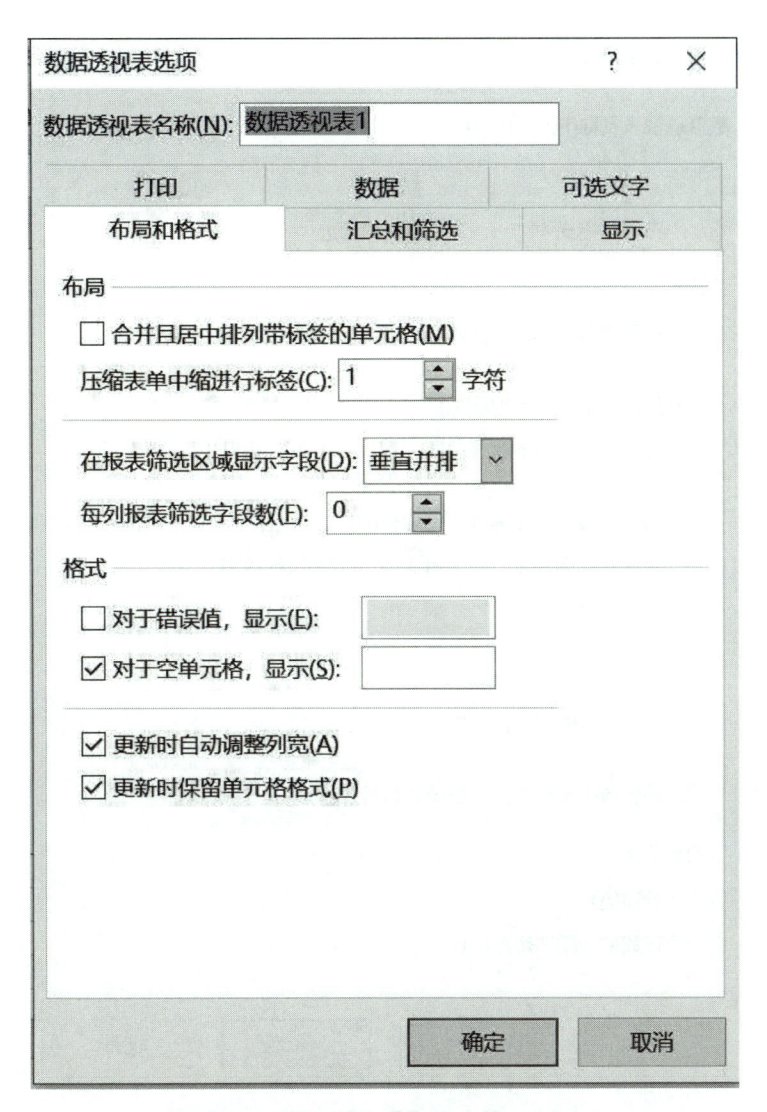

图 8-6 【数据透视表选项】对话框

（5）在【数据透视表选项】对话框中选择【显示】选项卡，勾选"经典数据透视表布局（启用网格中的字段拖放）"复选框，如图 8-7 所示。

（6）启用经典数据透视表布局，如图 8-8 所示。

（7）在【数据透视表字段】对话框中将"年""月"字段拖动至"筛选器"区域，将"科目代码"和"总账科目"字段拖动至"行"区域，将"借方金额""贷方金额"拖动至"值"数据区域，效果如图 8-9 所示。

（8）选择"科目代码"数据区域任一单元格，单击右键，在列表中取消勾选【分类汇总"科目代码"】，如图 8-10 所示。取消后的效果如图 8-11 所示。

（9）选择"借方金额"下数据透视表内任一单元格，单击右键，在弹出的对话框中选择【值字段设置】，弹出【值字段设置】对话框，修改计算类型为"求和"，单击【确定】，如图 8-12 所示。同理设置"贷方金额"值字段计算类型为求和，最终效果如图 8-13 所示。

图 8-7 【显示】选项卡

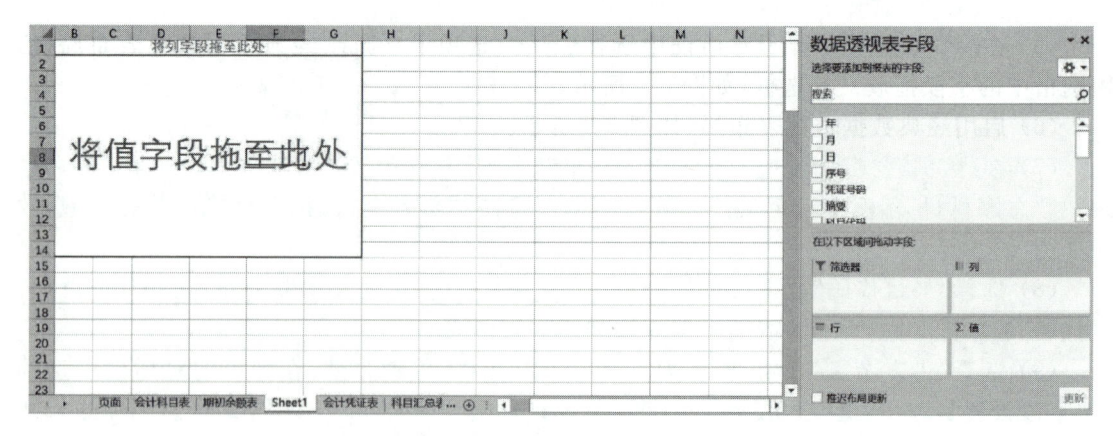

图 8-8 经典数据透视表布局

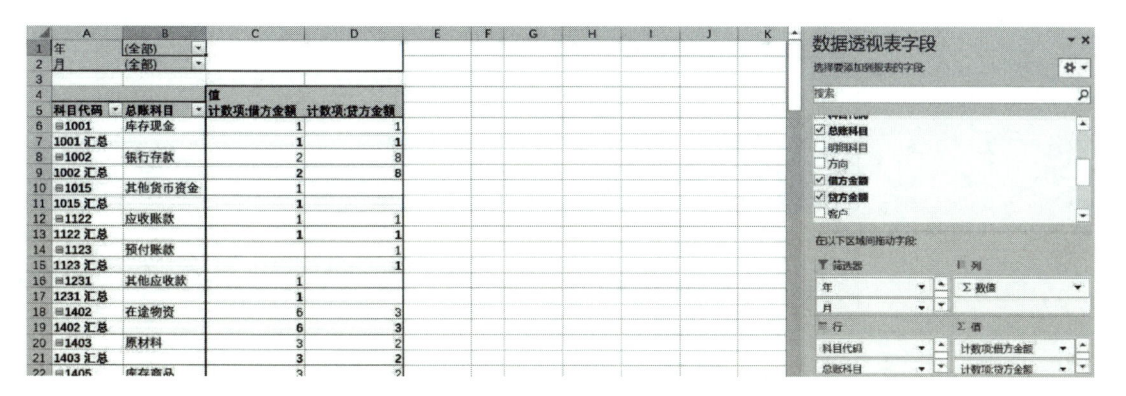

图 8-9　设置数据透视表字段布局

图 8-10　取消分类汇总项

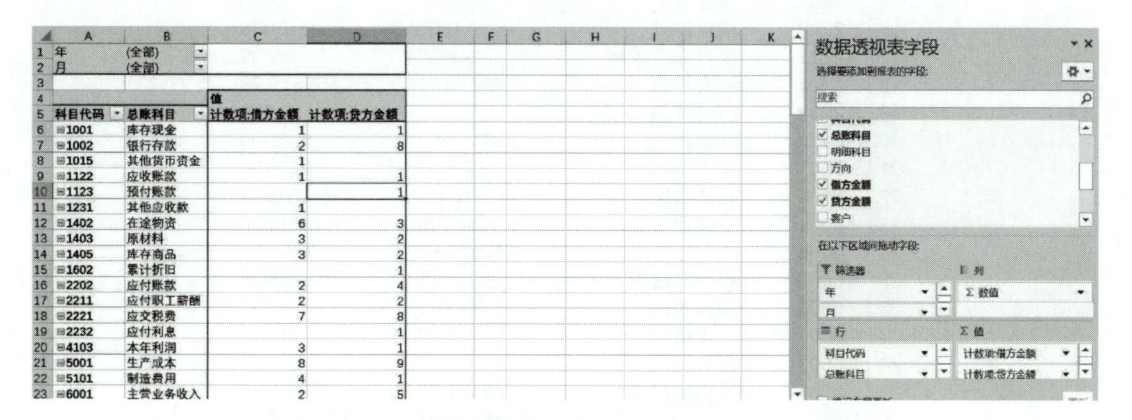

图 8-11　取消分类汇总项后效果

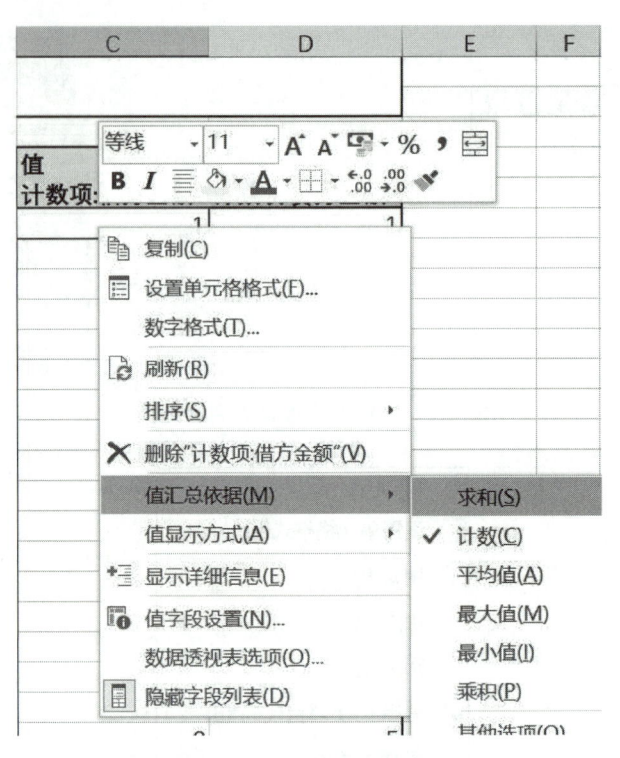

图 8-12　修改数据计算类型

	A	B	C	D
4			值	
5	科目代码	总账科目	求和项:借方金额	求和项:贷方金额
6	1001	库存现金	3000	350
7	1002	银行存款	501600	225735
8	1015	其他货币资金	146900	
9	1122	应收账款	244080	140000
10	1123	预付账款		750
11	1231	其他应收款	15249	
12	1402	在途物资	146583.49	146583.49
13	1403	原材料	146583.49	150600
14	1405	库存商品	312896	249536.56
15	1602	累计折旧		19400
16	2202	应付账款	114200	240086
17	2211	应付职工薪酬	58650	73899
18	2221	应交税费	53779.41	160515.98
19	2232	应付利息		550
20	4103	本年利润	353484.54	546000
21	5001	生产成本	289896	312896
22	5101	制造费用	101847	101847
23	6001	主营业务收入	546000	666000
24	6401	主营业务成本	249536.56	249536.56
25	6403	税金及附加	1046.16	1046.16
26	6601	销售费用	7321.1	7321
27	6602	管理费用	30859	30859
28	6603	财务费用	550	550
29	6801	所得税费用	64171.82	64171.82
30	总计		3388233.57	3388233.57

图 8-13　生成数据透视表

（10）单击【完成】按钮。并将新生成的工作表 Sheet2 重命名为"科目汇总表"。Excel 2016 版数据透视表生成的同时会生成数据透视图，可以根据工作展示信息的需要调整，用图直观展示科目汇总表数据信息。

工作步骤三　科目汇总表的美化

用"数据透视表"生成的科目汇总表在格式上与常规财务熟悉的科目汇总表有一定的差距，可在已生成的"数据透视表"基础上进行美化和调整。具体操作步骤如下：

（1）选择第一行并单击鼠标右键，在弹出的快捷菜单中选择【插入】命令，在表格顶头插入一行。

（2）选择 A1:D1 单元格，单击【合并及居中】按钮，输入"科目汇总表"，"字体"选择"楷体"，"字号"选择"28"，并单击【加粗】按钮，再插入一行，在 D2 输入"单位:元"，再添加边框线。借方金额和贷方金额设置数字格式：数字，小数数位 2，使用千位分隔符，负数－1 234.10，如图 8-14 所示。

科目代码	总账科目	求和项:借方金额	求和项:贷方金额
1001	库存现金	3,000.00	350.00
1002	银行存款	501,600.00	225,735.00
1015	其他货币资金	146,900.00	
1122	应收账款	244,080.00	140,000.00
1123	预付账款		750.00
1231	其他应收款	15,249.00	
1402	在途物资	146,583.49	146,583.49
1403	原材料	146,583.49	150,600.00
1405	库存商品	312,896.00	249,536.56
1602	累计折旧		19,400.00
2202	应付账款	114,200.00	240,086.00
2211	应付职工薪酬	58,650.00	73,899.00
2221	应交税费	53,779.41	160,515.98
2232	应付利息		550.00
4103	本年利润	353,484.54	546,000.00
5001	生产成本	289,896.00	312,896.00
5101	制造费用	101,847.00	101,847.00
6001	主营业务收入	546,000.00	666,000.00
6401	主营业务成本	249,536.56	249,536.56
6403	税金及附加	1,046.16	1,046.16
6601	销售费用	7,321.10	7,321.00
6602	管理费用	30,859.00	30,859.00
6603	财务费用	550.00	550.00
6801	所得税费用	64,171.82	64,171.82
总计		3,388,233.57	3,388,233.57

图 8-14　科目汇总表的美化

工作步骤四　科目汇总表数据的自动更新

数据透视表中生成的数据，不能随意进行修改和变动，但可以随着数据源数据的更新而更新。具体的步骤如下：

(1) 在"会计凭证表"工作表中删除一笔业务。

(2) 切换至"科目汇总表"工作表，单击鼠标右键，在弹出的快捷菜单中选择"刷新数据"命令。

(3) 在弹出的对话框中单击【确定】按钮，"科目汇总表"的数据便自动进行更新，并且在此基础上建立的数据透视表均自动更新。

任务二　科目余额表的编制

任务描述

任务要求：
(1) 制作乐作公司的科目余额表表格。
(2) 调用期初余额信息。
(3) 计算本期发生额并试算平衡。
(4) 计算本期期末余额。

知识准备

科目余额表是用来记录本期所有会计科目的发生额和余额的表格，它是科目汇总表的进一步延伸，能够反映某一会计期间相关会计科目（账户）的期初余额、本期发生额、期末余额，为编制会计报表提供更完善的数据。

科目余额表中的会计科目涉及六类：资产类、负债类、共同类、所有者权益类、成本类和损益类。根据会计核算的规则，资产和成本类科目：期末余额＝期初余额＋本期借方发生额－本期贷方发生额。负债和所有者权益类科目：期末余额＝期初余额＋本期贷方发生额－本期借方发生额。共同类科目：期末借方余额＝期初余额＋本期借方发生额；期末贷方余额＝期初余额＋本期贷方发生额。损益类科目：财务收入类科目期末余额＝期初余额＋本期贷方发生额－本期借方发生额；财务支出类科目期末余额＝期初余额＋本期借方发生额－本期贷方发生额。

岗位说明

会计岗位负责编制科目余额表并试算平衡。

工作步骤一　科目余额表结构的设计

利用 Excel 建立科目余额表的步骤如下：

(1) 将"项目八.xls"工作簿中的工作表"Sheet2"重命名为"科目余额表"。

(2) 选中 A1:H1，单击【合并后居中】按钮。在 A1 单元格中输入"科目余额表"，并单击【加粗】按钮，设置"字体"为"楷体"，"字号"设置为"18"，增加双下划线。选中 C2:E2，合并并输入"时间： 年 月 日"。选中 H2 并输入"单位:元"。表尾 G72 输入"制表人："。

（3）选择 A3 单元格，输入"科目代码"，并单击【加粗】按钮。

（4）选择 B3:B4 单元格，单击【合并后居中】按钮。在 B3 单元格中输入"总账科目"，并单击【加粗】按钮。

（5）选择 C3:D3 单元格，单击【合并后居中】按钮。在 C3 单元格中输入"期初余额"，字体宋体，字号 11，并单击【加粗】按钮。

（6）选 E3:F3 单元格，单击【合并后居中】按钮。在 E3 单元格输入"本期发生额"，字体宋体，字号 11，并单击【加粗】按钮。

（7）选择 G3:H3 单元格，单击【合并后居中】按钮。在 G3 单元格输入"期末余额"，字体宋体，字号 11，并单击【加粗】按钮。

（8）按下"Ctrl"键同时选择 C4、E4、G4 单元格，输入"借方金额"，字体宋体，字号 11，按下"Ctrl＋Enter"，完成自动填充，并单击【加粗】按钮。

（9）按下"Ctrl"键同时选择 D4、F4、H4 单元格，输入"贷方金额"，字体宋体，字号 11，按下"Ctrl＋Enter"，完成自动填充，并单击【加粗】按钮，如图 8-15 所示。

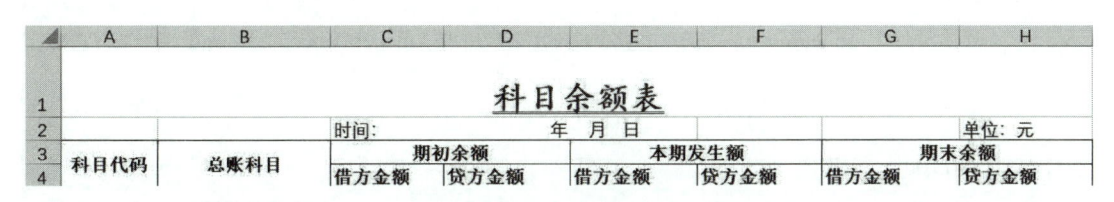

图 8-15 科目余额表表头

（10）根据"项目二"介绍的有关记录单的知识，在 A、B 两列的单元格内输入科目代码、总账科目名称。

（11）选择 A71:B71 单元格，输入"合计"，并单击【加粗】按钮。

（12）选择 C71 单元格，单击函数按钮 ƒx，执行"粘贴函数"命令。

（13）在"函数分类"中选择"常用函数"中的"SUM"函数，在 SUM 函数中输入公式"＝SUM(C5:C70)"，并单击【确定】按钮。

（14）选取 C71 单元格并单击鼠标右键，在弹出的快捷菜单中选择"复制"命令。

（15）选取 D71:H71 单元格并单击鼠标右键，在弹出的快捷菜单中选择"粘贴"命令。这样 D71:H71 单元格均自动套用公式。

（16）选中 C 至 H 列，单击菜单【格式】|【单元格】命令，在弹出的【设置单元格格式】对话框中，将"数字"设为"数值"，"小数位数"选择"2"，使用"千分位分隔符"，负数格式选择"（－1 234.10）"。

（17）单击【确定】按钮，完成科目余额表的建立。

工作步骤二　期初余额链接的调用

科目余额表中的总账科目是财政部统一规定的科目，因此科目余额表的期初余额可以从上期期末科目余额表中的期末余额中链接过来。若在不同的工作簿，可以通过工作表之间数据链接来解决科目余额表的期初余额的调用问题，直接引用公式为"＝[被引用工作簿名称]被引用工作表名称！被引用单元格"。若在同一个工作簿，则"被引用工作簿名称"可以省略。具体操作步骤如下：

（1）打开"科目余额表"工作表。

（2）选择 C5 单元格，在【公式】下【插入函数】，查找 VLOOKUP 函数。打开该函数的参数，设置相应的参数，如图 8-16 所示。

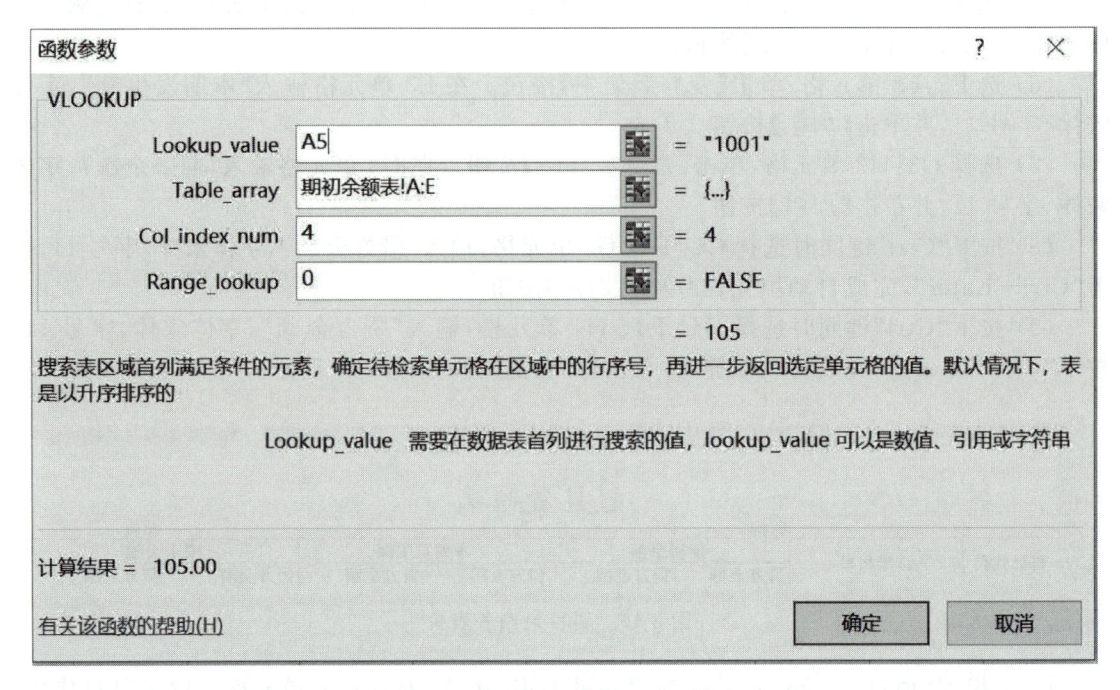

图 8-16　设置 VLOOKUP 函数

（3）单击【确认】按钮，返回科目余额表。双击 C5 单元格右下角的填充柄，完成期初借方金额的自动填充，如图 8-17 所示。

图 8-17　完成自动填充

（4）由于使用"VLOOKUP"函数时，当查找区域中不包含所查找的数据时，函数返回"＃N/A"值，因此，需要对该函数进行完善，常用"ISNA"函数和"IF"函数进行完善，在 C4 单元格录入公式"＝IF(ISNA(VLOOKUP(A5,期初余额表!A:E,4,0)),0,(VLOOKUP(A5,期初余额表!A:E,4,0)))"，自动填充公式后如图 8-18 所示。

	A	B	C	D	E	F	G	H
1				科目余额表				
2			时间：		年　月　日			单位：元
3	科目代码	总账科目	期初余额		本期发生额		期末余额	
4			借方金额	贷方金额	借方金额	贷方金额	借方金额	贷方金额
5	1001	库存现金	=IF(ISNA(VLOOKUP(A5,期初余额表!A:E,4,0)),0,(VLOOKUP(A5,期初余额表!A:E,4,0)))					
6	1002	银行存款		IF(logical_test, [value_if_true], [value_if_false])				
7	1015	其他货币资金	0.00					
8	1101	交易性金融资产	0.00					
9	1121	应收票据	0.00					
10	1122	应收账款	140,000.00					

图 8-18　完善科目余额表公式

（5）同理设置 D5 单元格公式，如图 8-19 所示。

	A	B	C	D
1				科目
2			时间：	年
3	科目代码	总账科目	期初余额	
4			借方金额	贷方金额
5	1001	库存现金	105.00	0.00
6	1002	银行存款	272,885.00	0.00
7	1015	其他货币资金	0.00	0.00
8	1101	交易性金融资产	0.00	0.00
9	1121	应收票据	0.00	0.00
10	1122	应收账款	140,000.00	0.00
11	1123	预付账款	3,750.00	0.00
12	1131	应收股利	0.00	0.00
13	1132	应收利息	0.00	0.00
14	1231	其他应收款	0.00	0.00
15	1241	坏账准备	0.00	0.00
16	1402	在途物资	0.00	0.00
17	1403	原材料	158,000.00	0.00
18	1405	库存商品	165,000.00	0.00
19	1408	委托加工物资	0.00	0.00
20	1411	周转材料	0.00	0.00
21	1461	存货跌价准备	0.00	0.00
22	1601	固定资产	4,680,000.00	0.00
23	1602	累计折旧	0.00	1,379,000.00
24	1603	固定资产减值准备	0.00	0.00
25	1604	在建工程	0.00	0.00
26	1605	工程物资	0.00	0.00
27	1606	固定资产清理	0.00	0.00

… | 期初余额表 | 会计凭证表 | 科目汇总表 | 科目余额表 | 利…

图 8-19　科目余额表期初余额

工作步骤三 本期发生额链接的调用

科目余额表中本期发生额需要从本期科目汇总表中调用。由于每个会计期间发生的经济业务不完全相同,根据记录经济业务的会计凭证表自动生成的科目汇总表的会计科目也不固定。在从本期科目汇总表中调用数据时,便不能直接调用,要借助于函数进行间接调用。调用既可使用项目活动二期初余额的函数,也可使用 SUMIF 函数。在此介绍使用 SUMIF 函数调用。具体步骤如下:

(1) 打开"科目余额表"工作表。

(2) 选择 E4 单元格,单击 ƒx 按钮,执行"粘贴函数"命令。在"选择函数"中选择 SUMIF 函数,单击【确定】按钮,如图 8-20 所示。

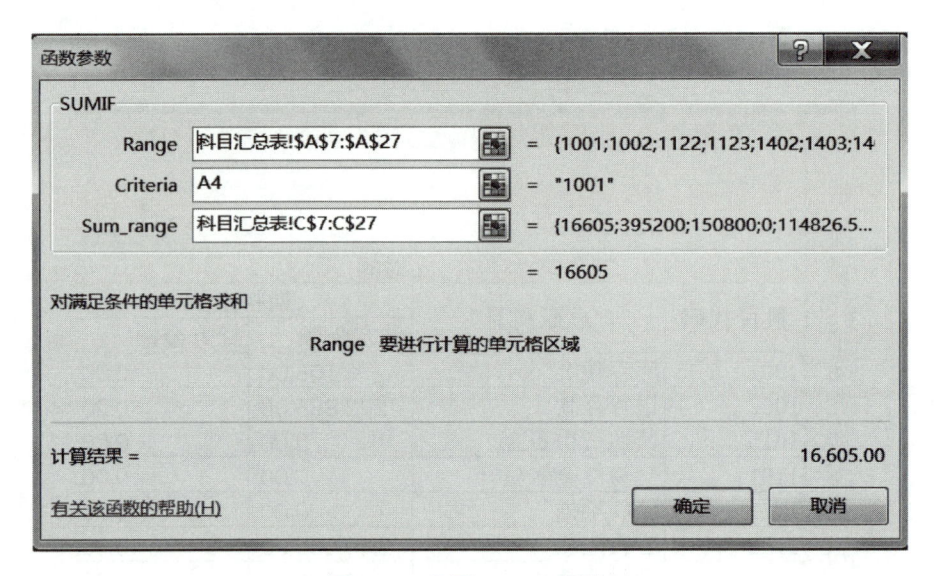

图 8-20 设置 SUMIF 函数

(3) 确定后,则会在 E5 单元格显示本月库存现金的借方发生额。

(4) 单击 E5 单元格,将其向下填充复制到 E70 单元格,建立其他会计科目本期借方发生额的链接。

(5) 按照同样的方法,可以将科目余额表"本期贷方发生额"与科目汇总表建立动态的链接,完成科目余额表的本期发生额编制。

工作步骤四 期末余额的生成

根据报表六大要素的核算规则设置公式计算期末余额。具体步骤如下:

(1) 打开"科目余额表"工作表。

(2) 选择 G5 单元格,输入"=C5+E5－F5"。

(3) 按回车键,计算出"库存现金"科目的期末余额。

(4) 选择 G5 单元格并单击鼠标右键,在弹出的快捷菜单中选择【复制】命令。

(5) 选择 G5:G22,按住"Ctrl"键,继续选择 G24:G32、G52:G55 单元格,释放"Ctrl"键。

(6) 单击鼠标右键,在弹出的快捷菜单中选择【粘贴】命令。

(7) 选择 H23 单元格,输入"D23+F23－E23",按回车键,计算"累计折旧"期末余额,然后复制 H23 单元格。

（8）选择 H33：H51 单元格，粘贴 H23 单元格公式，完成负债类科目和权益类科目期末余额的计算。

（9）选择 G71 单元格，单击自动求和，计算所有科目期末借方合计金额；同理计算 H71 单元格贷方合计金额，检查期末借方合计金额与贷方合计金额是否相等。

（10）为 A3：G71 添加边框。标题 A3：H4、A5：B31 选择"蓝灰，文字2，淡色60%"，C5：D55 选择"橙色，个性色2，淡色40%"，E56：F70 选择"绿色，个性色6，淡色40%"，G5：F55 选择"金色，个性色4，淡色40%"，用颜色区分不同数据区域。结果如图 8-21 所示。

	A	B	C	D	E	F	G	H
1				科目余额表				
2			时间：	2021年6月30日				单位：元
3	科目代码	总账科目	期初余额		本期发生额		期末余额	
4			借方金额	贷方金额	借方金额	贷方金额	借方金额	贷方金额
5	1001	库存现金	105.00	0.00	3,000.00	350.00	2,755.00	
6	1002	银行存款	272,885.00	0.00	501,600.00	225,735.00	548,750.00	
7	1015	其他货币资金	0.00	0.00	146,900.00	0.00	146,900.00	
8	1101	交易性金融资产	0.00	0.00	0.00	0.00		
9	1121	应收票据	0.00	0.00	0.00	0.00		
10	1122	应收账款	140,000.00	0.00	244,080.00	140,000.00	244,080.00	
11	1123	预付账款	3,750.00	0.00	0.00	750.00	3,000.00	
12	1131	应收股利	0.00	0.00	0.00	0.00		
13	1132	应收利息	0.00	0.00	0.00	0.00		
14	1231	其他应收款	0.00	0.00	5,865.00	5,865.00		
15	1241	坏账准备	0.00	0.00	0.00	0.00		
16	1402	在途物资	0.00	0.00	146,583.49	146,583.49	0.00	
17	1403	原材料	158,000.00	0.00	146,583.49	150,600.00	153,983.49	
18	1405	库存商品	165,000.00	0.00	312,896.00	249,536.56	228,359.44	
19	1408	委托加工物资	0.00	0.00	0.00	0.00		
20	1411	周转材料	0.00	0.00	0.00	0.00		
21	1461	存货跌价准备	0.00	0.00	0.00	0.00		
22	1601	固定资产	4,680,000.00	0.00	0.00	0.00	4,680,000.00	
23	1602	累计折旧	0.00	1,379,000.00	0.00	19,400.00		1,398,400.00
24	1603	固定资产减值准备	0.00	0.00	0.00	0.00		
25	1604	在建工程	0.00	0.00	0.00	0.00		
26	1605	工程物资	0.00	0.00	0.00	0.00		
27	1606	固定资产清理	0.00	0.00	0.00	0.00		

图 8-21　科目余额表完成样表

任务三　利润表的编制

任务描述

任务要求：

（1）按照最新利润表格式，制作利润表表格。

（2）设置公式。

（3）完成利润计算。

知识准备

利润表是反映企业一定期间生产经营成果的会计报表。利润表把一定时期的营业收入与其同一会计期间相关的营业费用进行配比,以计算出企业一定时期的净利润。通过利润表反映的收入和费用等情况,能够反映出企业生产经营的收入情况及费用耗费情况,表明企业一定时期的生产经营成果。我国会计实务中多采用多步式利润表。

岗位说明

会计主管负责编制利润表。

赛题链接

根据赛题资料六提供的2020年3月份经济业务事项,完成任务1—3。

生成利润表。……

【提示】

该赛题来源于2021年全国职业院校技能大赛拟设赛项赛题库(高职组会计技能赛项样题)。因赛题经济业务内容较多,在此不提供具体内容。

工作步骤一　利润表结构的设计

多步式利润表是通过营业利润、利润总额等利润表项目,最后计算出净利润而编制的利润表,利润表格式如图8-22所示,具体操作步骤如下:

项目	行次	本期金额	上期金额
一、营业收入	1		
减:营业成本	2		
税金及附加	3		
销售费用	4		
管理费用	5		
研发费用	6		
财务费用	7		
其中:利息费用	8		
利息收入	9		
资产减值损失	10		
加:其他收益	11		
投资收益(损失以"-"号填列)	12		
其中:对联营企业和合营企业的投资收益	13		
公允价值变动损益(损失以"-"号填列)	14		
资产处置收益(损失以"-"号填列)	15		
二、营业利润(亏损以"-"号填列)	16		
加:营业外收入	17		
减:营业外支出	18		
三、利润总额(亏损以"-"号填列)	19		
减:所得税费用	20		
四、净利润(亏损以"-"号填列)	21		

编制单位:　　　　　　　　　　　年　　月　　　　会企02表　单位:元

单位负责人:　　　　财务负责人:　　　　制表人:

图8-22　利润表格式

(1) 在"项目八.xls"工作簿中插入工作表"Sheet5",重命名为"利润表"。

(2) 选择 A1:D1 单元格,单击【合并后居中】按钮,在 B1 单元格输入"利润表",并设置其格式。

(3) 选择 D2 单元格,在 D2 单元格中输入"会企 02 表",并设置其格式。

(4) 在 A3 单元格输入"编制单位:",并设置其格式。

(5) 在 D3 单元格输入"单位:元",并设置其格式。

(6) 在"A4:D4"单元格中分别输入"项目""行次""本期金额""上期金额",并设置其格式。

(7) 在利润表的每个项目中输入具体的项目名称。

(8) 选择利润表所有项目单元格,单击鼠标右键,在弹出的快捷菜单中选择【设置单元格格式】命令,打开【边框】选项卡,选择边框样式,单击【确定】按钮;设置行高 15,根据具体的报表项目调整列宽。选择 C5:D25,"数字"设置"数值","右对齐","小数数位"选择"2",使用"千位分隔符",负数格式选择"(-1 234.10)"。

(9) 在 A26:D26 单元格输入"单位负责人:""财务负责人:""制表人:",生成如图 8-22 所示的利润表格式。

工作步骤二 利润表公式的设置

利润表的编制同样建立在科目余额表上,与"资产负债表"编制不同的是,由于收入、费用类账户每期结转后已无余额,在编制时,需要根据科目余额表中本期发生额的有关会计科目进行编制。利润表中本期数的填制,需要在科目余额表本期发生额中进行直接调用,收入类项目从科目余额表本期发生额贷方取数,费用类项目从科目余额表本期发生额借方取数。具体步骤如下:

(1) 打开"项目八.xls"工作簿中"利润表"的工作表。

(2) 选择"利润表"工作表中 C5 单元格,并输入"=科目余额表!F56+科目余额表!F56",按下回车键,即会生成数据。

(3) 参照(2)的步骤,结合"利润表"各个报表项目数据来源方式,将每个项目的公式设置完成,产生相对应的计算结果。

(4) 选择 D20 单元格,输入营业利润计算公式"=D5-D6-D7-D8-D9-D10-D11-D14+D15+D16+D18+D19",按回车键。

(5) 选择 D23 单元格,输入"=D20+D21-D22",按回车键。

(6) 选择 D25 单元格,输入"=D23-D24",按回车键。这样,利润表本期金额的填制就完成了。

(7) 利润表中的上期金额可以用相同的方法在科目余额表中进行调用。编制完成的利润表如图 8-23 所示。

	A	B	C	D
1	利润表			
2				会企02表
3	编制单位：	年	月	单位：元
4	项　　目	行次	本期金额	上期金额
5	一、营业收入	1	666,000.00	
6	减：营业成本	2	249,536.56	
7	税金及附加	3	1,046.16	
8	销售费用	4	7,321.10	
9	管理费用	5	30,859.00	
10	研发费用	6	0.00	
11	财务费用	7	550.00	
12	其中：利息费用	8	550.00	
13	利息收入	9		
14	资产减值损失	10	0.00	
15	加：其他收益	11	0.00	
16	投资收益（损失以"-"号填列）	12	0.00	
17	其中：对联营企业和合营企业的投资收益	13		
18	公允价值变动损益（损失以"-"号填列）	14	0.00	
19	资产处置收益（损失以"-"号填列）	15		
20	二、营业利润（亏损以"-"号填列）	16	376,687.18	
21	加：营业外收入	17	0.00	
22	减：营业外支出	18	0.00	
23	三、利润总额（亏损以"-"号填列）	19	376,687.18	
24	减：所得税费用	20	94,171.82	
25	四、净利润（亏损以"-"号填列）	21	282,515.36	
26	单位负责人：	财务负责人：		制表人：

图 8-23　编制完成的利润表

任务四　资产负债表的编制

任务描述

任务要求：
(1) 按照最新资产负债表格式，制作资产负债表表格。
(2) 设置公式。
(3) 完成资产负债表计算。

知识准备

资产负债表是反映企业某一特定日期财务状况的会计报表，它是根据资产、负债和所有者权益三者之间的平衡关系，把日常经营活动的信息按照一定的分类标准和一定的顺序加工而成的。它表明企业某一特定日期所拥有或控制的经济资源，所承担的现有义务和所有者对净资产的要求权。我国的资产负债表的格式采用账户式。账户式的资产负债表是根据

"资产＝负债＋所有者权益"将表分成左右两方,左方反映资产,右方反映负债和所有者权益,其构成项目依据流动性分类,左右双方总额相等。

资产负债表的编制是建立在科目余额表的基础上的。因为资产负债表上的报表项目与科目余额表的科目项目不完全统一,所以需要根据各会计科目的余额或发生额进行分析填列。资产负债表期初数即为上期期末数,可以直接从上期资产负债表中获得。如果在没有上期资产负债表的情况下,比照本期期末数编制。下面主要介绍期末余额的编制。

资产负债表各报表项目的数据来源主要通过以下几种方式取得:

(1) 根据总账账户余额直接填列,如"应交税费""短期借款"等项目。

(2) 根据总账账户余额计算填列,如"货币资金""存货"等项目。

(3) 根据明细账户余额计算填列,如"应收票据及应收账款"等项目。资产方应收票据及应收账款项目金额＝应收票据明细账户借方余额＋应收账款明细账户借方余额＋预收账款明细账户借方余额,负债方预付账款项目金额＝应付票据明细账户借方余额＋应付款明细账户借方余额＋预收账款明细账户借方余额。资产方应付票据及应付款项目金额＝应付票据明细账户贷方余额＋应付款明细账户贷方余额＋预付账款明细账户贷方余额,负债方预收账款项目金额＝应收票据明细账户贷方余额＋应收账款明细账户贷方余额＋预收账款明细账户贷方余额。

(4) 根据总账账户和明细账账户的余额分析计算填列,如"长期借款"等项目。

(5) 根据有关账户期末余额减去其备抵账户后的净额分析填列,如"固定资产"等项目。

岗位说明

会计主管负责编制资产负债表。

赛题链接

根据赛题资料六提供的2020年3月份经济业务事项,完成任务1—3。

生成资产负债表。……

【提示】

该赛题来源于2021年全国职业院校技能大赛拟设赛项赛题库(高职组会计技能赛项样题)。因赛题经济业务内容较多,在此不提供具体内容。

工作步骤一　资产负债表结构的设计

资产负债表结构包括表头、表体和表尾,如图8-24所示。具体操作步骤如下:

(1) 在"项目八"工作簿中插入工作表"Sheet4",重命名为"资产负债表"。

(2) 选择A1:H1单元格,单击【合并后居中】按钮。在B1单元格中输入"资产负债表",并设置其格式。

(3) 在H2单元格中输入"会企01表",并设置其格式。

(4) 选择A3:B3单元格,单击【合并后居中】按钮,输入"编制单位",并设置其格式。

(5) 选择C3:E3单元格,单击【合并后居中】按钮,输入"年　月　日",并设置其格式。

(6) 在H3单元格中输入"单位:元",并设置其格式。

(7) 在"A4:H5"单元格分别输入"资产""行次""期末余额""年初余额""负债和所有者权益(或股东权益)""行次""期末余额""年初余额"等,并设置其格式。

图 8-24 资产负债表格式

(8) 在资产负债表中每个资产及负债和所有者权益(或股东权益)项目中录入报表项目名称。

(9) 选择资产负债表所有单元格,单击鼠标右键,在弹出的快捷菜单中选择【设置单元格式】命令,打开【边框】选项卡,选择如图 8-24 所示的边框样式,单击【确定】按钮,根据具体的报表项目进行列宽的调整。

(10) 在 A43:H43 单元格输入"单位负责人""财务负责人""制表人",这样如图 8-24 所示的资产负债表格式就制作完成了。

工作步骤二　资产负债表公式的设置

依照各项目数据来源方式,可以采用数据链接直接引用方式引用科目余额表、明细分类账等工作表的相关数据进行资产负债表的编制,也可采用 SUMIF 和 VLOOKUP 等函数间接调用科目余额表等其他工作表的相关数据进行资产负债的编制。本例以直接引用为例,具体步骤如下:

(1) 打开"项目八.xls"工作簿中"科目余额表"和"资产负债表"的工作表。

(2) 在"资产负债表"工作表中 C7 单元格输入"="。

(3) 激活"项目八.xls"工作簿,将界面切换到"科目余额表"中。

(4) 单击"科目余额表"中的单元格 G5,输入"+",再单击"科目余额表"中的单元格 G6。

(5) 按回车键,界面自动切换到"资产负债表",并在 D7 单元格显示计算结果。此时,在公式编辑栏中显示单元格 C7 所采用的计算公式"=科目余额表!＄G＄5＋科目余额表!＄G＄6"。

(6) 参照(2)至(5)的步骤,结合"资产负债表"各个报表项目的数据来源方式,将每个项目的公式设置完成,产生相应的计算结果。

(7) 选择 C17、C34、C42、G18、G29、G30、G41、G42 单元格,输入 SUM 函数,并在函数中输入相应的范围,显示其计算结果。这样,"资产负债表"的期末余额项目全部编制完成。

C17＝SUM(C7:C16);

C34＝SUM(C19:C33);

C42＝C17＋C34;

G18＝SUM(G7:G17);

G29＝SUM(G20:G28);

G30＝G18＋G29;

G41＝SUM(G32:G40);

G42＝G30＋G41。

（8）查看"资产负债表"的"资产总计"和"负债和所有者权益总计"是否相等，如不相等则需要查看具体的各个报表项目的公式设置情况。

（9）将"年初余额"进行相同的设置，编制完成的"资产负债表"，如图 8-25 所示。

图 8-25　编制完成的资产负债表

任务五　现金流量表的编制

任务描述

任务要求：

（1）按照最新现金流量表格式，制作现金流量表表格。

（2）设置公式。

(3) 完成现金流量表计算。

知识准备

现金流量表是反映企业一定会计期间内现金和现金等价物（以下简称现金）流入和流出的报表。现金流量表能够说明企业一定期间内现金流入和流出的原因、企业的偿债能力和支付股利的能力，分析企业未来获取现金的能力。现金流量表分为正表和补充资料两部分。

(1) 正表是现金流量表的主体，采用报告式结构，按现金流量的性质、分类反映经营活动产生的现金流量、投资活动产生的现金流量和筹资活动产生的现金流量等。

① 经营活动产生的现金流量。经营活动是指企业投资活动和筹资活动以外的所有交易和事项。经营活动产生的现金流量主要包括销售商品或提供劳务、购买商品或接受劳务、支付工资和交纳税款等流入和流出的现金及现金等价物。

② 投资活动产生的现金流量。投资活动是指企业长期资产的购建和不包括在现金等价物范围内的投资及其他处置活动。投资活动产生的现金流量主要包括取得和收回投资、购建和处置固定资产、购买和处置无形资产等流入和流出的现金及现金等价物。

③ 筹资活动产生的现金流量。筹资活动是指导致企业资本及债务规模和构成发生变化的活动。筹资活动产生的现金流量主要包括吸收投资、发行股票、分配利润、发行债券、偿还债务等流入和流出的现金及现金等价物。偿付应付款、应付票据等商业应付款等属于经营活动，不属于筹资活动。

(2) 补充资料包括三部分内容。
① 将净利润调节为经营活动现金流量。
② 不涉及现金收支的重大投资和筹资活动。
③ 现金及现金等价物净变动情况。

岗位说明

会计主管负责编制现金流量表。

赛题链接

根据赛题资料六提供的 2020 年 3 月份经济业务事项，完成任务 1—3。……
根据编制记账凭证时选择的现金流量表相关项目及输入的金额，生成现金流量表。……

【提示】
该赛题来源于 2021 年全国职业院校技能大赛拟设赛项赛题库（高职组会计技能赛项样题）。因赛题经济业务内容较多，在此不提供具体内容。

工作步骤一　现金流量表结构的设计

设计现金流量表格式的具体实施步骤如下：

(1) 在"项目八"工作簿中插入工作表"Sheet6"，并将其重命名为"现金流量表"。

(2) 选择 B1:E1 单元格，单击【合并后居中】按钮，在 A1 单元格中输入"现金流量表"，并设置其格式。

(3) 选择 E2 单元格，单击【合并后居中】按钮，在 E2 单元格中输入"会企 03 表"，并设置其格式。

（4）选择 B3 单元格,输入"编制单位:",输入"年　月",选择 E3 单元格,输入"单位:元",并设置其格式。

（5）在 A4:E4 单元格中分别输入"代码""项目""行次""本期金额""上期金额",并设置其格式,字体宋体,字号 11,行高 15,列宽根据内容调整。

（6）在现金流量表的每个项目中输入具体的项目名称。

（7）选择现金流量表所有单元格,单击鼠标左键,选择工具栏【开始】的【字体】下的【边框】,单击【所有框线】,如图 8-26 所示。根据具体的报表项目进行列宽的调整。

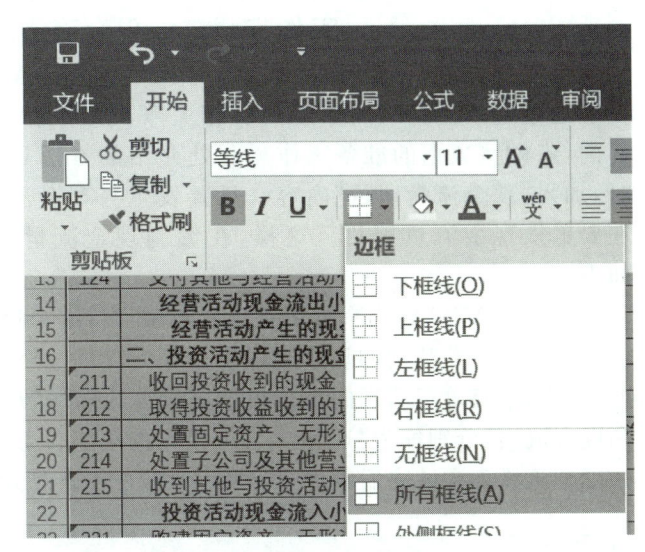

图 8-26　选择框线

（8）在 A43:E43 单元格区域输入"单位负责人""财务负责人""制表人",这样如图 8-27 所示的现金流量表就生成了。

图 8-27　现金流量表

工作步骤二　现金流量表编制的准备

与资产负债表及利润表相比,现金流量表的编制较复杂,原因在于现金流量表的数据不能通过直接链接或间接链接从相关账户工作表中提取数据。因此,在编制现金流量表之前,应做些数据的准备工作。此处介绍的方法是在输入"会计凭证表"这一原始数据源时,加入"现金流量项目"内容。只要发生与现金流量有关的业务,不仅要输入会计科目,还要输入现金流量项目。这样,在编制现金流量表时就有了原始数据。具体实施步骤如下：

(1) 在 A 列"代码",给所有现金流量项目编个代码(代码的编制原则以便于记忆为准),可以将所有经营活动的现金流量项目编为以"1"开头,所有投资活动的现金流量项目编为以"2"开头,所有筹资活动的现金流量项目编为以"3"开头;将代码的第二位数字区别现金流入和现金流出,分别编为"1"和"2";将代码的第三位数字根据具体的现金流入、现金流出项目在现金流量表中的先后顺序进行编号,如图 8-28 所示。

	A	B	C	D	E
1		现金流量表			
2					会企03表
3		编制单位:		年 月	单位：元
4	代码	项　目	行次	本期金额	上期金额
5		一、经营活动产生的现金流量:			
6	111	销售商品、提供劳务收到的现金	1		
7	112	收到的税费返还	2		
8	113	收到其他与经营活动有关的现金	3		
9		经营活动现金流入小计	4		
10	121	购买商品、接受劳务支付的现金	5		
11	122	支付给职工以及为职工支付的现金	6		
12	123	支付的各项税费	7		
13	124	支付其他与经营活动有关的现金	8		
14		经营活动现金流出小计	9		
15		经营活动产生的现金流量净额	10		
16		二、投资活动产生的现金流量:			
17	211	收回投资收到的现金	11		
18	212	取得投资收益收到的现金	12		
19	213	处置固定资产、无形资产和其他长期资产收回的现金净额	13		
20	214	处置子公司及其他营业单位收到的现金净额	14		
21	215	收到其他与投资活动有关的现金	15		
22		投资活动现金流入小计	16		
23	221	购建固定资产、无形资产和其他长期资产支付的现金	17		
24	222	投资支付的现金	18		
25	223	取得子公司及其他营业单位支付的现金净额	19		
26	224	支付其他与投资活动有关的现金	20		
27		投资活动现金流出小计	21		
28		投资活动产生的现金流量净额	22		

图 8-28　现金流量项目代码

(2) 选择 A4:B42 单元格,单击【公式】选项卡【名称】命令中的【定义名称】,在出现的【定义名称】对话框中输入"现金流量代码",如图 8-29 所示,单击【添加】和【确定】按钮,这样就建立了现金流量项目名称与其代码的对应关系。

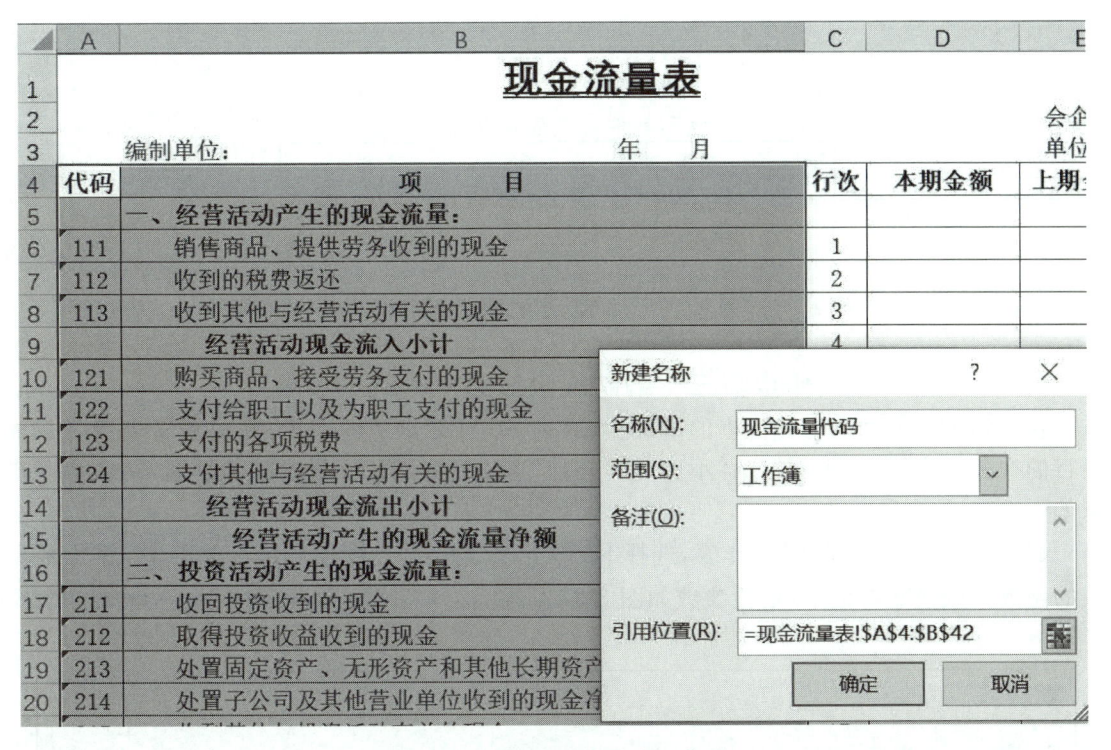

图 8-29　定义现金流量代码范围

（3）在"会计凭证表"工作表中加入"现金流量代码"和"现金流量名称"两列，在 R4 单元格的现金流量名称中输入公式"＝IF(Q4＝""，""，VLOOKUP(Q4，现金流量代码，2，1))"，并向下进行复制，如图 8-30 所示。

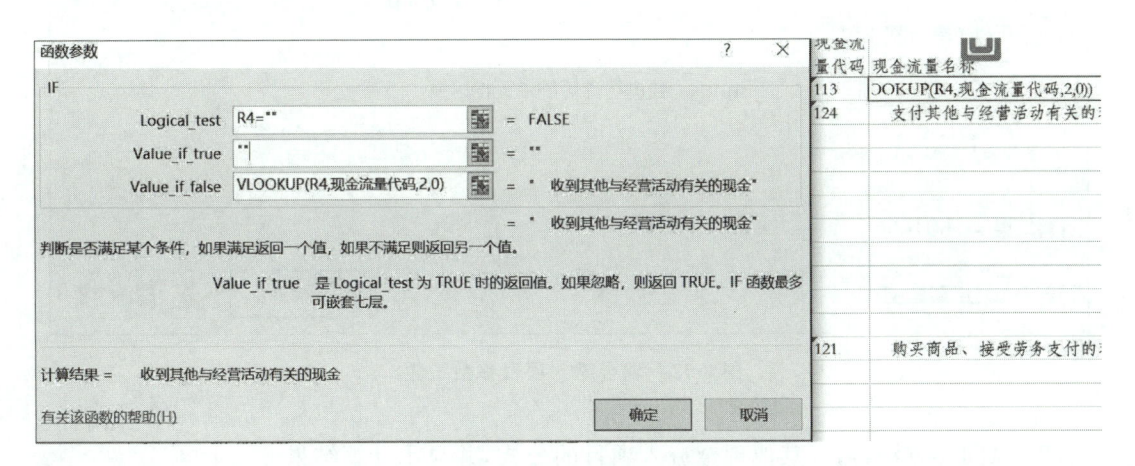

图 8-30　现金流量名称设置

（4）对"会计凭证表"工作表中涉及现金等价物的业务，在"现金流量代码"中输入相应的现金流量的代码，按回车键，则"现金流量名称"会自动显示出来，如图 8-31 所示。

现金流量代码	现金流量名称
113	收到其他与经营活动有关的现金
124	=IF(R5="","",VLOOKUP(R5,现金流量代码,2,0))

图 8-31 "现金流量表"的自动显示

工作步骤三 编制现金流量表公式的设置

在调整准备好的会计凭证表的基础上,通过 SUMIF 函数的运用,完成现金流量表具体项目的查找与合计,每个项目的"小计"和"合计"可以通过 SUM 函数进行设置,具体实现步骤如下:

(1) 激活"现金流量表"工作表,选择 D6 单元格,输入"=SUMIF()",单击 fx,调出该函数的函数参数设置对话框,设置参数如图 8-32 所示。

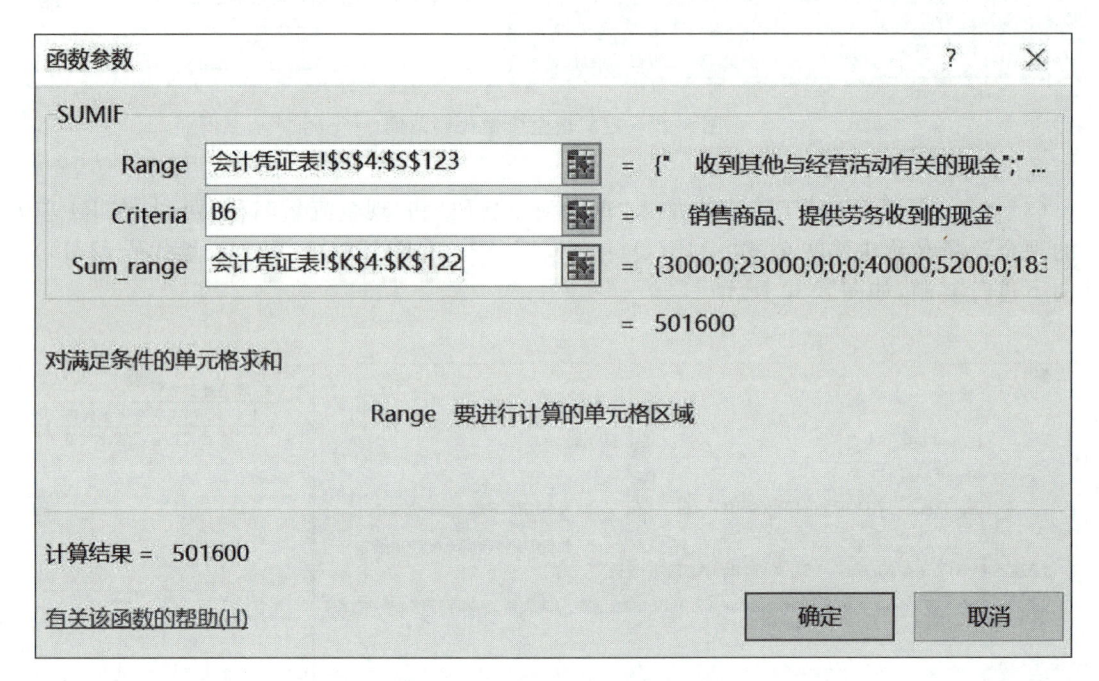

图 8-32 现金流入项目参数设置

(2) 以同样方法,输入其他现金流入项目的公式,并显示计算结果。
(3) 选择 E10 单元格,输入"=SUMIF()",单击 fx,调出该函数的参数设置对话框,参数设置如图 8-33 所示。

图 8-33 现金流出项目多数设置

（4）以同样的方法，设置其他现金流出项目的公式，并显示计算结果。

（5）选择 D9 单元格，输入公式"=SUM(D6:D8)"，单击回车键，显示计算结果。

（6）以同样方法，输入其他"小计"和"合计"项目的公式，则现金流量表编制完成，如图 8-34 所示。

代码	项目	行次	本期金额	上期金额
	现金流量表			会企03表
	编制单位： 年 月			单位：元
	一、经营活动产生的现金流量：			
111	销售商品、提供劳务收到的现金	1	648,500.00	
112	收到的税费返还	2	0.00	
113	收到其他与经营活动有关的现金	3	3,000.00	
	经营活动现金流入小计	4	651,500.00	
121	购买商品、接受劳务支付的现金	5	114,836.00	
122	支付给职工以及为职工支付的现金	6	73,899.00	
123	支付的各项税费	7	26,000.00	
124	支付其他与经营活动有关的现金	8	11,350.00	
	经营活动现金流出小计	9	226,085.00	
	经营活动产生的现金流量净额	10	425,415.00	
	二、投资活动产生的现金流量：			
211	收回投资收到的现金	11	0.00	
212	取得投资收益收到的现金	12	0.00	
213	处置固定资产、无形资产和其他长期资产收回的现金净额	13	0.00	
214	处置子公司及其他营业单位收到的现金净额	14	0.00	
215	收到其他与投资活动有关的现金	15	0.00	
	投资活动现金流入小计	16	0.00	
221	购建固定资产、无形资产和其他长期资产支付的现金	17	0.00	
222	投资支付的现金	18	0.00	
223	取得子公司及其他营业单位支付的现金净额	19	0.00	
224	支付其他与投资活动有关的现金	20	0.00	
	投资活动现金流出小计	21	0.00	

图 8-34 编制完成的现金流量表

项 目 小 结

本项目的实践操作是首先建立会计报表系统工作簿,完成该系统的页面设计;然后制作或引用账务处理系统的数据,编制利润表、资产负债表和现金流量表。项目八的实践操作导图如图 8-35 所示。

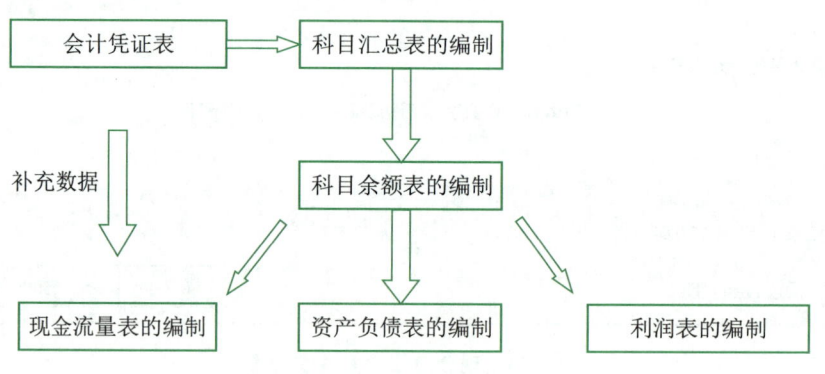

图 8-35 项目八的实践操作导图

项 目 训 练

案例资料见项目二项目训练。

操作要求:

编制成义商业有限公司 2021 年 10 月份的资产负债表、利润表和现金流量表。

主要参考文献

[1] 孙一玲,李煦,刘鹏,李婉琼.Excel在财务中的应用[M].2版.上海:立信会计出版社,2022.

[2] 斜志斌.Excel在财务中的应用[M].3版.北京:高等教育出版社,2019.

[3] 李爱红,宫胜利,刘智.新编Excel在财务中的应用[M].3版.北京:电子工业出版社,2019.

[4] 钟爱军.Excel在财务与会计中的应用[M].3版.北京:高等教育出版社,2021.

[5] 樊斌.Excel会计电算化[M].上海:立信会计出版社,2011.

编号：_____

软件授权提货单

学校和院系名称：_____（需院系盖章）

联系人：_____ 联系方式：_____

感谢贵校使用喻竹等编写的《Excel 在会计中的应用》(第三版)（978-7-04-059841-4）。为便于学校统一组织教学，学校可凭本提货单向北京朔日科技有限公司（简称"朔日科技"）免费申请安装《无纸化测评系统》（以学校为单位申请免费安装一次、60 个站点以内，不限学生账号数量，自安装日起免费 180 天使用期）。

申请方式：

1. 详细填写本提货单第一行学校和院系名称（院系盖章）及相关信息。
2. 把本提货单传真或拍照发给高等教育出版社相关业务部门审核（联系方式见下），获取提货单编号。
3. 凭完整的编号和院系名称，向朔日科技申请试用。
4. 本提货单最终解释权归朔日科技所有。

高等教育出版社联系方式：

手机：13761157915　　　　座机：021-56718737

传真：021-56718517　　　　QQ：122803063

朔日科技联系方式：

客服电话：13436600425　　客服座机：010-53396387　　客服 QQ：307610454

北京朔日科技有限公司

郑重声明

高等教育出版社依法对本书享有专有出版权。任何未经许可的复制、销售行为均违反《中华人民共和国著作权法》，其行为人将承担相应的民事责任和行政责任；构成犯罪的，将被依法追究刑事责任。为了维护市场秩序，保护读者的合法权益，避免读者误用盗版书造成不良后果，我社将配合行政执法部门和司法机关对违法犯罪的单位和个人进行严厉打击。社会各界人士如发现上述侵权行为，希望及时举报，我社将奖励举报有功人员。

反盗版举报电话　　(010)58581999　58582371
反盗版举报邮箱　　dd@hep.com.cn
通信地址　　北京市西城区德外大街4号　高等教育出版社法律事务部
邮政编码　　100120

教学资源服务指南

仅限教师索取

感谢您使用本书。为方便教学，我社为教师提供资源下载、样书申请等服务，如贵校已选用本书，您只要关注微信公众号"高职财经教学研究"，或加入下列教师交流QQ群即可免费获得相关服务。

"高职财经教学研究"公众号

资源下载：点击"**教学服务**"—"**资源下载**"，或直接在浏览器中输入网址（http://101.35.126.6/），注册登录后可搜索相应的资源并下载。（建议用电脑浏览器操作）
样书申请：点击"**教学服务**"—"**样书申请**"，填写相关信息即可申请样书。
试卷下载：点击"**教学服务**"—"**试卷下载**"，填写相关信息即可下载试卷。
样章下载：点击"**教材样章**"，即可下载在供教材的前言、目录和样章。
师资培训：点击"**师资培训**"，获取最新会议信息、直播回放和往期师资培训视频。

联系方式

会计QQ3群：473802328　　会计QQ2群：370279388　　会计QQ1群：554729666
（以上3个会计QQ群，加入任何一个即可获取教学服务，请勿重复加入）
联系电话：（021）56961310　　电子邮箱：3076198581@qq.com

在线试题库及组卷系统

我们研发有10余门课程试题库："基础会计""财务会计""成本计算与管理""财务管理""管理会计""税务会计""税法""审计基础与实务"等，平均每个题库近3000题，知识点全覆盖，题型丰富，可自动组卷与批改。如贵校选用了高教社沪版相关课程教材，我们可免费提供给教师每个题库生成的各6套试卷及答案（Word格式难中易三档，索取方式见上述"试卷下载"），教师也可与我们联系咨询更多试题库详情。